Transitional Justice

Frankfurter kriminalwissenschaftliche Studien

Bd./Vol. 143

Zu Qualitätssicherung und Peer Review der vorliegenden Publikation

Die Qualität der in dieser Reihe erscheinenden Arbeiten wird vor der Publikation durch Herausgeber der Reihe geprüft.

Notes on the quality assurance and peer review of this publication

Prior to publication, the quality of the work published in this series is reviewed by editors of the series.

Ulfrid Neumann / Cornelius Prittwitz /
Paulo Abrão /
Lauro Joppert Swensson Jr. /
Marcelo D. Torelly
(Hrsg.)

Transitional Justice

Das Problem gerechter strafrechtlicher Vergangenheitsbewältigung

PL ACADEMIC RESEARCH

Bibliografische Information der Deutschen Nationalbibliothek
Die Deutsche Nationalbibliothek verzeichnet diese Publikation in der Deutschen Nationalbibliografie; detaillierte bibliografische Daten sind im Internet über http://dnb.d-nb.de abrufbar.

ISSN 0170-6918
ISBN 978-3-631-62647-4 (Print)
E-ISBN 978-3-653-02702-0 (E-Book)
DOI 10.3726/978-3-653-02702-0

PL Academic Research ist ein Imprint der Peter Lang GmbH.

Peter Lang – Frankfurt am Main · Bern · Bruxelles · New York · Oxford · Warszawa · Wien

Dieses Buch erscheint in einer Herausgeberreihe bei PL Academic Research und wurde vor Erscheinen peer reviewed

www.peterlang.com

Vorwort

Der vorliegende Band dokumentiert die Beiträge zu einem deutsch-brasilianischen Symposium zum Thema „Transitional Justice“, das vom 16. bis 18. Juli 2012 an der Johann Wolfgang Goethe-Universität Frankfurt/Main stattfand. Organisiert wurde die Tagung vom Lehrstuhl für Strafrecht und Rechtsphilosophie am Institut für Kriminalwissenschaften und Rechtsphilosophie (Prof. Ulfrid Neumann) und der Amnestiekommission des brasilianischen Justizministeriums in Kooperation mit dem an der Goethe-Universität institutionalisierten Exzellenzcluster „Die Herausbildung normativer Ordnungen“ (Prof. Klaus Günther) und dem Generalkonsulat von Brasilien in Frankfurt/Main sowie – last not least – in Kooperation mit und unterstützt von dem Fachbereich Rechtswissenschaft der Goethe-Universität (dessen Dekan, Prof. Cornelius Prittwitz, das Herausgebergremium dieses Bandes komplettiert).

Umbrüche in dem politischen System eines Staates stellen auch das Rechtssystem vor gewaltige Probleme. Das gilt in besonderem Maße dann, wenn es darum geht, systematische Menschenrechtsverletzungen eines diktatorischen Regimes nach dessen Ende rechtlich aufzuarbeiten. Die politischen Entscheidungen, die hier zu treffen sind und deren Rahmen sich schlagwortartig durch die Alternative „Versöhnung oder Bestrafung“ kennzeichnen lässt, müssen sich zugleich an den Maßstäben von Recht und Gerechtigkeit messen lassen („Transitional Justice“). Rechtsphilosophisch stellt sich das Problem, ob man auf der Grundlage einer rechtsmoralistischen (naturrechtlichen) Position bestimmten Rechtsnormen einer vergangenen staatlichen Ordnung „rückwirkend“ die Geltung absprechen kann. Daran entscheidet sich die auch politisch brisante Frage, ob eine Bestrafung seinerzeit legaler, aber menschenrechtswidriger Handlungen rechtsstaatlich zulässig ist oder nicht.

Die Tagung befasste sich mit diesen Fragen u. a. unter den Gesichtspunkten der gesellschaftlichen Verarbeitung der Erfahrungen eines Unrechtssystems, der Möglichkeit von Amnestien, der Bedeutung von „Verantwortungszuschreibung“ sowie der Funktion des Strafrechts und (insbesondere) des strafrechtlichen Schuldbegriffs im Rahmen einer „Transitional Justice“.

Wir danken allen Referentinnen und Referenten, Moderatorinnen und Moderatoren für ihre Beiträge. Für die ebenso engagierte wie sachkundige redaktionelle Betreuung des Bandes danken die Herausgeber Herrn Dr. Sascha Ziemann (Frankfurt am Main). Dem Lang-Verlag gebührt Dank für die großzügige und effiziente Kooperation.

Frankfurt am Main,
im Juni 2013

Ulfrid Neumann, Cornelius Prittwitz, Paulo Abrão,
Lauro Joppert Swensson Jr., Marcelo D. Torelly

Inhalt

Abkürzungen

ABAP	Brasilianische Vereinigung politischer Amnestierter
ADCT	Ato das Disposições Constitucionais Transitórias (Verfassungsnormen, die der Übergang in die neue Verfassungsordnung regeln)
ADPF	Argüição de Descumprimento de Preceito Fundamental, Verfassungsklage ähnlich der deutschen Verfassungsbeschwerde
ADNAM	Nationalistische Demokratische Militärvereinigung
APML	Marxistisch-Leninistische Volksaktion
ARENA	Aliança Renovadora Nacional (Politische Partei)
BGH	Bundesgerichtshof
BVerfG	Bundesverfassungsgericht
CBA	Brasilianische Komitee für die Amnestie
CEJIL	Internationale Zentrum für die Gerechtigkeit und das Völkerrecht
CELS	Centro de Estudios Legales y Sociales, Buenos Aires
CIHD	Corte Interamericana de Derechos Humanos (Interamerikanischer Gerichtshofs für Menschenrechte)
CNV	Nationale Wahrheitskommission
coord.	Coordenador (Koordinator)
DOI-CODI	Abteilung für Spezielle Operationen des Operationszentrums der Innenverteidigung
EDUNISC	Editora da Universidade de Santa Cruz do Sul
EDUSC	Editora da Universidade do Sagrado Coração
EDUSP	Editora da Universidade de São Paulo
EMRK	Europäische Menschenrechtskonvention
EGMR, EuGMR	Europäischer Gerichtshof für Menschenrechte
FGV	Fundação Getúlio Vargas (Getúlio Vargas Stiftung)
ICC	International Criminal Court (Internationaler Strafgerichtshof)
ICTJ	International Center for Transitional Justice, New York
IGHM	Interamerikanischer Gerichtshof für Menschenrechte
IFCS	Instituto de Filosofia e Ciências Sociais (Institut für Philosophie und Sozialwissenschaften, Bundesuniversität Rio de Janeiro)

JJZG	Jahrbuch der juristischen Zeitgeschichte
JoJZG	Journal der Juristischen Zeitgeschichte
KRG, KontrollratsG	Kontrollratsgesetz des Alliierten Kontrollrats
MDB	Brasilianische Demokratische Bewegung
MR8	Movimento Revolucionário 8 de Outubro
MRV	Menschenrechtsverletzung
NSDAP	Nationalsozialistische Deutsche Arbeiterpartei
OAB	Bundesrat der Brasilianischen Rechtsanwaltskammer
OGH	Oberster Gerichtshof für die Britische Zone
OLOP	Política Operário
ONU	Organização das Nações Unidas (Organisation der Vereinten Nationen)
Org., orgs.	Organizador, organizadores (Herausgegeber)
PDT	Demokratische Arbeitspartei
PFL	Partei der Liberalen Front
PMDB	Partei der Brasilianischen Demokratischen Bewegung
PT	Arbeiterpartei
PUCRS	Pontifícia Universidade Católica do Rio Grande do Sul
PUC	Pontíficia Universidade Católica do Rio de Janeiro
PUC-Minas	Pontifícia Universidade Católica de Minas Gerais
RJ	Rio de Janeiro
SP	São Paulo
STF	Supremo Tribunal Federal, Oberster Bundesgerichtshof Brasiliens
TJ	Transitional Justice (Transitionale Gerechtigkeit)
TRC	Truth and Reconciliation Commission (Wahrheits- und Versöhnungskommission)
UFRJ	Universidade Federal do Rio de Janeiro, Bundesuniversität Rio de Janeiro
UNISINOS	Universität Vale do Rio dos Sinos
USP	Universität von São Paulo
VolksGH	Volksgerichtshof

Begrüßung

Winfried Hassemer

Sehr geehrte Damen und Herren,

ich begrüße Sie zu den beiden Eröffnungsvorträgen unserer Tagung über „Recht und Politik in der brasilianischen und deutschen Vergangenheitsbewältigung". Paulo Abrão wird über die brasilianischen, Ulfrid Neumann wird über die deutschen Erfahrungen und Perspektiven sprechen.

Meine Aufgabe hier ist die Moderation. Damit vertragen sich langwierige Überlegungen zum Gegenstand, um den es gehen soll, nicht. Gleichwohl kann ich es mir nicht ganz verkneifen, den Referaten ein paar Worte über diesen Gegenstand vorauszuschicken. Denn nicht nur das Thema hat mich schon öfters beschäftigt; auch der Umstand, dass ich wieder einmal das brasilianische Denken und die brasilianische Sprache erleben kann, ist mir ein herzliches Dankeschön gegenüber den Veranstaltern für ihre Einladung wert.

Wie eine Gesellschaft und ein Rechtssystem mit der tiefgreifenden Erfahrung umgehen, dass das politische System zusammenbricht und sich die Tür zu einem neuen und besseren Leben in Staat, Gesellschaft und persönlichem Alltag öffnet (oder doch zu öffnen verspricht), ist paradigmatisch für den Zustand dieser Gesellschaft, ihrer Normen, Gewissheiten und Moralen. Es gibt kaum einen anderen Gegenstand wissenschaftlicher Beschäftigung und rechtspolitischer Optionen, an dem man genauer studieren könnte, wie es in Staat und Gesellschaft-mit dem Recht und seinen Grundlagen bestellt ist.

Das Freiburger Max-Planck-Institut für ausländisches und internationales Strafrecht, den Meisten unter Ihnen sicherlich wohlbekannt, hat, unter der Ägide seines früheren Direktors Albin Eser, in langjähriger, personell und sachlich ausgedehnter, Forschungsarbeit eine Schneise geschlagen zum Thema „Strafrecht in Reaktion auf Systemunrecht – Vergleichende Einblicke in Transitionsprozesse". Für dieses Werk möchte ich bei Ihnen werben. Beginnend mit dem Nachdenken über „System-Unrecht" im Strafrecht der DDR zu Beginn der 90er Jahre im letzten Jahrhundert, haben sich insgesamt 14 Bände angesammelt, deren letzter, so etwas wie eine Zusammenfassung und Summa, in diesem Jahr schienen ist, und deren vorletzter sich auf knapp 250 Buchseiten Brasilien widmet. Diese Bücher sind eine Fundgrube des Transitionsstrafrechts: faktenreich in rechtsvergleichender Betrachtung, kritisch hinsichtlich der Voraussetzungen und Folgen einer rechtsstaatlichen und menschenrechtsfreundlichen Restitution des

Rechtssystems und mit Blick für die außerrechtlichen Umstände einer Transitional Justice in den Sozialnormen der jeweiligen Gesellschaften, in den Moralen der Leute, in der Kraft für einen Neuanfang oder auch in der Würde des Vergessens und Vergebens.

Einzelheiten werden an den Beispielen von Brasilien und Deutschland während dieser Tagung auf den Tisch kommen. Die Referate werden berichten und kritisieren, werden nach Strukturen fragen, nach konkreten Möglichkeiten von Erfolg und Scheitern und auch nach Chancen, aus früheren Fehlern zu lernen. Wenn es gut geht, wird man verstehen, dass die Bedingungen einer Aufarbeitung von „System-Unrecht" weit reichen: vom Zustand der Außenpolitik und den Möglichkeiten fremder Hilfe im Zeitpunkt des Zusammenbruchs des frühen Systems über die Bedürfnisse einer schnellen Restitution und Reorganisation von Polizei und Militär bis hin zu der Kraft und Bereitschaft möglichst vieler Menschen, einen Schlussstrich unter ihr früheres Leben zu ziehen und ein anderes, besseres Leben aufzubauen. Und man wird sehen, dass das Strafrecht keineswegs das wichtigste oder auch nur das am besten geeignete Instrument ist, um Transition gelingen zu lassen.

Ich wünsche uns allen, dass es gut geht.

Die Mutationen des Amnestiebegriffs in der brasilianischen *Transitional Justice*: die dritte Phase des Kampfes um die Amnestie[1]

Paulo Abrão[2] / Marcelo D. Torelly[3]

1. Einführung

In dieser Studie werden wir versuchen, einige Thesen zu systematisieren, die über die letzten vier Jahre in verstreuten Texten dargestellt wurden. Wir gehen von der Vorstellung aus, dass das Programm der Reparationen für die Opfer die strukturgebende Achse der Transitional Justice in Brasilien ist.[4] Durch die For-

---

1 Die in diesem Text geäußerten Meinungen sind diejenigen der Autoren. Sie spiegeln nicht notwendigerweise die Positionen der Institutionen, in denen sie tätig sind. Frühere Versionen dieser Arbeit wurden in den folgenden politischen und wissenschaftlischen Sitzungen vorgestellt: Seminário Internacional *Limites e Possibilidades da Justiça de Transição*, Porto Alegre: Faculdade de Direito da PUCRS, April 2012; seminário internacional *História Contemporânea: memória, trauma e reparação*, Rio de Janeiro: Instituto de História da UFRJ, Mai 2012; seminário *O direito à verdade: informação, memória e cidadania*, São Paulo: Assembléia Legislativa do Estado, Juni 2012; seminário brasileiro-alemão *Transitional Justice: vergleichende Einblicke in Transitionsprozesse aus Brasilien und Deutschland*, Frankfurt: Goethe Universität Frankfurt am Main, Juli 2012; Verleihung des Titels *Doutor Honoris Causa* an Paulo Abrão Pires Junior, durch die Faculdade de Ciências Jurídicas e Sociais de Florianópolis, vom Centro de Estudos Universitários de Santa Catarina (CESUSC), August 2012. Wir bedanken uns bei allen, die in diesen verschiedenen Sitzungen zur Verfeinerung dieses Aufsatzes beigetragen haben.

2 Doktor der Rechtswissenschaften (PUC – Pontíficia Universidade Católica do Rio de Janeiro). Professor der Juristischen Fakultät der PUCRS (Pontifícia Universidade Católica do Rio Grande do Sul) und des europäischen Programms „Master- und Doktorstudium in Menschenrechten" an der Universidad Pablo de Olavide (Spanien). Er ist Nationalsekretär der Justiz und Vorsitzender der Amnestiekommission des Justizministeriums.

3 Master of Law (Universidade de Brasília). Laufende Promotionsarbeiten an der Universidade de Brasília im Fach Rechtswissenschaft. Gesamtkoordinator der Abteilung für das Historische Gedächtnis der Amnestiekommission des Justizministeriums.

4 Siehe unsere Arbeit: Abrão, Paulo & Torelly, Marcelo D. "El programa de reparaciones como eje estructurador de la justicia transicional em Brasil", in: Reátegui, Felix (org.). *Justicia Transicional – Manual para América Latina*. Brasília/Nova Iorque: Ministério da Justiça/ICTJ, 2011, S. 477–522. Das Wort Transitional Justice (Transitionale Gerech-

derung der sogenannten „Transitionsrechte“[5] versucht es, die Ambiguität des Amnestiegesetzes von 1979 als einen sozialen Prozess zu verdeutlichen, dessen Vermächtnis und Folgen noch umstritten sind, und veranlasst die Entstehung des „Paradoxons eines Sieges aller“[6], das in den verschiedenen Vorstellungen von Amnestie in Brasilien zum Ausdruck kommt. Einerseits wird die Amnestie als *Straflosigkeit und Vergessen*, andererseits als *Freiheit und Reparation* verstanden[7].

Die Verabschiedung des Amnestiegesetzes in Brasilien im Jahr 1979 zur Zeit des Militärregimes war der rechtliche Meilenstein, der das Fundament des Wiederdemokratisierungsprozesses legte. Die starke und historische soziale Mobilisierung im Kampf um die Amnestie und um die politische Öffnung hat eine derartige Bedeutung, dass aus dem Amnestiebegriff die gesamte Vorstellung der Transitional Justice in Brasilien hervorgeht. Der vom Militärregime und seinen Anhängern befürwortete Amnestiebegriff als „Straflosigkeit und Vergessen“ ist im Laufe der letzten Jahre undurchlässig geblieben und wurde nur von der Rechtsprechung aktualisiert. Andererseits hat sich der in den 1970-er Jahren von der Zivilgesellschaft befürwortete Amnestiebegriff, Amnestie als „Freiheit“, während der Demokratisierung weiterentwickelt und sich in der Auffassung von Amnestie als „*Reparation*“ verfestigt. Dieser Auffassung wurde durch den Artikel 8 der Ergänzungserklärung über die Verfassungsrechtlichen Übergangsbestimmungen aus dem Jahr 1988 Verfassungsrang eingeräumt.

Neben der Darstellung der Zusammenfassung dieser These zielt der Text auch darauf ab, die aktuelle Situation der Transitional Justice in Brasilien zu analysieren. Die Analyse wird das Zusammenspiel der neuen sozialen Bewe-

---

tigkeit) wird im weiten Sinn verwendet, um sich auf die Mechanismen zu beziehen, die zur Bewältigung der Gewalthinterlassenschaft der Vergangenheit verfügbar sind: Wahrheit, Reparation, Gerechtigkeit und Reformen der Institutionen.

5 Vgl. Abrão, Paulo & Genro, Tarso. *Os direitos da transição e a democracia no Brasil: estudos sobre a Justiça de Transição e a Teoria da Democracia*. Coleção Fórum Justiça e Democracia, vol. 01. Belo Horizonte: Fórum, 2012. Capítulo 2.

6 Vgl. Torelly, Marcelo D. *Justiça de Transição e Estado Constitucional de Direito*. Belo Horizonte: Fórum, 2012. Capítulo 04, item 4.3.

7 Vgl. Abrão, Paulo & Torelly, Marcelo D. "Resistance do change: Brazil's persistent amnesty and its alternatives for truth and justice", in: Lessa, Francesca & Payne, Leigh (org.). *Amnesty in the Age of Human Rights Accountability*. Nova Iorque: Cambridge University Press, S. 152–180, oder Payne, Leigh; Abrão, Paulo; Torelly, Marcelo D. (orgs.). *A Anistia na Era da Responsabilização – o Brasil em perspectiva internacional e comparada*. Brasília/Oxford: Ministério da Justiça/Universidade de Oxford, 2011. S. 212–248.

gungen, der Forderungen nach Gerechtigkeit beim Obersten Bundesgerichtshof[8] und beim Interamerikanischen Gerichtshof für Menschenrechte[9], der neuen Position der Strafkammer der Bundesstaatsanwaltschaft[10], der Verabschiedung des Gesetzes über den Zugang zur Information[11] und der Gründung der Nationalen Wahrheitskommission[12] und der ersten gerichtlichen Verurteilungen im Zusammenhang mit Verbrechen, die von der Militärdiktatur begangen wurden, berücksichtigen.[13]

Im Rahmen des hier vorgeschlagenen Analysevorgangs festigen solche faktischen Elemente eine soziale Perspektive der Amnestie, die letztere als „Freiheit" und als „Reparation" auffasst, und weisen auf die Entstehung einer dritten Phase in der sozialen Bedeutung der Vorstellung von „Amnestie" im brasilianischen Transitionsprozess hin, die wir *„Amnestie als Wahrheit und Gerechtigkeit"* nennen. Insbesondere verändern diese Wahrnehmungen die Voraussetzungen der während des Militärregimes propagierten *„Amnestie als Straflosigkeit und Vergessen"*, welche von konservativen Kreisen und Institutionen immer noch befürwortet wird.

2. Die zentrale Rolle der Amnestie von 1979 und die Ambiguität ihrer Bedeutung in der politischen Transition

Das Verständnis der politischen und rechtlichen Bedeutung des Begriffs „Amnestie" in der Geschichte Brasiliens verweist unmittelbar auf den Kontext politischer Auseinandersetzung zwischen dem diktatorischen Regime und dem politischen Widerstand in den 1970er-Jahren. Nach dem Militärputsch von 1964, der

---

8 Die Klage auf Feststellung der Nichterfüllung einer fundamentalen Vorschrift Nr. 153/2008.

9 Fall "Júlia Gomes Lund e outros vs. Brasil (Fall Araguaia)". Das Urteil ist unter >http://www.corteidh.or.cr/docs/casos/articulos/seriec_219_por.pdf< verfügbar. Auch in: *Revista Anistia Política e Justiça de Transição*, Brasília: Ministério da Justiça, n.º 04, Juli/Dez. 2010, S. 402–554.

10 Vgl. 2a Câmara de Coordenação e Revisão Criminal. Documento n.º 02/2011. *Workshop Internacional sobre Justiça de Transição: os efeitos domésticos da decisão da Corte Interamericana de Direitos Humanos no caso Gomes Lund e outros vs. Brasil e as atribuições do Ministério Público Federal.* Brasília, 03 de outubro de 2011. Verfügbar unter: >http://2ccr.pgr.mpf.gov.br/diversos/justica-de-transicao/documento%202.pdf<.

11 Brasil. Gesetz 12.527 v. 18. Nov. 2011.

12 Brasil. Gesetz 12.528 v. 18. Nov. 2011.

13 Zum Beispiel die Verurteilung, Opfer zu entschädigen, die vor kurzem in zweiter Instanz gegen Brilhante Ustra ausgesprochenen wurde. Auch die kürzliche Eröffnung eines Strafverfahrens durch die Bundesjustiz vom Bundestaat Pará, im Rahmen der Episode der "Araguaia- Guerrilla".

von wichtigen Sektoren der Zivilgesellschaft unterstützt wurde, entstanden verschiedene Widerstandsbewegungen, einschließlich Formen des bewaffneten Widerstands, die vor dem Putsch nicht existierten und vom Militärregime zum Zweck der Selbstrechtfertigung benutzt wurden[14]. Am 13. Dezember 1968, von der Stimmung des Kalten Krieges angeregt, erließ die Diktatur eine Ausnahmevorschrift, welche Institutionelles Dekret Nr. 05 genannt wurde, und fing an, die Unterdrückung solcher Widerstandsbewegungen systematisch in die Tat umzusetzen. Sie schuf sogar eine offizielle Politik nach Art des Staatsterrors mit dem Zweck, die Folter zu verallgemeinern und die Mitglieder des bewaffneten Widerstands auszurotten[15] sowie diejenigen politischen und gesellschaftlichen Führer zu verbannen oder ins Exil zu zwingen, die sich mit linken Ideologien des Landes identifizierten. Darüber hinaus war eine unüberschaubare Zahl von Menschen durch Verhaftungen, durch willkürliche Entlassungen in den öffentlichen und privaten Sektoren, durch politische Verfolgungen im weiteren Sinn betroffen. Politische Rechte wurden kassiert und Menschen mussten untertauchen. Zensur, Folter, das gewaltsame Verschwindenlassen von Personen und willkürliche Hinrichtungen waren Teil dieser Politik.

Die Bewegung für die Verabschiedung einer Amnestie zugunsten der politisch Verfolgten existierte bereits seit dem Anfang des Putsches, aber sie verstärkte sich zwischen den Jahren 1974 und 1975 unter der Führung der Frauen. Nach dem kritischsten Zeitpunkt der Unterdrückung besetzten die Mütter der ermordeten Kinder, die Witwen noch lebender Ehemänner und die Angehörigen von Verschwundenen und politischen Exilanten den öffentlichen Raum, auf der Suche nach Freiheit für ihre Lieben und Nachrichten von ihnen. Ausgehend von organisierten Militanten, die im Land geblieben waren, und durch die Studentenbewegung und kulturelle Kreise verbreitete sich die Bewegung für die Amnestie in der Gesellschaft. Zusammen mit der aus dem Volk kommenden aufständischen Arbeiterbewegung bildete sie eine der größten sozialen Mobilisierungen, die sich jemals in der Geschichte Brasiliens ereignete.

Der Slogan der sozialen Bewegung war „Die breite, allgemeine und uneingeschränkte Amnestie". Unter die Amnestie sollten alle politischen „Verbrechen" fallen, die im Widerstand gegen das Regime begangen worden waren. In dieser Phase, die wir die *erste Phase des Kampfes um die Amnestie* nennen, wird die Amnestie als „Freiheit" gekennzeichnet. Der soziale Kampf forderte die Wiederherstellung der öffentlichen Freiheiten: der bürgerlichen und der politischen. *Apropos,* eine der anerkanntesten politischen Chroniken über diesen Zeit-

14 Skidmore, Thomas. *The politics of military rule in Brazil 1964–85.* Nova Iorque: Oxford University Press, 1988, S. 23.

15 In diese Zeit gehört das oben genannte Ereignis der „Araguaia-Guerrilla".

raum ist eine Chronik, die über den historischen 32-tägigen Hungerstreik der politischen Gefangenen in ganz Brasilien zugunsten der Verabschiedung des Amnestiegesetzes berichtet. Sie trägt den symbolischen Titel „Hunger nach Freiheit“[16].

Die breite Mobilisierung der Bevölkerung zwang die Diktatur, ihre Haltung gegen jegliche Amnestie zu revidieren. Die geduldete Oppositionspartei MDB (Brasilianische Demokratische Bewegung) reichte bei dem brasilianischen Zweiparteienparlament einen Amnestiegesetzesentwurf ein. Das brasilianische Parlament hat während des Ausnahmezustands mit Unterbrechungen, Eingriffen und zum Teil den sogenannten „bionischen“ Senatoren gearbeitet. Diese letzteren waren Senatoren, die statt durch Volksabstimmung gewählt zu werden, von der Regierung selbst nominiert wurden. Ihre Aufgabe war es, die Herrschaft der Diktatur über das Gesetzgebungsverfahren im Parlament zu sichern.

Der Amnestiegesetzesentwurf der MDB wurde unter dem Leitgedanken “die Freiheit allen zurückzugeben, die vom diktatorischen Staat kriminalisiert worden sind“ eingereicht. Aber die Militärregierung legte einen anderen Gesetzesentwurf vor, der eine Amnestie für „politische oder damit verbundene Verbrechen“ vorsah. Das heißt, es handelte sich um eine bilaterale Amnestie, die jedoch eine beschränkte war, weil sie die Gewaltverbrechen gegen Personen, die vom Widerstand begangenen sogenannten „Blutstraftaten“, ausschloss[17]. Diese vom Kabinett der Militärregierung vorgeschlagene Amnestie wurde mit einer knappen Mehrheit von 206 gegen 201 Stimmen angenommen.

Auf der einen Seite hat das Regime diejenige Amnestie der Gesellschaft aufgezwungen, die für das Regime selbst vorteilhaft war: eine eingeschränkte Teilamnestie, welche die sogenannten „Blutstraftaten“ ausschloss, aber auch zweideutige Vorschriften enthielt. Die Militärgerichte, die für ihre Anwendung zuständig waren, haben später diese zweideutigen Vorschriften gemäß der geltenden autoritären Legalität[18] extensiv interpretiert[19]. Auf der anderen Seite er-

---

16 Viana, Gilney & Cipriano, Perly. *Fome de Liberdade*. São Paulo: Fundação Perseu Abramo, 2009.

17 Vgl.: Gonçalves, Danyelle Nilin. “Os múltiplos sentidos da Anistia”, in: *Revista Anistia Política e Justiça de Transição*. Brasília: Ministério da Justiça, Jan./Juni 2009, S. 272–295.

18 Der Begriff „autoritäre Legalität“ wurde von dem Politologen Anthony W. Pereira eingeführt und ist weitgehend entwickelt in: Pereira, Anthony W. *Ditadura e Repressão – o autoritarismo e o Estado de Direito no Brasil, Chile e Argentina*. São Paulo: Paz e Terra, 2010, S. 237–255.

19 In der Beurteilung des Falls „Rio Centro“ im Jahr 1981, hat das Amnestiegesetz von 1979 durch die Interpretation des Obersten Militärgerichts eine Mutation erlitten und wurde zu einem „breiten und uneingeschränkten“ Gesetz für alle Arten von Straftaten,

rang die Zivilgesellschaft ihren bedeutendsten Sieg seit dem Erlass des Institutionellen Dekrets Nr. 05, indem sie die Korrelation der gesellschaftlichen Kräfte änderte und die Regierung dazu zwang, ein Amnestiegesetz überhaupt zu verabschieden.

Die Amnestie, auch wenn es eine Teilamnestie war, erlaubte die Wiederherstellung vieler politischen Rechte, die Freiheit für den größten Teil politischer Gefangener, die Rückkehr der Exilanten ins Land, die Wiedereinstellung von staatlichen Bediensteten, die aus ihren Stellen vertrieben worden waren, die Freiheit und das Recht auf Identität für diejenigen, die zum Untertauchen gezwungen worden waren usw. Diese ersten *Freiheitsmaßnahmen*, die von den ersten *Reparationsmaßnahmen* begleitet wurden, haben die Stimmung für die Wiederaufnahme des demokratischen Prozesses und für den Beginn der politischen Öffnung geformt. Das Amnestiegesetz von 1979, auch wenn es beschränkt war, wurde auf diese Weise zum rechtlichen Meilenstein, der das Fundament des Wiederdemokratisierungsprozesses legte. Dieser historische Prozess sorgte für die Ambiguität, die wir als "Paradoxon des Sieges aller" definiert haben[20].

3. Der Kontext der Verabschiedung des Amnestiegesetzes von 1979: eine politische Einigung unter Gleichen?

In diesem Prozess entstand auch das rechtlich und historisch herrschende Verständnis, dass die Verabschiedung der Amnestie von 1979 durch den Nationalkongress in zweifacher Hinsicht eine politische Einigung zwischen *Opposition* und *Regierung* war[21]. In rechtlicher Hinsicht, weil die Amnestie sowohl die politischen Verbrechen des Widerstands umfasste, als auch die „damit verbundenen" Verbrechen, d. h. diejenigen, die von den öffentlichen Repressionskräften begangen wurden, in politischer Hinsicht, weil sie eine unentbehrliche Bedingung für eine mögliche nationale Versöhnung war. Jedoch benötigt dieses Verständnis aus unserer Sicht unter beiden Aspekten einige kritische Erwägungen.

Erstens: Erwägungen bezüglich des *Legitimitätsdefizits* der angeblichen Einigung. Wie bereits erwähnt, war im August 1979 das Spektrum der Freiheit und der politischen Vertretung im Nationalkongress deutlich beschränkt. Nicht alle

---

einschließlich der Staatsverbrechen und der Straftaten, die nach seinem Inkrafttreten begangen wurden.

20 Vgl. Torelly, Marcelo D. *Justiça de Transição e Estado Democrático de Direito*. Coleção Fórum Justiça e Democracia, vol. 02. Belo Horizonte: Fórum, 2012, S. 184–198.

21 Zum Beispiel: Fico, Carlos. "A negociação parlamentar da anistia de 1979 e o chamado 'perdão aos torturadores'", in: *Revista Anistia Política e Justiça de Transição*. Brasília: Ministério da Justiça, Juli/Dez. 2010, S. 318–332.

Mitglieder des Parlaments waren tatsächlich von den Bürgern durch direkte Abstimmung gewählt worden. Diese historische Tatsache ist umso wichtiger, wenn man die knappe Mehrheit (nur fünf Stimmen) berücksichtigt, welche die Annahme des Gesetzesentwurfs der Regierung erlaubte. Das heißt, im Parlament gab es keine *Einigung*, sondern einen *Streit* zwischen zwei Amnestieentwürfen, der nur durch eine geringe Mehrheit entschieden wurde. Zweitens: man darf nicht vergessen, dass wenn man über eine „freie Opposition" im Jahr 1979 redet, in der Tat nur über eine „geduldete Opposition" gesprochen werden kann[22]. Die politischen Parteien waren nicht frei und viele politische Segmente haben sich nicht am politischen „Pakt" beteiligt, weil erst nach der Amnestie die Rückkehr sowohl von bestimmten Verbänden wie auch von bedeutenden exilierten, verbannten oder zum Untertauchen gezwungenen politischen Oppositionsführungskräften zur Legalität stattfand. Drittens: es gab keine *Gleichheit-* oder *Gleichstellungsbeziehung* zwischen den angeblichen Subjekten der Einigung. Auf der einen Seite standen die Herrscher und die Macht ihrer Waffen, auf der anderen Seite stand die Zivilgesellschaft, jedoch eine kriminalisierte Zivilgesellschaft, die hinter eisernen Gittern oder illegitimen Ausnahmegesetzen gefangen war. Und schließlich: wenn man den Gedanken ausspricht, dass die Amnestie „für beide Seiten" eine Bedingung für die Versöhnung sei, dann zeigt sie gerade dadurch ihr autoritäres Gesicht: aus ihr entstand eine hassenswerte und unterdrückende Erpressung, da die Bewilligung einer *beschränkten Freiheit* nur unter der Bedingung der *Straflosigkeit* gewährt wurde.

Die Aspekte, die in dieser angeblichen „politischen Einigung" im Kontext der Verabschiedung des Amnestiegesetzes enthalten sind, reichen definitiv nicht aus, um die ethischen und normativen Eigenschaften und Wirkungen zu unterstützen, die solche unter Freiheit und Demokratie beschlossenen Vereinbarungen auszeichnen. Auch wenn die Verhandlungsführer der „Einigung" die Amnestie von 1979 als bilateral betrachteten, kann dasselbe über die politischen Bewegungen der Zivilgesellschaft nicht gesagt werden.

Was das juristische Defizit betrifft, stellen sich die Fragen: Können autoritäre politische Einigungen, die in einer autoritären Vergangenheit verwirklicht wurden, derartige Auswirkungen haben, dass sie die Ausübung von Menschen-

22 Anders als im spanischen Fall, wo eine der brasilianischen ähnliche Amnestie in einem Parlament mit funktionierender Opposition verabschiedet wurde, welchem sogar die Sozialistische Partei angehörte. Zu einer hervorragenden kritischen Darstellung für Spanien siehe Aguilar, Paloma. "A lei espanhola de anistia de 1977 em perspectiva comparada: de uma lei para a democracia a uma lei para impunidade", in: Payne, Leigh / Abrão, Paulo / Torelly, Marcelo D. (org.). *A Anistia na Era da Responsabilização – o Brasil em perspectiva internacional e comparada.* Brasília/Oxford: Ministério da Justiça / Universidade de Oxford, 2011, S. 394–427.

rechten in der darauffolgenden Demokratie beseitigen? Und: Gibt es eine Demokratie ohne Menschenrechte?

Diese Fragen beabsichtigen in keiner Weise, den politischen Kampf derer zu delegitimieren, die mit den verfügbaren institutionellen Mitteln für die Verabschiedung des Amnestiegesetzes von 1979 zugunsten der politischen Gefangenen gehandelt haben. Sondern sie beabsichtigten, die Grenze des Möglichen in der damaligen Zeit in ihren Kontext einzuordnen. Deshalb versuchen die Fragen, das Moment der *Kontingenz der Transition* von ihrem Gerechtigkeitsmoment, genauer: von ihrem *Transitionalen Gerechtigkeitsmoment* zu unterscheiden. Sie tragen dazu bei, die klaren Konturen dieser vermeintlichen Einigung zu erläutern: die (*beschränkte und begrenzte*) Handlung der geduldeten Opposition, die historisch nicht als eine *umfassende gesellschaftliche Einigung* aufgefasst werden kann.

4. Die Verfassungsgebende Versammlung und das Auferstehen der „Amnestie als Reparation"

Nach der Amnestie holt die Bewegung für die Wiederdemokratisierung Luft, wenn auch ohne den Erhalt der Kontrollmacht seitens des Militärregimes zu beeinträchtigen. Große Demonstrationen fordern direkte Wahlen für das Präsidialamt. Die Diktatur beweist noch einmal ihre Macht und Fähigkeit, das Parlament zu kontrollieren und zwingt den organisierten Gesellschaftskräften eine weitere Niederlage auf: Zur Wahl des ersten zivilen Präsidenten in der Nachdiktaturzeit kippt sie den Verfassungsänderungsentwurf von Dante de Oliveira unter dem Motto „Direkte Wahlen jetzt" und beruft noch ein Mal indirekte Wahlen im geschwächten Parlament ein. Anschließend, nach der indirekten Wahl des zivilen Präsidenten, wurde eine freie und souveräne Nationale Verfassungsgebende Versammlung einberufen. Diese wird zur Szenerie eines neuen Streits um den Amnestiebegriff, der diesmal in einer tatsächlich demokraticheren Atmosphäre stattfindet.

Das Wahlkolleg für die indirekte Wahl eines zivilen Präsidenten für Brasilien war in der Tat schon ein Moment der politischen Einigung. Die siegende Wahlliste war das Ergebnis einer Absprache zwischen einem Führer der geduldeten Opposition und dem ehemaligen Vorsitzenden der Partei, die die Diktatur unterstützt hatte. Diese Vereinbarung zeigte den Interessenmangel an einem Bruch mit dem autoritären Regime. Während es mehr als fünf Jahre zuvor bei der Verabschiedung des Amnestiegesetzes keine *Einigung*, sondern einen *Streit* zwischen zwei Entwürfen gab, findet hier der Moment des politischen Pakts der brasilianischen Transition statt. Die Transition durch die indirekte Wahl von

Tancredo Neves (1985) wurde mit dem Militär vereinbart und lief ohne Störung ab.

Endete die argentinische Diktatur im Bruch, sind Brasilien und Chile dagegen Beispiele für kontrollierte Transitionen. Die brasilianische Diktatur hat ihren *Ausstiegsplan* akribisch ausgeführt:

> (I) ein beschränktes Selbstamnestiegesetz, um radikalisierte politische Positionen abzuwenden,
>
> (II) indirekte Wahlen, um die Logik der Kontinuität zu sichern und
>
> (III) die umfassende Zerstörung von öffentlichen Archiven der Repressionszentralen und Repressionsorganen als Versuch, die Spuren der schweren Verletzungen der Menschenrechte und die individuellen Verantwortungen für sie auszulöschen.

Ein relevanter Faktor für das Verständnis des Amnestiebegriffs fand bei der Einberufung der Verfassungsgebenden Versammlung statt. Der Akt der Einberufung der Versammlung wurde durch eine Verfassungsänderung formalisiert, welche die Militärjunta von 1969 unterzeichnete. Die Verfassungsänderung bestätigte jedoch die verabschiedete Amnestie im Rahmen des Gesetzes von 1979, einschließlich ihrer Ambiguitäten und verwies auf die Begnadigung der „politischen oder damit verbundenen Verbrechen“. Die Bestätigung der ambiguen „bilateralen“ Amnestie im Text der Verfassungsänderung beabsichtigte, der erwähnten Vorschrift „Verfassungsrang“ einzuräumen und die Dimension der Amnestie als „Straflosigkeit und Vergessen“ noch einmal zu betonen.

Soll die Verfassungsänderung, die die Verfassungsgebende Versammlung einberufen hat, als eine Einschränkung der Verfassungsgebenden Gewalt verstanden werden?[23] Als eine Art apriorischer Einschränkung der demokratischen Verfassung selbst[24]?

Tatsache ist, dass sich trotz *der Form* ihrer Einberufung, die brasilianische Verfassungsgebende Gewalt *materiell* unabhängig und nicht-gebunden gezeigt hat, wie es auch innerhalb eines politischen Rahmens dieser Art sein soll[25]. Als Ergebnis konsolidierte sich das Verfassungsgebende Verfahren als ein Raum

23 Die Stimmabgabe des Ministers Gilmar Mendes bei der Klage auf Feststellung der Nichterfüllung einer Fundamentalen Vorschrift Nr. 153 enthält eine wichtige Darlegung der These, dass die Verfassungsänderung 26 die Verfassungsgebende Gewalt verpflichtet und einschränkt.

24 Siehe zu dieser Frage Torelly, Marcelo D. “A anistia e as limitações prévias à Constituição”, in: *Constituição e Democracia (UnB)*, Brasília, Okt. 2009, S. 20–21.

25 In diesem Sinne siehe: Paixão, Cristiano. “A Constituição em disputa: transição ou ruptura?”. In: Seelaender, Airton (org.). *História do Direito e construção do Estado*. São Paulo: Quartier Latin, im Druck.

breiter politischer und sozialer Diskussion. Dies führte zur Aufgabe eines Grundtextes, der von einem Ausschuss von Persönlichkeiten vorgelegt wurde, und zur Niederschrift einer tatsächlichen demokratischen Verfassung, die von den Kämpfen und Widersprüchen geprägt war, die alle kritischen und politischen Prozesse, wie die Entstehung einer Verfassung, auszeichnen[26]. Die Amnestiedebatte konnte sich der Reichweite dieses Prozesses nicht entziehen.

Was geschah, war, dass die neue aus der Verfassungsgebenden Versammlung entstandene Verfassung nicht dieselben Bedingungen der zweideutigen und bilateralen Amnestie unter ihre Bestimmungen aufgenommen hat, die Amnestie als „*Straflosigkeit und Vergessen*". Im Gegenteil: Die Verfassung der Republik von 1988 verweist in ihrer Ergänzungserklärung über die Verfassungsrechtlichen Übergangsbestimmungen auf eine Amnestie *für diejenigen, die von Ausnahmegesetzen betroffen worden waren* und sieht sogar noch eine Vielfalt neuer Reparationsrechte vor. Folglich wandte sich die verfassungsrechtliche Amnestie an die *politisch Verfolgten*, nicht an die *Verfolger* und unterließ dabei die Amnestie für „ politische oder damit verbundene Verbrechen".

Apropos, diese demokratische Verfassung selbst erklärte in der Auflistung der individuellen Rechte und Garantien (Art. 5) in kohärenter Weise, dass *niemand der Folter oder einer unmenschlichen oder erniedrigenden Behandlung unterworfen werden darf* (Abschn. III) Auch betrachtet das Gesetz die Anwendung von Folter *als eine Straftat, die keine Freilassung auf Kaution erlaubt und weder begnadigt noch amnestiert werden kann.* (Abschn. XLIII).

Offenbar bestärkte die Verfassung den Sinn der *Amnestie als Freiheit*, fügte ihm eine *Reparations*dimension hinzu und bestimmte, dass alle Bürger, die von *Ausnahmegesetzen* betroffenen waren, vom demokratischen Staat eine Reparation erhalten sollten.

Auf diese Weise bewegte sich der von der Zivilgesellschaft vertretene Amnestiebegriff in die verfassungsgemäße Richtung einer *Amnestie als Freiheit und Reparation*. Dieser Amnestiebegriff widersprach dem Sinn der Amnestie als *Straflosigkeit und Vergessen*, welcher von der Regierung, von ihren Komplizen und von ihren Rechtsinterpreten der Zivilgesellschaft aufgezwungen worden war.

Wir sehen also, dass von den vier Säulen der Transitional Justice, nämlich: Wahrheit und Erinnerung; Reformen der Institutionen; Gerechtigkeit und Repa-

---

26 Siehe hierzu Barbosa, Leonardo Augusto Andrade. *Mudança constitucional, autoritarismo e democracia no Brasil pós-1964*. Universidade de Brasília, Faculdade de Direito: Tese de Doutoramento, 2009.

rationen[27], dieser letzten Säule 1988 tatsächlich Verfassungsrang eingeräumt wurde. Dieser verfassungsrechtliche Sieg wurde aufgrund der Mobilisierung im Rahmen der Verfassungsgebenden Versammlung möglich. Insbesondere fanden Mobilisierungsaktionen auf Initiative von Gewerkschaften und von allgemeinen Verbänden staatlicher Bediensteter statt, sowie auf Initiative von politisch Verfolgten und von Menschen, die von Ausnahmegesetzen betroffen waren. Mobilisierend aktiv wurden auch Menschen, die aus ihren Stellen während der Streikbewegungen in der Zeit der militärischen Diktatur entlassen worden und mit der Unvollständigkeit der im Amnestiegesetz von 1979 und in der Verfassungsänderung Nr. 25/85 vorgesehenen Reparationsmaßnahmen unzufrieden waren.

5. Die zweite Phase des Kampfes um die Amnestie in Brasilien: die Reparation als strukturgebende Achse der Transitional Justice

Auf diese Weise strukturiert die Ambiguität der Amnestie von 1979 zusammen mit dem gesellschaftlichen Diskurs, der im Laufe des Ausnahmezustandes aufgebaut wurde, die Säulen der kontrollierten Transition. Diese Säulen sind: *politisch*, die Leugnung der Existenz von Opfern und die Rechtfertigung der Gewalt durch die These von „zwei Dämonen“, die zur Inexistenz von Opfern führt;[28] *kulturell*, die Behauptung, dass das Vergessen die beste Weise sei, um mit der Vergangenheit umzugehen;[29] und *rechtlich,* die Garantie der Straflosigkeit mittels des Amnestiegesetzes.

Wenn in einem ersten Moment die sozialen Kräfte diese Strategie nicht überwinden konnten, verwirklichte danach die Entwicklung des Reparationsprogramms für die Opfer in Brasilien allmählich einen erstmaligen Bruch. Ihr konkretes Ergebnis war, dass eine Säule der kontrollierten Transition, die Säule der diktatorischen Bestrebung nach Vergessen, umgestürzt wurde. Schließlich war und ist eine Reparation nur möglich, wenn ihr Gegenstand vom Wissen umfasst und folgerichtig vom Gedächtnis bearbeitet werden kann. Auf diese Weise er-

---

27 Siehe ONU. “O Estado de Direito e a Justiça de Transição em sociedades em conflito ou pós conflito”. S/2004/626. Verfügbare Übersetzung in: *Revista Anistia Política e Justiça de Transição*. Brasília: Ministério da Justiça, Jan./Juni 2009, S. 320–350.

28 Vgl. die Widerlegung dieser These im Bereich der vergleichenden Studien bei: Pascual, Alejandra Montiel. *Terrorismo de Estado: a Argentina de 1976 a 1983*. Brasília: Ed. UnB, 2004.

29 Vgl. “País deveria olhar para frente, dizem militares”, in: *Folha de S. Paulo*, 6. Nov. 2008. Verfügbar unter: >http://www1.folha.uol.com.br/folha/brasil/ult96u464785.shtml<.

lebte das Land als erstes und ganz unmittelbares Ergebnis des Reparationsprogramms das Ende eines „Zustands der Verleugnung der Gewalt des Staates“[30].

Brasilien hat zwei Reparationskommissionen: die *Besondere Kommission für aus politischen Gründen Ermordete und Verschwundene*, die zwischen 1995 und 2007 arbeitete, und die *Amnestiekommission*, die seit 2001 tätig ist. Um Reparationen zu fördern, erkennt der Staat notwendigerweise die Existenz von Opfern und ihren Berichten an und darüber hinaus die schweren Verletzungen der Menschenrechte, die gegen die Widerständigen der Diktatur begangen wurden.

In einer weniger unmittelbaren Form haben die Reparationskommissionen *Wahrheit und Erinnerung* hervorgebracht. Sie wurden zu rechtlichen transversalen Mechanismen der Transitional Justice. Als sie die offiziellen Berichte über die Verbrechen des Staates abtaten und die Berichte der Opfer anerkannten, machten die Kommissionen das Recht auf Wahrheit gegenüber den Verletzungen der Menschenrechte effektiv und zwar noch bevor dieses Recht in der inneren Rechtsordnung aufgrund der Vorschriften des Gesetzes, das die Nationale Wahrheitskommission gegründet hatte, niedergeschrieben wurde. Durch den Ablauf des Reparationsprozesses entstand eine bis dahin nie gesehene Ansammlung von Zeugnissen und Aufzeichnungen der Gewalt, aus denen sich die Archive beider Kommissionen zusammensetzen[31].

Und noch mehr: die Kommissionen begannen die Errichtung von Rettungsprojekten der historischen Erinnerung an die Opfer und förderten verschiedene Aktionen im Bereich der Bildung und der Menschenrechte in ganz Brasilien. Diese relevante historische Zeitspanne von über 20 Jahren, nennen wir die *zweite Phase des Kampfes um die Amnestie*. Ihr Kennzeichen sind die folgenden: das Erringen und die Durchsetzung der Reparationen und der Erinnerung gegen das Vergessen. Der Frontalangriff gegen die Leugnungen der Repressionstäter. Die Sichtbarmachung der Opfer und ihrer Berichte über die erlittenen Gewalttaten. Die Rekonstruktion historischer Episoden, welche die offiziellen Versionen untermauerten und für die Entstellung der faktischen Wahrheit sorgten. Der wachsende Aufbau eines wichtigen sozialen Konsenses über die Existenz und Schwere dieser Verletzungen. Schließlich, die Entstehung neuer Mobilisierungsaktionen bezüglich des noch unverwirklichten Teils der Agenda der Transitional Justice.

Weil sie den Reparationsprozess in höchstem Grad entwickelte und Erinnerung und Wahrheit transversal hervorbrachte, kann die zweite Phase des Kampfs

30 Zu einer ausführlicheren Entwicklung der Idee des „Zustands der Verleugnung“ siehe: Cohen, Stanley. *Estado de Negación*. Buenos Aires: UBA/British Council, 2005.

31 Ein breiter Überblick über diesen Prozess findet sich in unserem bereits erwähnten Text: “O programa de reparações como eixo estruturante da justiça de transição no Brasil”.

um die Amnestie als ein Vorgang verstanden werden, in dem die Amnestie *Freiheit und Reparation* bedeutet. In dieser Phase begann man den Amnestiebegriff direkter und offener zu debattieren.

Im Jahr 2007 gab das Sekretariat für Menschenrechte des Präsidialamtes der Republik den Bericht *Das Recht auf Erinnerung und Wahrheit* heraus, mit der systematischen Beschreibung seiner 12-jährigen Tätigkeit und mit dem Bericht über fast 400 anerkannte Fälle von Ermordeten und Verschwundenen, alle Opfer der Diktatur.

Im selben Jahr unternahm die Amnestiekommission eine besondere hermeneutische Wende und in absichtlichem Streit um die Bedeutung dieses historischen Gnadenmechanismus' richtete sie öffentliche Veranstaltungen ein, in denen jeder ehemalig Verfolgte und jeder von der Gewalt des Ausnahmezustandes Betroffene offiziell im Namen des Staates um Entschuldigung gebeten wurde. Dies wurde mittels der sogenannten *Amnestiekarawanen* verwirklicht[32]. Wenn der Amnestiebegriff eine politische Geste des Staates in die Richtung bedeutete, Bürger zu begnadigen, die sich im Rahmen der gesetzlichen Bestimmungen des Nationalsicherheitskonzepts befanden, gewann durch diese praktischen Maßnahmen die Amnestie eine neue Bedeutung. Sie wandelte sich in einen Akt um, durch welchen der verletzte Bürger derjenige ist, der dem Staat die Fehler verzeiht, die gegen seine Person in der Vergangenheit begangen wurden. Die Erklärung als politisch Amnestierter wurde zu einem offiziellen Akt der Anerkennung des Rechts der Gesellschaft auf Widerstand gegen den Autoritarismus und die Unterdrückung. Wenn für manchen die Bedeutung der Amnestie auf *Vergessen* oder *Amnesie* hinwies, spiegelt sie jetzt durch die Aktion der staatlichen *Anerkennung* den Protagonismus der *Reparation* und der *Erinnerung* wieder[33].

In demselben Sinn dieser neuen institutionellen und politischen Bedeutung der Amnestieauffassung in Brasilien hat die Amnestiekommission eine öffentliche Audienz im Justizministerium veranstaltet, die von mehr als 30 nationalen Menschenrechtsorganisationen unterstützt wurde. Diese sollte den Zweck haben, die Reichweite und die Auslegung des Amnestiegesetzes von 1979 als Regel der Straflosigkeit für Straftaten gegen die Menschheit zu prüfen. Diese Audienz be-

---

32 Siehe: Abrão, Paulo / Carlet, Flávia *et al.*: "As Caravanas da Anistia: um mecanismo privilegiado da Justiça de Transição Brasileira". In: *Revista Anistia Política e Justiça de Transição*. Brasília: Ministério da Justiça. N.° 02. Juli/Dez. 2009, seção especial, S. 110–149.

33 In diesem Sinn, siehe: Baggio, Roberta. "Justiça de Transição como reconhecimento: limites e possibilidades do processo brasileiro". In: Santos, Boaventura; Abrão, Paulo / MacDowell, Cecília / Torelly, Marcelo D. (org.). *Repressão e Memória Política no Contexto Ibero-Brasileiro*. Brasília/Coimbra: Ministério da Justiça / Universidade de Coimbra, 2010, S. 260–285.

rücksichtigte auch die Initiativen der Bundesstaatsanwaltschaft, Foltertäter der Militärdiktatur mittels ziviler Rechtsklagen vor Gericht zu bringen[34].

Obwohl das Thema ein politisches Tabu war, wurde es wieder auf die nationale Tagesordnung gesetzt. Die Klage auf Feststellung der Nichterfüllung einer fundamentalen Vorschrift Nr. 153, die von der brasilianischen Rechtsanwaltskammer beim Obersten Bundesgerichtshof eingereicht wurde, ist ein unmittelbares Ergebnis unter anderen dieser interinstitutionellen Mobilisierung. Diese Klage ist eine besondere Verfassungsklage des brasilianischen Rechts, mittels derer unter anderen Zwecken, die Verfassungswidrigkeit von Akten der öffentlichen Gewalt, die vor dem Inkrafttreten der Verfassung begangen wurden, rückwirkend geahndet werden. Die Klage auf Feststellung der Nichterfüllung einer fundamentalen Vorschrift Nr. 153 rügte die Verfassungswidrigkeit der Interpretation der „Bilateralität", die der Amnestie von 1979 gegeben wurde, weil man

34 Angesichts der sozialen Forderungen und der Pflichten, die Brasilien in internationalen Abkommen übernommen hat, förderte die Amnestiekommission des Justizministeriums die öffentliche Audienz „Grenzen und Möglichkeiten der rechtlichen Verantwortlichkeit der menschenrechtsverletzenden Täter während des Ausnahmezustandes in Brasilien", die am 31. Juli 2008 stattfand. Zum ersten Mal nach fast 30 Jahren Amnestiegesetz behandelte der brasilianische Staat das Thema offiziell. Diese von der Exekutive geförderte öffentliche Audienz, mit angemessener Vertretung von divergenten juristischen und politischen Positionen, brach mit einer Art Mythos um das „verbotene Thema" herum und konnte die Einigung von Kräften bewirken, die sich verstreut manifestierten. Sie artikulierte Initiativen der Brasilianischen Rechtsanwaltskammer, der Bundesstaatsanwaltschaft von São Paulo, von verschiedenen zivilen Organisationen, wie die Vereinigung der Richter für die Demokratie, das Internationale Zentrum für die Gerechtigkeit und das Völkerrecht (CEJIL), die Brasilianische Vereinigung politischer Amnestierter (ABAP), die Nationalistische Demokratische Militärvereinigung (ADNAM) und darüber hinaus förderte sie eine Wiederartikulierung der nationalen Initiativen für die Amnestie. Als Ergebnis wurde der Oberste Bundesgerichtshof vom Bundesrat der Brasilianischen Rechtsanwaltskammer durch die Einreichung der Klage auf Feststellung der Nichterfüllung einer fundamentalen Vorschrift Nr. 153 befragt. Es ist hervorzuheben, dass die vor den Obersten Gerichtshof durch die Brasilianische Rechtsanwaltskammer gebrachte Kontroverse sich sogar schon aus der Arbeit der Bundesstaatsanwaltschaft von São Paulo ergab, welche bereits öffentliche zivilrechtliche Klagen vor das Gericht gebracht hatte, mit dem Ziel der rechtlichen Verantwortlichkeit der Foltertäter der Abteilung für Spezielle Operationen des Operationszentrums der Innenverteidigung (DOI-CODI). Darüber hinaus ergab sich die Klage auch aus früheren judizialen Verfahrensinitiativen, die von Angehörigen der Ermordeten und Verschwundenen eingelegt worden waren, wie zum Beispiel von der vorkämpferischen Familie des Journalisten Vladimir Herzog. Sie hat 1978 den Sieg in einer judizialen Klage errungen, in der die Verantwortung des Staates für den Tod des Journalisten erklärt und die offizielle und verleugnerische Version seines Selbstmordes beseitigt wurde.

durch diese Interpretation die Amnestie auf die Straftaten erweiterte, die von der Repression der Diktatur begangen wurden.

Im Jahr 2009 nahm die mobilisierte Zivilgesellschaft mit einer erweiterten Teilnahme von sozialen Akteuren in der Nationalkonferenz für Menschenrechte den Vorschlag an, eine nationale Wahrheits- und Gerechtigkeitskommission einzurichten. Das Protokoll wurde in den III. Nationalen Plan der Menschenrechte eingegliedert[35] und führte zwei Jahre später zur Einrichtung der Nationalen Wahrheitskommission.

Im Jahr 2010 haben die Familienangehörigen der Ermordeten und Verschwundenen in der Episode der „Araguaia-Guerrilla“, mit Unterstützung des CEJIL (Zentrum für die Gerechtigkeit und das Völkerrecht), durch ein Urteil des Interamerikanischen Gerichtshofs für Menschenrechte Recht bekommen. Die „Araguaia-Guerrilla“ war eine Guerrillabewegung, die eine sozialistische Ideologie vertrat. Sie wirkte in der Region des Flusses Araguaia in Amazonien und wurde von der Militärregierung in der ersten Hälfte der 1970-er Jahre besiegt und ausgerottet. Im Urteil des Interamerikanischen Gerichtshofs für Menschenrechte wurde der brasilianische Staat dazu verpflichtet alle rechtlichen Hindernisse auszusetzen, die den Rechtsschutz der Opfer vereiteln könnten, einschließlich der Hindernisse im strafrechtlichen Bereich. Auch wurde der Staat dazu verpflichtet, das Amnestiegesetz eindeutig als Selbstamnestie zu deklarieren, welche mit der Rechtsprechung des Interamerikanischen Systems der Menschenrechte, insbesondere in Bezug auf die schweren Verletzungen der Menschenrechte, unvereinbar war[36].

Verständlicherweise wird, ausgehend von der Arbeit der Reparationskommissionen und den politischen Aktionen zur Förderung der Erinnerung und der Wahrheit,[37] in der zweiten Phase des Kampfes um die Amnestie wieder auf das Spektrum der mobilisierten sozialen Akteure für die Agenda der Transitional

35 Verfügbar unter: >http://portal.mj.gov.br/sedh/pndh3/pndh3.pdf<.

36 Zur Mobilisierung beim Gericht, siehe: Kristicevic, Viviana; Affonso, Beatriz. “A dívida histórica e o caso Guerrilha do Araguaia na Corte Interamericana de Direitos Humanos impulsionando o direito à verdade e à justiça no Brasil”. In: Payen, Leigh A. / Abrão, Paulo / Torelly, Marcelo D. (Org.). *A Anistia na Era da Responsabilização – o Brasil em perspectiva internacional e* comparada. Brasília/Oxford: Ministério da Justiça / Universidade de Oxford, 2011, S. 344–390.

37 Indem sie diese Frage auf die nationale Tagesordnung brachten, haben die Reparationskommissionen die politische Rolle der ehemaligen politisch Verfolgten rekapitalisiert. Organisationen, die sich momentan aus der Agenda des Transitionalen Rechts zurückgezogen hatten, wie die Brasilianische Rechtsanwaltskammer, der Nationale Studentenverein, die Bewegung für die Menschenrechte, die Brasilianische Pressevereinigung und selbst die Nationale Konferenz der Brasilianischen Bischöfe, sind zum Thema zurückgekehrt.

Justice zurückgegriffen. Darüber hinaus wird dieses Spektrum noch erweitert. Man mobilisiert die Familienangehörigen der Ermordeten und Verschwundenen, die Bewegungen der politischen Gefangenen und Verfolgten, die Bewegung der staatlichen Bediensteten, die wegen Beteiligung an Streiken entlassen worden waren, die Bewegung anderer ziviler und militärischer sozialer Segmente, die von Ausnahmegesetzen betroffen worden waren, und eine beachtliche Anzahl von Menschenrechtsorganisationen. Die Rückkehr zum Thema findet auf eine sehr lebhafte Weise statt.

Dieser Moment der sozialen Wahrnehmung der Vergangenheit verursachte die Korrosion der Säule der *Verleugnung* und des *Vergessens*. Funktionsfähig blieb nur die Säule der *Straflosigkeit*. Sie ist durch eine persistente Interpretation des Amnestiegesetzes von 1979 gesichert, die noch heute von den höheren brasilianischen Gerichten vorgenommen wird.

6. Straflosigkeit und Transitional Justice

Die Straflosigkeit der von der zivil-militärischen Diktatur begangenen staatlichen Verbrechen hat zwei Dimensionen. Eine bezüglich der *historischen Kenntnis* der schweren Verletzungen der Menschenrechte und ihrer individuellen und institutionellen Täterschaften. Die andere bezüglich der rechtlichen Möglichkeit, die Täter mit *strafrechtlichen und* zivilrechtlichen Sanktionen zu belegen.

Zur ersten Dimension: das Gründungsgesetz der Wahrheitskommission kann einen Fortschritt bedeuten. Während die Reparationskommissionen, wegen ihrer gesetzlichen Kompetenzen, nur *Fakten* wahrnehmen konnten und nur die *abstrakte Verantwortung* des brasilianischen Staates für die stattgefundenen Verletzungen übernehmen durften[38], hat die Wahrheitskommission Befugnisse zumindest die schweren Verletzungen der Menschenrechte einzuordnen (systematische Folter, gewaltsames Verschwindenlassen von Personen, willkürliche Hinrichtungen, Völkermord und Massaker) und die *individuelle* und *institutionelle Täterschaft* zu identifizieren.

Das bedeutet, dass die Wahrheitskommission Befugnisse hat, um alle stattgefundenen Verletzungen zu ermitteln und einen bestimmten Grad an Verantwortung festzustellen, eine individuelle Verantwortung im weiten Sinn. Es wird also nicht eine rein rechtliche oder judiziale Verantwortung bezweckt, sondern

38 Das ist, was Torelly als das „brasilianische Transitionsmuster der abstrakten Verantwortung“ definierte und das jetzt, abhängig vom Erfolg der laufenden Klagen der Bundesstaatsanwaltschaft und der Arbeit der Nationalen Wahrheitskommission, umgekehrt werden kann. Um das von Torelly vorgeschlagene Muster kennenzulernen, siehe: Torelly, Marcelo D. *Justiça de Transição e Estado Constitucional de Direito*. Coleção Fórum Justiça e Democracia, vol. 02. Belo Horizonte: Fórum, 2012, S. 354–368.

das Recht auf Wahrheitsausübung, dessen Inhaber die Opfer und die ganze Gesellschaft sind. Der Oberste Bundesgerichtshof selbst verweigerte das Recht auf judizialen Schutz der Opfer, in dem er die strafrechtlichen Ermittlungen der Taten verhinderte, die unter das Amnestiegesetz fielen. Jedoch erkannte er das Recht der Gesellschaft auf die Wahrheit an.

Unter dieser Perspektive unterschied sich Brasilien von der lateinamerikanischen Tradition, Wahrheit und Gerechtigkeit zu verbinden. "*No hay verdad sin justicia*", betont der argentinische Staat, der 2005 durch seinen Höchsten Gerichtshof das nationale Amnestiegesetz für verfassungswidrig erklärte. Damit wurde die Eröffnung von Verfahren gegen etwa 1000 Täter der Diktatur möglich. 250 wurden bereits wegen schwerer Verbrechen verurteilt, unter ihnen auch der Ex-Diktator Jorge Videla[39]. Chile, obwohl ohne Aufhebung des eigenen Amnestiegesetzes, anerkannte und erfüllte die Rechtsprechung des Interamerikanischen Gerichtshofs für Menschenrechte im Sinne der Eröffnung von Ermittlungen und Verurteilungen der Fälle von schwerer Verletzungen der Menschenrechte, die sich, wie gesagt, dem Umfang der Amnestiegesetze entzogen[40]. Uruguay verurteilte Juan Bordaberry, seinen letzten Diktator, wegen Attentats auf die Demokratie und weil er für Straftaten verantwortlich war, infolge derer Personen gewaltsam verschwanden. Darüber hinaus erlebte das Land eine intensive Debatte über die Förderung von Gerechtigkeit für andere Taten[41]. Peru verklagte und verurteilte Alberto Fujimori[42]. Guatemala eröffnete zwei Verfahren gegen den Ex-Diktator Efraín Ríos Montt und verklagte ihn wegen Völkermordes[43].

39 Siehe hierzu CELS/ICTJ. *Hacer Justicia*. Buenos Aires: Siclo XXI, 2011.

40 Über den chilenischen Fall siehe: Collins, Cath *et al.*: "Verdad, justicia y memoria: las violaciones de derechos humanos del pasado". In: *Informe Anual sobre Derechos Humanos en Chile 2011*. Santiago: Universidad Diego Portales, 2011, S. 19–53.

41 Siehe: Lessa, Francesca. "Barriers to justice. The *Ley de Caducidad* and Impunity in Uruguay". In: Lessa, Francesca & Payne, Leigh A. (Org.). *Amensty in the Age of Human Rights Accountability – comparative and international perspectives*. Nova Iorque: Cambridge University Press, 2012, S. 123–151, sowie Skaar, Elin. "Impunidade versus responsabilidade no Uruguai: o papel da ley de caducidad". In: Payne, Leigh / Abrão, Paulo; Torelly, Marcelo D. *A Anistia na Era da Responsabilização*. Brasília/Oxford: Ministério da Justiça / Universidade de Oxford, 2011, S. 428–469.

42 Vgl.: Burt, Jo-Marie. "Culpado: o julgamento do ex-presidente peruano Alberto Fujimori por violações dos direitos humanos". In: *Revista Anistia Política e Justiça de Transição*. Brasília: Ministério da Justiça, n.º 04, Juli/Dez. 2010, S. 108–137.

43 Siehe: Roth-Arriaza, Naomi; Braid, Emily. "De facto and de Jure amnesty laws: the Central American case". In: Lessa, Francesca & Payne, Leigh A. (Org.). *Amnesty in the Age of Human Rights Accountability – comparative and international perspectives*. Nova Iorque: Cambridge University Press, 2012, S. 182–209.

Für die Gesellschaften dieser Länder bedeuten solche Maßnahmen, dass das Gesetz für alle gleich ist, selbst für diejenigen, die einmal an der Macht waren und die Verabschiedung der Gesetze manipulieren konnten, um rechtliche Institutionen zur Begnadigung der eigenen Verbrechen zu gestalten.

Es handelt sich um die Auffassung, dass der demokratische Staat mittels der Transitional Justice, Rechenschaft für das ablegt, was im vorherigen Ausnahmezustand begangen wurde.

Die Transitional Justice kann *konkret* in ihren drei Merkmalen begriffen werden: in ihren *komplementären*, *zirkulären* und *kontextuellen Mechanismen.*

Diese Mechanismen sind *komplementär,* weil Wahrheit, Erinnerung, Gerechtigkeit und Reparation Elemente sind, die sich kreuzen. Ihre Aufgaben überlagern sich, sind aber voneinander abhängig. Das Recht auf Wahrheit hängt zum Beispiel sowohl vom Agieren der Wahrheitskommission und den Reparationskommissionen als auch vom Justizsystem ab.

Sie sind *zirkulär,* weil die Ergebnisse einiger dieser Mechanismen auf die notwendige Anwendung der anderen verweisen. Die endgültige Arbeit einer Wahrheitskommission setzt neue Reparationsmaßnahmen durch, öffnet Horizonte für die Gerechtigkeit und fördert neue Erinnerungen zutage.

Sie sind schließlich *kontextuell*, weil die Maßnahmen gemäß der historischen und politischen Gegebenheiten der jeweiligen lokalen Transition angewendet werden. Die Diktaturen in Lateinamerika zum Beispiel, entstanden im Kontext des Kalten Krieges. Sie wurden von einer politischen Großmacht der bipolaren Welt gegen die Ausbreitung der Macht der Anderen angeregt. Im brasilianischen Fall kämpfte man gegen die Ausbreitung von sozialistischem Denken und von linken Ideen. Die Diktaturen aus Ost-Europa unterscheiden sich ihrerseits in ihren Kontexten von den Diktaturen des Südkegels. Demokratien, die eventuell aus dem Arabischen Frühling entstehen, werden sich ebenfalls unterscheiden. Diese kontextuellen Muster sollen berücksichtigt werden, sowohl bei der Integration von interstaatlicher Politik wie auch zu ihrer Differenzierung.

In Lateinamerika, wo es historische Defizite bei der Konsolidierung des Rechtsstaates gibt, ist es besonders wichtig, dass sich das Justizsystem am Prozess der Demokratisierung der Gesellschaft und der Institutionen beteiligt und einen Zusammenhang autoritärer Rechtsprechungen überwindet, um die Menschenrechte durchzusetzen. Das Justizsystem soll sich die Aufgabe stellen, sein institutionelles Selbstverständnis als repressive Sozialkontrolle zu überwinden, in Richtung eines Selbstverständnisses als Gewährleister von Sicherheit und Gerechtigkeit im Schutz der sozialen Emanzipation. Anders als im südlichen Lateinamerika lag in Ost-Europa das Defizit schon gleich bei der Bildung der Justizsysteme vor, die an die Ideologie der Verfassung gebunden waren[44].

Wenn diese kontextuellen interregionalen Verschiedenheiten relevant sind, verdienen auch die innerregionalen Unterschiede Aufmerksamkeit. Man muss betonen, dass die Kooperation zwischen den Justizsystemen der südamerikanischen Länder, beispielsweise zur Förderung der Gerechtigkeit, lebenswichtig ist. Die Position Brasiliens hat deswegen Auswirkungen in der Region, weil sich Verbrecher anderer lateinamerikanischer Länder im nationalen Staatsgebiet befinden und ihre Auslieferung von der rechtlichen Auffassung abhängt, die Brasilien über die eigene Amnestie hat.

7. Amnestie als „Wahrheit und Gerechtigkeit"?

Derzeit treten in Brasilien *neue soziale Bewegungen* unter der Devise „Suche nach Wahrheit und Gerechtigkeit" hervor. Sie entsprechen den Bewegungen, die früher in Argentinien und Chile entstanden sind. Diese Bewegungen stellen die Gültigkeit des Amnestiegesetzes in Frage. Sie verlangen die Erfüllung des Urteils des Interamerikanischen Gerichtshofs für Menschenrechte, damit die rechtlichen Hindernisse überwunden werden, die der Verurteilung von Tätern von Verbrechen gegen die Menschlichkeit entgegenstehen[45].

Wenn in der ersten Phase des Kampfes um die Amnestie die sozialen Bewegungen *Freiheit* forderten, und in der zweiten *Reparation* und *Erinnerung*, lassen diese neuen Bewegungen die Transitionsagenda noch weiter fortschreiten und eröffnen mit der Forderung nach *Wahrheit und Gerechtigkeit* die *dritte Phase des Kampfes um die Amnestie*. In der letzten Zeit, nach der Gründung der Wahrheitskommission und der Verabschiedung des Gesetzes über den Zugang zur Information, betrachten wir das Auftreten neuer sozialer Akteure im Rahmen der Agenda des Transitionalen Rechts: die staatlichen Komitees für die Erinnerung, Wahrheit und Gerechtigkeit, die „Bewegung: Wer?", der „Volksaufstand der Jugend" und die „Politisch Aufgetauchten" sind einige dieser neuen Protagonisten. Die Volksdemonstration gegen die Gedenkfeier des Putsches von 1964, die von den militärischen Clubs 2012 in Rio de Janeiro veranstaltet wurde und die politischen Initiativen der „escrachos" zeigen die Mobilisationsfähigkeit

---

44 Schwartz, Herman. *The struggle for constitutional justice in post-communist Europe.* Chicago: Chicago University Press, 2002.

45 Ein Beispiel dafür kann in: Mourão, Alexandre *et al.*: "Os aparecidos políticos: arte ativista e justiça de transição". In: *Revista Anistia Política e Justiça de Transição.* Brasília: Ministério da Justiça, n.º 06, Juli/Dez. 2011, (im Druck), gefunden werden.

dieser Bewegungen und Gruppen[46]. In diesem letzten Fall handelt es sich um Demonstrationen von Aktivisten vor dem Wohnsitz oder dem Arbeitsplatz von Personen, die man wegen der Begehung von Straftaten oder illegaler Aktivitäten in der Öffentlichkeit anzeigen will, da sie straflos blieben oder nicht einmal angezeigt wurden. Die „escrachos" finden statt nach dem Muster der früheren Demonstrationen unter dem gleichen Namen in Chile und Argentinien.

Nach dem Beispiel der früheren Bewegungen lehnen sich diese neuen sozialen Bewegungen nicht gegen die Amnestie auf, die seit den 1970-er Jahren ihre zentrale Rolle in der Agenda der brasilianischen Transitional Justice behält. Sie *bestreiten vielmehr ihre Bedeutung* und weisen auf ein Verständnis der Amnestie als *Gerechtigkeit* und *Wahrheit* hin, die die schweren staatlichen Verbrechen, die sogenannten *Verbrechen gegen die Menschlichkeit*, aus der rechtlichen Deckung des Amnestiegesetzes von 1979 ausschließt. Man kann sagen, dass sie versuchen die objektiven Bedingungen für eine Annäherung an das chilenische Muster der Transitional Justice zu schaffen, bei dem eine strafrechtliche Amnestie für gemeine Straftaten neben Verurteilungen wegen Verbrechen mit schweren Verletzungen der Menschenrechte existiert[47].

Was die Wirkung des Amnestiegesetzes in Brasilien erklärt und sie von den übrigen lateinamerikanischen Ländern unterscheidet, ist die besondere Kombination von mehreren Faktoren: es sind die *historischen Faktoren*, die mit der kontrollierten Transition zusammenhängen. Die s*ozialen Faktoren*, wie die späte soziale Mobilisierung um das Thema herum. Die *politischen Faktoren*, typisch für Präsidialsysteme mit Koalitionen und für ihre Schwierigkeiten, stabile und programmatische Mehrheiten zu bilden. Und die *rechtlichen Faktoren*, besonders aufgrund der Entscheidung des Obersten Bundesgerichtshofs, die Bilateralität des Amnestiegesetzes von 1979 für gültig zu erklären.

Die Interpretation des Amnestiegesetzes durch die Rechtsprechung der Diktatur, insbesondere durch den Obersten Militärgerichtshof, wurde vor kurzem durch die Entscheidung des demokratischen Obersten Bundesgerichtshofs bei oben genannter Klage auf Feststellung der Nichterfüllung einer fundamentalen Vorschrift Nr. 153 bestätigt. Diese Interpretation stellt eine objektive Herausforderung dar.

---

46 Vgl. "Comemoração do golpe de 64 termina em tumulto no Rio", verfügbar unter: >http://veja.abril.com.br/noticia/brasil/comemoracao-do-golpe-de-64-termina-em-tumulto<.

47 Das Muster des „Gleichgewichts der Gerechtigkeit", dessen Beispiel die Kompatibilität zwischen Amnestien und rechtlichen Verurteilungen ist, wird von einigen Autoren als dasjenige vertreten, das am meisten post-transitionale Verfeinerungen hervorbringt. Vgl. Olsen, Tricia / Payne, Leigh A. / Reiter, Andrew. *Transitional Justice in Balance*. Washington: United States Peace Institute, 2010.

Zusammenfassend fußte die Entscheidung des Obersten Bundesgerichtshofs auf drei Argumenten: 1) Weil sie bilateral war, handelte es sich bei dem brasilianischen Amnestiegesetz nicht um eine Selbstamnestie, wie es bei anderen südamerikanischen Amnestiegesetzen der Fall war. 2) Gegen das brasilianische Amnestiegesetz konnten die Tatbestandskategorien der Verbrechen gegen die Menschlichkeit nicht gelten und 3) weil es sich um ein Versöhnungsgesetz handelte, lag die Kompetenz zu seiner Änderung ausschließlich beim Gesetzgeber. Zufälligerweise waren dies genau dieselben Begründungen, die vor kurzem in der Verurteilung des spanischen Richters Baltazar Garzón verwendet wurden. Eine Tatsache, die viele als ein Zeichen für die behauptete Ähnlichkeit zwischen den brasilianischen und spanischen Transitionsprozessen sehen[48].

Wir stehen dieser Entscheidung insbesondere aus folgenden Gründen kritisch gegenüber: (I) Die Entscheidung spricht dem nach dem Putsch von 1964 entstandenen Regime die grundlegenden charakteristischen Eigenschaften eines Rechtsstaates zu. (II) Sie hält den im Amnestiegesetz enthaltenen politischen Pakt für legitim, auch wenn er als politische Maßnahme die Fähigkeit hat, eine Gruppe von Verbrechen aus der Handlungssphäre der Justiz zu entziehen. (III) Daraus folgte praktisch, dass sie den Bürgern, deren Grundrechte vom Militärregime verletzt worden waren, das Recht auf den judizialen Schutz durch die Ausübung der Verfassungsmäßigkeitsprüfung verweigert. (IV) Sie erkennt an, dass das Amnestiegesetz und die Verfassungsänderung, welche die Verfassungsgebende Versammlung einberief, die Grundlagen des Demokratischen Rechtsstaates in Brasilien sind. (V) Sie verkennt aber, dass die Amnestie „beider Seiten" in ein und demselben Akt das Ergebnis nicht beseitigen kann, dass das Regime in diesem Akt tatsächlich sich selbst amnestierte. (VI) Sie berücksichtigt die internationalen Verträge und Abkommen in Sachen Menschenrechte und besonders die Rechtsprechung des Interamerikanischen Gerichtshofs für Menschenrechte nicht, welche die „Selbstamnestien" und die Amnestie von schweren Verletzungen der Menschenrechte bereits für ungültig erklärt hat. (VII) Sie unterlässt die Berücksichtigung der Präzedenzfälle des eigenen nationalen Verfassungsgerichts im Bereich der Nichtverjährung der Verbrechen von gewaltsamem Verschwindenlassen von Personen, die in den Fällen der Auslieferung argentinischer Repressionstäter geschaffen wurden.

Fakt ist, dass auf diese Weise die Entscheidung des Obersten Bundesgerichtshofs dem Gesetz von 1979, in seiner Dimension der „Straflosigkeit", die formale Gültigkeit innerhalb der demokratischen brasilianischen Rechtsordnung

---

48 Huntington zum Beispiel, definiert die beiden Prozesse als Sinnbilder des Musters „Transition durch Umwandlung". C: Huntington, Samuel, *The third wave*. Norman: Oklahoma University Press, 1993.

verlieh. Damit stellte sie eine direkte und objektive Kontinuität zwischen den Rechtssystemen der Diktatur und der Demokratie her.

Es ist selbstverständlich noch zu früh zu wissen, ob die *dritte Phase des Kampfes um die Amnestie* in Brasilien die notwendige Kraft hat oder sie hervorbringen kann, um diesen Stand der Dinge zu ändern. Sicher ist aber, dass wie in den übrigen Ländern der Region, nur die soziale Initiative eine solche Änderung veranlassen kann[49].

Diese Möglichkeit, dem Amnestiebegriff in Brasilien eine neue Bedeutung in Richtung Wahrheit und Gerechtigkeit zu verleihen, war der Grundstein für die Überlegungen über die Verbindungen zwischen *Politik* und *Recht.* Diese Verbindungen enthalten einen Zusammenhang von sehr interessanten Aspekten:

a) Die Beziehung zwischen dem Völkerrecht und dem nationalen Recht in Brasilien.

b) Die Grundlagen der brasilianischen Verfassung.

c) Die strafrechtlichen und zivilrechtlichen Wirkungen der Amnestiegesetze.

d) Die Unterscheidung zwischen politischen und gemeinen Verbrechen.

e) Die Rolle der Judikative bei den Demokratisierungsprozessen.

Sicher ist, dass es bereits greifbare Ergebnisse gibt, die mindestens auf eine neue Etappe unserer Transitional Justice hinweisen. Erstens verfügt unsere Rechtsordnung schon heute über das positive Recht auf Wahrheit. Des Weiteren wurde eine Nationale Wahrheitskommission gegründet. Sie arbeitet, und hat die Befugnisse und die Struktur um etwas zu fördern, das nie zuvor in unserem Land getan wurde: die Systematisierung und Identifizierung der Täterschaften einer Gesamtheit von Verletzungen der Menschenrechte, welche durch staatliches Tun oder Unterlassen verursacht wurden, in Begleitung einer Auflistung von Reformanregungen mit dem Zweck, sich den Hinterlassenschaften solcher Verletzungen zu stellen.

Die Wahrheitskommission ist das Ergebnis eines historischen Prozesses mit vielen Wurzeln, die bis zu den ursprünglichen Auseinandersetzungen auf der Straße um den Amnestiebegriff im Jahr 1979 reichen. Sie bietet sicherlich eine unvergleichliche und außerordentliche Möglichkeit, um weiter fortzuschreiten.

---

49 Wie kürzlich vom Mitglied der Nationalen Wahrheitskommission, Rosa Cardoso, gesagt wurde. Vgl: "Revisão da Anistia depende da opinião pública". In: *O Estado de S. Paulo.* Verfügbar unter: >http://www.estadao.com.br/noticias/impresso,revisao-da-anistia-depende-de-opiniao-publica-diz-rosa-cardoso-cunha,873966,0.htm<.

Sie hat Macht, Struktur und Aufgaben, die kein anderer Mechanismus unserer Transitional Justice jemals hatte.

Trotzdem wird die Nationale Wahrheitskommission *nicht die letzte Etappe unserer Transitionsagenda* sein. Zusammen mit den bereits unternommenen Anstrengungen ist die Wahrheitskommission ein *Schritt nach vorne*. Es wäre aber ein Fehler zu erwarten, dass die Wahrheitskommission über alle noch ausstehenden Schulden der Transition Rechenschaft ablegen könnte oder sollte. Oder dass sie dies isoliert zu verantworten hätte. Erfahrungen wie die Chiles, das zwei Wahrheitskommissionen und einen Verhandlungstisch gehabt hat, sind sehr gute Beispiele für die Potentiale und Begrenzungen solcher Mechanismen, um die Demokratie voranschreiten zu lassen[50].

Das Urteil des Interamerikanischen Gerichtshofs für Menschenrechte im Fall des „Araguaia- Guerilla" war auch ein bestimmender Grund für die Änderung der institutionellen Position der Bundesstaatsanwaltschaft. Nachdem sie im Prozess der Klage auf Feststellung der Nichterfüllung einer fundamentalen Vorschrift Nr. 153 die Auffassung der Amnestie als Straflosigkeit vertreten hat, sucht sie nun Alternativen, um diese Interpretation zu umgehen und wenigstens die schwersten Verletzungen der Menschenrechte vor Gericht zu bringen. Sie bemüht sich darum, wichtige Beiträge der Völkerrechtslehre der Menschenrechte in ihre institutionelle Tätigkeit einzugliedern. Sie begünstigt dabei einen graduellen Übergang vom spanischen Straflosigkeitsmuster zum chilenischen Muster der partiellen Verantwortung. Zuletzt hatten wir vor kurzem im Bundesstaat Pará[51] die erste Strafanzeige, die von der brasilianischen Bundesjustiz angenommen wurde.

Gemeinsam mit dem Kontext der sozialen Akteure, die neu mobilisiert wurden, lehnen sich diese institutionellen Änderungen genau gegen die letzte Stütze auf, die den strategischen Ausstieg der Täter des Militärregimes von 1964 ermöglichte: *die Verewigung der Straflosigkeit.* Obwohl noch sehr jung, ist diese neue Szenerie, die sich jetzt abzeichnet, die günstigste für die Transitional Justice der Wiederdemokratisierung in Brasilien.

---

50 Vgl. "Verdade e Justiça em perspectiva comparada". José Zalaquett responde Marcelo D. Torelly. In: *Revista Anistia Política e Justiça de Transição*. Brasília: Ministério da Justiça, n.° 04, Juli/Dez. 2010, S. 12–29.

51 Justiça Federal. Seção do Pará. Subseção Marabá. 2ª Vara. Autos n.° 4334-29.2012.04.01.3901.

8. Schlussbeiträge: die Amnestie als Reparation, Erinnerung, Wahrheit und Gerechtigkeit

Diese Studie versuchte, auf eine direkte und zusammenfassende Weise, eine Vielfalt von Argumenten kurzzufassen und darzustellen, die im Laufe einiger Jahre gemeinsam mit dem Zweck aufgebaut worden sind, den brasilianischen Transitionsprozess nicht nur zu erklären, sondern auch in ihn zu intervenieren. Wir fassen dann ihre zentralen Thesen kurz zusammen.

Erstens: die Amnestie ist ein Element, dessen zentrale Rolle und Veränderlichkeit grundlegend für das richtige Verständnis der brasilianischen Transitional Justice ist. Ausgehend vom Amnestiebegriff entwickelt sich die gesamte Auffassung der Transitional Justice in Brasilien. In Brasilien hängen Wahrheit, Reparation und Gerechtigkeit vom Amnestiebegriff ab. Ohne Verständnis des Umfangs, der Ambiguität und des Streites um die Auffassung der „Amnestie", geht man das Risiko ein, sich die allgemeine Auffassung des Amnestiediskurses als „Straflosigkeit und Vergessen" zu eigen zu machen, unter Verschwendung des enormen politischen Potentials, das der Amnestiebegriff für die Ausweitung der öffentlichen Freiheiten in unserer Transition hat.

Zweitens: der Prozess der Reparation für die Opfer war die *strukturgebende Achse* der Transitional Justice in Brasilien. Auch wenn es sich, verglichen mit den Nachbarländern, um einen späteren Prozess handelte, müssen wir feststellen, dass er unaufhörlich weiterfloss und sich graduell entwickelt hat. Die gesamte Wirkung der im Laufe des Prozesses beteiligten Kräfte verstärkte sich in dem Maße, in dem der Reparationsprozess zwei Stützsäulen der Ausstiegsstrategie des Regimes korrodierte (die Leugnung der Existenz von Opfern und das Aufzwingen des Vergessens) und sogar die aktuelle Infragestellung der Säule der Straflosigkeit verursachte.

Drittens: der Kampf um die Amnestie zieht sich quer durch die Generationen und stellt einen Meilenstein in der Bildung unserer demokratischen Identität dar. Mittels dieses Kampfes organisiert sich die Gesellschaft, um eine Gruppe von vermeintlichen Elementen der Gestaltung unserer nationalen Identität zu ändern, wie zum Beispiel die Prämisse des „herzlichen Menschen", der Brüchen abgeneigt ist. Verzerrte Identitätselemente wie dieses hat sich die Ausstiegsstrategie des Regimes angeeignet und für eine „politische Einigung" missbraucht. Dieser Kampf führt uns zur Widerlegung der Folgerung, dass wir ein friedliches Volk sind, nur weil es in unserer Diktatur eine geringere Anzahl an Todesopfern gab als in den Diktaturen mancher Nachbarländer. Wenn sie nicht widerlegt wird, führt uns diese Folgerung zu einer weiteren listigen Täuschung, nämlich, dass wir unter einer „milden Diktatur" gelebt haben und vor allem zu der Idee, dass es möglich ist, die Vergangenheit zu vergessen und in die Zukunft zu schauen, als ob die Welt gerade in diesem Augenblick beginnen würde.

Viertens: der brasilianische Transitionsprozess macht deutlich, dass nur eine breite politische und rechtliche Arbeit die Hinterlassenschaften und Reflexe autoritärer Kulturen überwinden kann, die sich aus Regimen in Ausnahmezustand ergeben; und dass es die Aufgabe des Rechts der Demokratien der Gegenwart ist, mit den Forderungen der kontrollierten Transitionen zu *brechen*.

Fünftens: die hinterlassenen Rechte, die die Transitional Justice in Brasilien und in der Welt gerade konsolidiert, sind gemeinsames Erbe der Menschheit. Sie sollen gepflegt und universalisiert werden. Auf der nationalen Ebene soll der Widerstand gegen den Autoritarismus auf andere Forderungen und auf andere Zeitabschnitte erweitert werden. Das Recht auf Wahrheit und der Zugang zur Information sind, ohne Zweifel, ein Beispiel par excellence dafür, worauf diese Schlussfolgerung hinweisen möchte. Wir alle haben das Recht auf einen transparenten Staat, der der Bevölkerung gegenüber Rechenschaft für seine Taten ablegt. Dies ist ein Beispiel einer Hinterlassenschaft der Transition, die universalisiert werden sollte. Auf der internationalen Ebene hat sich eine *globale Norm der individuellen Verantwortung* mit Klarheit herausgebildet. Sei es im zivilrechtlichen oder strafrechtlichen Bereich, es darf keine Person geben, die von einem ihr gebührenden gesetzlichen Verfahren als unerreichbar betrachtet oder von der Verantwortung für ihre Taten befreit werden kann, wenn diese mit schweren Verletzungen der Menschenrechte verbunden sind.

Die Erfahrungen der Transitional Justice zeigen uns, dass das Wort „Gerechtigkeit" nicht im Singular existiert, weil sie auf verschiedene Weisen ausgeübt werden kann. Trotzdem scheint uns klar zu sein, dass der Begriff von *Verbrechen gegen die Menschlichkeit* – als Verbrechen verstanden, die nicht amnestiert werden können und nicht verjähren – zur Sicherung eines minimalen Musters von Gerechtigkeit verhilft, das in der Lage sein kann, effektiv den globalen Schutz der Menschenrechte zu fördern.

(Tradução do Português: Dr. João Manuel Fernandes, Tübingen, Nov. 2012)

Die Rolle von Recht, Gesellschaft und Politik bei der Verarbeitung von „Unrechtsystemen“

Ulfrid Neumann

I. Zuständigkeiten und Reaktionsmodelle

Der Begriff der „Transition“, an den das Generalthema unserer Tagung „Transitional Justice“ anknüpft, stammt aus der sozialwissenschaftlichen Forschung zu politischen Systemwechseln. Er bezieht sich insbesondere auf den Wechsel von einem diktatorischen oder autoritären hin zu einem demokratisch verfassten System.[1] Mit einem diktatorischen (autoritären) System sind typischerweise Menschenrechtsverletzungen verbunden, die dem System selbst zugerechnet werden können. Menschenrechtsverletzungen vollziehen sich hier nicht mehr als Unrecht *im politischen System*; sie sind vielmehr konstitutiver Bestandteil dieses Systems selbst, das sich durch die systematische Praxis der Menschenrechtsverletzungen als *Unrechtssystem* diskreditiert.

Ein Regime, das Menschenrechte systematisch verletzt, ist in einer Welt, die sich nahezu universal zu diesen Menschenrechten bekennt, eine Herrschaft auf Abruf. Nach ihrem Ende erscheint diese Herrschaft als *Ausnahmezustand*, als eine irreguläre Phase in der Zeitgeschichte des Staates und seiner Gesellschaft. Trotzdem ist es nicht möglich, nach der Wiederherstellung einer demokratischen Ordnung einfach zur Tagesordnung überzugehen. Die Verletzungen, die das Regime hinterlassen hat, die Verbrechen, die in seinem Namen begangen wurden, müssen in der Gesellschaft *verarbeitet* werden. Das ist eine Aufgabe der Politik, es ist eine Aufgabe der gesellschaftlichen Diskussion, und es ist eine Aufgabe des Rechts. Wo das Schwergewicht der Auseinandersetzung mit der Vergangenheit liegen soll, ist eine politische Entscheidung. Die Politik ist also nicht nur Akteur, sie ist auch Regisseur in dem Prozess der „Vergangenheitsbewältigung“ – ein deutsches Wort, das schwer übersetzbar ist, aber die Aufgabe zutreffend umschreibt. Man kann die Alternativen, die sich hier stellen, unterschiedlich

---

1 *Eser/Arnold*, Einführung in das Gesamtprojekt, in: Eser/Sieber/Arnold (Hrsg.), Strafrecht in Reaktion auf Systemunrecht, Teilband 13, Brasilien, Berlin 2009, S. 2. Zu den vielfältigen Aspekten einer „Transitional Justice“ vgl. etwa *Werle*, Transitional Justice – Der juristische Rahmen, in: Festschrift für Ulrich Eisenberg zum 70. Geburtstag, 2009, S. 791 ff.; sowie die Beiträge in *Félix Réategui* (ed.), Transitional Justice. Handbook for Latin America, 2011 (Veröffentlichung des Brasilian Ministry of Justice Amnesty Commission).

strukturieren. Die erste Frage dürfte sein, ob die primäre Zuständigkeit bei der Gesellschaft oder aber bei dem Staat und seinen Institutionen liegen soll.

1) Gesellschaftliche Aufarbeitung der Vergangenheit

Soll die Zuständigkeit vor allem bei der Gesellschaft selbst liegen, dann ist in erster Linie die Wissenschaft als gesellschaftliches Teilsystem gefordert, insbesondere die Geschichtswissenschaft. Es geht dann um eine zeitgeschichtliche Rekonstruktion und Analyse der Strukturen und der Handlungen des vergangenen diktatorischen Systems. Moralische oder rechtliche Bewertungen des Geschehenen können durch diese Analysen nahe gelegt werden, gehören aber nicht zu den Aufgaben der Wissenschaft selbst. Ein gesellschaftliches Forum auch für eine *wertende* Auseinandersetzung mit der Vergangenheit bietet die zeitgenössische Kunst, insbesondere die Literatur. Von ihr können wesentliche Impulse für eine gesamtgesellschaftliche Auseinandersetzung mit der Vergangenheit ausgehen. Allen Formen der „Vergangenheitsbewältigung" durch die Gesellschaft selbst ist aber gemeinsam, dass sie unkoordiniert sind, heterogenen Wertungen Raum geben und eher punktuell als systematisch ansetzen. Insbesondere lassen sie eine klare Zielsetzung, sei es im Sinne einer Abrechnung mit der Vergangenheit oder aber einer Versöhnung mit ihr, nicht zu. Die wissenschaftliche Aufarbeitung der eigenen Vergangenheit schafft Distanz und kann damit gerade auch der „Schuldabwehr" dienen.[2] Die gesellschaftlichen Auswirkungen, seien sie positiv oder negativ zu bewerten, bleiben zufällig.

2) Staatliche Intervention

a) Ziele

Das ändert sich, wenn der Staat selbst die Verantwortung für die Auseinandersetzung mit der Vergangenheit übernimmt und diese Auseinandersetzung mit einer bestimmten politischen Zielsetzung betreibt. In Deutschland hat sich hier neuerdings der Begriff der „Vergangenheitspolitik" eingebürgert.[3] Im Rahmen der „Vergangenheitspolitik" hat der Staat vor allem zwei Grundentscheidungen zu treffen. Die erste betrifft das Ziel selbst: soll es, soweit möglich, um eine Ausblendung der Vergangenheit gehen – das so genannte „Schlussstrichmodell"? Das würde bedeuten, dass die „negative Erinnerung" (*Kosellek*), um die es bei der Verarbeitung von Systemunrecht geht, nicht als „Erinnerung an das

---

2 *Perels*, Der Teufel weint nicht. Zur Entwicklung von NS-Tätern, in: Pohl/Perels (Hrsg.), Normalität der NS-Täter?, Hannover 2011, S. 47 ff., 51.

3 Vgl. etwa *Norbert Frei*, Vergangenheitspolitik, München 2012.

Negative“, sondern als „Nicht-Erinnerung“ zum Zuge käme. Oder sollen die Exzesse der Vergangenheit an den Pranger gestellt und möglicherweise auch strafrechtlich sanktioniert werden? Oder soll, dritte Möglichkeit, das Ziel allein auf eine Re-Integration der Gesellschaft gerichtet sein, auf eine Schließung offener Wunden im Sinne des so genannten „Aussöhnungsmodells“?[4]

b) Mittel

Die zweite Grundentscheidung betrifft die Frage, *mit welchen Mitteln* das jeweilige Ziel erreicht werden soll. Geht es um eine aktive Auseinandersetzung mit der Vergangenheit, so stellt sich die Alternative, ob diese Aufgabe der Strafjustiz oder aber, beispielsweise, so genannten „Wahrheitskommissionen“ übertragen werden soll. Wird der Weg der Strafverfolgung gewählt, so gibt es wiederum zwei Möglichkeiten. Man kann die strafrechtliche Verfolgung auf wenige Personen begrenzen und sie mit einer *Amnestie* für die Masse der in das „Systemunrecht“ verstrickten Personen verbinden – das ist der Weg, den Griechenland nach dem Ende der Militärdiktatur im Jahre 1974 eingeschlagen hat. Man kann andererseits dem Strafrecht eine *umfassende Aufgabe* bei der Verarbeitung der Vergangenheit zuerkennen – das ist die Lösung, für die Deutschland sich nach 1945 hinsichtlich der NS-Zeit und nach 1989 hinsichtlich des in der ehemaligen DDR begangenen Unrechts entschieden hat.

II. Strafrecht als Instrument der Vergangenheitsbewältigung

Ich werde mich im Folgenden auf Überlegungen zu diesem „Bestrafungsmodell“ beschränken. Dabei geht es vor allem um drei Probleme. Es geht erstens um die gesellschaftliche Leistungsfähigkeit des Strafrechts bei der Bewältigung von Systemunrecht. Es geht zweitens um die Frage seiner „intrinsischen“ Rechtfertigung. Und es geht drittens um das Problem der rechtsstaatlichen Grenzen einer Bestrafung von Personen, die an dem Systemunrecht des vergangenen Regimes beteiligt waren.

1) Leistungen des Strafrechts

a) Wahrheitsermittlung

Was die *Leistungsfähigkeit* des Strafrechts betrifft, so wird immer wieder die herausragende Rolle betont, die dem Strafverfahren bei der Ermittlung der historischen Wahrheit zukomme. Der Strafprozess sei durch die vorgeschriebene umfassende Beweisaufnahme in besonderer Weise geeignet, der Wahrheit auf die

4 Zu diesen unterschiedlichen Grundmodellen *Eser/Arnold* (Anm. 1), S. 3 ff.

Spur zu kommen.[5] Dass dem so ist, soll hier nicht bestritten werden. Aber ganz abgesehen von der Frage, ob es nicht ein Missbrauch des Strafrechts wäre, das Strafverfahren als Instrument historischer Forschung einzusetzen:[6] ein Strafverfahren kann allenfalls Mosaiksteine zu dem komplexen Bild der Struktur eines politischen Systems liefern. Hinzu kommt, dass die Beschuldigten im Strafverfahren ein Recht haben, die Aussage zu verweigern, dass also häufig gerade diejenigen schweigen, die als einzige zuverlässig Auskunft geben könnten. Unter dem Gesichtspunkt der Wahrheitsermittlung dürfte die Beauftragung von Wahrheitskommissionen dem Einsatz des Strafverfahrens deutlich überlegen sein.

b) Zerstörung legitimierender Deutungsmuster

Trotzdem kommt dem Strafrecht bei der Bewältigung der Systemkriminalität eines vergangenen diktatorischen Regimes eine zentrale Bedeutung zu. Denn das Strafrecht ist ein bedeutsames Medium der gesellschaftlichen Kommunikation. Strafverfahren transportieren in der Gesellschaft Botschaften über die Bewertung von Verhaltensweisen und leisten damit einen wesentlichen Beitrag zur Etablierung wie auch zur Korrektur gesellschaftlicher Deutungsmuster. Genau darum, nämlich um die Zerstörung eingefahrener Deutungsmuster eines vergangenen Unrechtssystems, geht es aber bei der Bewältigung eines vergangenen diktatorischen Regimes. Natürlich müssen auch individuelle Rechtsverletzungen kompensiert werden – es geht maßgeblich um die Rehabilitation der Opfer (dazu später) einschließlich ihrer materiellen Entschädigung. Aber die zentrale gesellschaftliche Aufgabe ist die Destruktion von Ideologien, mit denen diese Rechtsverletzungen seinerzeit legitimiert wurden. Das Strafrecht als schärfstes Instrument des gesellschaftlichen Tadels stellt klar, dass diese Ideologien zur Rechtfertigung begangener Rechtsverletzungen nicht taugen. Lassen Sie mich das an einem aktuellen Beispiel aus dem europäischen Raum verdeutlichen.

Der Europäische Gerichtshof für Menschenrechte (EuGMR) hatte vor einiger Zeit über die Beschwerde eines ehemaligen Partisanen zu entscheiden, der im Jahre 1944 in Lettland ein Dorf überfallen und dort mehrere Zivilisten ermordet hatte – teilweise auf äußerst grausame Weise.[7] Der Hintergrund: Bewohner dieses Dorfes hatten einige Monate zuvor eine Gruppe von Partisanen an die deutsche Besatzungsmacht verraten; die Mitglieder dieser Gruppe waren

---

5 In diesem Sinne etwa *Schroeder*, Der Einsatz des Strafrechts zur Durchsetzung historischer Gerechtigkeit, in: Nußberger/von Gall (Hrsg.), Bewusstes Erinnern und bewusstes Vergessen, Tübingen 2011, S. 339 ff., 341 ff.

6 *Schroeder* (Anm. 5), S. 342.

7 Kononov vs. Latvia. Entscheidung vom 17.5.2010 – Aktenzeichen: 36376/04. Dazu ausführlich *Schroeder* (Anm. 5), S. 339 ff.

daraufhin von Soldaten erschossen worden. Der Täter war nach dem Ende des kommunistischen Systems von einem lettischen Gericht zu einer Freiheitsstrafe verurteilt worden. Der EuGHMR wies die Beschwerde, die der Verurteilte gegen diese Entscheidung eingelegt hatte, in beiden Instanzen ab. Russische Medien reagierten auf diese Entscheidungen des EuGHMR teilweise mit heller Empörung. Der Tenor war: „Der EuGHMR verurteilt die Tat eines Antifaschisten".[8] Hier wird das zentrale Deutungsmuster deutlich, um dessen Korrektur (oder Fortbestand) es bei derartigen Strafverfahren geht: Wird das maßgebliche Koordinatensystem durch den Gegensatz „Faschismus – Antifaschismus" gebildet, dann sind alle Handlungen, die gegen „den Faschismus" gerichtet sind, tendenziell gerechtfertigt – selbst wenn es sich um die grausame Tötung von Zivilisten handelt.

Man muss nicht betonen, dass sich dieses Koordinatensystem durch zahlreiche andere ersetzen lässt – etwa das von „Kommunismus" und „Patriotismus" oder das von „Rechtgläubigkeit" und „Ketzerei". Aufgabe des Strafrechts ist es hier, solche Koordinatensysteme und die an ihnen orientierten Deutungsmuster zu durchbrechen. Strafrecht hat also auch die Funktion, Ideologien zu zerstören, die unter dem früheren Regime zur Legitimation systemkonformer Verbrechen eingesetzt wurden. Nach der Theorie der positiven Generalprävention kommt dem Strafrecht die Aufgabe zu, gesellschaftlich anerkannte Normen zu stabilisieren, wenn diese durch eine Straftat in Frage gestellt wurden. Diese Aufgabe erweitert sich hier um die Funktion, Normen zur Aberkennung oder zur Wiederanerkennung zu verhelfen, die von der Ideologie des diktatorischen Systems verdrängt oder überlagert worden waren.

c) Zwischenbilanz

Das Strafrecht, so die Zwischenbilanz, kann im Rahmen der Aufarbeitung eines vergangenen Unrechtssystems eine wichtige Rolle übernehmen. Strafe kann aber niemals durch ihre positiven Effekte alleine legitimiert werden. Sie ist nur dann gerechtfertigt, wenn sie auch in einem normativen Sinne begründet werden kann. Das heißt: die Strafe muss sich gegenüber dem Täter als gerechte Reaktion auf seine Taten ausweisen lassen. Das Problem der Strafgerechtigkeit stellt sich hier in doppelter Weise. Zum einen geht es darum, ob der Staat möglicherweise zur Bestrafung der Täter *verpflichtet* ist, weil diese Bestrafung eine Forderung der Gerechtigkeit darstellt. Zum andern geht es um das komplementäre Problem, ob der Staat zu einer Bestrafung „systemkonformer" Taten *berechtigt* ist, oder ob das Prinzip der Rechtsstaatlichkeit eine solche Bestrafung verbietet.

---

8 Vgl. *Schroeder* (Anm. 5), S. 340.

Ich werde mich im Folgenden vor allem mit der zweiten Frage beschäftigen, möchte zunächst aber kurz auf die erste eingehen.

2) Normative Rechtfertigung des Einsatzes des Strafrechts

a) Strafgerechtigkeit gegenüber dem Opfer – Genugtuung und Solidarisierung

Die Frage, ob die Bestrafung begangenen Unrechts als *Gebot der Gerechtigkeit* anzusehen ist, kann heute nicht mehr unter Rückgriff auf religiöse oder ontologische Prämissen beantwortet werden. Es geht um ein Problem der praktischen Philosophie, der Moralphilosophie, nicht um eine Frage der Metaphysik. Das bedeutet: Die Gerechtigkeit einer Bestrafung müsste sich ebenso in rationaler Weise begründen lassen wie die Gerechtigkeit einer Verurteilung zum *Schadensersatz*. Die Forderung einer „rationalen" Begründung ist dabei im Sinne einer kompensatorischen Funktion der Strafe zu verstehen. Sie bedeutet: es muss gezeigt werden, dass dem *Nachteil*, der dem Straftäter zugefügt wird, ein *Vorteil* auf der Seite des Geschädigten entspricht, und dass dieser Vorteil die Zufügung des Nachteils legitimiert.[9]

Diese Begründung ist nicht zu leisten, wenn man allein auf den *materiellen Schaden* abstellt, der durch die Tat entstanden ist. Denn anders als bei der Frage des Schadensersatzes geht es bei der Strafe nicht um die gerechte Verteilung *vorhandener* Lasten. Vielmehr wird dem Täter eine zusätzliche Last aufgebürdet, die bei der Verurteilung zu einer Freiheitsstrafe niemandem zugutekommt. Es geht also nicht um Schadens*verteilung*, sondern um die willkürliche Herbeiführung eines *weiteren* Schadens, der gegen den vom Täter verursachten Schaden „aufgerechnet" werden soll. Wie aber ein Schaden durch die Herbeiführung eines *zusätzlichen* Schadens kompensiert werden könnte, ist jenseits metaphysischer Prämissen nicht zu sehen. Man kann die Übel dieser Welt nicht dadurch neutralisieren, dass man ihnen weitere Übel hinzufügt.

Die Perspektive ändert sich, wenn man nicht auf einen materiellen, sondern auf einen *ideellen* Schadensersatz abstellt, den der Täter den Opfern (und möglicherweise der Gesellschaft insgesamt) schuldet. Dieser Gesichtspunkt, der seit langem unter dem Stichwort „*Genugtuung für das Opfer*" in der Diskussion mitgeführt wird, gewinnt in den letzten Jahren zunehmend an Bedeutung.[10] Man kann ihn ohne weiteres dahingehend formulieren, dass dem Opfer durch die Bestrafung des Täters Gerechtigkeit geschehe und geschehen müsse.

---

9 Näher dazu *Neumann*, Dimensionen der Strafgerechtigkeit, in: Shing I Liu / Ulfrid Neumann (Hrsg.), Gerechtigkeit – Theorie und Praxis, Baden-Baden 2011, S. 117 ff.

10 Dazu etwa *Hassemer/Reemtsma*, Verbrechensopfer. Gesetz und Gerechtigkeit, München 2002 (insbesondere S. 112–137).

Diese Vorstellung hat ohne Zweifel tiefe psychologische Wurzeln. Jedenfalls bei schweren, die persönliche Integrität verletzenden Straftaten erleben die *Opfer* die Bestrafung des Täters als einen Akt der Gerechtigkeit. Das gilt in besonderem Maße im Bereich schweren staatlichen Unrechts, also bei gravierenden Menschenrechtsverletzungen. Natürlich kann man hier von einem bloßen *Racheverlangen* sprechen. Aber damit würde das Bedürfnis des Opfers nach Minderung des ihm zugefügten Leids mit einer negativen Wertung versehen, die angesichts der offenkundigen Universalität dieses Bedürfnisses schwer zu rechtfertigen sein dürfte. Die Staatengemeinschaft erkennt dieses Bedürfnis als legitimes Interesse an. Die Einrichtung eines Internationalen Strafgerichtshofs (ICC), die Institutionalisierung anderer internationaler Strafgerichte dient auch dem Ziel, den Opfern und ihren Angehörigen Gehör und Genugtuung zu verschaffen.

Es geht aber nicht nur um Genugtuung für das Opfer, sondern zugleich um die Bestätigung, dass es tatsächlich „Opfer“, und das heißt: Opfer einer *Rechtsverletzung* geworden ist. Diese Bestätigung ist gerade bei Gewaltakten, die von staatlich verfassten Unrechtssystemen ausgehen, von besonderer Bedeutung. Denn bei systemkonformen Gewalttaten ist die Verteilung von Täter- und Opferrolle keineswegs so unumstritten wie (im Regelfall) bei Rechtsgutsverletzungen, die innerhalb des Systems selbst als kriminelle Handlungen geächtet sind. So wurden in der Bundesrepublik Deutschland in den ersten Jahrzehnten nach dem Ende des 2. Weltkriegs Urteile der Militärgerichtsbarkeit des „Dritten Reichs“ als legitim anerkannt – einschließlich von Todesurteilen, die wegen „Wehrkraftzersetzung“ verhängt worden waren.[11] Erst in den Jahren ab 1998 erfolgte Schritt für Schritt eine Rehabilitierung der Opfer der NS-Militärjustiz.[12] Urteile der so genannten „Erbgesundheitsgerichte“ aus der Zeit des Nationalsozialismus, in denen die zwangsweise Sterilisierung des Betroffenen angeordnet wurde, galten in der Bundesrepublik zunächst als rechtsstaatliche Entscheidungen. Erst im Jahre 1988 deklarierte der Deutsche Bundestag, dass es sich bei diesen Urteilen um spezifisch nationalsozialistisches Unrecht gehandelt habe.[13] Die oben genannte Funktion der strafrechtlichen Aufarbeitung von Systemunrecht, der Gesellschaft (wieder) rechtsstaatliche Maßstäbe und Koordinaten zu

---

11 *Saathoff*, in: Perels/Wette (Hrsg.), Mit reinem Gewissen. Wehrmachtsrichter in der Bundesrepublik und ihre Opfer, 2011, S. 297 ff., 303.

12 „Gesetz zur Aufhebung der nationalsozialistischen Unrechtsurteile in der Strafrechtspflege“ (NS-AufhG) BGBl I 1998, S. 2501 sowie die dazu 2002 und 2009 ergangenen Änderungsgesetze (BGBl I 2002 S. 2714 sowie BGBl I 2009 S. 3159). Dazu *Saathoff* (Anm. 11), S. 311.

13 *Tümmers*, Anerkennungskämpfe. Die Nachgeschichte der nationalsozialistischen Zwangssterilisation in der Bundesrepublik, Göttingen 2011, S. 304.

vermitteln, fällt insoweit mit der Aufgabe zusammen, das Opfer in seiner Rolle als Opfer rechtswidrigen staatlichen Handelns zu bestätigen.

Die Frage, ob ein Staat unter Gesichtspunkten der Gerechtigkeit verpflichtet sein kann, Menschenrechtsverletzungen zu bestrafen, die im Rahmen eines zuvor etablierten „Unrechtssystems" begangen wurden, lässt sich also *prima facie* mit „Ja" beantworten. *Prima facie* deshalb, weil es eine *Verpflichtung* zur Bestrafung nur im Rahmen einer *Berechtigung* zur Bestrafung geben kann. Die Gerechtigkeit gegenüber den Opfern darf nicht zur Ungerechtigkeit gegenüber den Tätern werden. Das bedeutet: auch gegenüber den – wirklichen oder mutmaßlichen – Tätern müssen grundsätzlich alle Prinzipien zur Anwendung kommen, die für das rechtsstaatliche Strafrecht konstitutiv sind. Es geht hier vor allem um das Schuldprinzip, um die Unschuldsvermutung und um das Recht auf ein faires Verfahren. Es geht bei Strafverfahren, die systemkonforme Taten betreffen, aber vor allem um den rechtsstaatlichen Grundsatz „keine Strafe ohne Gesetz" (nulla poena sine lege). Auf dieses Problem werde ich mich im Folgenden konzentrieren.

b) Strafgerechtigkeit gegenüber dem Täter – das Verbot rückwirkender Strafgesetze

Das Problem stellt sich nicht, wenn die Handlung schon zum Zeitpunkt der Tatbegehung, also auch nach dem im „Unrechtssystem" geltenden Recht, mit Strafe bedroht war. War die Tat dagegen zum *Tatzeitpunkt* nach der *Gesetzeslage* nicht strafbar, dann droht eine Kollision mit dem rechtsstaatlich elementaren Verbot rückwirkender Schaffung bzw. Anwendung von Strafgesetzen. In dieser Situation gibt es drei Möglichkeiten. Man kann zum einen, in strikter Beachtung des Rückwirkungsverbots, auf eine Bestrafung der Täter verzichten. Man kann, zum zweiten, dieses Rückwirkungsverbot in Hinblick auf die Monstrosität der Taten, um die es geht, im Wege der Gesetzgebung offen durchbrechen. Und man kann, drittens, versuchen, das Problem im Wege einer rechtsphilosophischen Argumentation hinweg zu definieren, indem man bestimmten Gesetzen des vergangenen Rechtssystems einfach die rechtliche Geltung abspricht. Dieser dritte Weg verspricht, eine „gerechte" Bestrafung zu ermöglichen, ohne eine Einschränkung des Rückwirkungsverbots in Kauf nehmen zu müssen. Es ist dies der Weg, den die Gerichte in Deutschland sowohl nach dem Ende des NS-System als auch nach der Wiedervereinigung der beiden deutschen Staaten beschritten haben.[14]

---

14 Näher dazu und zum Folgenden *Neumann*, Rechtspositivismus, Rechtsrealismus und Rechtsmoralismus in der Diskussion um die strafrechtliche Bewältigung politischer Systemwechsel (2002), in: ders., Recht als Struktur und Argumentation, Baden-Baden 2008, S. 163 ff.

aa) Die „Radbruchsche Formel“ – ein rechtsphilosophischer Weg zur Strafbarkeit?

Rechtsphilosophisch geht es hier um die Auseinandersetzung zwischen *Rechtspositivismus* und *Rechtsmoralismus*. Eine Kollision mit dem *Rückwirkungsverbot* soll nur dann vorliegen, wenn die Handlung nach der zur Tatzeit bestehenden *Rechtslage* nicht strafbar war. Die Frage, was in einem „Unrechtssystem“ geltendes Recht war oder ist, wird aber bekanntlich von den Rechtspositivisten anders beantwortet als von den Vertretern des Rechtsmoralismus. Während die Rechts*positivisten* die ehemalige *Rechtslage* mit der ehemaligen *Gesetzeslage* gleichsetzen, bauen die Rechts*moralisten* zwischen Gesetzeslage und Rechtslage einen Filter ein, der verhindert, dass grob ungerechte Gesetze rechtliche Verbindlichkeit erlangen können *und konnten*. Die rechtsmoralistische Korrektur soll also nicht nur für das aktuelle Rechtssystem, sondern auch für *vergangene Rechtsordnungen* gelten. Die Konsequenz: man kann im Wege einer rechtsmoralistischen Argumentation aus der Rechtsordnung des vergangenen „Unrechtssystems“ Normen herausbrechen, aus denen sich eine Rechtfertigung für die Verletzung von Menschenrechten (z. B. Folterungen) ergab. Die Frage ist, ob das Rückwirkungsproblem damit gelöst oder aber in rechtsstaatswidriger Weise umgangen wird.

Für die klassische Auseinandersetzung zu dieser Frage stehen die Namen „Gustav Radbruch“ und „H.L.A. Hart“. Auf Radbruch berufen sich der deutsche Bundesgerichtshof[15] und das deutsche Bundesverfassungsgericht[16] bei ihren Entscheidungen zum „Systemunrecht“ des NS-Systems und dem – in der Dimension nicht vergleichbaren – „Systemunrecht“ der DDR explizit. Radbruchs Ausgangspunkt: Auch das ungerechte Gesetz ist grundsätzlich als verbindlich zu betrachten; das Prinzip der Rechtssicherheit verbietet es, jedem „ungerechten“ Gesetz die Geltung abzusprechen. Bei einem *unerträglichen Verstoß* gegen Prinzipien der Gerechtigkeit allerdings soll das Gesetz, als „unrichtiges Recht“, seine Geltung einbüßen – die so genannte *„Unerträglichkeitsformel“*. Das Gleiche soll gelten, wenn mit dem Gesetz Gerechtigkeit nicht einmal erstrebt werde – die so genannte *„Verleugnungsformel“*. In diesem zweiten Fall handele es sich

---

15 Exemplarisch in der in der Amtlichen Sammlung Bd. 39, S. 1 veröffentlichten Entscheidung (BGHSt 39, 1).

16 Exemplarisch in der in der Amtlichen Sammlung Bd. 95, S. 96 veröffentlichten Entscheidung (BVerfGE 95, 96).

nicht einmal um „unrichtiges Recht“, vielmehr fehle dem Gesetz überhaupt die Rechtsnatur.[17]

Hart erhebt gegen die Position *Radbruchs* eine Reihe von Einwänden,[18] die an dieser Stelle nicht im Einzelnen erörtert werden können.[19] Das vorliegend relevante Argument betrifft ausdrücklich das Problem des Verhältnisses von Radbruchscher Formel und *Rückwirkungsverbot.* Das Argument lautet: spricht man einer strafrechtlichen Rechtfertigungsnorm, die in einer früheren Rechtsordnung erlassen wurde, *ex post* die Rechtswirkung ab, so verdeckt und umgeht man das Problem der rückwirkenden Anwendung strafbarkeitsbegründender Normen.[20] *Hart* schließt die rechtsstaatliche Zulässigkeit der Rückwirkung von Strafnormen nicht generell aus, besteht aber darauf, die entsprechenden Fälle demgemäß zu kennzeichnen. Es dürfe ein Fall *rückwirkender Bestrafung* „nicht wie eine gewöhnliche Bestrafung für eine zur Tatzeit unrechtmäßige Handlung aussehen“.[21] Andere Stimmen in der Diskussion mahnen dazu, man solle sich des „scharfen Schwerts“ der Radbruchschen Formel wegen der damit verbundenen Rückwirkungsprobleme nur zurückhaltend bedienen.[22] Das provoziert die Frage, ob dieses Schwert im Waffenarsenal eines rechtsstaatlichen Strafrechts überhaupt einen legitimen Platz hat. Verstößt, direkt und etwas plakativ gefragt, die Radbruchsche Formel in der Anwendung auf strafrechtliche Rechtfertigungsgründe gegen das rechtstaatliche Rückwirkungsverbot?

Es liegt nahe, diese Frage schon aus logischen Gründen zu verneinen. Denn es ist natürlich gerade der *Witz* des naturrechtlichen Denkmodells, dass es dem naturrechtswidrigen Gesetz die verbindliche Kraft *ab initio* versagt. Die naturrechtliche Argumentation, so die naheliegende Schlussfolgerung, macht nur *die Rechtslage* geltend, die in der Rechtsordnung schon seinerzeit bestand. Mit der Anwendung der Radbruchschen Formel würde dann nicht rückwirkend die Rechtslage geändert, sondern nur festgestellt, wie die Rechtslage seinerzeit tat-

---

17 *Radbruch*, Gesetzliches Unrecht und übergesetzliches Recht (1946), in: Gustav Radbruch-Gesamtausgabe (GRGA), hrsg. von Arthur Kaufmann, Heidelberg 1987 ff., Bd. 3, S. 87 ff., 89.

18 *H.L.A. Hart*, Der Positivismus und die Trennung von Recht und Moral (1958), in: ders., Recht und Moral. Drei Aufsätze, 1971, S. 14 ff., 39 ff.

19 Näher dazu *Neumann*, Ralf Dreiers Radbruch (2005), in: ders., Rechts als Struktur und Argumentation, 2008, S. 203 ff., 205 ff.

20 *Hart*, Positivismus (Anm. 18), S. 43 f.

21 *Hart*, Der Begriff des Rechts, 1973 (Original: The Concept of Law, 1961), S. 291 f.

22 *Ralf Dreier*, Gesetzliches Unrecht im SED-Staat? Am Beispiel des DDR-Grenzgesetzes, in: Strafgerechtigkeit. Festschrift für Arthur Kaufmann zum 70. Geburtstag, Heidelberg 1983, S. 57 ff., 69.

sächlich gewesen ist.[23] Aus dieser Sicht erscheint die Radbruchsche Formel nicht als *Durchbrechung*, sondern eher als *Garantie* des Rückwirkungsverbots.

Es ist nicht zu bezweifeln, dass diese Interpretation den Intentionen *Radbruchs* entspricht. Denn *Radbruch* ging es gerade um die Feststellung, dass, gemessen an diesem Modell, „ganze Partien nationalsozialistischen Rechts niemals zur Würde geltenden Rechts“ gelangt seien.[24] Folgt man dieser Sichtweise, dann stellt sich ein Rückwirkungsproblem aus rechtstheoretischer Perspektive nicht. Es ist dann allenfalls zu überlegen, ob man aus rechtsstaatlichen Gründen darauf verzichten soll, die damalige „wirkliche“ Rechtslage rücksichtslos gegen den Täter zu wenden. Hier bietet sich etwa die Möglichkeit, statt auf die damalige *Rechtslage* auf die damalige *Gesetzeslage*[25] oder auf die damalige *Rechtspraxis* abzustellen. Man kann dem Gedanken des Vertrauensschutzes aber auch durch die großzügige Zuerkennung eines unvermeidbaren Verbotsirrtums Rechnung tragen, oder auch durch eine Exkulpation in bestimmten Fällen des Handelns „auf Befehl“. Die *praktischen* Probleme der Annahme einer Unwirksamkeit grob ungerechter Rechtfertigungsnormen *ab initio* lassen sich durch flankierende Regelungen bewältigen.

bb) Die Problematik eines „rückwirkenden“ Rechtsmoralismus

Das zentrale Problem aber liegt in dem *Anspruch der Rechtsphilosophie*, festzulegen, was in einer vergangenen Rechtsordnung geltendes Recht gewesen ist. Kann der rechtsphilosophische Standpunkt, kann die Alternative von *Rechtspositivismus* und *Rechtsmoralismus* wirklich darüber entscheiden, wie die Rechtsordnung eines vergangenen Staates ausgesehen hat? Ich denke: nein. Es geht bei dem Streit zwischen Rechtspositivismus und Rechtsmoralismus in der Sache nicht um die richtige Beschreibung einer bestehenden Rechtslage, sondern um *Handlungsanweisungen*. Die Debatte gehört zum Bereich nicht der theoretischen, sondern der praktischen Philosophie. Der Rechtsmoralist fordert Gerichte und Bürger auf, extrem ungerechten Normen des positiven Rechts die Gefolgschaft zu versagen. Die These, solche Normen seien nicht geltendes Recht, formuliert keine Aussage über die Existenz dieser Normen, sondern die *Forderung*, sie in der Praxis der Gerichte als unverbindlich zu behandeln. Entsprechendes

---

23 Prägnant in diesem Sinne *Robert Alexy*, Mauerschützen. Zum Verhältnis von Recht, Moral und Strafbarkeit, Hamburg 1993, S. 33: „Es wird mit der Anwendung der Radbruchschen Formel … nicht rückwirkend die Rechtslage geändert, sondern nur festgestellt, wie zum Zeitpunkt der Tat die Rechtslage war.“

24 *Radbruch*, Gesetzliches Unrecht (Anm. 16), S. 89.

25 Näher dazu *Frank Saliger*, Radbruchsche Formel und Rechtsstaat, Heidelberg 1995, S. 36 ff.

gilt, mit umgekehrten Vorzeichen, für die Position des *Gesetzespositivismus*. Beide Positionen leisten damit keine Beschreibung einer bestehenden Rechtsordnung, sondern formulieren *Handlungsanweisungen*, die sich auf die Beachtung bzw. Nichtbeachtung von Normen des positiven Rechts beziehen. Das bedeutet dass naturrechtliche Positionen bei der Rekonstruktion *vergangener* Rechtsysteme ausscheiden.

Machen wir eine Anleihe bei der *Rechtsgeschichte*, um das zu verdeutlichen. Nehmen wir an, ein Vertreter des Rechtsmoralismus würde behaupten, die Bestimmungen über die *Sklaverei* in Rechtsordnungen antiker Stadtstaaten seien wegen Verstoßes gegen ein universales, überzeitlich geltendes naturrechtliches Verbot der Sklaverei kein geltendes Recht gewesen. Rechtshistoriker wie Rechtsphilosophen würden auf diese Behauptung vermutlich mit Verwunderung reagieren. Denn eine solche Aussage ergibt keinen Sinn. Wir machen damit nur *scheinbar* eine *Aussage* über den Inhalt dieser Rechtssysteme; in Wirklichkeit formulieren wir eine moralisch motivierte *Kritik*, das heißt: wir formulieren eine *Wertung* in der Form einer *Seinsaussage*. Anders als die Berufung auf Naturrecht gegenüber den Normen des *geltenden* Rechts lässt sich eine naturrechtliche Umdeutung *vergangener Rechtsordnungen* eben nicht als Appell zu einem bestimmten Umgang mit den gesetzten Normen des Rechtssystems interpretieren. Sinnvoll wäre sie deshalb nur, wenn man Rechtsordnungen als *ideal* existierende Normensysteme verstehen könnte, die bestimmte Regelungen unabhängig von ihrer „positiven" Ausgestaltung aufweisen. Aber eine solche Voraussetzung wäre erkenntnistheoretisch nicht zu verteidigen. Recht hat nur eine *soziale*, keine ideale Existenz.

Was für das Beispiel der antiken Sklaverei gilt, gilt aber auch für Rechtsordnungen, die uns zeitlich deutlich näher liegen – denken wir an die Institution der Sklaverei in den Vereinigten Staaten von Amerika in der ersten Hälfte des 19. Jahrhunderts. Es gilt auch für eine Rechtsordnung, die der gegenwärtigen unmittelbar vorausgeht. Wie groß der zeitliche Abstand ist, spielt keine Rolle. Die naturrechtliche Argumentation, auf die sich beispielsweise der deutsche Bundesgerichtshof und das deutsche Bundesverfassungsgericht bei ihren Urteilen zu „systemkonformen" Rechtsgutsverletzungen in der ehemaligen DDR gestützt haben, ist damit nicht tragfähig.

Lassen Sie mich einen Punkt nochmals deutlich hervorheben. Die Ablehnung eines naturrechtlichen Deutungsschemas bei der Rekonstruktion einer *früheren* Rechtsordnung bedeutet nicht, dass auch bei der Interpretation des *geltenden* Rechts eine naturrechtliche Position ausgeschlossen wäre. Es geht hier um eine andere Fragestellung. Bezogen auf die *geltende* Rechtsordnung haben die Positionen des Naturrechts wie des Positivismus *präskriptiven* Charakter: Sie beziehen sich auf die Frage, ob der Rechtsstab auch grob ungerechte Gesetze von Rechts wegen anwenden *soll*. Das ist eine sinnvolle und praktisch wichtige normative Frage, zu der man ohne metaphysische Anleihen unterschiedliche Positionen beziehen kann. Für *vergangene* Rechtsordnungen aber kommt eine präskriptive Stellungnahme naturgemäß nicht in Betracht. Wer das naturrechtliche Deutungsschema auf vergangene Rechtsordnungen anwendet, ist deshalb gezwungen, die Kontroverse zwischen Positivismus und Naturrecht nicht als normativ-praktische, sondern als *kognitive* Frage zu verstehen. Das heißt: er ist zur Annahme einer idealen Entität „Rechtsgeltung“ genötigt, um deren zutreffende Erkenntnis Naturrecht und Positivismus konkurrieren.

Nun drängt sich die Argumentation geradezu auf, es gehe im Verhältnis zum Recht des „Unrechtssystems“ gerade um das Problem, wie die Gerichte *heute* und in *unserer Rechtsordnung* zu entscheiden haben, also um eine praktische Frage, die aus der internen Perspektive zu stellen und deshalb für naturrechtliche Argumente offen ist. In der Tat hat die naturrechtliche Argumentation hier eine *appellative Funktion*. Aber dieser Appell geht gerade dahin, die „Rechtslage“ in dem früheren System aus Gründen der Gerechtigkeit bei den heutigen Entscheidungen nicht zu berücksichtigen. Der Rückgriff auf die Radbruchsche Formel tangiert deshalb in der Tat das Rückwirkungsverbot. Insofern ist also *Hart* gegenüber *Radbruch* Recht zu geben. Und insofern ist auch dem deutschen Bundesverfassungsgericht zuzustimmen, das hier eine Einschränkung des Rückwirkungsverbots für erforderlich gehalten hat.

cc) Die Alternative: Einschränkung des Rückwirkungsverbots

Die Klarstellung, dass eine *rechtsmoralistische Position*, wie sie exemplarisch in der Radbruchschen Formel zum Ausdruck kommt, das *rechtsstaatliche Rückwirkungsverbot* nicht überspielen kann, ist nicht nur der rechtstheoretischen Konsistenz des Rechtsmoralismus geschuldet. Sie ist auch aus Gründen der Rechtsstaatlichkeit, und damit aus *rechtsethischen* Gründen, geboten. Es wäre schwer erträglich, wenn man die Strafbarkeit von Menschen, die im Einklang mit den Gesetzen und der Rechtspraxis ihrer Zeit gehandelt haben, damit begründen würde, dass die Rechtslage damals „in Wahrheit“ eine ganz andere gewesen sei, als in dem System selbst allgemein angenommen wurde. Das würde auf eine schlechte Fiktion hinauslaufen. Die Begründung der Strafbarkeit kann nur lauten, dass diese „systemkonformen“ Handlungen als ein so gravierendes Unrecht zu *bewerten* sind, dass es gerechtfertigt ist, hier eine Ausnahme von dem rechtsstaatlichen Rückwirkungsverbot zuzulassen.[26] Eine solche Argumen-

26 Anders *Wolfgang Naucke*, der bei der Bestrafung von „Staatskriminalität“, die zur Zeit des Unrechtssystems gesetzlich legalisiert war, lediglich eine scheinbare Rückwirkung annimmt, weil das Rückwirkungsverbot den Freiheitsrechten des Bürgers, nicht aber der

tation entspricht dem „vorpositiven" Status der *Menschenrechte*, um deren Verletzung es bei solchen Taten typischerweise geht. Sowenig die *rechtliche Geltung* der Menschenrechte der gesetzlichen Anerkennung bedarf, sowenig bedarf die Bestrafung *elementarer Verletzungen* dieser Menschenrechte einer zur Tatzeit geltenden Strafnorm. Im *Völkerstrafrecht* ist das heute weitgehend anerkannt. Hier lässt man unter bestimmten Voraussetzungen eine Strafbarkeit nach Völkergewohnheitsrecht genügen. Das kodifizierte nationale Strafrecht muss die Strafbarkeit *gesetzlich* festlegen, ist dabei aber an das rechtsstaatliche Rückwirkungsverbot nicht strikt gebunden.

Es bleibt die intrikate Frage, wo genau die *Grenze* zwischen zulässiger und unzulässiger Rückwirkung von Strafgesetzen zu ziehen ist. Hier bleiben als Maßstab nur die Prinzipien, die in der jeweiligen Epoche von den zivilisierten Völkern anerkannt werden. Die Europäische Menschenrechtskonvention stellt dort, wo sie Ausnahmen vom dem strafrechtlichen Rückwirkungsverbot zulässt, ausdrücklich auf diese Rechtsprinzipien ab (Art. 7 Abs. 2 EMRK). Die historische Relativierung, die damit verbunden ist, ist unvermeidlich. Die Folterung von Gefangenen ist nach diesen Grundsätzen *heute* eindeutig strafbar, unabhängig von der Gesetzeslage in dem jeweiligen Staat. Bekanntlich war das nicht immer so. Ob es in Zukunft so bleibt, wird auch davon abhängen, ob wir heute das Strafrecht konsequent gegen Folter und andere gravierende Menschenrechtsverletzungen einsetzen.

Straflosigkeit „staatsverstärkter Kriminalität" diene. „Der wirkliche Verstoß [gegen das Rückwirkungsverbot, U.N.] dient der Machtvermehrung, der scheinbare Verstoß dient der Machtverneinung" (*Naucke*, Über wirkliche und scheinbare Verstöße gegen das strafrechtliche Rückwirkungsverbot, in: Pánstwo prawa i prawo karne. Festschrift für Andrzej Zoll, Warszawa (Warschau) 2012, S. 477 ff., 484. Vgl. auch *Naucke*, Die strafjuristische Privilegierung staatsverstärkter Kriminalität, Frankfurt/Main 1996).

Historische Deutungen und *Transitional Justice*: Anmerkungen für eine vergleichende Debatte

Marcelo D. Torelly[1]

Die Debatte über den historischen Kontext der politischen Transitionen in Brasilien und Deutschland ermöglicht uns, einige Schlüsselfragen über die Beziehung zwischen Geschichte und Transitional Justice gegenüberzustellen. So versucht dieser kurze Aufsatz fünf Grenzfragen aufzuwerfen, die die Begegnung und den Austausch des Historikers mit dem Juristen im konkreten Verfahren der Suche nach Gerechtigkeitsformen ermöglichen. Der Aufsatz folgt der Auffassung von De Greiff, dass die Transitional Justice keine „moderate" Gerechtigkeitsform sei, sondern ein Zusammenhang von geeigneten Mechanismen, um eine bestimmte Hinterlassenschaft zu bewältigen. Weil sich die jeweils aktuell praktizierte judiziale Gerechtigkeit zu dieser Bewältigung unvorbereitet zeige, sei es Aufgabe des Staates, eine breitere Gesamtheit von öffentlichen Politiken zu artikulieren.[2] Aus unserer Sicht verstärkt diese Vorstellung die Perspektive, die wir hier erforschen möchten, nämlich: die Perspektive des Austausches von Kenntnissen für den Aufbau von Gerechtigkeitsformen.

1. Das Problem der Wahrheit

Die erste Schlüsselfrage, die sowohl von Historikern als auch von Juristen behandelt werden sollte, ist die Frage nach der Existenz einer Wahrheit selbst. Mechanismen der Transitional Justice wie die Wahrheitskommissionen suchen nach Kenntnisformen, die sich sowohl von der sogenannten „Prozesswahrheit", an die viele Juristen gewöhnt sind, als auch von den von Historikern untersuchten Wahrheitsformen unterscheiden. Dennoch bleibt die Wahrheit für die Anknüpfung von Beziehungen zwischen Vergangenheit und Gegenwart relevant. Mit den Worten von Teitel: "*historical inquiry and narrative play an important transitional role linking past to present. Transitional accountings incorporate a*

---

1 Gesamtkoordinator der Abteilung für das Historische Gedächtnis der Amnestiekommission des Justizministeriums der Bundesrepublik Brasilien. Master of Law (Universidade de Brasília). Promotionsarbeit in Vorbereitung (Universidade de Brasília).

2 Pablo de Greiff. *Report of the Special Rapporteur on the promotion of truth, justice, reparation and guarantees of non-recurrence, Pablo de Greiff.* Genebra: UN Human Rights Council, A/HRC/21/56, 9. August 2012.

state's repressive legacy and by their very account draw a line that both redefines a past and reconstructs a state's political identity. Transitional historical justice illuminates the constructive relation between truth regimes and political regimes, clarifying the dynamic relation of knowledge to political power"[3]

In einer gewissen Weise ist die Wahrheit, die durch die Transitional Justice gesucht wird, vor allem eine *negative Wahrheit.* Sie wird mittels der Dekonstruktion von falschen Erzählungen gebildet, die von Gewaltregimes ausgestaltet wurden. Sie ist zweitens *eine Wahrheit, die Erinnerungen rekonstruiert.* Sie ermöglicht das Auftreten eines Zusammenhangs von sozialen und kollektiven Erinnerungen,[4] die keine Ansprüche auf Allgemeingültigkeit erheben, aber deren Ausdruck vom autoritären Regime aufgrund ihres Dissens erzeugenden Potenzials verboten wurde. Drittens, die in Transitionsprozessen entstehende „Wahrheit" ist schließlich das direkte Objekt der gerichtlichen und auch der akademischen Prüfung. Daraus folgt Maiers wichtige Schlussfolgerung: "*this means that historians must interpret, indeed must often implicitly raises questions, that the [truth] commission itself failed to ask*".[5]

Folglich beansprucht die Transitional Justice keine Überwindung der Debatte über die Existenz einer „Wahrheit", sondern sie beansprucht eher die Erweiterung des Zugangs zu verweigerten Informationen über die Vergangenheit und noch mehr, die Pluralisierung von gesellschaftlichen Erinnerungen, die das vom Autoritarismus zerrissene soziale Gefüge wiederherstellen und stärken können.

2. Das Problem von Kontinuität und Bruch

Eine zweite Frage, die sich quer durch die historischen Debatten über Transitionsprozesse zieht, ist die Frage nach Kontinuität oder Bruch. Für Historiker zeigen sich schon die Änderung der Verteilungsformen und der Machtausübung als an sich relevante Tatsachen. Für den Juristen und den Politologen tritt jedoch eine zweite Frage auf: *die Kontinuität oder Nicht-Kontinuität des Rechtssystems.*

Die unterschiedlichen Fälle von Brasilien und Deutschland sind in dieser Hinsicht besonders interessant. Zum einen erlebte Deutschland die Überwindung eines verbrecherischen Regimes nach dem Zweiten Weltkrieg, zum anderen, danach, die Vereinigung zwischen zwei unterschiedlichen Legalitätsord-

---

3 Ruti Teitel. *Transitional Justice.* Oxford: Oxford University Press, 2000, S. 8.

4 Eine ausgezeichnete Konstruktion von Kategorien der Gedächtnisformen in politischen Transitionen kann bei Paloma Aguilar. *Políticas de la memoria y memorias de la política.* Madrid: Alianza, 2008, S. 43-68, nachgelesen werden.

5 Charles S. Maier. "Doing History, doing Justice", in: Robert Rotberg & Dennis Thompson (eds). *Truth v. Justice.* Princeton: Princeton University Press, 2000, S. 265.

nungen. Brasilien dagegen wurde in der Zeit nach der Militärdiktatur mit der Notwendigkeit konfrontiert, ein Regime zu überwinden, das versucht hatte etwas aufzubauen, was Pereira als „autoritäre Legalität“ definierte.[6] Das heißt, ein formal gültiges Rechtssystem, welches von den Erfordernissen eines materiellen Rechtsstaates aber weit entfernt war.

In der ersten deutschen Transition war ein auftretendes Völkerrecht wirksames Mittel für die Lösung vieler Fragen, die im Gericht der Sieger in Nürnberg als „Verbrechen gegen die Menschlichkeit“ verhandelt wurden.[7] In der zweiten Transition wurde die heute berühmte *Radbruchsche Formel* als Mittel verwendet, die judiziale Prüfung von Taten durchzuführen, die unter einer anderen Legalitätsordnung begangen worden waren.[8] Dagegen stützte sich im Fall Brasiliens der Oberste Bundesgerichtshof auf die Vorstellung von *Kontinuität* und *Identität* der Verfassung, die Carl Schmitt in seiner *Verfassungslehre* formulierte. Das Gericht betrachtete sich nicht als ermächtigt, die Gesetzgebung der Vergangenheit mit Bezug auf die neue Verfassung zu prüfen und damit die Absicht der Militärdiktatur abzulehnen, die Verbrechen des Staates durch eine Amnestie straflos zu machen.[9]

In allen drei Fällen haben sich Juristen historischer und politischer Argumente bedient, um entweder *Kontinuitäten* oder *Brüche* zu rechtfertigen, die Kernstücke ihrer theoretischen Konstruktionen des Umgangs mit der Vergangenheit waren.

3. Die Frage nach den Siegern und den möglichen Transitionsmechanismen

Die vier Schlüsselmechanismen zur Förderung der Transitional Justice sind die Reform der politischen Institutionen und der Sicherheitsinstitutionen; die Reparationen für die Opfer; die Klärung der Wahrheit und die Ermittlung und Abur-

---

6 Anthony Pereira. *Political (in)Justice – Authoritarianism and the Rule of Law in Brazil, Chile, and Argentina*. Pittsburgh: Pittsburgh University Press, 2005, S. 191–200.

7 Nach diesen Urteilen hat sich eine „normative Hinterlassenschaft“ gebildet, die sich stark im Laufe des 20. Jahrhunderts entwickelte. Vgl.: Larry May. *Crimes Against Humanity – a normative account*. New York: Cambridge University Press, 2005.

8 Stanley L. Paulson. “Radbruch on unjust laws: competing earlier and later views?”, in: *Oxford Journal of Legal Studies*, vol. 15, no. 03, 1995, S. 489–500.

9 Vgl.: Gilmar Mendes. *Voto*. Ação de Descumprimento de Preceito Fundamental n.º 153/2008, Brasília (2010), item 3.4. Zur Kritik dieser Auffassung siehe: Marcelo D. Torelly. *Justiça de Transição e Estado Constitucional de Direito*. Coleção Fórum Justiça e Democracia, vol. 02. Belo Horizonte: Fórum, 2012, S. 327–338.

teilung der Verbrechen.[10] Selbstverständlich hängt die praktische Durchsetzung der normativen Dimension dieser Mechanismen von der Existenz politischer Bedingungen ab. Wie Kritz bemerkt, *it is a mistake to suggest that any thoughtful or comprehensive approach that works in one country can automatically become the model for other transitional states*".[11] Die Entscheidung darüber, welchen Maßnahmen Priorität gegeben werden soll und in welcher Reihenfolge sie umzusetzen sind, hängt von Erwägungen ab, die nicht nur die Art von Willkür definieren, die zu bewältigen ist. In einem „*path dependence*" Muster berücksichtigen sie auch die politischen Bedingungen, die aus den post-transitionalen Machtverhältnissen entstanden sind und die Entscheidungen, die früher im Transitionsprozess selbst getroffen wurden. Vergleichende Modelle weisen zum Beispiel auf eine höhere Wahrscheinlichkeit der Durchsetzung von Gerechtigkeitsmaßnahmen in Transitionen nach dem Kollaps eines autoritären Regimes hin[12] als in Transitionen durch Transformation, wie sie in den 70-er Jahren in Brasilien und Spanien stattgefunden haben, in denen das Regime selbst die Transitionen führte.[13]

Die Probleme der Bildung der sogenannten „Wahrheitsregimes", wie oben dargelegt, entstehen auch als Folge der Dekadenz von „Machtregimes", die den Zugang zur Wahrheit verhindert haben. Außerdem hängt, wie im nächsten Punkt beschrieben wird, die Identifizierung der Opfer von einer ihnen günstigen Machtkonstellation in post-transitionaler Zeit ab.

Wieder hilft uns hier die Geschichte zu verstehen, warum bestimmte Maßnahmen möglich geworden sind oder vor anderen an Priorität gewonnen haben. Daraus ergibt sich ein klassischer Beweis dafür, wie die politische Agenda der organisierten Gesellschaft die Fähigkeit hat, einen Strukturwandel zu erzeugen, der in der Lage ist, die normative Kraft zur Sicherung von formal bereits existie-

---

10 Cf.: Ruti Teitel. *Transitional Justice. Op. cit.* Louis Bickford. "Transitional Justice", in: *The Encyclopedia of Genocide and Crimes Against Humanity*. Volume III. Nova Iorque: MacMillan, S. 1045–1047.

11 Neil Kritz. "Policy implications of empirical research on transitional justice", in: Hugo van der Merwe, Victoria Baxter & Audrey R. Chapman (eds), *Assessing the Impact of Transitional Justice*. Washington: United States Peace Institute, 2009, S.13.

12 Leigh A. Payne; Tricia Olsen; Andrew Reiter. "The Justice Balance: When Transitional Justice Improves Human Rights and Democracy", in: *Human Rights Quarterly*. Vol. 32, no. 4, 2010, S. 980–1005.

13 Der Begriff von „Transition durch Transformation" wird von: Samuel Huntington. *The third wave: democratization in the late twentieth century*. Oklahoma: Oklahoma University Press, 1991, S. 124–142, entwickelt.

renden Rechten zu bewirken oder die jeweiligen Positivierungsverfahren zu veranlassen.[14]

Fallstudien über Brasilien und Argentinien zum Beispiel helfen uns zu verstehen, warum sich das erste Land für ein Modell „Reparation, Erinnerung, Wahrheit" entschied, das es mit einem Gerechtigkeitsprozess verbinden kann,[15] während das zweite Land, obwohl es geographisch ein Nachbar des ersten ist und seine Diktatur der Diktatur des ersten ideologisch nahe stand, ein Modell „Wahrheit und Gerechtigkeit" wählte, aus dem Erinnerungs- und Reparationsprozesse entstanden sind.[16] Die argentinische Diktatur endete nach einer militärischen Niederlage im Krieg. Die brasilianische Transition fand durch eine Transformation des autoritären Regimes statt. Diese Realitäten zu ignorieren würde zu einer historisch irrigen und normativ realitätsfernen Analyse führen.

4. Das Problem der Identifizierung der Opfer und der strafbaren Täter

Eine allgemein nachweisbare Tendenz autoritärer und totalitärer Regimes ist die ständige Kriminalisierung von gesellschaftlichem Verhalten gegen die Regierung sowie die Beteiligung von Zivilsektoren der Gesellschaft am Repressionsprozess. Diese beiden Faktoren machen aus der Identifizierung von „Opfern" eine komplexe Aufgabe. Maier weist mit Recht darauf hin: „*pluralistic democracies often involve competing and overlapping claims to having been badly treated; the groups that compete for civic status demand acknowledgment of victimhood. This acknowledgment often brings a modicum of political influence and material or symbolic compensation: a parliamentary seat, monetary reparation, a monument or memorial, and perhaps a national holiday or a moment of public silence and reflection*".[17]

Die Aufgabe der Identifizierung von Opfern mit dem Ziel, Reparationsmaßnahmen zu leisten, ist immer eine Herausforderung. Selbst wenn bei dieser Herausforderung das Recht vermittelt, kann eine neutrale Festlegung der wesentlich

---

14 David Crocker. "Transitional Justice and International Civil Society: toward a normative framework", in: *Constellations*. Vol. 05, no. 04, 1998, S. 492–517.

15 Paulo Abrão & Marcelo D. Torelly. "The reparations program as the lynchpin of Transitional Justice in Brazil", in: Felix Reategui (Ed), *Transitional Justice – Latin American handbook*. Brasília/New York: Ministério da Justiça/ICTJ, 2011, S. 443–486.

16 Par Engstrom & Gabriel Pereira. "From amnesty to accountability: the ebb and flow in the search for justice in Argentina", in: Francesca Lessa & Leigh A. Payne (Eds), *Amnesty in the Age of Human Rights Accountability*. New York: Cambridge University Press, 2012, S. 97–122.

17 Charles S. Maier. "Doing History, doing Justice", a.a.O., S. 268.

relevanten Maßstäbe für die Anerkennung eines solchen Status nur schwerlich erfolgen.

Es ist offensichtlich, dass durch die meisten in der Öffentlichkeit einer pluralistischen Demokratie verfügbaren Maßstäbe, bestimmte soziale Gruppen explizit als Opfer identifiziert werden können. Beispiel dafür waren die Gefangenen in Nazi-Konzentrationslagern und die aus politischen Gründen Ermordeten und Verschwundenen in der brasilianischen Militärdiktatur.

Das Problem besteht also in der Erweiterung dieser Kategorie auf andere soziale Sektoren, die in irgendeiner Weise geschädigt wurden. Reparations- und Rehabilitationsprogramme haben in diesem Sinne versucht, judiziale und administrative Reparationsmaßnahmen mit anderen Formen der öffentlichen Politik kompatibel zu machen, so dass unterschiedliche soziale Gruppen unterschiedliche Reparationen erhalten.[18] Trotzdem bergen solche Maßnahmen ein hohes Potenzial dafür, neue soziale Konflikte auszulösen, sei es durch die Bürger, die einen Opferstatus beanspruchen und sich nicht entschädigt fühlen, sei es durch die Gegner der Reparationsmaßnahmen, die sie als ungeeignete Formen von austeilender Gerechtigkeit betrachten.

Zum Abschluss: wenn die Strafverfolgungen beginnen, besteht die gleiche Schwierigkeit der Identifizierung von Opfern auch bei der Identifizierung von Verbrechern. In Ländern wie Chile wurde nur gegen Verantwortliche für schwere Verletzungen der Menschenrechte prozessiert. In Argentinien jedoch wurden auch andere am Repressionsprozess Beteiligte verfolgt und bestraft.[19] Derzeit geht man hier einen Schritt weiter, sogar in Richtung der Verantwortung von Unternehmen und Körperschaften, die bei der Begehung von Verbrechen kooperiert haben.[20] Wenn es auch sicher richtig ist, dass hier inzwischen „allgemein die individuelle Verantwortlichkeit als Normalfall auftritt“[21], ist es ebenfalls richtig, dass die Form der Transition, der politische Kontext und die soziale Mo-

18 Zum allgemeinen Überblick über Reparationen: Pablo de Greiff. “Justice and Reparations”, in: Pablo de Greiff (Ed.), *The Handbook of Reparations*. Oxford: Oxford University Press, 2006, S. 451–477.

19 Eine vergleichende Untersuchung von Strafurteilen findet sich in: Jo-Marie Burt. “Challenging impunity in domestic courts: human rights prosecutions in Latin America”, in: Felix Reategui (Ed), *Transitional Justice – Latin American handbook.* Brasília/New York: Ministério da Justiça/ICTJ, 2011, S. 285–311.

20 Vgl. Leonardo Filippini & Agustín Cavana. “Responsabilidade empresarial e terrorismo de Estado na Argentina”, in: *Revista Anistia Política e Justiça de Transição*. Brasília: Ministério da Justiça, n.º 06, Jul./Dez 2011, im Druck.

21 Leigh A. Payne, Paulo Abrão & Marcelo D. Torelly. “A anistia na Era da Responsabilização: contexto global, comparativo e análise do caso brasileiro”, in: Leigh A. Payne, Paulo Abrão & Marcelo D. Torelly (Eds), *A Anistia na Era da Responsabilização.* Brasília/Oxford: Ministério da Justiça/Universidade de Oxford, 2011, S. 22–24.

bilisierung einen starken Einfluss auf Entscheidungen darüber haben, gegen „wen" und „wie" prozessiert wird.

5. Erlerntes aus der Geschichte und die Bildung eines demokratischen Gemeinsinns

Alle bisher erwähnten Elemente schließen eine Zirkularität ein. Die historische Lesart, die von Juristen und Behörden praktiziert wird, bestimmt die Entscheidungen über die Behandlung der Vergangenheit. Gleichzeitig aber ist dieselbe Lesart an den historischen Kontext gebunden, in dessen Rahmen sie durchgeführt wird. Eine solche Zirkularität durchzieht ebenfalls das gesamte soziale Gefüge. Unsere Lesart der Vergangenheit bestimmt unsere Positionen in der Gegenwart. Auf diese Weise verändert eine neue Lesart der Geschichte die objektiven Bedingungen, unter denen wir die vergangenen Sachverhalte wahrnehmen.
Als Einsatzstrategie zielen die Maßnahmen der Transitional Justice darauf ab, Gerechtigkeit und Reparationen in Bezug auf vergangene Taten rückwirkend zu fördern und gleichzeitig Erinnerungsprozesse prospektiv entstehen zu lassen, um das Potenzial der gegenwärtigen Demokratie zu erhöhen.

So soll zum Abschluss dieses kurzen Kommentars auf die Wichtigkeit der Transitionalen Gerechtigkeitsprozesse für die Entwicklung einer pluralistischen Demokratie hingewiesen werden, welche in der Lage sein kann, mit dem strukturellen Dissens der Gesellschaft passend umzugehen. Das historisch Akkumulierte und der Prozess des Reflektierens und Lernens, wenn er von geeigneten und an den lokalen Kontext gut angepassten transitionalen Maßnahmen veranlasst wird, besitzt die Fähigkeit, einen *demokratischen Gemeinsinn* entstehen zu lassen, wie ich ihn bereits an anderer Stelle definiert habe.[22]

Wie dieser demokratische Gemeinsinn sowohl den existierenden Dissens als auch die Notwendigkeit des Schutzes einer Mindestanzahl an Grundgarantien als selbstverständlich betrachtet, trägt er zur Strukturierung einer neuen politischen Identität für die post-autoritäre Gesellschaft bei. Folglich erfordert dieser Prozess nicht nur eine neue historische Lesart der Vergangenheit sondern auch eine gegenwärtige Reflexion über unterschiedliche Aufbauelemente des zu überwindenden Autoritarismus. Es handelt sich deshalb um einen historischen

---

22 Vgl.: Marcelo D. Torelly. *Justiça de Transição e Estado Constitucional de Direito*, a.a.O., S. 175; oder auch: Marcelo D. Torelly. "Justiça transicional, memória social e senso comum democrático: notas conceituais e contextualização do caso brasileiro", in: Boaventura de Sousa Santos, Paulo Abrão, Cecília MacDowell & Marcelo D. Torelly (Eds), *Repressão e memória política no contexto Ibero-Brasileiro*. Brasília/Coimbra: Ministério da Justiça / Universidade de Coimbra, 2010, S. 104–123.

Prozess, der sich von der Vorstellung der Linearität verabschiedet und sich im Gegenteil für die Notwendigkeit einsetzt, Brüche zu bewirken.

(Tradução do Português: Dr. João Manuel Fernandes, Tübingen, Feb. 2013)

Amnestie in Brasilien: Geschichte und Gedächtnis

Maria Paula Araújo

Als erstes möchte ich mich für die Einladung zur Teilnahme an diesem Seminar bedanken und die Initiative loben, eine Debatte und eine Diskussion mit dem Zweck zu eröffnen, die in Brasilien und Deutschland erlebten unterschiedlichen politischen Prozesse zu vergleichen.

Dieser Text beabsichtigt, ein Panoramabild des historischen Prozesses der politischen Transition zu erstellen, der seit Mitte der 1970er Jahre in Brasilien erlebt wird. In diesem Prozess wird das Thema Amnestie hervorgehoben. Die Absicht des vorliegenden Textes ist es, die Beziehung zwischen der Geschichte und dem Gedächtnis der Amnestie in Brasilien zu diskutieren.

Als der Vorsitzende der Amnestiekommission, Dr. Paulo Abrão, mich einlud, an diesem Seminar teilzunehmen, bat er mich, als Historikerin über den historischen Kontext der Amnestie in Brasilien zu referieren. Und ich fragte mich: was ist der Kontext? Oder besser gesagt: welchen Kontext meinte er? Die politische Amnestie war eine Maßnahme, die von verschiedenen brasilianischen Präsidenten zu verschiedenen Zeiten angewendet wurde. Ich werde aber nur die Amnestie behandeln, die sich auf die Militärdiktatur bezieht, das heißt, dasjenige Amnestiegesetz, das im August 1979 verabschiedet wurde.

Jedoch löst dies unser Kontextproblem nicht, ganz im Gegenteil, weil diese Amnestie auch eine historische Bedeutung hat, die sich quer durch verschiedene Kontexte zieht. Das Gesetz wurde 1979 verabschiedet, es wurde aber später durch andere Gesetze ergänzt; und das Wort *Amnestie* hat neue Bedeutungen und neue politische Inhalte in dem Maß gewonnen, wie der Prozess der demokratischen Konsolidierung des Landes voranschritt.

Deswegen arbeite ich mit der Hypothese, dass es möglich ist, die jüngste politische Geschichte Brasiliens ausgehend vom Thema Amnestie zu erzählen. Die Amnestie hat eine wichtige politische Rolle im Kampf gegen die Militärdiktatur gespielt, danach hat sie eine politische und symbolische Rolle beim demokratischen Wiederaufbau gespielt und in den letzten Jahren regte sie, im Rahmen der Diskussion über die Revision des Amnestiegesetzes, das Thema der Verantwortung und Bestrafung der Schuldigen für die von der Diktatur begangenen Verbrechen an. In diesem Text beabsichtige ich, einen Teil dieses historischen Prozesses wiederzugewinnen, der auf die Zentralität der Amnestiefrage im politischen Werdegang des Landes hinweist und gleichzeitig die verschiedenen politischen Momente der Amnestie mit Bezug auf ihre unterschiedlichen historischen Kontexte zu behandeln.

„Breite, allgemeine und uneingeschränkte Amnestie" – ein Slogan gegen die Militärdiktatur

Ab Mitte der 1970er Jahre war der Kampf um eine breite allgemeine und uneingeschränkte Amnestie die wichtigste politische Flagge der Linken und der Widerstandssektoren für die Opposition gegen die Militärdiktatur im Rahmen des Kampfes um die demokratischen Freiheiten. Lassen Sie uns ein wenig diesen spezifischen historischen Kontext betrachten, dessen Umriss schon um 1974 zu sehen gewesen war.

Nach der politischen und militärischen Niederlage des Experiments bewaffneter Kampf definierte sich der Kontext des demokratischen Kampfs. Dieser brachte die brasilianische Linke dazu, sich um eine neue Taktik der politischen Konfrontation herum zu organisieren, der sich in einer Plattform des Kampfes für demokratische Freiheiten materialisierte und sowohl dem Aufbau als auch in vielen Fällen dem Führen eines breiten politischen Oppositionsfeldes gegen die Militärdiktatur half. Andererseits versuchte das Regime Mitte der 1970er Jahre seine eigene institutionelle Basis zu erweitern. Unter der Regierung von General Geisel begann die sogenannte politische „Distension" und lockte mit seinem Projekt einer „langsamen, graduellen und sicheren Öffnung". Einerseits war das Öffnungsprojekt im Teil eine Antwort auf innere Regierungskonflikte, aber andererseits war die konkrete Dynamik dieser politischen Öffnung auch tief von den Aktionen der Gesellschaft und der politischen Oppositionskräfte beeinflusst.[1]

Ich würde gerne ein wenig an dieser Stelle verweilen, um ein Thema wiederaufzunehmen, welches ich in anderen Büchern diskutiere, und zwar das Thema der Debatte über die Autokritik des bewaffneten Kampfes innerhalb der brasilianischen Linken und der Entwicklung einer neuen politischen Taktik, die sich in einer Plattform für den Kampf um die demokratischen Freiheiten zentrierte.[2] Da wir den historischen Kontext diskutieren, halte ich diese Erwähnung für wichtig, weil diese politische Umgestaltung der brasilianischen Linken in den historischen Kontext der 1970er Jahre intervenieren wird.

---

1 Auf diese Unterscheidung zwischen dem *Projekt* und dem Prozess politischer Öffnung wurde zum ersten Mal von Werneck Vianna in einem Beitrag hingewiesen, der in der Zeitung *Voz da Unidade* (1981) erschien und später im Buch "A Classe Operária e a Abertura", São Paulo, Cerifa, 1983, nachgedruckt wurde.

2 Meine Schriften über dieses Thema sind am Ende, im Literaturverzeichnis, aufgelistet.

Der Prozess der Autokritik des bewaffneten Kampfes und das Engagement für den Aufbau einer neuen politischen Aktionsrichtlinie hatte in den ersten Jahren der 1970er mit der Debatte unter exilierten Aktivisten aus verschiedenen Organisationen in Chile begonnen. Nach dem Putsch in Chile, der die Regierung von Salvador Allende stürzte, extrapolierte sich diese Debatte auf andere Länder, welche Exilanten und Verbannte aufgenommen hatten und zentrierte sich in Paris, Frankreich, wo die Zeitschrift *Brasil Socialista* herausgegeben wurde. Die Zeitschrift *Brasil Socialista* war eine geheime Veröffentlichung, die Aktivisten von linken Organisationen versammelte. Diese Organisationen hatten sich vorgenommen, ein „revolutionäres" Feld zu bilden, das im Gegensatz zum kommunistischen Lager stand, welches sie als „reformistisch" bezichtigten. Die meisten von ihnen hatten den bewaffneten Kampf entweder unterstützt oder an ihm teilgenommen. Im Juli 1975 veröffentlichte die Zeitschrift *Brasil Socialista* einen für die Revision der politischen Taktik der bewaffneten Linken grundlegenden Text: *"Notas sobre a Questão da Tática"*.[3] Der Text definierte die Konjunktur politischer Distension (1974 von der Regierung Geisel angefangen) ausdrücklich als ein Projekt zur Institutionalisierung der Militärdiktatur und schlug den Kampf um die demokratischen Freiheiten als Antwort vor. Der Artikel wurde vom Militant Raul Villa unterzeichnet. Dies war der Deckname von Eder Sader, einem Führer der POLOP (Política Operário). Im darauffolgenden Jahr konsolidierte ein internes Dokument des MR8 (Movimento Revolucionário 8 de Outubro, eine der wichtigsten Organisationen des bewaffneten Kampfes in Brasilien), mit dem Titel *„Socialismo e liberdades Democráticas"*, von Daniel Terra (einem Organisationsführer) verfasst, die neue Taktik. Von da an verdickte sich das Feld des demokratischen Kampfes durch die Teilnahme von Organisationen, die bis dahin dieser Perspektive (die sie als „reformistisch" bezeichneten) kritisch gegenüber standen und den bewaffneten Kampf als Kampfmittel gegen die Diktatur vorgezogen hatten. Diese Änderung der Taktik war entscheidend, weil sie die Reartikulation zwischen den unterschiedlichen Linksorganisationen und zwischen diesen und moderateren Sektoren der Zivilgesellschaft erlaubte und ein breites Oppositions- und Protestfeld gegen das Regime entstehen ließ.

So entstand ab Mitte der 1970er Jahre eine Konjunktur und ein Prozess des politischen Kampfes, der stark von diesen beiden Polen geprägt ist. Auf der einen Seite das Öffnungsprojekt der Regierung und auf der anderen Seite die Aktion einer politischen Oppositionsbewegung, die breite Sektoren der Gesellschaft zusammen bringt, mit einer starken Präsenz linker Parteien und Organisationen. Sie versuchte, die Grenzen des Öffnungsprojekts der Regierung zu er-

3 "Notas sobre a Questão da Tática", *Brasil Socialista*, Juli 1975. Ano 1, n. 3. Arquivo TEMPO, IFCS/UFRJ.

weitern und implodieren zu lassen. Diese Oppositionsbewegung organisierte sich um eine Plattform der demokratischen Kämpfe herum: eine breite, allgemeine und uneingeschränkte Amnestie; das Ende repressiver Apparate und Gesetze; die freie und direkte Wahl; das Streikrecht; die Organisationsfreiheit; die Meinungsfreiheit und die Demonstrationsfreiheit; gegen die Zensur, gegen die willkürlichen Festnahmen, gegen Folter, für eine souveräne Verfassungsgebende Versammlung, für die Rückkehr des Rechtsstaates. Von all diesen Flaggen war der Kampf um die Amnestie derjenige Slogan, der die größte Kapazität für die Massenmobilisierung gezeigt hat, dieses war wohl die Flagge, die das Herz der Menschen berührt hat.

Unter dieser Flagge sind die brasilianischen Bürger wieder auf die Straße gegangen. Die Zündschnur war die Verhaftung einiger Jugendlicher, die Verbindungen zu linken Organisationen hatten und Flugblätter an einer Arbeitergedenkfeier des 1. Mai in São Paulo verteilten. Mit dem Slogan „Befreit unsere Gefangenen! Jetzt, sofort", führten die Studenten im ganzen Land große öffentliche Veranstaltungen an verschiedenen Universitäten durch und zusammen mit anderen Oppositionssektoren nutzten sie die Bewegung und gründeten das Komitee 1. Mai für die Amnestie. Dieses war der erste Schritt zu einer öffentlichen und offensiven Straßenkampagne für die Amnestie im Land.

Gleich darauf, Anfang 1978, wurde in Rio de Janeiro das Brasilianische Komitee für die Amnestie (CBA) gegründet, das sich zu anderen bereits existierenden Komitees, wie das Frauenkomitee für die Amnestie, addierte. Als Folge wurden Vertretungen der CBA in verschiedenen Städten des Landes gegründet. Das Brasilianische Komitee für die Amnestie führte eine nationale Kampagne für die breite, allgemeine und uneingeschränkte Amnestie. Es versammelte in seinen verschiedenen Vertretungen im ganzen Land die kämpferischsten Elemente der Opposition gegen das Regime: Studenten, Militante linker (damals im Untergrund agierender) Parteien und Organisationen, Familienangehörige von Gefangenen, Ermordeten und Verschwundenen, progressive Sektoren der katholischen Kirche und die Flügel der „authentischen Parlamentarier" der Brasilianischen Demokratischen Bewegung (MDB), der Oppositionspartei. Ich halte es für wichtig, unsere deutschen Kollegen an dieser Stelle daran zu erinnern, dass die brasilianische Diktatur das Zweiparteiensystem instituiert hatte. Sie löste die vor dem Putsch existierenden politischen Parteien auf und gründete zwei neue: eine Regierungs- und eine Oppositionspartei. Es ist wichtig zu betonen, dass die von der Diktatur gegründete und geduldete Oppositionspartei sich nach und nach zu einem wirksamen Kanal der politischen Opposition gegen das Regime umgewandelt hat und eine relevante Rolle im politischen Transitionsprozess spielte. Am CBA nahmen auch Journalisten, Lehrer, Rechtsanwälte und Intellektuelle teil. Promenaden, öffentliche Veranstaltungen, Demonstrationen, Plakate und eine breite Pressekampagne – vor allem in der sogenannten „Alternativen Presse“[4] – drückten das Wachstum dieses Slogans und dieses Kampfes aus. Das Gesetz wurde am 28. August 1979 verabschiedet.

Aber die Amnestie, die 1979 per Gesetz verabschiedet wurde, war nicht diejenige Amnestie, die sich die kämpferischsten Sektoren der Gesellschaft, insbesondere das Brasilianische Komitee für die Amnestie, gewünscht hatten. Sie war eine eingeschränkte Teilamnestie, die einen Spielraum eröffnete, als eine „reziproke“ Amnestie verstanden zu werden.

Deswegen hat die Amnestie in Brasilien einen komplexen Charakter. Einerseits bedeutet sie eine partielle Errungenschaft der Gesellschaft und der Gruppen, die für eine „allgemeine und bedingungslose Amnestie“ kämpften. Sie haben die Amnestie als ein, wenn auch unvollkommenes, Ergebnis dieses Kampfes betrachtet. Andererseits aber war sie auch ein partieller Sieg der Militärs und der herrschenden Klasse. Sie verabschiedeten eine begrenzte Amnestie und wiesen dadurch die Verpflichtung von sich, Verantwortlichkeiten zu prüfen und die von dem Regime begangenen Verbrechen zu ermitteln. Das Amnestiegesetz wurde von den Oppositionsbewegungen gegen das Regime, und auf eine gewisse Weise, von der Gesellschaft selbst, als ein partieller Sieg wahrgenommen. Der Sommer 1979 ging in die Geschichte als der „Sommer der Amnestie“ ein; die Exilanten kamen zurück und wurden am Flughafen Galeão, in Rio de Janeiro, festlich empfangen. Die Rückkehr der Exilanten und Verbannten war der große Meilenstein dieser Zeit und der anfänglichen Phase des Kampfes um die Amnestie in Brasilien. Jedoch hatten die Familien der Ermordeten und der aus politischen Gründen Verschwundenen nichts zu feiern, weil das Amnestiegesetz die Frage der Ermordung und des gewaltsamen Verschwindenlassens von Personen nicht berührt hatte.

In den folgenden Jahren haben ergänzende Maßnahmen und Gesetze die Grenzen des Gesetzes von 1979 erweitert. 1985, 1988, 1992, 1995, 2001 und 2002 war die Amnestie Objekt neuer Bundesgesetzgebung. Im Allgemeinen zielten diese Gesetze auf die Erweiterung der Reparationen und der Anzahl der Betroffenen, die von der Amnestie zu umfassen waren. Sie versuchten, die vom brasilianischen Staat während der Diktatur ausgeübte Gewalt zu reparieren.[5] Dennoch hat sich im Laufe der 1980er und 1990er Jahre der Kampf um die Amnestie aus der nationalen politischen Szenerie merklich zurückgezogen.

---

4 Eine aus der Zeit charakteristische Art von Presse, linke Zeitungen in tabloid oder semitabloid Format, die versuchten, die Zensur auszutricksen und Opposition und Kritik gegen die Diktatur auszuüben.

5 Rodeghero, Carla / Diestman, Gabriel / Trindade, Tatiana, "*Anistia ampla, geral e irrestrita. História de uma luta inclonclusa*", Santa Cruz do Sul, EDUNISC, 2011.

„Untergründige Gedächtnisse“: der Rückzug der Debatte

Obwohl die Amnestie Objekt ergänzender Gesetzgebung mit dem Zweck war, die gesetzlichen Reparationen zu erweitern, wurde die Amnestiefrage gewissermaßen in eine zweitrangige Stufe der nationalen politischen Tagesordnung verlegt, wo sie sich auf den Kreis von Menschenrechtsorganisationen und Angehörigen von aus politischen Gründen Ermordeten und Verschwundenen beschränkte. Einige sich an diesen Bewegungen beteiligte Menschen, haben sich in späteren Aussagen über eine solche „Vernachlässigung“ beklagt. Die von manchen dieser Sektoren erhobene Kritik war, dass die linken Parteien und Organisationen den Kampf um die Amnestie aufgrund seines Mobilisierungspotentials instrumentalisiert hatten, jedoch nach der Änderung der politischen Situation ihre Interessen auf andere Ziele richteten und den Kampf um die Amnestie unvollendet ließen. Diese Kritik hat eine gewisse historische Begründung. In der Tat zeichnete sich, zwischen Ende 1979 und den ersten Jahren der 1980er, nach dem Amnestiegesetz, nach der Rückkehr der Flüchtlinge und nach dem Ende des Zweiparteiensystems eine neue politische Konjunktur ab, in der es möglich war, neue politische Parteien zu gründen und neue politische Kämpfe anzufangen. Sowohl die nach Brasilien zurückgekehrten politischen Führer als auch die politischen Führungskräfte, die während des Kampfes gegen die Militärdiktatur in Brasilien geschmiedet worden waren, organisierten sich und artikulierten Allianzen und Projekte zur Gründung neuer Parteien.

Die beiden in Brasilien existierenden Kommunistischen Parteien wurden legalisiert; Leonel Brizola, (der historische Führer der Arbeiterbewegung) gründete eine neue Partei, die Demokratische Arbeitspartei (PDT), mit dem Zweck, diese politische Hinterlassenschaft zu nutzen. Ulisses Guimarães, einer der wichtigsten Politiker der früheren MDB (Brasilianische Demokratische Bewegung), hat die Gründung der PMDB (Partei der Brasilianischen Demokratischen Bewegung) eingefädelt. Es handelte sich um eine neue Partei, die sich jedoch als eine Fortsetzung der früheren verstand, die eine wichtige Rolle in der politischen Transition gespielt hatte. Luis Inácio Lula da Silva, der Führer der Metall-Gewerkschaftsbewegung, die sich in São Paulo gegen Ende der späten 1970er-Jahre entwickelt hatte, gründete im Februar 1980 die Arbeiterpartei (PT). Innerhalb dieser neuen Konjunktur organisierten sich die politischen Führungen in Parteien und strukturierten sich mit dem Zweck, auf eine andere Weise auf der politischen Bühne zu handeln. In diesem Kontext entstanden neue Kämpfe, welche die auf politische Partizipation gierige Bevölkerung mobilisierten: die Slogans dieser Zeit waren die Kampagne für direkte Wahlen und für eine freie und souveräne Verfassungsgebende Versammlung.

In dieser Szenerie hat die Amnestiefrage einen starken Rückschlag erlitten. Die Verbannten waren schon zurückgekehrt, die politischen Gefangenen hatten die Gefängnisse verlassen (der letzte politische Gefangene, José Sales de Oliveira, wurde im Oktober 1980 freigelassen), einige linke Militante wie Jair Ferreira de Souza, Führer der Organisation Marxistisch-Leninistische Volksaktion (APML), verließen den Untergrund und kehrten in das öffentliche Leben zurück. Alle engagierten sich für die neuen Parteien und für die neuen politischen Kämpfe. Für die meisten politischen Akteure der damaligen Zeit und anscheinend auch für die Gesellschaft selbst, war die Amnestie keine zentrale Frage mehr. Aber für zwei Gruppen von Menschen war sie noch die zentrale Frage überhaupt. Erstens, für die Angehörigen und Freunde der Ermordeten und der aus politischen Gründen Verschwundenen, deren Situation in keiner Weise geklärt worden war. Zweitens für eine große und im ganzen Land verstreute Anzahl von Menschen, deren Leben von der Diktatur völlig auseinander gerissen worden war (Verlust von Arbeitsplätzen, von Ämtern, von Rängen, von Glaubwürdigkeit, von Familienbindungen) und die keine Reparation für diese Verluste erhalten hatten. Verwandte und Freunde von Ermordeten und Verschwundenen organisierten sich in eigenen Gruppen und Verbänden, forderten weiter die Klärung der Situationen, unter welchen Ermordungen und das Verschwindenlassen von Personen stattgefunden hatten und denunzierten überdies die Anwendung von Folter. Die wichtigste und aktivste dieser Verbände, die 1985 gegründete Gruppe „Nie Wieder Folter", ist heute immer noch tätig.

Die zweite Gruppe hat sich in Einrichtungen mit beruflichem Profil organisiert, deren Zweck es war, Reparationen für die betroffenen Personen zu fordern. Beispiel dafür waren die Organisationen der Seeleute und Werftarbeiter, die um ihre Integration in die militärische Karriere oder um Reparationen für den erlittenen Verlust von Arbeitsrechten aus politischen Gründen kämpften. Gewissermaßen bestand der Kampf um die Amnestie in einer fast „untergründigen" Form innerhalb dieser Gruppen fort, während das Land, um seinen Prozess der demokratischen Rekonstruktion zu entwickeln, andere Wege ging.

Einige wichtige Meilensteine dieses Weges wurden hier bereits erwähnt: die Kampagne für die direkte Wahl zwischen 1983 und 1984, und die Verfassungsgebende Versammlung aus den Jahren 1987/1988. Diese beiden Momente haben den brasilianischen Wiederdemokratisierungsprozess geprägt, sie haben die Stärken und die Grenzen dieses Prozesses gezeigt. Die Kampagne für die direkte Wahl, „Diretas Já" hat enorme Versammlungen und Demonstrationen in verschiedenen Hauptstädten angeregt. Bei der „*Versammlung für die direkte Wahl*" in Rio de Janeiro, vor der *Candelária Kirche,* haben eine Million Menschen die Nationalhymne ergreifend gesungen. Trotzdem wurde die Änderung „Dante de Oliveira", welche die Durchführung von direkten Wahlen für die

Nachfolge des Präsidenten General Figueiredo vorschlug, im April 1984 im Nationalkongress abgelehnt. Infolge der Niederlage der Änderung, fädelten die neu gegründeten politischen Parteien eine andere Lösung ein. Die gewählte Option bestand in der indirekten Wahl durch ein aus Parlamentariern zusammengesetztes Wahlkolleg. Die politische Absprache, die sich durchsetzte, hat in der Koalitionsliste der beiden großen Parteien der Zeit, welche tatsächlich aus dem vorherigen Zweiparteiensystem stammten: die PMDB und die neu gegründete Partei der Liberalen Front (PFL), ihren Ausdruck gefunden. Die Wahlliste setzte sich aus Tancredo Neves und José Sarney zusammen. Folglich war die Wahlliste Tancredo-Sarney, die von der Koalition zwischen der PMDB und PFL vorgestellt wurde, der exakte Ausdruck der Absprachen zwischen den politischen Eliten der Zeit. Sie zeigte ein prägendes Merkmal der politischen Kultur des Landes, die Tendenz zur Versöhnungs- und Verhandlungspraxis, die nach den Jahren der Militärdiktatur wieder intakt an die Oberfläche kamen. Die Wahlliste Tancredo-Sarney wurde vom Kongress mit einer großen Mehrheit angenommen. Die PT wollte nicht teilnehmen, denunzierte das Verfahren als Farce und bestrafte ihre Parlamentarier, die für die Wahlliste von Tancredo Neves abgestimmt hatten, mit dem Ausschluss aus der Partei.

Trotz der moderaten, zentralgerichteten und elitären Prägung der verhandelten Lösung, hatte die Wahl von Tancredo eine wichtige politische Symbolik. Tancredo wurde mit dem politischen Vermächtnis von Getúlio Vargas identifiziert. Er war sein Justizminister im Jahr 1954 gewesen und Premierminister unter Präsident João Goulart. Trotz seines moderaten und versöhnlichen Profils hatte seine Nominierung für das Präsidialamt einen gewissen Geschmack nach Rückkehr derjenigen Demokratie, die in der Zeit vor 1964 existierte. Das Schicksal aber hat der Opposition und der brasilianischen Gesellschaft diesen Geschmack nach Revanche versagt. Tancredo erkrankte und starb, bevor er das Amt antrat. Sein Vize-Präsident, José Sarney, ein Politiker der konservativen Tradition in der Linie der aufgelösten ARENA, übernahm das brasilianische Präsidialamt. Präsident Sarney trat sein Amt am 15. März 1985 an. Zwei Monate danach stellte der Kongress die direkten Wahlen wieder her, billigte das Recht auf Abstimmung für die Analphabeten und legalisierte die kommunistischen Parteien. Die Wiederaufnahme des demokratischen Weges im Land war infolge der Niederlage der Änderung „Dante de Oliveira“, der Option für ein verhandeltes Ende der Diktatur und des Todes von Tancredo Neves, durch Verhandlungen und Frustrationen gekennzeichnet. Es lässt sich jedoch nicht leugnen, dass das Land in eine neue Phase eintrat und den Weg des demokratischen Wiederaufbaus beging.

Der andere wichtige Meilenstein dieser politischen Transition war die Verfassungsgebende Versammlung, aus der sich die „Bürgerliche Verfassung“ von

1988 ergab. Das Ziel der Verfassungsgebenden Versammlung war, eine neue Verfassung auszuarbeiten, die den neuen, nach dem Ende der Militärherrschaft zwischen den Bürgern entstandenen politischen Pakt aufnähme. Der Historiker Boris Fausto schreibt:

> *„Die Verfassung von 1988 spiegelte den Fortschritt im Land wieder, insbesondere im Bereich der Erweiterung sozialer und politischer Rechte an die Bürger im Allgemeinen und an die sogenannten Minderheiten."*[6]

Obwohl sie keine Fortschritte bei der Amnestiefrage, bei der Aufklärung der Fakten bezüglich der Ermordeten und Verschwundenen und bei der Klärung der staatlichen Verantwortung gemacht hat – dies alles wurde aufgrund der politischen Bedingungen der Zeit in einer gewissen Weise vergessen oder verschoben – garantierte die neue Verfassung großen Teilen der Gesellschaft Rechte, die traditionsgemäß von solchen Rechten ausgeschlossen waren. Beispiel dafür waren indigene Völker und Quilombolas-Gemeinschaften. Darüber hinaus widmete die neue Verfassung besondere Aufmerksamkeit den Rechten von afrikanisch-Stämmigen, von Frauen, von Menschen mit Behinderungen jeglicher Art, von Kindern und Jugendlichen, von älteren Menschen. So hat sie den Namen „Bürgerliche Verfassung" verdient, weil sie sich fokussierte in der Garantie der Rechte im weitesten Sinn der brasilianischen Bürger, in deren ganzen Einheit und Vielfalt. Für einige Autoren ist die Verfassung von 1988 der wichtigste Meilenstein des Beginns der demokratischen Zeit Brasiliens.

Aber trotz einiger Gesetze, die den Umfang der Amnestie erweiterten, blieb die Amnestiefrage, wie gesagt, im Laufe dieser Zeit „im Untergrund", bis zur Gründung der Amnestiekommission im Jahr 2001 unter der Regierung von Präsident Fernando Henrique Cardoso. Er war selbst ein Intellektueller gewesen, der die Diktatur bekämpft hatte.

Die 1980er und 1990er Jahre waren auch durch das Ende der Militärdiktaturen im Südkegel Lateinamerikas gekennzeichnet: Argentinien im Jahr 1983, Uruguay im Jahr 1985, Chile 1990. Ab dem Ende der 1980er rang nahezu der gesamte lateinamerikanische Kontinent mit der entscheidenden Frage nach dem Aufbau einer Demokratie und wie sie in den Ländern, die die soziale und wirtschaftliche Entwicklung sichern wollten, effektiv zu verwurzeln war. Aber jedes Land hat die eigene autoritäre Hinterlassenschaft auf eine unterschiedliche Weise behandelt.

---

6 Boris Fausto, *História do Brasil*, 8. Aufl., SP, EDUSP, 2000, S. 525.

Amnestie als Synonym für Reparation

Bisher hat die Transitional Justice in Brasilien ihren Schwerpunkt auf die Frage nach den Reparationen gelegt, in einer gewissen Weise zum Nachteil anderer Aspekte wie die Gerechtigkeit und die Erinnerung. Jedes Land adoptiert sein eigenes und spezifisches Muster für die Transitional Justice – in Übereinstimmung mit seiner Geschichte, seiner politischen Kultur und seiner Korrelation von Kräften in der Zeit der Transition. Das Muster der Transitional Justice, das von einem Land adoptiert wurde hat somit eine enge Verbindung mit dem im selben Land erlebten Demokratisierungsprozess.[7] Brasilien hat eine Transitional Justice entwickelt, die von der Reparationsfrage geleitet wird und sich als ein allgemeineres Verfahren politischer Neuverhandlungen zwischen den Eliten kennzeichnen lässt. Dies unterscheidet das Land im Vergleich zu anderen Mustern der Transitional Justice auf der Welt und in Lateinamerika. Argentinien zum Beispiel hat die Gerechtigkeitsfrage ausdrücklich betont und versucht, die staatlichen Täter zu bestrafen, die für die während der Diktatur begangenen Verbrechen verantwortlich waren. Das „Juntas-Gericht", das unmittelbar nach dem Ende der Diktatur eingesetzt wurde, brachte die Präsidenten und die Ministerpräsidenten der Militärregierung auf die Anklagebank. Sie wurden aber gleich darauf freigelassen. Der argentinische Prozess ist bis jetzt nicht geradlinig verlaufen, das Land führt seine Transitional Justice mit Fortschritten und Rückschritten durch. Der Prozess wurde durch Begnadigungen und durch die sogenannten „Straflosigkeitsgesetze" (Das Gesetz Punto Final aus dem Jahr 1986 und das Gesetz des geschuldeten Gehorsams aus dem Jahr 1987) behindert, die Transitional Justice ging zurück, aber das Land hat in den letzten Jahren den Prozess wieder aufgenommen.

Derzeit verbüßt der ehemalige Präsident Videla eine lebenslange Gefängnisstrafe für Verbrechen, die während der Diktatur begangenen wurden. Zwischen Fortschritten und Rückschritten hat Argentinien den Schwerpunkt der Transitional Justice auf den Aspekt der Gerechtigkeit gelegt und das heißt, die staatlichen Täter zu richten und zu bestrafen.

Ein anderer Pol ist das südafrikanische Muster, das den Schwerpunkt auf die Erinnerung und die Wahrheit gelegt hat. Das Thema der Amnestie ist auch im südafrikanischen Muster zu finden, aber in einer anderen, zur brasilianischen unterschiedlichen, Perspektive. Die südafrikanische Amnestie („ubuntu") wird derjenigen Person individuell gewährt, die wegen Verbrechen und Verletzungen der Menschenrechte angeklagt wurde. Der Täter bittet um Amnestie erst nach

---

7 Barahona de Brito, Paloma Aguilar & Carmen Gonzalez, *Las políticas hacia el pasado: juicios, depuraciones, perdón y olvido em las nuevas democracias*, Madrid. Ediciones Istmo, 2002.

der Aufdeckung seines Verbrechens durch das Opfer. In diesem Fall setzt die Amnestie die Kenntnis und die Darlegung der an die Oberfläche kommenden Wahrheit voraus und sie ist mit einer Denunziation verbunden, die sowohl vom Opfer als auch vom Täter als Wahrheit anerkannt wird. Der Täter bittet um Amnestie (Vergebung), um von der Gemeinschaft wieder akzeptiert zu werden.

Die Amnestie in Südafrika – trotz ihres Versöhnungsziels (worauf der Name der „Wahrheits-und Versöhnungskommission" selbst hinweist) – bezieht sich auf die Fragen der Erinnerung, Wahrheit und Verantwortung. Im Falle Brasiliens jedoch bittet um Amnestie nicht der Täter, sondern das Opfer. Dies ist eine Besonderheit der brasilianischen Transitional Justice. Die Amnestie wurde von der Militärdiktatur Menschen gewährt, denen Verbrechen gegen das Regime vorgeworfen wurden. Dies war der Inhalt des Gesetzes von 1979, welches den Exilanten und Verbannten aufgrund „politischer Subversion" die Rückkehr ins Land erlaubte. Wie bereits erwähnt, wurde in den folgenden Jahren durch Ergänzungsgesetzgebung die Anzahl der von der Amnestie Betroffenen erweitert. Und seit 2001 wurde dieser Prozess noch stärker ausgeweitet und der Begriff „Amnestie" in Brasilien wurde allmählich dem Begriff „Reparation" gleichgestellt. Die Regierung unter Fernando Henrique Cardoso leitete diesen Reparationsprozess ein. Die Idee war: die Bürger sollten nicht nur *amnestiert* werden, wenn sie wegen politischen Verbrechen angeklagt worden waren, sondern auch *Reparationen* für die erlittenen Schäden erhalten. Die in August 2001 im Justizministerium gegründete Amnestiekommission hatte (und hat) die Aufgabe, Reparationen, Entschädigungen, Wiedereinführung in öffentliche Posten und früher ausgeübte Ämter durchzuführen, sowie die von der Diktatur an politisch Verfolgten zugefügten Schäden zu identifizieren und wiedergutzumachen. Um Amnestie zu bitten, bedeutet nach dem brasilianischen Muster, um eine moralische und finanzielle Reparation zu bitten. Dies ist eine Besonderheit der Amnestie in Brasilien, die von unseren südamerikanischen Kollegen nicht immer verstanden wird, weil bei ihnen die Amnestiegesetze grundsätzlich nur Selbstamnestiemaßnahmen waren, die von den staatlichen Tätern am Ende der Diktaturen verkündet wurden. Im Falle Brasiliens – und obwohl eine Debatte über die „Reziprozität" existiert – war der Prozess ein anderer. Die Amnestie war eine Teilerrungenschaft des Kampfes der Gesellschaft gegen die Diktatur und hauptsächlich eine Reparationsmaßnahme für ihre Opfer. Von 2001 an hat die Amnestiekommission bis heute die Situation tausender Menschen geprüft, amnestiert und repariert, von Menschen, deren Leben auf unterschiedliche Weise von der Militärdiktatur durchkreuzt, geschädigt, aussichtslos gemacht oder traumatisiert wurden. Sie verwirklicht eine Reparationsarbeit, die auch zu einem nationalen Versöhnungsprozess führt, indem sie tausenden Brasilianern die Bürgerschaft zurückgibt.

Eine reziproke Amnestie? Die Debatte über die Revision des Amnestiegesetzes

Der Text der 1979 verabschiedeten Amnestie erwähnte die „verbundenen Verbrechen" – die Amnestie wurde für politische und „damit verbundene Verbrechen" gewährt. Dieses war eine List, mit dem Ziel, staatliche Täter, die Verbrechen begangen hatten, zu beschützen, wenn diese Verbrechen mit politischen Verbrechen der Opposition verbunden waren. Diese Interpretation hat jahrzehntelang jeden gesellschaftlichen Versuch stark gehemmt, gegen die staatlichen Täter, die Verbrechen und Verletzungen der Menschenrechte begangen hatten, zu ermitteln, sie zur Verantwortung zu ziehen und folglich zu bestrafen. In der Tat schützte der Begriff des „verbundenen Verbrechens" die Folterer. In den letzten Jahren verkörperte sich diese Diskussion in einer Debatte, in der einige Sektoren insbesondere Menschenrechtsorganisationen und Organisationen der Angehörigen der Ermordeten und Verschwundenen, die Flagge der Revision des Amnestiegesetzes erhoben und eine neue Fassung des Gesetzes verlangten, die die Verurteilung und Bestrafung der Folterer erlauben könnte. Die Brasilianische Rechtsanwaltskammer hat eine Klage auf die Prüfung des Gesetzes erhoben, jedoch bestätigte der Oberste Bundesgerichtshof, dass das Amnestiegesetzt von 1979 sowohl linke Militante als auch Staatsdiener, die während der Diktatur Verbrechen begingen, amnestiert hatte. Vor kurzem wurde diese Debatte durch die Anzeige der Staatsanwaltschaft gegen den Major der Reserve Sebastião Curió Rodrigues de Moura wiederaufgenommen. Ihm wird das Verschwinden von fünf Guerilleros der Araguaia-Guerilla im Jahr 1974 vorgeworfen. Der Oberste Bundesgerichtshof wird den Fall wieder verhandeln.

In dieser Debatte sind zwei politische Interpretationen erschienen, die grundsätzlich zwei nicht antagonistische, sondern unterschiedliche Formen der Behandlung des Problems darstellen. Eine stellt sowohl die Interpretation selbst des Ausdrucks „damit verbundene Verbrechen" wie auch die Möglichkeit, dass Folter von der Amnestie gedeckt wurde, in Frage. Dies ist die Position einiger überragender brasilianischer Juristen, wie Dalmo Dallari, Fabio Comparato, Marcio Thomaz Bastos: das Gesetz hat die politischen Verbrechen amnestiert, die während des Militärregimes begangen wurden. Sie hat keine Folterer amnestiert. Weil Folter kein politisches Verbrechen ist, sondern ein Verbrechen gegen die Menschlichkeit. Folglich verhindere das Amnestiegesetz weder die Verurteilung und die Bestrafung der Folterer noch könne man sich auf sie als Instrument der Straflosigkeit berufen.

Die andere Position, die die Revision des Gesetzes vertritt, betrachtet das Problem aus einem überwiegend politisch geprägten Standpunkt: das Amnestiegesetz von 1979 stellte die zur der Zeit mögliche politische Einigung im Hinblick auf die Korrelation der Kräfte und auch auf eine politische Kultur dar, welche von der Praxis der Verhandlung und Versöhnung geprägt war. Strukturelle und konjunkturelle Elemente haben die „Amnestie, die möglich war", Ende der 1970er hervorgebracht. Aber die Politik befindet sich in ständiger Bewegung und das, was heute möglich ist, ist sehr unterschiedlich von dem, was vor 33 Jahren möglich war. Das Land hat sich geändert, die Korrelation der Kräfte ist heute sehr unterschiedlich. Das Merkmal der Verhandlung und Versöhnung als starke Prägung der brasilianischen politischen Kultur hat sich nicht geändert, aber die heutigen Kräfte im Spiel, sowohl im Land als auch in der Welt, (besonders in Lateinamerika) sind andere. Gesetze sind keine eisernen Gefüge, sie ändern sich infolge politischer Änderungen. In diesem Sinn könnte das Amnestiegesetz gemäß der neuen Forderungen der Gesellschaft nach Gerechtigkeit aktualisiert und revidiert werden.

Diese Debatte wird immer noch fortgesetzt. Menschenrechtsmilitante und Angehörige der Ermordeten und Verschwundenen versuchen, auf unterschiedliche Weisen, diesen Aspekt des Gesetzes zu überwinden, den sie für gerechtigkeitshemmend halten. Einige Initiativen mit dem Ziel, die verantwortlichen Täter zur Rechenschaft zu ziehen, wurden innerhalb der Lücken des Gesetzes ergriffen, wie die Klage der Familie des von der Repression ermordeten Journalisten Luis Eduardo Melino auf „Ersatz immaterieller Schäden" gegen den Kolonel Carlos Alberto Brilhante Ulstra, zu der Zeit Kommandant des DOI-CODI[8] von São Paulo.

Ein neuer Kontex: die Regierung Dilma und die Wahrheitskommission

Der Amtsantritt der Präsidentin Dilma Roussef im Januar 2011 hat einen neuen Kontext eröffnet, der eine neue Ebene sowohl für die Behandlung der Amnestie- und Reparationsfragen als auch für die Wiederaufnahme von Themen, die als „Untergründige Gedächtnisse" jahrzehntelang fortdauerten, ermöglichte. Meiner Ansicht nach setzte sich dieser neue Kontext aus zwei Faktoren zusammen. Erstens der politische Weg und das politische Profil der Präsidentin selbst. Dilma war Militantin linker Organisationen, sie wurde verhaftet und gefoltert, sie hatte Freunde, die von der Repression verhaftet, gefoltert und ermordet wurden. Sie selbst wurde zu einer Hauptvertreterin der Gründung einer nationalen Wahrheitskommission im Land. Zweitens der internationale Kontext, insbesondere Lateinamerikas, das heute in mehreren Ländern die Erfahrung verschiedener national und populär orientierter Regierungen erlebt, viele von denen unter Präsi-

8 DOI-CODI: Abteilung für Spezielle Operationen des Operationszentrums der Innenverteidigung.

denten, die ehemalige Militante waren und in den 1960er und 1970er Jahren gegen die Militärdiktaturen in ihren Ländern gekämpft hatten. Ohne Zweifel interferiert eine solche lateinamerikanische Konjunktur mit der Wiederaufnahme dieser Debatte in Brasilien und gibt ihr neue Impulse.

Innerhalb dieses neuen nationalen Kontextes kamen die „Untergründigen Gedächtnisse" an die Oberfläche und Brasilien erlebt einen neuen Moment seiner Transitional Justice: das Recht auf Gedächtnis und auf die Wahrheit der Fakten. In diesem neuen Kontext gründete das Land, im Mai 2012, eine Wahrheitskommission. Ein Hauptziel der Kommission ist es, den Brasilianern die von staatlichen Tätern begangenen Verbrechen und Menschenrechtsverletzungen offen zu legen und die Umstände der Ermordung und des Verschwindenlassens von Personen während der Militärdiktatur zu klären.

Das Recht auf Gedächtnis / die Gedächtniskonflikte

Ich würde jetzt gerne eine kurze Zeit bei der Frage des Gedächtnisses verweilen. Maurice Halbwachs war der erste Soziologe, der das Thema „Gedächtnis" auf das Feld der sozialen Interaktionen übertrug.[9] Er lehnte die in seiner Zeit geläufige Auffassung des Gedächtnisses als Abdruck realer Ereignisse im menschlichen Geist ab und führte die These ein, dass Menschen ihre Gedächtnisse ausgehend von den unterschiedlichen Formen der Interaktion mit den anderen Individuen weben. Auf diese Weise werden bestimmte Erinnerungen im Kreis der Familie, andere unter Arbeitern, die in einer Fabrik arbeiten, wiederholt, und so weiter. Das individuelle Gedächtnis, wie Halbwachs behauptete, offenbart nur die Komplexität sozialer Interaktionen, die von einem jeden erlebt wurden. Das individuelle Gedächtnis kann deswegen nicht von den kollektiven Gedächtnissen getrennt werden. Nicht das Individuum ist dasjenige, das sich erinnert und die Kontrolle über die Wiederbelebung der Vergangenheit besitzt. Das Gedächtnis wird durch die Interaktion von Individuen, von sozialen Gruppen gebildet und die individuellen Erinnerungen sind das Ergebnis dieses Prozesses. Das große Verdienst von Halbwachs ist es, den kollektiven und sozialen Aspekt des Gedächtnisses gezeigt zu haben. Noch mehr, gezeigt zu haben, dass das Gedächtnis eine soziale Konstruktion ist. Durch diese von Halbwachs geöffnete Tür sind verschiedene Autoren gegangen, welche verschiedene Erörterungen des Themas zusammengebracht und es somit komplexer gemacht haben. Michel

9 Maurice Halbwachs hat die theoretischen Hauptargumente zur Verteidigung des gemeinschaftlichen Charakters des kollektiven Gedächtnisses in zwei Werken festgelegt, auf die heute in der Behandlung des Themas verpflichtend hingewiesen werden soll, "Os quadros sociais da memória" (1925) und "A memória coletiva", dieses letzte posthum veröffentlicht (1950).

Pollak hat die konflikthafte Dimension der Gedächtnisse gezeigt. Gedächtnisse sind immer Ergebnisse von Streiten und Verhandlungen, es gibt die herrschenden Gedächtnisse und die beherrschten, untergründigen, verschwiegenen. Aber auch diese streiten sich untereinander und warten auf das adäquate Moment, um an die Oberfläche zu kommen. Die Streite um das Gedächtnis sind auch von Konjunkturbewegungen, von der Korrelation der Kräfte, von Problemen und Fragen der Gegenwart, die das Gedächtnis drücken und verändern, beeinflusst. Das heißt, das Gedächtnis ändert sich infolge der Gegenwart. Andreas Huysen betonte, dass das politische Gedächtnis nicht ohne das Vergessen funktionieren kann und dass dieses Verhältnis zwischen Gedächtnis und Vergessen oft für die Transition von Diktatur zur Demokratie entscheidend ist. Dieses Verhältnis ist nicht absolut naiv und auch nicht manichäistisch. Es ist ein dynamisches Verhältnis, das sich infolge der Konjunktur ändert.

Die Debatte über die Gedächtnisfrage soll diese Dimensionen eines sozial und politisch gebildeten Gedächtnisses berücksichtigen: die Streite, die Konflikte, die politischen Strategien, die Pluralität. Worauf die argentinische Forscherin Elizabeth Jelin im Text „Memorias en conflicto“ hinwies:

> *„Es ist unmöglich ein Gedächtnis, eine Vision, eine einzige Interpretation der Vergangenheit zu finden, die von der ganzen Gesellschaft geteilt wird. Das, was existiert, ist ein politischer Kampf und oft wird dieser Kampf als ein Kampf gegen das Vergessen aufgefasst.“*[10]

Die Zeugenaussage ist ein zentrales Element in diesem Kampf gegen das Vergessen. Im Buch „História, memória, literatura: o testemunho na era das catástrofes“[11] behauptet Márcio Seligmann-Silva, Literaturprofessor an der Universität von São Paulo (USP), dass die Zeugenaussage eine zentrale Frage unserer Zeit ist – seit dem Holocaust bis auf die unzähligen Geschehnisse von Völkermord, Gewalt und Willkür in vielen Regionen der heutigen Welt. Für Seligmann-Silva kann die Zeugenaussage in unterschiedlichen Formen auftreten: im juristischen Sinn, als historisches Zeugnis und als Darstellung eines Grenzereignisses, das heißt, als Darstellung eines Traumas.

Nach dieser letzten Auffassung verstanden, spielt die Zeugenaussage eine Rolle, die weit über den empirischen Bericht, über die Aufnahme der Erklärung des Augenzeugen, der eine Wahrheit offenbart, hinausgeht. Die Zeugenaussage berichtet über eine Erfahrung, meistens über eine traumatische Erfahrung – von Schmerz und Gewalt – und wenn sie diesen Bericht abliefert, integriert sie das Opfer wieder in eine bestimmte Gemeinschaft. Die Zeugenaussage – dieser

10 Jelin, "Memorias en conflicto", PUENTES, Buenos Aires, N. 1, August, 2000.

11 Seligman-Silva (Org.), "História, memória, literatura. O testemunho na era das catástrofes", Campinas, SP, Editora Unicamp, 2003.

Raum um Zeugnis abzulegen, zu berichten, zu denunzieren, die Garantie, dass dieser Bericht gehört und ihm Wert verliehen wird – gibt dem Opfer bzw. der bezeugenden Person ihre soziale und oft auch ihre menschliche Integrität zurück. Verschiedene Länder, die derzeit durch Demokratisierungs- und Transitionale Gerechtigkeitsprozesse gehen, bauen Sammlungen mündlicher Geschichte auf, in denen Zeugenaussagen und Erklärungen der Opfer von Verbrechen, die von staatlichen Tätern begangen wurden, gesammelt werden.

Diese Sammlungen spielen in den Transitionsprozessen und in der Konsolidierung der Demokratie eine wichtige Rolle. Sie erlauben die Rekonstruktion der unterschiedlichen Versionen der Vergangenheit und der Dispute um das Gedächtnis. Sie erlauben auch eine Dimension der menschlichen Erfahrung kennenzulernen, das Erleben der Willkür und der Gewalt, zusammen mit den unterschiedlichen Formen und Strategien zur Bewältigung dieser Willkür und zum Widerstand gegen sie. Aber hauptsächlich erlauben sie, das zu tun, was Seligmann-Silva erwähnte: eine Darstellung des Traumas. Im Buch „*Writing history, writing trauma*“ erkennt Dominick LaCapra[12] die Schwierigkeit der Aufgabe des Historikers denjenigen gegenüber an, die ihr Zeugnis ablegen, das heißt, dessen Schwierigkeiten den Opfern und den Überlebenden gegenüber. Für LaCapra verwandelt sich der Historiker, wenn er mit Zeugenaussagen arbeitet, selbst in einen sekundären Zeugen (*testigo secundário*), weil er Zugang zu Berichten bzw. Aufnahmen der Vergangenheit aus erster Hand bekommt, die nur durch diese Zeugenaussagen gekannt werden können und auf eine gewisse Weise die berichteten traumatischen Erfahrungen wieder zum Leben erwecken. Folglich ist der Historiker, der die Zeugenaussage hört und aufnimmt, nicht ein unparteilicher Beteiligter, sondern er ist in den politischen Akt verwickelt, der im Zeugnis enthalten ist, er ist im Sachverhalt und in der Denunziation befangen, die die Zeugenaussage ihm zuträgt.

In den letzten zwei Jahren haben wir uns an einem nationalen Projekt in Brasilien beteiligt, das drei Bundesuniversitäten mit dem Ziel zusammengebracht hat, eine audiovisuelle Sammlung mit dem Titel „Zeichen des Gedächtnisses – Mündliche Geschichte der Amnestie in Brasilien“ aufzubauen. Diese Sammlung hat Aussagen und Zeugnisse (in dem hier von uns verwendeten Sinn) gesammelt, die uns helfen, die Geschichte und das Gedächtnis der Zeit der Militärdiktatur, der politischen Transition und der demokratischen Konsolidierung zu kennen.

---

12 Weil das Buch in Brasilien nicht übersetzt wurde, benutzen wir die argentinische Ausgabe “Escribir la historia, escribir el trauma”, die vom Verlag Nueva Visión 2005 herausgegeben wurde.

Die Vergangenheit in der Gegenwart

Zum Abschluss würde ich gerne auf einige Fragen über den aktuellen Kontext hinweisen, in dem sich die Arbeit der Wahrheitskommission entwickelt. Brasilien gründete seine Wahrheitskommission mehr als vierzig Jahre nach dem Putsch und mehr als zwei Jahrzehnte nach dem Ende der Diktatur. Die Kommission wurde nach vielen Jahren demokratischer Regierung und nach einem langen von der Amnestiekommission entwickelten Reparationsprozess gegründet. Dieses ist ein wichtiges Element zur Differenzierung der Wahrheitskommission in Brasilien in Bezug auf andere Länder, die meistens ihre Wahrheitskommissionen unmittelbar nach dem Ende der Militärregimes gegründet haben. Diese Charakteristik ist nicht unwichtig; im Gegenteil, sie ist im höchsten Grad symptomatisch für den brasilianischen politischen Prozess. Die vom Land erlebte politische Transition hat nicht die Aspekte berücksichtigt, die von einer Wahrheitskommission hervorgerufen werden: sie hat nicht enthüllt, nicht benannt, nicht auf die unzähligen Fragen der Opfer geantwortet, nicht über die Ermordeten und Verschwundenen umfangreich aufgeklärt. Sie hat nicht die Verantwortung für die Verbrechen übernommen, sie hat die Folter nicht anerkannt, sie hat keinen dafür verantwortlich gemacht. Die politische Transition zur Demokratie hat sich durch Pakte und Allianzen entwickelt, die ohne Zweifel einen neuen politischen Raum schufen, aber die Missbräuche und Gewalttaten, die während der Diktatur begangen wurden, hat sie übersehen. Das heißt, die vor Kurzem gegründete Wahrheitskommission wird in einem bereits konsolidierten Gebiet wirken, in dem schwere Verbrechen „verheimlicht" und „vergessen" wurden. Indem sie die Vergangenheit befragt, befragt die Wahrheitskommission in Brasilien folglich auch die Gegenwart. Besser gesagt, sie tut das indem sie sich dieser Vergangenheit bedient um der Gegenwart Fragen zu stellen, um den politischen Pakt nach der Diktatur zu befragen und auf diese Weise die Grundlagen dieser Transition selbst zu befragen. Dies kann eine sehr positive Bilanz haben: die Achtung vor den Menschenrechten in die brasilianische politische Kultur, die von Verhandlungs- und Versöhnungsbereitschaft – als tiefliegende brasilianische Eigenschaften – geprägt ist, einzuführen.

Am Ende dieses Textes – der versucht hat, einen allgemeinen Überblick der politischen Transition in Brasilien zu geben und zu zeigen, auf welche Weise die Amnestiefrage in diese Entwicklung eingeordnet wurde – würde ich zuletzt mit einer Passage der Aussage von Bernardo Mata Machado schließen. Bernardos Bruder, José Carlos Mata Machado, war ein Leiter der Linksorganisation Marxistisch-Leninistische Volksaktion (APML) und wurde 1973 unter Folter ermordet. Die Familie hat es geschafft, dass ihr die sterblichen Überreste überführt wurden, allerdings in einem versiegelten Sarg, und sie konnte, anders als andere

Familien, José Carlos bestatten. Für Bernardo, den jüngsten Bruder, war dies essentiell. Und dies ist seine Haupterwartung der Wahrheitskommission gegenüber:

> *Ich denke, dass die Frage fundamental ist, unser Gedächtnis über jeden einzelnen zu bilden: zu wissen, wie er starb, wer die Ermordung befohlen hat, wer gefoltert hat und wo, und wo er begraben wurde. Ich denke, dass man die Körper finden muss, sie ausgraben und der Familie übergeben. Dies ist meine Erwartung: dass alle Familien ihre Toten bestatten können, dass sie wissen, unter welchen Bedingungen sie gestorben sind, dass wir alles das ans Licht bringen, dass wir die Militärs dazu bringen können, zu verstehen, dass sie für die Erhaltung der brasilianische Demokratie fundamental sind und dass dafür auch die Wiederherstellung der Wahrheit fundamental ist.*[13]

Aufnahme der Geschichte, Rettung des Gedächtnisses, Offenlegung und Klärung, Verantwortung, Gerechtigkeit. Dies sind die Themen, die im aktuellen Kontext der Wahrheitskommission behandelt werden. Die Konjugation dieser Elemente, die größere oder kleinere Gewichtung eines jeden, ist teilweise ein Ergebnis, ein Ausdruck und ein Produkt unserer Geschichte und unserer politischen Kultur; aber sie wird auch mit gleicher Kraft ein einleitendes Element neuer Wege für unsere Geschichte sein.

Literaturverzeichnis:

Araujo, Maria Paula, "A Utopia Fragmentada: novas esquerdas no Brasil e no mundo na década de 1970", Rio de Janeiro, FGV, 2000.

Araujo, Maria Paula, "A luta democrática contra o regime militar na década de 1970". In: Aarão Reis, Ridenti & Sá Motta (orgs.), "O golpe e a ditadura militar", São Paulo, EDUSC, 2004.

Araujo, Maria Paula, "Lutas democráticas contra a ditadura". In: Ferreira & Aarão Reis (orgs.), "Revolução e Democracia", Rio de Janeiro, Civilização Brasileira, 2007. Coleção As Esquerdas no Brasil.

Araujo, Maria Paula Nascimento & Sepúlveda, Myrian: *História, memória e esquecimento: implicações políticas.* Revista Crítica de Ciências Sociais, Dez. 2007, N. 79, S. 95–111. Coimbra, Portugal.

D´Araujo, Maria Celina; Soares, Gláucio Ary & Castro, Celso (orgs.), "A Volta aos Quartéis: a memória militar sobre a abertura", RJ, Relume Dumará, 1995.

---

13 Aussage von Bernardo da Mata Machado. Acervo "Marcas da Memória: história oral da anistia no Brasil", Instituto de História, UFRJ.

Fausto, Boris, "História do Brasil", 8. Aufl., São Paulo, EDUSP, 2000.

Halbwachs, Maurice, *A memória coletiva*. São Paulo: Vértice, 1990.

Jelin, Elizabeth, "Memorias en conflicto", PUENTES, Buenos Aires, N. 1, August, 2000.

Lacapra, Dominick, "*Escribir la historia, escribir el trauma*", Buenos Aires, Nueva Visión, 2005.

Rodeghero, Carla / Diestman, Gabriel / Trindade, Tatiana, "*Anistia ampla, geral e irrestrita. História de uma luta inclonclusa*", Santa Cruz do Sul, EDUNISC, 2011.

Seligmann-Silva, Márcio (Org.), "História, memória, literatura. O testemunho na era das catástrofes", Campinas, SP, Editora Unicamp, 2003.

(Tradução do Português: Dr. João Manuel Fernandes, Tübingen, Dez. 2012)

Die strafrechtliche Transition in Deutschland nach 1945 unter besonderer Berücksichtigung der Aufarbeitung des Justizunrechts der NS-Zeit[1]

Thomas Vormbaum

Mein Thema enthält, genau betrachtet, drei Elemente, die sich konzentrisch verengen und zu denen ich nacheinander Stellung nehmen möchte:

1) die Transition des am Ende des NS-Regimes bestehenden Strafrechts in ein postnationalsozialistisches Strafrecht – diese werde ich nur kurz ansprechen;
2) den Umgang mit den Verbrechen der NS-Zeit im Allgemeinen, und
3) den Umgang mit den Justizverbrechen der NS-Zeit.

I. Transformation des Strafrechts der NS-Diktatur in das Strafrecht der Bundesrepublik Deutschland

Hier ist zunächst klarzustellen, dass für die Transformation des NS-Rechts in das Recht eines Rechtsstaats zunächst nicht deutsche Stellen zuständig waren. Deutschland war in vier Besatzungszonen aufgeteilt. In diesen Besatzungszonen besaßen die Militärregierungen weitgehende Autonomie; allerdings übte die oberste Regierungsgewalt formell der Kontrollrat der alliierten Siegermächte aus; und vor allem in den Jahren bis zum Beginn des Kalten Krieges besaß er eine wichtige Koordinierungsfunktion.

1 In diesen Beitrag sind wesentliche Teile von zwei Referaten eingegangen, welche ich auf folgenden Tagungen gehalten habe: Humboldt-Kolleg „La transformación jurídica de las dictaduras en democracias y la elaboración jurídica del pasado / Transformation von Diktaturen in Demokratien und Aufarbeitung der Vergangenheit“ an der Universität Pablo de Olavide Sevilla, 7.-9. Februar 2008 („La transformación jurídica de Alemania tras la Segunda Guerra Mundial“ / „Die rechtliche Transformation Deutschlands nach dem Zweiten Weltkrieg“); Symposium „Die Rosenburg. Das Bundesministerium der Justiz und sein Umgang mit der NS-Vergangenheit“. Berliner Kammergericht, 26. April 2012 („Die strafrechtliche ‚Aufarbeitung‘ des Justizunrechts der NS-Zeit“). Der erste Text ist veröffentlicht in: *Francisco Muñoz Conde/Vormbaum* (Hrsg.), [Tagungsband in spanischer Sprache Valencia 2009; in deutscher Sprache Berlin 2010, jeweils unter dem Titel der Tagung], S. 49 ff. bzw. 183 ff.; der zweite Text wird in dem von *Manfred Görtemaker* und *Christoph Safferling* herausgegebenen Tagungsband enthalten sein, dessen Erscheinen für Frühjahr 2013 vorgesehen ist.

1. Normen

Aber unabhängig von der Zuständigkeit musste über die Methode entschieden werden, mit der die Transformation erfolgen sollte. Sollten sämtliche Normen, die zwischen dem 30. Januar 1933 und dem 8. Mai 1945 erlassen worden waren, aufgehoben werden?[2] Diese Lösung ist niemals ernsthaft erwogen worden. Vielmehr sollte ein *Teil* dieser Normen aufgehoben werden, ein *anderer* Teil in Kraft bleiben. Und dies verstand man so, dass *nationalsozialistisches* Recht aufgehoben werden sollte, *nicht-nationalsozialistisches* Recht aber bestehen bleiben sollte. Ob dies eine sinnvolle Unterscheidung war, ist eine eigene Problematik, auf die ich an dieser Stelle nicht näher eingehen will[3]. Aber zweifellos gab es einige Vorschriften – im Strafrecht wie in anderen Rechtsgebieten –, die man ohne große theoretische Überlegungen als nationalsozialistisch bezeichnen konnte[4].

Der Alliierte Kontrollrat beseitigte gleich mit seinem ersten Gesetz das Ermächtigungsgesetz, das die Herrschaft Hitlers formell begründet hatte, das Gesetz gegen die Neubildung von Parteien, mit dem das Monopol der NSDAP begründet worden war, und das Gesetz über die Geheime Staatspolizei, ferner die Rassegesetze und andere diskriminierende Gesetze; mit weiteren Gesetzen wurden diskriminierende Bestimmungen des Ehegesetzes, des Erbrechts, des Arbeitsrechts, des Landwirtschaftsrechts und des Film- und Presserechts beseitigt.

Vor allem der Zustand des *Strafrechts*, wie er sich am Ende der nationalsozialistischen Herrschaft darstellte, konnte nicht beibehalten werden. Es stellte sich die Aufgabe, das bestehende Strafrecht formell so „aufzuarbeiten“, dass man es ruhigen Gewissens der Praxis eines – wenn auch zunächst unter Besatzungsherrschaft stehenden – rechtsstaatlichen Gemeinwesens überlassen konnte. Der Alliierte Kontrollrat und die Militärregierungen versuchten auch hier, in einer Mischung aus Einzelgesetzen und allgemeinen Grundsätzen Strafgesetze zu beseitigen, die als untragbar empfunden wurden. Aufgehoben wurden u. a. Ge-

---

2 Zum Folgenden *Matthias Etzel*, Die Aufhebung von nationalsozialistischen Gesetzen durch den Alliierten Kontrollrat (1945–1948). Tübingen 1992; *Jürgen Welp*, Die Strafgesetzgebung der Nachkriegszeit (1945–1953), in: Thomas Vormbaum / Jürgen Welp (Hrsg.), Das Strafgesetzbuch. Sammlung der Änderungsgesetze und Neubekanntmachungen. Supplementband 1: 130 Jahre Strafgesetzgebung – Eine Bilanz. (Juristische Zeitgeschichte. Abt. 3, Bd. 1, S. 1). Berlin 2004, S. 139–173.

3 Vgl. *Joachim Vogel*, Einflüsse des Nationalsozialismus auf das Strafrecht. (Schriftenreihe Juristische Zeitgeschichte. Kleine Reihe. Bd. 12). Berlin 2004.

4 Vgl. *Vormbaum*, Il confronto con il diritto penale nazionalsocialista, in: Critica del diritto 2005, S. 129-142; spanische Fassung: La confrontación con el derecho penal nacionalsocialista, in: Dogmática penal entre naturalismo y normativismo. Libro en homenaje a Eberhard Struenseee. Buenos Aires 2011, S. 727-742.

setze und Verordnungen, die der Erhaltung der Kriegsmaschinerie, der Kriegs- und Rüstungswirtschaft, der nationalsozialistischen Propaganda, der Verfolgung von sog. Volksschädlingen, der Unterdrückung von Polen und Juden gedient hatten; die in Kraft gebliebenen Normen durften nicht mehr nach „nationalsozialistischen Lehren" ausgelegt werden, insbesondere wurde Bestrafung aufgrund von Analogie oder unter Berufung auf „gesundes Volksempfinden" verboten. Todesstrafen, die nach 1933 eingeführt worden waren, durften nicht mehr verhängt werden; die vor dem 30. Januar 1933 geltenden Höchststrafen durften nicht überschritten werden. Im Strafgesetzbuch wurden förmlich aufgehoben das 1935 eingeführte Analogiegebot, das gesamte Staatsschutzstrafrecht, sowie das Strafrecht zum Schutz der Wehrmacht.

2. Urteile

Bei der Transformation durch Aufhebung von Urteilen waren es in erster Linie die in der Zeit der Nazi-Herrschaft ergangenen Strafurteile, die einer Überprüfung bedurften. Durch alliierte Gesetzgebung wurden unter Beteiligung der neu gegründeten Bundesländer teils Gesetze, teils Verordnungen erlassen, wonach – teils von Amts wegen, teils auf Antrag – schwere, als unverhältnismäßig empfundene Strafen, die durch die Gesetzgebung der NS-Zeit ermöglicht worden waren, herabgesetzt, in vielen Fällen auch Urteile insgesamt aufgehoben werden konnten. Letzteres galt insbesondere für die Verurteilung von Widerstandkämpfern gegen den Nationalsozialismus. Überhaupt wurde tendenziell auf die antinazistische Gesinnung der Verurteilten größerer Wert gelegt als auf das objektive Unrecht, z. B. in Form der Unverhältnismäßigkeit der ergangenen Urteile. Erst mehr als 50 Jahre nach dem Ende der NS-Herrschaft, im August 1998, erging ein Bundesgesetz, das als Grundsatz die Aufhebung aller Urteile, die gegen elementare Grundsätze der Gerechtigkeit verstoßen hatten, verfügte. Voraussetzung blieb allerdings, dass das begangene Justizunrecht spezifisch nationalsozialistisches Unrecht gewesen ist. Bei der Beantwortung dieser Frage hilft der Gesetzgeber mit einigen weiteren Kriterien sowie durch einen Katalog von insgesamt 59 Gesetzen der NS-Zeit, bei deren Anwendung diese Voraussetzung als gegeben angesehen wird.

So viel in aller Kürze zur Transformation der Rechtsordnung, insbesondere der Strafrechtsordnung.

II. Rechtliche Aufarbeitung der nationalsozialistischen Vergangenheit

1. Allgemeine und spezielle Pathologie des NS-Regimes

Für den Zweck meines Referats verstehe ich unter juristischer Aufarbeitung der nationalsozialistischen Vergangenheit die Auseinandersetzung mit der *speziellen Pathologie* des NS-Systems[5].

Spezielle Pathologie unterscheide ich von der allgemeinen Pathologie. Ein autoritäres bzw. totalitäres System oder Regime ist, gemessen am Maßstab eines Rechtsstaates, stets etwas Pathologisches. Friedensgefährdende Politik, Verfolgung politischer Gegner, ausgedehnte Polizeibefugnisse, Konzentrationslager, Rassismus sind Elemente dieser Pathologie. Derartige Elemente hat es in vielen Systemen, nicht nur des 20. Jahrhunderts, gegeben. Vielleicht ist dies der Grund, warum man sie früher, d. h. vor der Entwicklung eines Völkerstrafrechts, nach einem Systemwechsel nicht für sanktionswürdig ansah, und *wenn* man sie im Nachhinein sanktionierte, dann deshalb, weil die früheren Machthaber politische Gegner waren, nicht aber, weil sie gegen gewisse Grundsätze von Menschlichkeit, Friedenswahrung, Demokratie und Rechtsstaat verstoßen hatten.

Eine Auseinandersetzung auf dieser Ebene mit der NS-Vergangenheit hat es auch in Deutschland gegeben; teilweise fällt sie mit der Transformation zusammen – ich denke an Entschädigung und Wiedergutmachung gegenüber den Juden und anderen Opfern des Nazi-Regimes, wie immer man ihre Ergebnisse bewerten mag.

Als *spezielle* Pathologie bezeichne ich die aus diesen Erscheinungen in einem schlimmen Sinne „herausragenden" Vorkommnisse, vor allem die Massenvernichtungsaktionen an psychisch Kranken (sogenannte Euthanasie-Aktion) und an den Juden und anderen Völkerschaften (Polen, Zigeunern und Russen), sowie die Tätigkeit einer Justiz, vor allem Strafjustiz, die zu Recht als Justiz ohne Menschlichkeit bezeichnet worden ist.

Die strafrechtliche Auseinandersetzung mit diesen Phänomenen ist während der Besatzungszeit und in der Bundesrepublik Deutschland von Anfang an als eine Aufarbeitung mit den Mitteln des Strafrechts betrieben worden. Und angesichts der quantitativen und qualitativen Dimensionen der Verbrechen des Nazi-Systems konnte eine andere Art der Aufarbeitung – etwa eine Versöhnungsstrategie – auch nicht ernsthaft erwogen werden[6].

---

5 Näher *Vormbaum*, Einführung in die moderne Strafrechtsgeschichte. 2. Aufl. Heidelberg/Berlin 2011, S. 219 ff.

6 Einen Vergleich zwischen Deutschland und dem postrassistischen Südafrika unternimmt *Bettina Lang*, Strafrechtsbezogene Vergangenheitspolitik. Politischer Wille und Strafrechtsrealität im Spannungsverhältnis am Beispiel von Deutschland und Südafrika. Freiburg i.Br. 2005.

Ich überspringe zunächst die Phase zwischen dem Kriegsende und der Gründung der Bundesrepublik Deutschland; auf sie will ich im speziellen Zusammenhang des Justizunrechts eingehen.

2. Rechtsgrundlage

Bei der Strafverfolgung der nationalsozialistischen Verbrechen durch deutsche Gerichte war die Frage nach der *Rechtsgrundlage* zu beantworten. War nicht das, was man heute als Verbrechen ansah, damals Recht gewesen? Konnte, was damals Recht war, heute Unrecht genannt werden? Das Stichwort lautete – unter Berufung auf Art. 103 Abs. 2 GG – „Rückwirkungsverbot".

Als die bundesdeutsche Strafrechtswissenschaft und Strafjustiz sich (mit großer Verzögerung) dieser Frage stellten, boten sich ihnen drei Möglichkeiten an, das Rückwirkungsverbot zu überwinden:

1. Man konnte sich auf ein immer geltendes Naturrecht berufen, also auf die ewig gültige Strafbarkeit jener Handlungen, die bis ins 17. und 18. Jahrhundert als *delicta in se* bezeichnet worden waren und die man in heutiger Terminologie einem „Kernstrafrecht" oder dem Kern eines solchen Kernstrafrechts zuordnen würde. Von diesem Ausgangspunkt aus stellt sich kein Rückwirkungsproblem. Das, was damals Unrecht war, ist auch heute noch Unrecht. – So argumentierte das Nürnberger Hauptkriegsverbrecher-Tribunal[7], und dies war auch der Ausgangspunkt des noch zu behandelnden Gesetzes Nr. 10 des Alliierten Kontrollrates, das den sogenannten Nürnberger Folgeprozessen gegen Mediziner, Juristen, Wirtschaftsführer und Diplomaten zugrunde lag[8].

2. Die extrem entgegengesetzte Position ist ein Rechtsbegriff, den man – sehr stark vereinfacht – als „soziologischen" bezeichnen könnte. Jeder, der es geschafft hat, seinen Anordnungen in einem Staat oder einer Gesellschaft Gehorsam zu verschaffen, schafft mit seinen Anordnungen auch „Recht". Für die Vertreter dieser Auffassung besaßen die vom NS-Regime erlassenen Normen Rechtscharakter, umgekehrt hat aber auch der Strafrichter der Bundesrepublik Deutschland nur das Strafrecht der Bundesrepublik Deutschland anzuwenden. Und wenn das, was nach damaligem Zustand Recht war, nach heutigem Recht Unrecht ist, so wird – bei Vorliegen der Schuld – nach heutigem Recht, also nach dem Recht der Bundesrepublik Deutschland, verurteilt. Von hier aus konnte man entweder argumentieren, dass das Rückwirkungsverbot nur innerhalb des Rechtssystems der Bundesrepublik Deutschland gelte; oder man konnte sich zur

7 Der Text des Urteils ist zugänglich in: Das Urteil von Nürnberg 1946. München (dtv) 1977 (1. Aufl. 1961).

8 Dazu unten unter III 1.

Rückwirkung bekennen und das Rückwirkungsverbot durch Verfassungsänderung einschränken.

3. In der Praxis der strafrechtlichen Auseinandersetzung mit den nationalsozialistischen Verbrechen ist keiner dieser beiden Ansätze in reiner Form zur Anwendung gelangt. Vielmehr bediente man sich einer gemischten Argumentation. Man knüpfte an eine Äußerlichkeit an, nämlich daran, dass die einschlägigen Straftatbestände – Mord, Totschlag, Körperverletzung, Rechtsbeugung usw. – damals schon bestanden hatten. Damit – so hieß es – stelle sich gar kein Problem der Rückwirkung.

Aber wie es bei Horaz heißt:

Naturam expellas /
furca, tamen usque recurret!

Das durch die Vordertür des Tatbestandes vertriebene Problem kehrte durch die Hintertür der Rechtswidrigkeit zurück. Konnten die Angeklagten sich darauf berufen, dass ihr (tatbestandsmäßiges) Verhalten damals *gerechtfertigt* gewesen sei? Nachdem man bis an diesen Punkt (kryptisch) den zweiten – den „soziologischen" – Ansatz befolgt hatte, kam nun der „naturrechtliche" Ansatz wieder ins Spiel, und zwar in Form der sogenannten Radbruchschen Formel[9]. Diese Formel ist so berühmt[10], dass ich sie hier nicht in extenso zu zitieren brauche. Sie gilt als Ausweis dafür, dass Radbruch, in der Zeit der Weimarer Zeit einer der Protagonisten des Rechtspositivismus, aufgrund der Erfahrungen der Nazi-Herrschaft das Naturrecht wieder entdeckt habe[11]. Dies halte ich für zweifelhaft. Liest man die Formel genauer, so beginnt sie mit dem Satz „Der Konflikt zwischen der Rechtssicherheit und der Gerechtigkeit dürfte dahin zu lösen sein, dass das positive, durch Satzung und Macht gesicherte Recht auch dann den Vorrang

---

9 Die ausführlichste Darstellung der Geschichte der Anwendung der Radbruchschen Formel findet sich bei *Giuliano Vassalli*, Radbruchsche Formel und Strafrecht. Zur Bestrafungen der „Staatsverbrechen" im postnazistischen und postkommunistischen Deutschland. dt. Übers. Berlin 2010.

10 Aus der kaum übersehbaren Literatur zur Radbruchschen Formel s. z.B. *Walter Ott*, Die Radbruchsche Formel. Pro und Contra, in: Zeitschrift für schweizerisches Recht 1988, 335 ff.; *Frank Saliger*, Radbruchsche Formel und Rechtsstaat. Heidelberg 1995.

11 Verstärkt wird diese Auffassung dadurch, dass Radbruch in demselben Aufsatz, in dem er die nach ihm benannte (n) Formel(n) aufgestellt hat, den eben so bekannten – m.E. zweifelhaften Satz formulierte, der Positivismus habe mit seiner Überzeugung „Gesetz ist Gesetz" den deutschen Juristenstand wehrlos gemacht gegen Gesetze willkürlichen und verbrecherischen Inhalts: *Radbruch*, Gesetzliches Unrecht und übergesetzliches Recht. (zuerst in: Süddeutsche Juristenzeitung 1946, 105–108); hier zitiert nach der Ausgabe Baden-Baden (Nomos) 2002 mit einer Einleitung von Winfried Hassemer (Juristische Zeitgeschichte. Kleine Reihe, Bd. 4), S. 10.

hat, wenn es inhaltlich ungerecht und unzweckmäßig ist"; danach erst folgt die Einschränkung für den Fall, dass „der Widerspruch des positiven Gesetzes zur Gerechtigkeit ein so unerträgliches Maß erreicht, dass das Gesetz als ‚unrichtiges Recht' der Gerechtigkeit zu weichen hat". Darüber hinaus gibt es nach Radbruch die Fälle, in denen Satzungen nicht nur „unrichtiges Recht", sondern „Nicht-Recht" sind, nämlich jene Fälle, in denen „Gerechtigkeit nicht einmal angestrebt" und die Gleichheit, „die den Kern der Gerechtigkeit ausmacht", bei der Setzung positiven Rechts „bewusst verleugnet wurde"[12] – alles in allem also keine besonders klare Abgrenzung; aber immerhin war damit angesichts der Dimensionen der NS-Verbrechen ein pragmatischer Weg für die Lösung der problematischen Fälle in der Praxis gewiesen. Methodisch, rechtspolitisch und historisch war dieser Weg freilich problematisch. *Methodisch* täuschte er darüber hinweg, dass die geleugnete Rückwirkung eben doch praktiziert wurde; *rechtspolitisch* war es fatal, dass weder Naturrecht noch das Strafrecht der Bundesrepublik, sondern – zumindest im Ansatz – das Recht des NS-Staates den Entscheidungen zugrunde gelegt wurde; und *historisch* war es – worauf Gerhard Werle zu Recht hingewiesen hat – einfach unangemessen, ausgerechnet das NS-Recht zur Grundlage der Aburteilung von nationalsozialistischen Großverbrechen zu machen[13]. Und gerade im Zusammenhang mit der Aufarbeitung des Justizunrechts wurde damit die Tatsache verhüllt, dass das Verbrechen „gerade nicht in der ‚*Beugung*' der nationalsozialistischen Morddirektiven, sondern in ihrer *Anwendung* bestand" – so Hubert Rottleuthner[14].

Ein Beispiel dafür, wie eine solche Argumentation vor sich ging, bietet der Umgang mit den Tätern der sogenannten Euthanasie-Aktion: Hitler hatte 1939 dem Leiter seiner Kanzlei Bouhler ein Schreiben ausgehändigt, in welchem Bouhler und Hitlers Begleitarzt Dr. Brandt beauftragt wurden, Ärzte zur Tötung von unheilbar Geisteskranken zu ermächtigen. Dieses Schreiben war auf einem Briefbogen der persönlichen Kanzlei Hitlers geschrieben, der das Wappen der Nazi-Partei trug, einen Adler, in seinen Krallen das Hakenkreuz-Symbol. Genau so sah damals das Wappen des Deutschen Reiches aus – mit dem einzigen Unterschied, dass der Adler nach rechts schaute, während der Adler des Parteiwappens nach links schaute. Nach 1945 haben im Verfahren gegen Euthanasie-Ärzte

12 A.a.O., S. 11.

13 Dazu *Werle*, Die Bestrafung von NS-Unrecht in Westdeutschland, in: Marxen/Miyazawa/Werle (Hrsg.), Der Umgang mit Kriegs- und Besatzungsunrecht in Japan und Deutschland. Berlin 2001, S. 137–158.

14 *Rottleuthner*, Das Nürnberger Juristenurteil und seine Rezeption in Deutschland – Ost und West, in: NJ 1997, 617–623, hier 622; ähnlich *Burghardt*, Vor 60 Jahren: Fritz Bauer und der Braunschweiger Remer-Prozess. Ein Strafverfahren als Vehikel der Geschichtspolitik, in: Journal der juristischen Zeitgeschichte (JoJZG) 2012, 47–59 (bei Fußn. 125).

die Staatsanwaltschaften, z. B. auch Fritz Bauer in der Anklageschrift Heyde/Sawade[15], argumentiert, der Befehl Hitlers habe das Handeln der Angeklagten nicht rechtfertigen können, da der Brief nicht das Wappen des Deutschen Reiches, sondern das Wappen der Partei getragen habe, also habe Hitler auch nach damaligem Recht nicht als Träger von Hoheitsrechten, sondern als Privatmann bzw. als Parteimann gehandelt. Das nach § 211 StGB tatbestandliche Handeln sei daher nicht gerechtfertigt.

Mir erscheint sehr zweifelhaft, ob diese Argumentation immanent (d. h. innerhalb des NS-Rechtssystems) zutreffend ist, denn die NSDAP war nach damaligem Verständnis eine Körperschaft des öffentlichen Rechts, also Trägerin von Hoheitsrechten. Auch wenn man diesem Einwand mit dem Hinweis begegnet, dass die Partei für die Erlaubnis solcher Aktionen wie der Euthanasieaktion auch damals nicht zuständig gewesen sei, bleibt doch immer noch der Einwand, dass eine Aufspaltung der Person des Führers in eine Staatsperson und eine Partei- oder Privatperson damals nie akzeptiert worden wäre[16].

Der Vorgang zeigt, dass man sich bemühte, auch auf der Ebene der Rechtswidrigkeit zunächst einmal den Widerspruch des Verhaltens zum Recht des NS-Staates festzustellen; erst wenn dieser Versuch scheiterte, griff man auf die Radbruchsche Formel zurück.

Letztlich zielte diese Argumentation der Strafverfolgung nach 1945 wohl auf einen bestimmten Punkt: Man wollte heimliche Befehle nicht als Rechtfertigungsgründe akzeptieren; vielmehr wollte man die Machthaber an dem festhalten, was sie förmlich als Recht verkündet hatten, letztlich also an dem, was damals im Gesetzblatt stand. Ob Adolf Arndts sarkastische Frage: „Konnte der Führer alles, nur nicht das Reichsgesetzblatt abschaffen?“, berechtigt war, müsste diskutiert werden (Das Problem stellte sich bekanntlich später wieder in den Mauerschützen-Prozessen im Hinblick auf den Schießbefehl).

Innerhalb des geschilderten Rahmens baute die bundesdeutsche Strafjustiz nun freilich selbst Hürden auf, die einen nicht unerheblichen Teil der Täter, wenn er denn vor Gericht gebracht wurde, straflos bleiben ließ. Ich will auf die Gewaltverbrechen nur kurz eingehen und sodann, wie angekündigt, ausführlicher die Thematik der Justizverbrechen behandeln:

Im Bereich der Gewaltverbrechen, den ich heute nur streife, entwickelte die Rechtsprechung die These, dass nach der – damals herrschenden – subjektiven

---

15 Die Anklageschrift ist dokumentiert in: *Institut für juristische Zeitgeschichte Hagen*, Euthanasie vor Gericht. Die Anklageschrift des Generalstaatsanwalts beim OLG Frankfurt gegen Dr. Werner Heyde u.a. vom 22. Mai 1962. Mit Anmerkungen von Uwe *Kaminsky* und Friedrich *Dencker*. Hrsg. von Thomas Vormbaum (Juristische Zeitgeschichte. Abteilung 1, Bd. 17). Berlin 2005.

16 S. auch ebd. die kritische Fußn. (62) von *Dencker*.

Beteiligungslehre nur wenige führende Nationalsozialisten, Hitler allen voran, als Täter anzusehen seien, alle nachgeordneten Beteiligten im Zweifel als bloße Gehilfen. Eine Ausnahme wurde für sog. Exzesstäter gemacht, also vor allem für solche Täter, die mit sadistischen Handlungen oder mit Handlungen, die über einen erteilten Befehl hinausgingen, ihren vom System vorgegebenen Handlungsrahmen überschritten hatten. Weil aber seit 1968 von der Beteiligungsform der Strafrahmen und von dem Strafrahmen wiederum die Länge der Verjährungsfrist abhing, machte sich hier das lange Zögern bei der Verfolgung von nationalsozialistischen Verbrechen bemerkbar, denn zahlreiche Verfahren mussten später wegen eingetretener Verjährung – auch dies ist eine eigene Thematik – eingestellt werden[17].

III. Auseinandersetzung mit den Justizverbrechen der NS-Zeit

1. Nürnberger Hauptkriegsverbrecherprozess von 1946

Was die Justizverbrechen angeht, ist der Nürnberger Hauptkriegsverbrecherprozess nur kurz zu erwähnen, denn das Thema „Justizunrecht“ war dort als solches nicht Gegenstand der Verhandlung. Hans Frank war zwar angeklagt und wurde zum Tode verurteilt, aber nicht in seiner Eigenschaft als Leiter des Reichsrechtsamtes der NSDAP und als Präsident der Akademie für Deutsches Recht oder wegen anderer von ihm bekleideter juristischer Funktionen, sondern als Generalgouverneur des besetzten Polen. Andere Juristen wie Reichsjustizminister Franz Gürtner, der Präsident des Volksgerichtshofes Roland Freisler und Reichsjustizminister Otto Thierak, die möglicherweise ebenfalls die Schwelle des Kreises der Hauptkriegsverbrecher erreicht hätten, waren als Folge natürlichen Todes, als Opfer eines Bombenangriffs bzw. aufgrund von Selbstmord für die irdische Gerechtigkeit nicht mehr erreichbar.

2. Nürnberger Juristenprozess

Im Jahr darauf fand der Nürnberger Juristenprozess als der dritte von 12 sog. Nürnberger Nachfolgeprozessen statt[18]– nicht mehr vor einem internationalen

17 Ob diese sog. Gehilfenrechtsprechung wirklich zwingend aus der subjektiven Teilnahmelehre folgte, ist äußerst fraglich; s. dazu eingehend *Freudiger*, Die juristische Aufarbeitung von NS-Verbrechen. (Beiträge zur Rechtsgeschichte des 20. Jahrhunderts, Bd. 33). Tübingen 2002, S. 143 ff.

18 Zum Nürnberger Juristenprozess s. neben den in den folgenden Fußnoten gegebenen Nachweisen *Ralf Oberndörfer*, Feindstrafrecht, Terror durch Normen, geduldete Devianz. Zur Rolle der Juristen im NS-System. Einige Anmerkungen zum Nürnberger Juristenprozess 1947, in: Justizministerium NRW (Hrsg.), Leipzig – Nürnberg – Den Haag:

Tribunal, sondern vor einem amerikanischen Militärgericht und nach amerikanischem Strafverfahrensrecht.

Grundlage des Verfahrens war das Kontrollratsgesetz Nr. 10, in welchem die sog. Nürnberger Prinzipien, die dem Hauptkriegsverbrecherprozess als normative Grundlage gedient hatten, kodifiziert waren[19]. Gegenständlich waren demnach die Tatbestände[20]

1) Verbrechen gegen den Frieden;

2) Kriegsverbrechen;

3) Verbrechen gegen die Menschlichkeit; und

4) Zugehörigkeit zu verbrecherischen Organisationen.

Der erste Punkt – Verbrechen gegen den Frieden – wurde allerdings vom Gericht nicht zugelassen[21].

Dieser Verbrechen schuldig sein sollten neben Tätern und Gehilfen, diejenigen, welche „durch Zustimmung" teilgenommen hatten oder mit der „Planung oder Ausführung in Zusammenhang gestanden" hatten oder „einer Organisation oder Vereinigung angehört" hat[ten]", die mit der Ausführung „in Zusammenhang stand"[22].

Angedroht war die Strafe, „die das Gericht für angemessen bestimmt"; in Betracht kamen Todesstrafe, lebenslange oder zeitige Freiheitsstrafe mit oder ohne Zwangsarbeit, Geldstrafe, Vermögenseinziehung, Rückgabe unrechtmäßig erworbenen Vermögens und völlige oder teilweise Aberkennung der bürgerlichen Ehrenrechte[23].

Neue Fragestellungen und Forschungen zum Verhältnis von Menschenrechtsverbrechen, justizieller Säuberung und Völkerstrafrecht. (Juristische Zeitgeschichte NRW, Bd. 16), S. 40–47. Der vollständige Text des Urteils ist greifbar bei *Peschel-Gutzeit* (Hrsg.), Juristenurteil.

19 Die folgenden Angaben nach: Amtsblatt des Kontrollrats Nr. 3 vom 31. Januar 1946, S. 50; Auszug aus Kontrollratsgesetz Nr. 10 mit den hier interessierenden Artikeln bei *Vormbaum*, Einführung, S. 236 f.

20 Artikel II Ziff. 1 KRG 10.

21 *Ostendorf/ter Veen*, Das „Nürnberger Juristenurteil". Eine kommentierte Dokumentation. Frankfurt, New York 1985, S. 40 f.; *Kastner*, „Der Dolch des Mörders war unter der Robe des Juristen verborgen". Der Nürnberger Juristenprozess des Jahres 1947, in: JoJZG 1 (2007), 81–87, hier S. 82 r.Sp.; *Rottleuthner*, NJ 1997, 617. Damit entfiel die Haftung der Angeklagten für Handlungen, die andere begangen hatten.

22 Art. II Ziff. 2 lit. a–e KG 10; lit. f bezog sich auf Art. II 1a und wurde daher im Juristenprozess nicht aktuell.

23 Artikel II Ziff. 3 KG 10.

Angeklagt waren 16 Justizjuristen: neun Mitglieder des Reichsjustizministeriums, drei Vorsitzende von Sondergerichten, zwei richterliche Mitglieder des Volksgerichtshofs und zwei Angehörige der Reichsanwaltschaft[24].

Nach fast neunmonatiger Hauptverhandlung ergingen Anfang Dezember 1947 die Urteile: zwei Freisprüche sowie vier Verurteilungen zu lebenslangem Zuchthaus (darunter der zeitweise kommissarische Reichsjustizminister Franz Schlegelberger und der Vorsitzende des Sondergerichts Nürnberg Oswald Rothaug), im Übrigen Verurteilungen zu Zuchthaus zwischen fünf und zehn Jahren.

Der Gesetzestext des Kontrollratsgesetzes Nr. 10 und die Urteilsbegründung im Juristenprozess machen deutlich, dass versucht wurde, den Besonderheiten einer staatlich organisierten Systemkriminalität, die sich häufig der Subsumtion unter herkömmliche konkrete Straftatbestände entzog, gerecht zu werden, ohne dabei den strafrechtlichen Grundsatz der individuellen Verantwortlichkeit außer Acht zu lassen. In den Urteilsgründen heißt es denn auch, es gehe nicht um „einfachen Mord oder um Einzelfälle von Greueltaten", vielmehr seien die Angeklagten

> „solch unermesslicher Verbrechen beschuldigt, dass bloße Einzelfälle von Verbrechenstatbeständen im Vergleich dazu unbedeutend erscheinen. Die Beschuldigung, kurz gesagt, ist die der bewussten Teilnahme an einem über das ganze Land verbreiteten und von der Regierung organisierten System der Grausamkeit und Ungerechtigkeit unter Verletzung der Kriegsgesetze und der Gesetze der Menschlichkeit, begangen im Namen des Rechts unter der Autorität des Justizministeriums und mit Hilfe der Gerichte"[25].

Bei der Strafzumessung bemühte sich das Gericht jedoch sehr sorgfältig, mitunter sogar mit Empathie, die persönlichen Umstände der Angeklagten zu berücksichtigen.

Bis auf den Angeklagten Rothaug – der als Richter den Kaufmann Katzenberger wegen Rassenschande zum Tode verurteilt hatte – waren bereits 1951 alle Verurteilten wieder auf freiem Fuß; Rothaug folgte 1956. Wie auch viele NS-Gewaltverbrecher profitierten sie von dem um diese Zeit bis in die höchsten

---

24 Transparente Darstellung des Verfahrens, des Urteils und seiner Hintergründe bei *Ostendorf*, Der „Nürnberger Juristenprozess" und seine Auswirkungen auf eine internationale Strafgerichtsbarkeit, in: Ders. / Uwe Danker (Hrsg.), Die NS-Strafjustiz und ihre Nachwirkungen. Baden-Baden (Nomos) 2003, S. 125–135, hier S. 125 ff., und *Kastner*, JoJZG 2007, 81 ff., auf die sich die folgende Darstellung in erster Linie stützt; ausführliche „kommentierte Dokumentation" des Urteils bei *Ostendorf/ter Veen*, Juristenurteil. Zu den einzelnen Personen der Angeklagten s. *Kastner*, JoJZG 2007, 82.

25 Juristenurteil, a.a.O. (wie Fußn. 18) S. 65 f. Es folgt der vielzitierte Satz: „Der Dolch des Mörders war unter der Robe des Juristen verborgen".

Kreise der Republik[26] grassierenden „Gnadenfieber"[27], das Teil der einsetzenden, durch die weltpolitische Entwicklung begünstigten „Vergangenheitspolitik"[28] der frühen Bundesrepublik und wohl auch eine der Voraussetzungen für das folgende „Beschweigen" der NS-Vergangenheit war. Die Begnadigungen mögen auch ihren Teil dazu beigetragen haben, dass der Nürnberger Juristenprozess, wie sich zeigen wird, folgenlos blieb, und sie dienten vielfach – so Heribert Ostendorf – „als justizielle Rechtfertigung für späteres Nichtstun"[29].

3. Der Oberste Gerichtshof für die britische Zone

Bevor ich auf die Rechtsprechung der Bundesrepublik über das Justizunrecht der NS-Zeit eingehe, möchte ich noch einen kurzen Blick auf die Rechtsprechung des Obersten Gerichtshofs für die Britische Zone, d. h. für die Länder Schleswig-Holstein, Hamburg, Niedersachsen und Nordrhein-Westfalen werfen[30]. Das Gericht mit Sitz in Köln war von Frühjahr 1948 bis zum 1. Oktober 1950, als seine Zuständigkeiten auf den BGH übergingen, tätig[31]. Sachlich zuständig war

---

26 Ralph Giordano weist darauf hin, dass Bundespräsident Theodor Heuß in die Grüße seiner Silvesteransprache 1950/51 auch die „Landsberger" (also die im Zuchthaus Landsberg einsitzenden Kriegsverbrecher) einschloss und dass er Hitlers Minister Konstantin von Neurath (der im Nürnberger Hauptkriegsverbrecherprozess zu 15 Jahren Zuchthaus verurteilt worden war) bei seiner vorzeitigen Entlassung persönlich als „schwäbischen Landsmann" begrüßte: *Ralph Giordano*, Die zweite Schuld oder Von der Last Deutscher zu sein. Hamburg, Zürich 1987, S. 121; ebd. auch der Hinweis auf die Delegation der Bundestagsabgeordneten Hermann Ehlers (BT-Präsident), Hofler, Altmeier, von Merkatz und Carlo Schmid, die zusammen mit Justizstaatssekretär Walter Strauß den amerikanischen Hochkommissar John McCloy besuchte, um die Freilassung der „Landsberger" zu erreichen; zu Heuß' Neujahrsansprache s. auch *Frei,* Vergangenheitspolitik, S. 77.

27 *Werle*, NS-Unrecht, a.a.O. (wie Fußn. 13), S. 144.

28 Dieser inzwischen zentrale Begriff der zeitgeschichtlichen Forschung geht zurück auf das gleichnamige Buch von Norbert Frei.

29 *Ostendorf*, Juristenprozess, a.a.O., S. 129, mit dem Hinweis auf eine entsprechende Äußerung des hessischen Generalstaatsanwalts Fritz Bauer.

30 Seine Rechtsprechung zu den Verbrechen gegen die Menschlichkeit ist kürzlich Gegenstand einer Veröffentlichung in der vom Justizministerium Nordrhein-Westfalen herausgegebenen Schriftenreihe „Juristische Zeitgeschichte NRW" geworden: *Justizministerium NRW / Dokumentationszentrum Marburg* (Hrsg.), Verbrechen gegen die Menschlichkeit – Der Oberste Gerichtshof der Britischen Zone (Juristische Zeitgeschichte NRW. Bd. 19). Recklinghausen 2012.

31 Der Erschließung der Rechtsprechung des Gerichts dient neuerdings *Werner Schubert* (Hrsg.), Oberster Gerichtshof für die Britische Zone (1948-1950). Nachschlagewerk Strafsachen – Nachschlagewerk Zivilsachen. Präjudizienbuch der Zivilsenate. Frankfurt a.M. u.a. 2010.

es u. a. für Revisionen in Schwurgerichtssachen[32] und damit vor allem für Verbrechen gegen die Menschlichkeit nach dem KontrollratsG Nr. 10, deren Aburteilung kurz zuvor von der Besatzungsmacht auf die deutschen Gerichte übertragen worden war[33]. Ehemalige NSDAP-Mitglieder waren vom Richteramt ausgeschlossen.

Unter den Fällen von Verbrechen gegen die Menschlichkeit, mit denen der Gerichtshof befasst war, waren vor allem zwei, die das Justizunrecht der NS-Zeit betrafen. In beiden Fällen hob der OGH die erstinstanzlichen Freisprüche auf und bejahte ein Verbrechen gegen die Menschlichkeit[34] – im Fall der Richter eines Marinekriegsgerichts, die einen Deserteur noch nach der Kapitulation der Wehrmacht zum Tode verurteilt hatten, stellte das Gericht überdies klar, dass die vom Landgericht angenommene Sperrwirkung des Rechtsbeugungstatbestandes nicht existiere[35]. Im zweiten Fall wurde der erstinstanzliche Freispruch des Kölner Landgerichtspräsidenten Walter Müller vom Vorwurf des Verleitung von Untergebenen zur Rechtsbeugung nach § 357 StGB und des Verbrechens gegen die Menschlichkeit aufgehoben – freilich in recht weiter Auslegung beider Tatbestände[36].

---

32 In Schwurgerichtssachen war der OGH nur zuständig in Sachen, in denen der Senat eines OLG von einem anderen Strafsenat oder vom OGH abwich: *Rüping*, „Hüter des Rechts und der Rechtseinheit" - Zur Bedeutung des Obersten Gerichtshofs in der Britischen Zone für die Strafrechtspflege, in: Jahrbuch der juristischen Zeitgeschichte (JJZG) 1 (1999/2000), 88–122, hier S. 96.

33 *Form*, Der Oberste Gerichtshof für die Britische Zone: Gründung, Besetzung und Rechtsprechung in Strafsachen wegen Verbrechen gegen die Menschlichkeit, in: Justizministerium NRW / ICWC (Hrsg.), Verbrechen gegen die Menschlichkeit (wie Fußn. 30), S. 8–43, hier S. 24 ff.

34 Zu beiden Fällen ausführlich *Pauli*, Der Konflikt zwischen dem Obersten Gerichtshof für die Britische Zone und seinen Untergerichten bei der Anwendung des Kontrollratsgesetzes Nr. 10, in: Justizministerium NRW / ICWC (Hrsg.), Verbrechen gegen die Menschlichkeit (wie Fußn. 30), S. 64–79, hier S. 69 ff.

35 Interessant ist, dass das Gericht mit dem Landgericht akzeptierte, dass der Rechtsbeugungsvorsatz fehlte; mithin wurde die (weitere) Hürde der Vorsatzschwelle (dazu weiter unten) nicht aktuell; zumindest für Verbrechen gegen die Menschlichkeit sprach daher das Gericht dem Rechtsbeugungstatbestand jegliche Relevanz ab und griff sogleich auf das KRG 10 zurück, während es sonst die Position vertrat, dass das KRG 10 nur solche Handlungen unter Strafe stelle, die auch schon zur Tatzeit strafbar gewesen seien (s. den Nachweis bei *Pauli*, a.a.O. S. 71 [OGHSt 2, 269, 275, 280]).

36 OGHSt 2, 23; *Pauli*, Ein hohes Gericht – der Oberste Gerichtshof für die Britische Zone und seine Rechtsprechung zu Straftaten im Dritten Reich, in: Justizministerium NRW (Hrsg.), 50 Jahre Justiz in NRW (Juristische Zeitgeschichte NRW. Bd. 5). Düsseldorf 1996, S. 95–120, hier S. 111 ff.; *Ders.*, Konflikt (wie Fußn. 30), S. 24.

4. Die Rechtsprechung der bundesdeutschen Gerichte

Die im Nürnberger Juristenprozess und in der Rechtsprechung des OGH vorgezeichnete Linie wurde von der bundesdeutschen Justiz nicht weiter ausgezogen. Der Bundesgerichtshof behandelte die auf ihn übergegangenen Verfahren nach KontrollratsG Nr. 10 dilatorisch[37], bis 1951 die britische Militärregierung die Ermächtigung zur Anwendung dieses Gesetzes durch deutsche Gerichte aufhob; 1956 wurde auch das Gesetz selbst vom bundesdeutschen Gesetzgeber förmlich aufgehoben[38]. Der BGH lehnte es 1957 ab, sich mit den einschlägigen Urteilen des OGH auseinanderzusetzen, weil diese „zum KRG Nr. 10, also zu außerdeutschem Strafrecht, ergangen sind" – eine gewagte Aussage, denn da die Alliierten die Regierungsgewalt in Deutschland ausgeübt hatten, hatte das von ihnen erlassene Recht als deutsches Recht zu gelten[39].

Was nun die Aufarbeitung der Justizverbrechen anging, so hätte man das gegenüber den NS-Gewaltverbrechern praktizierte Verfahren ja auch gegenüber den richterlichen Tätern der NS-Zeit anwenden können – jedenfalls gegenüber den *strafrichterlichen* Tätern, um welche es bei der Aufarbeitung des NS-Justizunrechts vor allem ging[40]; denn Verurteilungen zum Tode oder zu Freiheitsstrafen erfüllten die Tatbestände des Totschlags oder gar des Mordes und der Freiheitsberaubung jeweils in mittelbarer Täterschaft. Während aber bei den Gewaltverbrechen, wie angedeutet, die entscheidende Prüfung auf der Rechtswidrigkeitsebene unter Anwendung der Radbruch-Formel vorgenommen wurde, scheiterte bei den richterlichen Beschuldigten die Strafbarkeit regelmäßig schon auf der Tatbestandsebene – im Grunde genommen sogar noch vor ihr, nämlich bei der Frage des Zugriffs auf die Tötungs- und Körperverletzungstatbestände. Hier wurden die beiden Stichworte „Richterprivileg" und „Vorsatzschwelle" aktuell.

Diese beiden Operationen führten, um es vorwegzunehmen, zu einem bemerkenswerten Ergebnis der Auseinandersetzung der bundesdeutschen Strafjus-

---

37 S. die Nachweise bei *Rüping*, Jahrbuch JZG 1 (1999/2000), 121, Fußn. 165.

38 BGBl. 1956 I, S. 437 ff., 445.

39 BGHSt 10, 294, 299.

40 Über der Kritik am sog. Richterprivileg (dazu der folgende Text) darf nicht übersehen werden, dass jedenfalls dann, wenn man der Auffassung ist, dass § 336 (heute § 339) StGB auf NS-Richter keine Anwendung hätte finden dürfen (und damit seine Sperrwirkung hätte entfallen müssen), diejenige Fälle nicht mehr strafrechtlich erfassbar waren, die *nur* über den Rechtsbeugungstatbestand erfasst werden konnten, etwa ein arbeitsgerichtliches Urteil, das die aus politischen Gründen erfolgte rechtswidrige Kündigung eines Arbeitnehmers bestätigte. Allerdings sind nach 1945 derartige Urteile – soweit ersichtlich – nicht Gegenstand von westdeutschen Strafverfahren geworden (anders später gegenüber Richtern der DDR).

tiz mit ihrer nationalsozialistischen Vorgängerin: Nach 1950[41] sind zwar einige Mitglieder von fliegenden Standgerichten verurteilt worden; doch kein einziger Berufsrichter – weder einer der Sondergerichte, noch des Volksgerichtshofes noch der Militärjustiz[42] – ist von der bundesdeutschen Justiz für eines der Zigtausende damals ergangenen Todesurteile strafrechtlich zur Verantwortung gezogen worden[43].

a) Richterprivileg

Zunächst zum sog. *Richterprivileg*. Um dieses zu erläutern, muss auf den bekannten Aufsatz von Gustav Radbruch aus dem Jahre 1946 „Gesetzliches Unrecht und übergesetzliches Recht" zurückgegangen werden. Der Aufsatz ist vor allem durch die in ihm formulierte „Radbruchsche Formel" bekannt geworden; er enthält aber eine weitere, weniger bekannte, jedoch genauso folgenreiche Passage. Diese betraf ein Urteil des Schwurgerichts Nordhausen in Thüringen aus demselben Jahre 1946 gegen einen Denunzianten, der wegen Beihilfe zum Mord zu lebenslanger Freiheitsstrafe verurteilt worden war. Die damit implizit getroffene Feststellung, das seinerzeit verurteilende Gericht habe einen Mord in mittelbarer Täterschaft begangen, veranlasste Radbruch zu der Feststellung:

„Die Strafbarkeit der Richter wegen Tötung setzt die gleichzeitige Feststellung einer von ihnen begangenen Rechtsbeugung (§§ 336, 344 StGB) voraus. Denn das Urteil des unabhängigen Richters darf Gegenstand einer Bestrafung nur dann sein, wenn er gerade den Grundsatz, dem jene Unabhängigkeit zu dienen bestimmt war, die Unterworfenheit unter das Gesetz, d. h. unter das Recht, verletzt hätte"[44].

---

41 Zu deutschen Urteilen vor Gründung der Bundesrepublik s. *Rottleuthner*, NJ 1997, 619.

42 Zum Reichskriegsgericht und zur (verfehlten) Aufarbeitung seiner Justizverbrechen nach 1945 s. z.B. *Haase*, Das Reichskriegsgericht und der Widerstand gegen die nationalsozialistische Herrschaft. Hrsg. von der Gedenkstätte Deutscher Widerstand mit Unterstützung der Senatsverwaltung von Berlin (Katalog zur Sonderausstellung der Gedenkstätte Deutscher Widerstand in Zusammenarbeit mit der Neuen Richtervereinigung). Berlin (Gedenkstätte Deutscher Widerstand) 1993, insb. S. 251.

43 Zu den wenigen Fällen von Verurteilungen bis 1950 s. *Rottleuthner*, Kontinuität und Identität. Justizjuristen und Rechtslehrer vor und nach 1945, in: F.J. Säcker (Hrsg.), Recht und Rechtslehre im Nationalsozialismus. Baden-Baden 1992, S. 241 ff., hier S. 243 f.; *Ders.*, NJ 1997, 618 Fußn. 3; *Ders.*, Karrieren und Kontinuitäten deutscher Justizjuristen vor und nach 1945. (Justizforschung und Rechtssoziologie. Bd. 9). Berlin 2010, S. 97.

44 *Radbruch*, Gesetzliches Unrecht, S. 15.

Diese Auffassung wurde in der Rechtsprechung, soweit ersichtlich, erstmals 1949 vom OLG Bamberg aufgegriffen[45] und dann auch vom BGH übernommen.

Ich habe in den 80er Jahren im Rahmen der Arbeit an meiner Habilitationsschrift[46] alle mir erreichbaren Lehrbücher, Kommentare, Monographien und Gerichtsentscheidungen aus der Zeit bis 1945 durchgesehen und habe keine einzige Stelle gefunden, an der von einem solchen Richterprivileg die Rede war; mein Doktorand Carsten Thiel, der vor ein paar Jahren die Geschichte des Rechtsbeugungstatbestandes seit dem 19. Jahrhundert untersucht hat, hat einen weiteren, noch breiter angelegten Versuch unternommen und ist zu demselben negativen Ergebnis gelangt[47]. Man wird daher wohl Radbruch wenn schon nicht als den Erfinder, so doch als den ersten literarischen Vertreter dieser Auffassung anzusehen haben. Die bundesdeutsche Rechtsprechung griff diese „Sperrwirkungs"-Lehre bereitwillig auf. Bevor ich mich kritisch zu ihr äußere, sei zunächst auf das zweite Stichwort „Vorsatzschwelle" eingegangen.

b) Vorsatzschwelle

Der Rechtsbeugungstatbestand (damals § 336 StGB, heute inhaltlich unverändert § 339 StGB) kann nur vorsätzlich begangen werden[48]. Nun ist in allen Lehrbüchern zum Allgemeinen Teil des Strafrechts zu lesen, dass, wenn nicht das Gesetz oder die Natur der Sache etwas anderes fordert, für den Tatbestandsvorsatz *dolus eventualis* ausreiche. Für die Rechtsbeugung wurde jedoch – spätestens seit der Grundsatzentscheidung BGHSt 10, 294 aus dem Jahre 1957 – *dolus directus* gefordert[49], ohne dass dies im Gesetz gefordert worden wäre.

Der Rechtsbeugungstatbestand besitzt allerdings die besondere Eigenschaft, dass „das Recht", nämlich dessen Beugung, selber Teil des Tatbestandes ist und damit als Tatumstand gefordert wird; dies bedeutet, dass das Unrechtsbewusstsein *insoweit* faktisch mit dem Tatbestandsvorsatz zusammenfällt und damit

---

45 OLG Bamberg, SJZ 1949, 491.

46 *Vormbaum*, Der strafrechtliche Schutz des Strafurteils. Untersuchungen zum Strafrechtsschutz des strafprozessualen Verfahrensziels. Berlin 1987, S. 354 ff.

47 *Thiel*, Rechtsbeugung – § 339. Reformdiskussion und Gesetzgebung seit 1870 (Juristische Zeitgeschichte. Abteilung 3, Bd. 18). Berlin 2005, S. 136 ff.

48 Dies folgt seit dem Inkrafttreten des 2. Strafrechtsreformgesetzes am 1. Januar 1975 aus § 15 StGB („Strafbar ist nur vorsätzliches Handeln, wenn nicht das Gesetz fahrlässiges Verhalten ausdrücklich mit Strafe bedroht"), vorher war es in § 336 StGB selbst ausdrücklich angeordnet.

49 Der 1. Senat des BGH gab mit dieser Entscheidung seine bisherige Rechtsprechung aus zwei (unveröffentlichten) Urteilen aus den Jahren 1952 und 1954 ausdrücklich auf; BGHSt 19, 294, 299.

keine Vermeidbarkeitsprüfung nach § 17 StGB mehr anzuschließen ist[50]. Damit konnten die angeklagten Richter sich erfolgreich darauf berufen, sie hätten damals nicht gewusst, dass ihr Handeln Unrecht sei. Dies wurde ihnen von ihren bundesdeutschen Richtern bereitwillig abgenommen. Je abgebrühter der richterliche Angeklagte erschien, desto glaubhafter war ja auch seine diesbezügliche Einlassung[51]. Radbruchs problematischer Satz – ebenfalls in dem bekannten Aufsatz aus dem Jahre 1946 enthalten –, der Rechtspositivismus mit seiner Lehre „Gesetz ist Gesetz" habe die deutschen Juristen hilflos gegenüber dem gesetzlichen Unrecht gemacht[52], mag derartige Urteilsfeststellungen erleichtert haben.

Seine Rechtsprechung bestätigte der Bundesgerichtshof im Verfahren gegen den Beisitzer beim Volksgerichtshof Hans Joachim Rehse[53]. Das Schwurgericht beim LG Berlin hatte Rehse wegen Beihilfe zum Mord in drei Fällen und wegen Beihilfe zum versuchten Mord in vier Fällen zu fünf Jahren Zuchthaus verurteilt. Der BGH hob das Urteil u. a. unter Berufung auf seine inzwischen gefestigte Rechtsprechung auf. Im erneuten Verfahren vor dem Landgericht Berlin wurde Rehse daraufhin 1968 freigesprochen. Das Rehse-Urteil fand in der Öffentlichkeit große Aufmerksamkeit. Es gab Protestdemonstrationen[54]; unter den Studenten, die damals, wie ich, vor dem Staatsexamen standen, wurde es intensiv diskutiert. Der Vorsitzende des Schwurgerichts Ernst-Jürgen Oske wurde kurzfristig zur relativen Person der Zeitgeschichte. Friedrich Christian Delius hat das

50 So ausdrücklich auch BGHSt 10, 300; zweifelsfrei war dies freilich nicht, wie *Spendel*, Zur Problematik der Rechtsbeugung. Ein Fall vorweggenommenen Gesetzesunrechts, in: Ders., Rechtsbeugung durch Rechtsprechung. Sechs strafrechtliche Studien. Berlin/New York 1984, S. 21 ff., hier S. 29 ff., zeigt. Die Einzelheiten können hier nicht dargestellt werden; es geht im Wesentlichen um einen Streit um die vorsatzmäßige Behandlung der sog. normativen Tatbestandsmerkmale (unbeachtlicher „Subsumtionsirrtum" oder beachtlicher „Bedeutungsirrtum"?). Juristisch vertretbar sind hier gewiss mehrere Auffassungen. Wie bei manchen anderen Punkten unserer Thematik ist freilich bemerkenswert, dass der BGH gerade die für die NS-Richter günstige Regelung übernahm.

51 *Jörg Friedrich*, Freispruch für die Nazi-Justiz. Die Urteile gegen NS-Richter seit 1948. Eine Dokumentation. Reinbek bei Hamburg 1983, S. 463, formuliert: „Je größer die Rechtsblindheit, desto kleiner der Rechtsbeugungsvorsatz".

52 *Radbruch*, Gesetzliches Unrecht, S. 10; ausführlich zu der Kontroverse, die sich daran anschloss, *Vassalli*, Radbruchsche Formel, S. 26 ff. m. zahlr. Nachw.

53 Zum Fall Rehse s. z.B. *BMJ (Bundesminister der Justiz)* (Hrsg.), Im Namen des Deutschen Volkes. Justiz und Nationalsozialismus. *Katalog* zur Ausstellung des Bundesministers der Justiz. Köln 1989, S. 440 ff.

54 DER SPIEGEL, 52/1968; Hamburger Abendblatt vom 16. Dez. 1968, S. 2 „5000 protestieren gegen Rehse-Urteil").

Urteil später als Hintergrund für seinen Roman „Mein Jahr als Mörder" gewählt[55].

Bevor der BGH über eine erneute Revision gegen das zweite Urteil des LG Berlin entscheiden konnte, verstarb Rehse. Damit war das Kapitel der Aufarbeitung des NS-Justizunrechts faktisch beendet.

Bemerkenswert ist übrigens folgende Passage des aufhebenden BGH-Urteils: Auch als Mitglied eines Kollegialgerichts sei Rehse nur dem Gesetz unterworfen gewesen. Sollte er also mit direktem Vorsatz gehandelt haben, so könne er nur Täter, nicht bloß Gehilfe eines Tötungsverbrechens sein; als solcher aber könne er nur bestraft werden, wenn er selbst aus niedrigen Beweggründen für die Todesstrafe gestimmt habe[56]. So konnte der BGH freilich nur auf der Grundlage einer objektiven Teilnahmelehre argumentieren – was immerhin interessant ist, wenn man bedenkt, dass er sich bei den NS-Gewalttätern und wenige Jahre zuvor noch im sog. Staschinskij-Urteil[57] auf den Standpunkt einer subjektiven Teilnahmelehre gestellt hatte, an der er, wenn auch stark abgeschwächt, im Grundsatz bis heute festhält. Damit war eine weitere Hürde für die Strafbarkeit Rehses aufgebaut, denn nach der im Prinzip ebenfalls bis heute geltenden Rechtsprechung des BGH zum Verhältnis von Mord und Totschlag muss der *Gehilfe* zum Mord aus niedrigen Beweggründen zwar die niedrigen Beweggründe des Haupttäters kennen, sie selber aber nicht aufweisen. Während also die NS-Gewalttäter selbst bei vollständiger eigenhändiger Tätigkeit zu *Gehilfen* gemacht wurden, wurde die mögliche Strafbarkeit von Rehse auf den Fall seiner *Täterschaft* reduziert. Gemeinsam war beiden Konstruktionen, dass sie jeweils der Besserstellung der angeklagten NS-Täter dienten.

Ohne ausdrückliche Änderung des Gesetzestextes, aber in Befolgung einer einhelligen Äußerung des Sonderausschusses für die Strafrechtsreform, wird der subjektive Tatbestand der Rechtsbeugung seit 1975 dahin interpretiert, dass die allgemeine Regel gilt, wonach dolus eventualis ausreicht. Zu dieser Zeit war allerdings die Verfolgung von richterlichen Tätern der NS-Zeit aus Gründen der Verjährung oder aus Gründen der Biologie obsolet geworden.

c) Kritik und weiterführende Überlegungen

Es fällt schwer, die Vermutung zu unterdrücken, dass die frühe Justiz der Bundesrepublik mit Hilfe dieses Richterprivilegs die eigene Profession hat schützen wollen. In Einzelfällen mag der Schutz auch der eigenen Person gegolten haben.

55 *Friedrich Christian Delius*, Mein Jahr als Mörder. Roman. TB-Ausgabe Reinbek bei Hamburg 2006.

56 BGH, zitiert nach *Friedrich*, Freispruch, S. 461.

57 BGHSt 18, 87, Urteil vom 19. Oktober 1962.

Bekanntlich hat der BGH, als es um die Aufarbeitung von Justizunrecht der DDR ging, sich kritisch zu seiner früheren Rechtsprechung geäußert[58]; allerdings hat er dann die Vorsatzschwelle durch eine eher noch effektivere Schwelle im Bereich des objektiven Tatbestandes ersetzt[59]. Das aber ist nicht mehr mein Thema[60].

Freilich lassen sich sowohl für das Richterprivileg als auch für die erhöhte Vorsatzschwelle der Rechtsbeugung Argumente ins Feld führen[61]. Sie schützen in der Tat – gerade in ihrer Kumulation – die richterliche Unabhängigkeit[62] und berücksichtigen den Umstand, dass der Richter – anders als der Wissenschaftler – unter Entscheidungszwang steht, d. h. eine Entscheidung des ihm vorliegenden Falles fällen muss.

Selbst wenn man aber Richterprivileg und erhöhte Vorsatzschwelle beim Rechtsbeugungstatbestand generell akzeptiert, stellten sich doch bei der speziellen Problematik der Aufarbeitung des NS-Justizunrechts einige spezielle Fragen:

(1) „Richterliche" Tätigkeit?

Konnte man die Tätigkeit der Angeklagten überhaupt als „richterliche" Tätigkeit bzw. als „gerichtliche Tätigkeit" bezeichnen? Diese Frage ließ sich zwar nicht in allen Fällen verneinen, aber doch beispielsweise für Standgerichte[63] und beispielsweise für den Volksgerichtshof in seiner Endphase unter der Präsidentschaft Freislers[64]. Verneinte man sie, so fehlte es schon deshalb an der Grundlage für ein Richterprivileg[65].

58 BGHSt 41, 317 ff., 339 f.

59 BGHSt 40, 30 ff.

60 Zur Frage der Strafbarkeit von DDR-Richtern wegen Rechtsbeugung s. z.B. *Vormbaum*, Zur strafrechtlichen Verantwortlichkeit von DDR-Richtern wegen Rechtsbeugung, in: NJ 1993, 212 ff.; *Hohoff*, An den Grenzen des Rechtsbeugungstatbestandes. Eine Studie zu den Strafverfahren gegen DDR-Juristen. Berlin, Baden-Baden 2001.

61 Jeder Richter hält es immerhin für möglich, dass sein Urteil in der höheren Instanz aufgehoben wird und sich damit als falsche Rechtsanwendung erweist. Die Eingrenzung auf „unvertretbar falsche Entscheidungen" ist mit dem Grundsatz der Gesetzesbestimmtheit kaum zu vereinbaren. Dies dürfte einer der Gründe für die vom BGH neuerdings aufgestellte Hürde im objektiven Tatbestand sein (s. Fußn. 79).

62 BGHSt 10, 294, 298.

63 Anders ausdrücklich BGHSt 10, 294, 302.

64 *Rüping*, „Streng, aber gerecht. Schutz der Staatssicherheit durch den Volksgerichtshof", in: Juristenzeitung 1984, 815–821, hier S. 820, gelangt (auf Grund der Auswertung von Aktenbeständen des VolksGH) jedenfalls für die Tätigkeit des Freisler-Senats zur Verneinung der Gerichts-Qualität; ähnlich auch *Sonnen*, Strafgerichtsbarkeit – Unrechtsur-

(2) Richterliche Unabhängigkeit?

War die angeblich (nachträglich) zu schützende richterliche Unabhängigkeit nicht spätestens seit dem Reichstagsbeschluss vom 26. April 1942[66], der Hitler das Recht gab, jeden Deutschen – also auch jeden Richter – seines Amtes zu entheben, hinfällig geworden?[67]

(3) Rechtsanwendung?

Selbst wenn man die Richtereigenschaft der NS-Richter und deren Unabhängigkeit bejahte, so fragte sich, ob es sich bei ihrer Tätigkeit um „Rechtsanwendung" i. S. des § 336 StGB handelte. Dies zu bejahen, setzte stillschweigend voraus, dass „Recht" i. S. dieses Tatbestandes auch das Recht des NS-Staates sein könne; diese Entscheidung war freilich implizit mit der Entscheidung, bei der Auseinandersetzung mit dem NS-Unrecht das zur Tatzeit geltende Recht anzuwenden, gefallen.

(4) Rechtsblindheit?

Wie konnte den NS-Richtern – immerhin Volljuristen – abgenommen werden, dass ihnen das Unrecht ihrer exorbitant harten Urteile – in den fraglichen Fällen fast immer Todesurteile – nicht bewusst gewesen sei, dass sie also „rechtsblind" gewesen seien? Das OLG Bamberg, das 1949 – wohl als erstes Gericht – unter Berufung auf Radbruch das Richterprivileg aufgestellt hat und auch die erhöhte Vorsatzschwelle bejaht hat, hat in seinem zweiten – sehr viel seltener zitierten – Leitsatz ausgesprochen: „Begeht ein Berufsrichter, der jahrelang in der Straf-

---

teile als Regel oder Ausnahme?, in: Reifner/Sonnen (Hrsg.), Strafjustiz und Polizei im Dritten Reich. Frankfurt/New York 1984, S. 43.

65 Der Bundestag hat am 25. Januar 1985 einstimmig deklariert, dass der *Volksgerichtshof* kein Gericht im rechtsstaatlichen Sinne, sondern ein „Terrorinstrument zur Durchsetzung der nationalsozialistischen Willkürherrschaft" gewesen sei; seinen Entscheidungen komme daher „nach Überzeugung des Deutschen Bundestages keine Rechtswirkung zu"; kritisch *I. Müller*, Wie der Bundestag den Volksgerichtshof „ächtete", in: Demokratie und Recht 1985, 253 ff.

66 Dazu eingehend *Günter Gribbohm*, Die dem Richter gebührende Sühne – Zur rechtlichen Stellung des Richters im Dritten Reich nach dem Reichstagsbeschluss vom 26. April 1942, in: JoJZG 2 (2008), 1–6.

67 Gegen diesen Einwand hätte der BGH sich freilich auf seine Entscheidung aus dem Jahre 1960 gegen einen DDR-Richter (dazu u. Pkt. 6) berufen können, in deren Leitsatz es heißt: „Täter einer Rechtsbeugung kann auch ein Richter sein, dem es an der verfassungsmäßigen Unabhängigkeit deshalb fehlt, weil die politischen Machthaber die Verfassung nicht achten".

rechtspflege als Richter oder Staatsanwalt tätig war, bei der Entscheidung über eine Rechtssache zahlreiche grobe und offensichtliche Verstöße gegen das materielle und formelle Recht, so widerspricht es der Lebenserfahrung anzunehmen, er habe nur fahrlässig gehandelt“[68].

(5) „Rechtsblindheit“ oder „Verblendung“?

Und wenn schon „Rechtsblindheit“: Schließt diese überhaupt den direkten Vorsatz der Rechtsbeugung aus?[69] Das hatte bereits Radbruch, auf den man sich sonst so gern berief, in seinem Aufsatz aus dem Jahre 1946 in Frage gestellt[70]. Ingo Müller hat mit Recht darauf hingewiesen, dass nicht von Rechtsblindheit“ sondern von „Verblendung“ gesprochen werden müsse; Verblendung aber sei letztlich nichts anderes als Überzeugungstäterschaft, welche allenfalls zur Schuldminderung führen könne[71].

(6) Rechtsprechung über DDR-Richter

Wie verträgt sich im Übrigen die großzügige Verneinung des direkten Vorsatzes der richterlichen Angeklagten mit dem Urteil des BGH vom 16. Februar 1960? Dort wurde einem in den Westen übergewechselten Richter, der in der DDR Zeugen Jehovas zu sehr hohen Strafen verurteilt hatte, der Vorsatz gleichsam zudiktiert: „Der Angeklagte ist Volljurist, von dem erwartet werden kann (!), dass er ein Gefühl dafür hat, ob eine Strafe in unerträglichem Missverhältnis zur Schwere der Tat und zur Schuld des Täters steht“[72].

---

68 OLG Bamberg SJZ 1949, 491.

69 Dazu eingehend *Ingo Müller*, Die Verwendung des Rechtsbeugungstatbestandes zu politischen Zwecken, in: Kritische Justiz 1984, 119–141, hier S. 134 f.

70 *Radbruch*, SJZ 1947, 634 (anders noch in seinem Aufsatz aus dem Jahre 1946 bzgl. Richtern: *Radbruch*, Gesetzliches Unrecht, S. 15).

71 *Müller*, a.a.O., S. 135; der Verf. weist als Beleg auch noch darauf hin, dass in manchen Urteilen die Kenntnis der falschen Rechtsanwendung sich aus den Urteilsgründen der NS-Richter selbst ergebe, so etwa, wenn der Richter, der sich weigerte, die Eintragung einer „arisch“-jüdischen „Mischehe“ anzuordnen, in den Entscheidungsgründen einräumte, dass die „bestehenden gesetzlichen Bestimmungen die Eheschließung nicht verbieten“, sich aber unter Berufung auf das „amtliche und halbamtliche Schrifttum des Staates und der NSDAP“ über diesen „formal-gesetzlichen Zustand“ hinwegsetzte (*Müller*, a.a.O., S. 134 f.).

72 BGH NJW 1960, 974 (insoweit nicht abgedruckt in BGHSt 14, 147 f. – *Ingo Müller* hat mich gesprächsweise darauf hingewiesen, dass der BGH in diesem Urteil (kryptisch) das Vorsatzelement „Kenntnis (der Beugung) des Rechts“ an dem Maßstab gemessen habe, an dem sonst üblicherweise die Kenntnis des Rechts (bzw. des Unrechts) gemessen werde, nämlich mit der zusätzlichen Prüfung, ob die Unkenntnis des Unrechts der Tat *ver-*

(7) Rechtsprechung über Denunzianten

Wie verträgt sich des Weiteren die großzügige Annahme der Rechtsblindheit von Berufsrichtern mit der Strenge des Maßstabes gegenüber einer Denunziantin, die 1957 vom Schwurgericht München[73] – vom BGH bestätigt[74] – sogar als Täterin verurteilt wurde und deren Vorsatz vom Schwurgericht folgendermaßen begründet wurde: „Die Angeklagte wusste, dass die Rechtsprechung des Volksgerichtshofes im Jahre 1943 durch eine ungewöhnliche Härte gekennzeichnet war und unter bewusster Außerachtlassung der Prinzipien eines Rechtsstaates vor allem der Vernichtung der Gegner des Dritten Reiches und der Einschüchterung der Bevölkerung diente". Und dessen volljuristische Richter sollten dies nicht gewusst haben?

(8) Kontinuität?

Selbst wenn man alle vorherigen Einwände nicht akzeptierte, gab es eine Möglichkeit, methodisch sauber und ohne präjudizielle Wirkung das Richterprivileg für NS-Richter zu vermeiden. Wie schon erwähnt, knüpfte die bundesdeutsche Justiz bei der Verfolgung von NS-Unrecht an den äußeren Umstand an, dass die einschlägigen bundesdeutschen Straftatbestände bereits vor 1945 im Strafgesetzbuch gestanden hatten. Dieser Umstand lieferte nicht nur den Grund, um das Strafrecht des NS-Staates anzuwenden und damit den Verstoß gegen das Rückwirkungsverbot zu kaschieren; er begründete auch – worauf zuerst Friedrich Dencker hingewiesen hat[75] – implizit eine Kontinuitätsauffassung zwischen dem positiven NS-Recht und dem Recht der Bundesrepublik; eine solche Kontinuitätsauffassung entsprach zwar im *Staatsrecht* der herrschenden Meinung; ihre Übertragung auf das *Strafrecht* war jedoch – jedenfalls im Bereich der Rechts-

---

meidbar gewesen sei. Bei Zugrundelegung dieses Maßstabes, der im Ergebnis Ähnlichkeit mit der Fahrlässigkeitsprüfung aufweist, konnte man in der Tat zur Bejahung der subjektiven Tatseite gelangen. Auch auf dieser Grundlage bleibt jedoch der Einwand, dass auf Grund der erwähnten besonderen Struktur des Rechtsbeugungstatbestandes die Kenntnis des Rechts Tatumstand und damit (ausnahmsweise) Gegenstand des *Tatbestandsvorsatzes* ist.

73 LG München II – 7 Ks 5/57, Urteil vom 29. Nov. 1957, im Auszug abgedruckt bei *Friedrich*, Freispruch, S. 439 f.

74 BGH – 1 StR 134/58, Urteil v. 13. Mai 1958; nachgewiesen bei *Friedrich*, Freispruch, S. 499.

75 *Dencker*, Die strafrechtliche Beurteilung von NS-Rechtsprechungsakten, in: P. Salje (Hrsg.), Recht und Unrecht im Nationalsozialismus. Münster 1985, S. 294-310, hier S. 300 ff.; ihm folgend *Vormbaum*, Schutz des Strafurteils, S. 351 ff.

beugung – keineswegs zwingend[76]. Gab es wirklich einen Grund, den Richtern des NS-Staates im Nachhinein ein Richterprivileg zuzubilligen? Welche Unabhängigkeit – oder gar Entscheidungsfreude (man denke!!) – der damaligen Richter wollte man denn damit noch „sichern"?

Hätte man die neu entdeckte Figur der Sperrwirkung des Rechtsbeugungstatbestandes nur auf solche Richter bezogen, die das Recht der Bundesrepublik Deutschland anwenden – also „systemimmanent" –, so hätte man die Richter des NS-Staates nicht anders behandelt, als man Richter eines anderen demokratischen Rechtsstaates – etwa der Schweiz – behandelt, wenn es sich ergeben sollte, dass ein solcher Richter wegen seiner richterlichen Tätigkeit vor einem deutschen Richter steht[77], denn die Wahrung der Unabhängigkeit schweizerischer Richter und der Schutz des schweizerischen Rechts ist nicht Aufgabe des deutschen Strafrechts.

(9) Resümee

Selbst wenn man also den von der bundesdeutschen Justiz gewählten Weg zur Aufarbeitung der NS-Verbrechen ging, bestand für eine Übertragung des Richterprivilegs auf NS-Richter kein Anlass. Richterliche Verbrecher hatten dieselbe strafrechtliche Behandlung verdient wie andere NS-Verbrecher, und sie hätten sie auch erfahren können.

4. Schlussbemerkung

So zeigt sich denn, dass die Aufarbeitung des Justizunrechts der NS-Zeit Gemeinsamkeiten, aber auch Besonderheiten gegenüber der Auseinandersetzung mit den (anderen) NS-Gewaltverbrechen aufweist. In beiden Bereichen ließ der bis zum Beginn des Kalten Krieges gezeigte Verfolgungseifer zu Beginn der 50er Jahre nach. In beiden Bereichen gab es juristische Konstruktionen, welche die Verfolgung erschwerten oder verhinderten – dort die Gehilfenrechtsprechung, hier das Richterprivileg. Aber auch der Unterschied liegt auf der Hand: Während es dort zum Auschwitzprozess und immerhin zu einer Reihe

76 *Dencker*, Beurteilung, S. 302, weist auf den Widerspruch der Rechtskontinuitäts-Auffassung der BGH-Rechtsprechung zu Art. 123 Abs. 1 GG und zu der bekannten – sehr nachdrücklichen – Entscheidung BVerfGE 6, 132 ff. hin. – Auf einer ganz anderen Ebene liegt i.ü. die Problematik der (materiellen) Kontinuität des Strafrechts im 20. Jahrhundert; s. dazu *Vormbaum*, Einführung in die moderne Strafrechtsgeschichte, S. 277 ff.

77 So jedenfalls die m.E. zutreffende Auffassung, die den Rechtsbeugungs-Tatbestand für einen Tatbestand mit überindividuellem bzw. institutionellem Rechtsgut (nämlich: Rechtspflege) ansieht (s. *Vormbaum*, Schutz des Strafurteils, S. 326 ff.).

von Verurteilungen kam, kam es hier zum Rehse-Prozess und zum endgültigen Ende strafrechtlicher Aufarbeitung der Vergangenheit.

Transitional Justice in Deutschland und Brasilien: das Modell der individuellen strafrechtlichen Verantwortung und das Modell der Reparations- und Wahrheitskommissionen

Amarílis Busch Tavares[1]

Im Laufe der Jahrzehnte haben Staaten, Gruppen und Individuen unterschiedliche Mechanismen entwickelt, um große internationale Gräueltaten und Verbrechen zu bewältigen. Einige dieser Mechanismen wurden unmittelbar nach den Taten eingeführt, wie zum Beispiel der Nürnberger Gerichtshof in Deutschland, manche erst viele Jahre nach dem Ende des Ausnahmezustandes. Beispiel dafür ist die Gründung der Amnestiekommission und der Nationalen Wahrheitskommission in Brasilien.

In Deutschland, in der Zeit nach dem Nationalsozialismus, und in Brasilien, in der Zeit nach der Diktatur, folgte man jeweils zwei verschiedenen Ansätzen. In Deutschland folgte man dem Ansatz der individuellen strafrechtlichen Verantwortung durch die Gründung eines multinationalen Gerichts. In Brasilien folgte man dem Ansatz der Gründung von nationalen Reparations- und Wahrheitskommissionen. Diese beiden unterschiedlichen Ansätze zeigen, dass verschiedene historische Kontexte unterschiedliche Mechanismen und Prozesse der Transitional Justice entstehen lassen können.

Das Ziel dieses Kommentars ist es, in einer sehr kurzen Darstellung einige Aspekte der jeweiligen Ansätze hervorzuheben und einige Fragen in Bezug auf das Problem zu stellen, wie Verantwortung, Gerechtigkeit und Versöhnung in Nachkriegsgesellschaften gesichert werden können.

1. Die Errichtung des Nürnberger Gerichtshofs

Die Errichtung des Nürnberger Gerichtshofs in der Nachkriegszeit war ein wichtiger Schritt, um das Monopol der staatlichen Jurisdiktion über internationale Verbrechen zu brechen. Das Gericht wurde als Antwort auf den vom deutschen nationalsozialistischen Regime verübten Staatsterror errichtet.

---

1 Expertin für Öffentliche Politik und Regierungsmanagement, Exekutiv-Koordinatorin des Memorials der Politischen Amnestie der Amnestiekommission der Bundesrepublik Brasilien. Diplomiert in Internationalen Beziehungen an der PUC-Minas. Master of Law in Humanitärem Völkerrecht und Menschenrechten an der Universität Genf (Schweiz).

Das Gericht wurde aus zwei Gründen kritisiert: erstens, weil es nur die Version einer Seite des Konflikts zum Ausdruck brachte. Das Gericht stellte nur die Verhängung der Gerechtigkeit des Siegers über die Besiegten dar.[2] Zweitens, weil es das Prinzip *Nullum crimen, nulla poena sine lege* verletzte.[3] Trotz dieser Kritik wurde dieses Gericht, gefolgt vom Tokioter Gericht, das erste nicht-staatliche oder multinationale Gericht, in dem Verbrechen von internationaler Dimension und mit internationalem Zweck tatsächlich verhandelt und verurteilt wurden.

Nach der Niederlage Deutschlands haben die Alliierten Mächte entschieden, den Nürnberger Gerichtshof zu errichten, um „die Hauptkriegsverbrecher der der europäischen Achse angehörenden Staaten abzuurteilen, die wegen der Begehung von Kriegsverbrechen, Verbrechen gegen den Frieden und Verbrechen gegen die Menschlichkeit angeklagt wurden".[4]

Eine der wichtigsten Hinterlassenschaften des Gerichts war die Festlegung der beiden letzten rechtlichen Kategorien. Das Gericht hat auch das Prinzip der internationalen strafrechtlichen Verantwortung des Einzelnen gefestigt, indem es ausdrücklich die Verbindungen zwischen den individuellen Straftätern und den Staaten aufdeckte, in deren Namen sie die Verbrechen begangen hatten. [5]

---

2 Der Nürnberger Gerichtshof bestand aus Richtern und Anklägern, die von allen Siegermächten gestellt wurden, den sogenannten „Großen Vier": England, Frankreich, die Vereinigten Staaten und die Sowjetunion. Der Gerichtshof hat diese Situation anerkannt, indem er erklärte, dass "(t)he making of the Charter was the exercise of the sovereign legislative power by the countries to which the German Reich unconditionally surrendered; and the undoubted right of these countries to legislate for the occupied territories has been recognised by the civilised world". Judgement: The Law of The Charter, verfügbar unter <http://avalon.law.yale.edu/imt/judlawch.asp>, abgerufen am 5.Oktober 2012.

3 Die Richter des Nürnberger Gerichtshofs wurden dafür kritisiert, dass sie Gesetze *ex post facto* erließen, vor allem in Bezug auf die Verurteilungen hinsichtlich der rechtlichen Kategorien von Verbrechen gegen die Menschlichkeit und Verbrechen gegen den Frieden. Es wurde angeführt, dass diese Straftaten erst in der Charta des Gerichts kodifiziert worden seien, das heißt, bereits nach Beendigung der Feindseligkeiten. Anlässlich der Erklärung seines Statuts argumentierte das Gericht, dass das Verbot solcher Verbrechen ein Ausdruck des geltenden Völkerrechts gewesen sei. Dort heißt es: "(t)he Charter is not an arbitrary exercise of power on the part of the victorious nations, but in the view of the Tribunal, as will be shown, it is the expression of international law existing at the time of its creation; and to that extent is itself a contribution to international law". Ibid.

4 Gemäß dem *Control Law Nr. 10* wurden in den vier Besatzungszonen der Alliierten zur Verhandlung der gleichen Verbrechenskategorien, die von Tätern niedrigerer Ränge begangen worden waren, Untergerichte eingerichtet.

5 Dupuy, P.M., "International Criminal Responsibility of the Individual and International Responsibility of the State". in: Cassese, A. / Gaeta, P. / Jones, J., *The Rome Statute of*

In der Tat war bis zu diesen Moment kein hochrangiger staatlicher Täter individuell wegen Kriegsverbrechen zur Verantwortung gezogen worden.[6] In diesem Sinn legte das Gericht fest: "Crimes against international law are committed by men, not by abstract entities, and only by punishing individuals who commit such crimes can the provisions of international law be enforced".[7] Die sogenannte „Nürnberger Revolution" legte auch fest, dass staatliche Bedienstete oder Individuen, wenn sie vor das Dilemma gestellt werden entweder nationale Rechtsordnungen oder internationale Normen zu beachten, die zweite Alternative wählen sollen. Damit machen sie dann den ersten Schritt in Richtung der Widerlegung des Arguments der „Gehorsamspflicht gegenüber höheren Befehlen".

Die neuen Rechtsnormen und Verantwortungsmuster, die vom Nürnberger Gerichtshof verkündet wurden, haben zu den Bemühungen beigetragen, ein wirksames internationales Strafjustizsystem zu errichten. Sie hatten Auswirkungen auf die Arbeit der ad-hoc-Tribunale für Ruanda und für das ehemalige Jugoslawien und auf die Vorbereitung des Römischen Statuts des Internationalen Strafgerichtshofs.[8]

2. Die Gründung der Reparations- und Wahrheitskommissionen

Nach den 1980-er Jahren wurden Reparations- und Wahrheitskommissionen in verschiedenen Lateinamerikanischen Ländern gegründet: Argentinien, Bolivien, Chile, Uruguay, El Salvador usw. sowie in einigen afrikanischen Ländern: Uganda und Südafrika. Viele von ihnen entstanden mit der Unterstützung der Organisation der Vereinten Nationen (UNO). Solche Kommissionen sind *grosso modo* durch folgende Aufgaben gekennzeichnet: (i) Aus Zeugenaussagen der Opfer oder Einlassungen der Täter sammeln und systematisieren sie Informationen und Beweisstücke zu schweren Verbrechen. (ii) Sie untersuchen den Kontext und die sozialen, wirtschaftlichen und politischen Ursachen der Verbrechen. (iii) Sie legen öffentliche Berichte mit detaillierter Beschreibung der festgestellten Fakten vor und arbeiten Empfehlungen aus, die zur Nicht-Wiederholung der Verbrechen führen sollen.[9]

---

the International Criminal Court: A Commentary (Oxford University Press, Oxford, 2002), 1086–1087.

6 Cassese, A., *International Criminal Law* (Oxford University Press, New York, 2003), 40.

7 The Law of The Charter (n 2).

8 Boussiouni, M.C, "International Criminal Justice in Historical Perspective", in: Boussiouni, M.C., *International Criminal Law: Volume III, International Enforcement* (Martinus Nijhoff Publishers, Leiden), 38–39.

9 Cassese, A. (Anm. 5) 10.

Einige Kommissionen wurden dafür kritisiert, dass sie bei ihrer Aufgabe scheiterten, eine „richtige" Versöhnung zwischen den Parteien zu erreichen. Es ist jedoch wichtig hervorzuheben, dass sie Mechanismen anboten, um mit Massengräueln umzugehen. Sie ermöglichten auch die Wiederbelebung der Vergangenheit durch die Erforschung der Wurzeln der Konflikte und die öffentliche Offenlegung der Verbrechen und sie errichteten ein Register von historischen Fakten.

Im Fall Brasiliens wurde die Nachdiktaturzeit durch die Gründung von zwei Regierungskommissionen gekennzeichnet, deren Ziel die Leistung von Reparationen war: 1995 die Besondere Kommission für aus politischen Gründen Ermordete und Verschwundene und 2001 die Amnestiekommission. Durch die Gründung beider Kommissionen erkannte der Staat seine Verantwortung für die Verletzung der Rechte der politisch Verfolgten während des Ausnahmeregimes an. Ende 2011, fast drei Jahrzehnte nach dem Ende der Diktatur, wurde in Brasilien die Nationale Wahrheitskommission (CNV) gegründet.

Innerhalb der Ziele der CNV sind die Klärung der Fakten und Umstände der Fälle von schweren Verletzungen der Menschenrechte hervorzuheben, die in der Diktaturzeit in Brasilien begangen wurden, insbesondere die Fälle von Folter, Ermordung, gewaltsamem Verschwindenlassen von Personen, Verstecken von Leichen und die Ermittlung der jeweiligen Täterschaften. Aufgabe der CNV ist auch die Identifizierung des staatlichen Apparats und der Strukturen, die die begangenen Verbrechen unterstützt haben.

Der Gründungstext der Kommission erklärt, dass ihre Tätigkeit weder judizial noch strafverfolgend sei. Die klare Eingrenzung ihrer Aufgabe ist von der strafrechtlichen Verfolgung der Täter getrennt. Sie müssen im Lichte des historischen Kontextes verstanden werden, in dem das brasilianische Amnestiegesetz von 1979 verabschiedet wurde. Die gängige Interpretation des Amnestiegesetzes, die vor kurzem in einem Urteil des brasilianischen Obersten Bundesgerichtshofs (STF) bestätigt wurde, verhindert die Aburteilung und Bestrafung der staatlichen Täter wegen Verbrechen, die in der Zeit der Diktatur begangen wurden.

Das Urteil des STF wurde vom Interamerikanischen Gerichtshof für Menschenrechte im Fall der „Araguaia-Guerilla" angefochten. Dieses Gericht betrachtete die Art und Weise wie das Amnestiegesetz in Brasilien interpretiert und angewendet wurde als eine Verletzung der internationalen Verpflichtung des Staates, schwere Verletzungen der Menschenrechte zu ermitteln und zu bestrafen.[10]

3. Einige Hinweise zur Reflexion und Schlussbemerkungen

Von dieser kurzen Beschreibung der Modelle des Nürnberger Gerichtshofs und der Reparations- und Wahrheitskommissionen ausgehend, die in Deutschland und Brasilien jeweils Anwendung fanden, ist es möglich einige Gedanken anzuregen:

(i) Wie jede andere soziale Konstruktion ist die Wahrheit eines bestimmten historischen Zeitpunkts, der von großen Verletzungen der Menschenrechte gekennzeichnet ist, relativ und innerhalb ihres Kontextes zu begreifen. Es wird immer politischen Streit um die Konstruktion von Wahrheit geben, weil die siegende Erzählung auch die Geschichte eines bestimmten Volkes bildet.

(ii) Die Wahrheit kann durch verschiedene Mechanismen offengelegt und konstruiert werden. Diese Mechanismen können isoliert oder miteinander kombiniert verwendet werden. Die individuelle strafrechtliche Verantwortung und die Gründung von Reparations- und Wahrheitskommissionen sind folglich keine sich gegenseitig ausschließenden Alternativen, um mit Massengräueln umzugehen. Das Gewicht jeder dieser Ansätze wird durch die historischen Kontexte und die eigenen Institutionen des Landes bedingt und gestaltet.

(iii) Die Reparations- und Wahrheitskommissionen können eine Antwort auf den Gerechtigkeitsmangel hauptsächlich in Post-Konflikt-Situationen geben, in denen die Gesellschaft von Verletzungen der Menschenrechte in hohem Maß betroffen wurde, und die Judikative weder strukturiert noch leistungsfähig ist, um Tausende von Personen abzuurteilen.

(iv) Sowohl das autoritäre brasilianische Regime als auch das deutsche Regime konnten mit der Zustimmung und der Unterstützung von weiten Teilen der Zivilgesellschaft rechnen, die sich auf erfundene Vorstellungen stützte. Diese Vorstellungen waren der Kampf gegen einen gemeinsamen Feind, die Verwirklichung von Machtträumen und die Auffassung, dass Verbrechen ein notwendiges Übel sind, um ein angeblich höheres Gut zu erreichen. In diesen Fällen, in denen eine große Anpassung des gesellschaftlichen Systems an das rechtswidrige Re-

---

10 Caso *Gomes Lund e outros* (Guerrilha do Araguaia) *vs.* Brasil (Exceções Preliminares, Mérito, Reparações e Custas), Corte Interamericana de Direitos Humanos (Interamerikanischer Gerichtshofs für Menschenrechte), Série C No 219.

gime stattfindet, wird die Möglichkeit der Zuschreibung kollektiver Verantwortung sehr schwer.

(v) Der Zeitfaktor ist relevant. In Transitionsregimen, die von einer großen Polarisierung zwischen Siegern und Besiegten geprägt sind, führen transitionale Mechanismen zu einer Stimmung zugunsten der Schuldzuweisung und können zu dem Trugschluss verleiten, dass der jetzige Sieger die Gerechtigkeit definiert, wenn diese Mechanismen unmittelbar nach einem abrupten Bruch mit der bisherigen Ordnung gegründet wurden. Andererseits ermöglicht in milderen Transitionen der zeitliche Abstand der Ereignisse eine weniger leidenschaftliche Analyse der Fakten. Gleichzeitig können Verhandlungen und politische Auseinandersetzungen zwischen den Konfliktparteien im Laufe der Jahre zu anomalen Konstruktionen führen, wie es im Fall von Selbstamnestien geschieht.

(vi) Die Definition des Begriffs der Transitional Justice selbst, ist vom historischen Kontext in dem die Transition stattfindet und vom Niveau der demokratischen Reife jedes Landes abhängig. Im Falle Deutschlands ist es vielleicht nicht möglich, über aktuelle Mechanismen Transitional Justice zu sprechen. Die Maßnahmen zur Bewältigung der verbrecherischen Vergangenheit konnten nach der Transition im Rahmen einer Etappe der demokratischen Konsolidierung und Vervollkommnung eingeordnet werden. In Brasilien dagegen, drei Jahrzehnte nach dem Ende des diktatorischen Regimes, ist es vom historischen und sozialen Standpunkt aus sinnvoll, der Nationalen Wahrheitskommission noch transitionsrechtliche Eigenschaften zu verleihen.

Die vergleichende Analyse Brasilien/Deutschland legt nahe, dass es ein *trade-off* zwischen der strafrechtlichen Alternative und der Errichtung von Kommissionen geben kann. Jedoch kann aus diesen Fällen die Schlussfolgerung gezogen werden, dass angesichts der Unmöglichkeit, die strafrechtliche Verfolgung durchzuführen, andere transitionale Mechanismen dazu neigen, sich zu verstärken. In der Tat haben das Paradoxon des brasilianischen Amnestiegesetzes und die fehlende Strafverfolgung die Entwicklung der Transitional Justice im Land nicht verhindert und Brasilien führt eines der größten Reparationsprogramme der Welt.[11]

11 Payne, L.A. / Abrão, P. / Torelly, M.D., A Anistia na Era da Responsabilização: contexto global, comparativo e introdução ao caso brasileiro em o Brasil em Perspectiva Internacional e Comparada, in *A Anistia na Era da Responsabilização: o Brasil em perspectiva internacional e comparada* (Ministério da Justiça, Comissão de Anistia; Oxford University, Latin American Centre, Brasília, 2011), 30.

Der deutsche Fokus, bereits im Jahr 1945 auf die individuelle strafrechtliche Verantwortung und auf die Bekämpfung der Straflosigkeit gerichtet, verschärft das Gerechtigkeitsdefizit in der brasilianischen Transition und den Anachronismus der Interpretation des Amnestiegesetzes. Es stellt sich aber auch die Frage, bis zu welchem Punkt die Schuldzuweisungen und die Bestrafung ausreichende Maßnahmen sind, um der Hinterlassenschaft der großen Verbrechen der Vergangenheit entgegenzutreten und die nationale Versöhnung zu fördern.

Die Vertiefung dieser Debatte und die Identifizierung anderer Dialogpunkte zwischen den Mechanismen der Transitional Justice, die in Brasilien und Deutschland ihre Anwendung fanden, ist Aufgabe der folgenden Beiträge.

(Tradução do Português: Dr. João Manuel Fernandes, Tübingen, Jan. 2013)

Strafrechtlicher Schutz von Menschenrechten[1]

Marlon Alberto Weichert[2]

I. Einführung

Die Umsetzung der Strafgerechtigkeit im Bereich der schweren Verletzungen der Menschenrechte in Brasilien zur Zeit der Militärdiktatur wird seitens der brasilianischen Justiz unter Berufung auf zwei Haupthindernisse verweigert: das Amnestiegesetz und der Ablauf der Verjährungsfrist. Das vorrangige Ziel dieses Aufsatzes ist es, diese Hindernisse zu analysieren.

Jedoch tragen die vorzubringenden Gründe zu einer breiteren Reflexion über die Rolle des Strafrechts als Instrument für die Garantie der Menschenrechte bei. In diesem Sinn befasst sich diese Studie mit der Vereinbarkeit von Normen, die Straflosigkeit gewähren (wie Amnestiegesetze), mit den Grundsätzen des Verfassungs- und Völkerrechts bezüglich der Verantwortlichkeit von staatlichen Bediensteten, die Verbrechen gegen Menschenrechte begangen haben.

---

1 Dieser Aufsatz wurde aus dem Vortrag „Eine kritische Übersicht zu den Hindernissen bei der Umsetzung von Gerechtigkeit in Brasilien" entwickelt, der am 17.07.2012 unter der Schirmherrschaft der Amnestiekommission des Justizministeriums von Brasilien und der Goethe-Universität Frankfurt am Main im Seminar „Justiça de Transição: análises comparadas Brasil Alemanha" („Transitional Justice: Vergleichende Einblicke in Transitionsprozesse aus Brasilien und Deutschland") an der Goethe-Universität in Frankfurt am Main, Deutschland gehalten wurde. Der Text ist nicht die exakte Reproduktion des im Seminar gehaltenen Vortrags, da einige Argumente in diesem Aufsatz vertieft wurden. Es wurden auch Elemente von früheren Arbeiten des Verfassers benutzt, vor allem „Suprema impunidade no julgamento da ADPF 153", in Sarmento, Daniel / Sarlet, Ingo Wolfgang. *Direitos Fundamentais no Supremo Tribunal Federal: balanço e crítica.* Rio de Janeiro: Lumen Juris, 2011, S. 955-979, und „A Obrigação constitucional de punir graves violações aos direitos humanos", in: *Direito à verdade e à justiça.* Soares, Inês Virgínia Prado; Piovesan, Flávia (coord.), Editora Fórum, im Druck.

2 Bundestaatsanwalt am Bundesregionsgericht zweiter Instanz. Master of Law (Staatsrecht) an der PUC/SP. Experte für Transitional Justice, nominiert von der Amerikanischen Kommission für Menschenrechte der Organisation Amerikanischer Staaten. Zeuge im Prozess Gomes Lund, beim Interamerikanischen Gerichtshof für Menschenrechte. Koordinator der Arbeitsgruppe für Gedächtnis und Wahrheit der Bundesstaatsanwaltschaft der Bürgerrechte. Verfasser verschiedener Aufsätze über Transitional Justice und Koautor von zivilen und strafrechtlichen Initiativen sowohl für die Verantwortlichkeit der Täter von Verletzungen der Menschenrechte während der brasilianischen Militärdiktatur, als auch für die Förderung der Wahrheit dieser autoritären Zeit.

Die Arbeit beginnt mit einer kurzen Darstellung der Transition von der Periode der Diktatur zur Demokratie, sowie des Prozesses rechtlicher Auseinandersetzung über die Gültigkeit des Amnestiegesetzes, welches noch während des Militärregimes verabschiedet wurde. Im Anschluss daran werden wir das Thema der Geltung von Straflosigkeitsgesetzen gegenüber dem Grundsatz der Menschenwürde, dem Republikanismus, den Grundsätzen der Rechtsstaatlichkeit und der Verfassungsmäßigkeit der Rechtsnormen, vertiefen. Auch werden wir uns mit der Achtungspflicht vor dem *jus cogens* beschäftigen und schließlich mit der Verletzung des Verhältnismäßigkeitgrundsatzes durch Normen, die Verbrechen gegen die Menschenrechte amnestieren, vor allem in Bezug auf das Untermaßverbot und auf die ursprüngliche Ungültigkeit gegenüber der Radbruch'schen Formel.

II. Die politische Transition

Die brasilianische Militärdiktatur begann 1964 im Kontext des Kalten Krieges. Damals hatte das Land eine demokratische Regierung, die in einigen Bereichen Sozialpolitik entwickelte. Diese Politik wurde aber – von konservativen Segmenten der Gesellschaft – so eingeschätzt, als stünden sie unter dem Einfluss sozialistischer Vorstellungen.

Vom rechtlichen Standpunkt aus betrachtet, wurde das Land seit 1946 durch eine demokratische Verfassung regiert, welche von einer Verfassungsgebenden Nationalversammlung verabschiedet wurde, die am Ende der Diktatur von Getúlio Vargas (1937-1945) einberufen worden war.

Der Militärputsch vom 1. April 1964 ließ die Verfassung von 1946 weiter gelten. Jedoch war diese Geltung lediglich formal. Um den Bruch der verfassungsrechtlichen Vorschriften zu begründen, wurden von der Exekutive Institutionelle Dekrete und Ergänzungsdekrete verabschiedet, das heißt, Präsidialdekrete, denen die Militärs Verfassungsrang einräumten. 1964, durch die Verabschiedung des Vierten Institutionellen Dekrets, wurde der Nationalkongress einberufen, um über einen neuen Verfassungsentwurf abzustimmen und ihn zu verkünden; mit anderen Worten, um den von der Regierung vorgelegten Text rein formal gegenzuzeichnen. Und tatsächlich wurde in diesem Jahr die autoritäre, von der Militärregierung diktierte Verfassung formalisiert, die den Gesetzestext von 1964 aufhob.

Trotz der Verkündung der autoritären Verfassung verabschiedete die Regierung parallel dazu weitere Institutionelle Dekrete und Ergänzungsdekrete. Sie wurden sogar zur Änderung derselben Verfassungscharta verwendet, die dem Land von der Regierung aufgezwungen worden war.[3]

Auf der Repressionsebene fanden seit den ersten Tagen des Putsches Festnahmen in großem Umfang und repressive Handlungen statt. Jedoch gewann die systematische und allgemeine Verfolgung erst ab 1968 an Stärke und wurde äußerst gewaltsam. In diesem Jahr hat die Regierung das Institutionelle Dekret Nr. 5 verabschiedet und damit die Grundrechte und Grundrechtsgarantien noch weiter eingeschränkt. Sogar der *habeas corpus* wurde in den Fällen von politischen Straftaten und von Straftaten gegen die nationale Sicherheit abgeschafft. 1969 wurden durch das Institutionelle Dekret Nr. 14 die Todesstrafe, die lebenslange Freiheitsstrafe und die Verbannung in Fällen von Krieg, von innerem systemfeindlichem psychologischem Krieg, von revolutionärem Krieg und von subversivem Krieg eingeführt.

Noch im selben Jahr 1969, während der Kongress suspendiert war, wurde das Ergänzungsdekret Nr. 1 verabschiedet, das die Verfassung von 1967 substantiell änderte und die Tatbestände der Todesstrafe, der lebenslangen Freiheitsstrafe und der Verbannung bestätigte, die vom Institutionellen Dekret Nr. 14 eingeführt worden waren.

Diese Dekrete gaben der Institutionalisierung des Staatsterrors und dem Begehen von Menschenrechtsverletzungen in großem Ausmaß wie zum Beispiel willkürlichen Festnahmen, Folter, summarischen Hinrichtungen, gewaltsamem Verschwindenlassen von Personen und sexueller Gewalt, grünes Licht. Die Polizei- und Militäreinrichtungen, die für die politische Sicherheit verantwortlich waren, erhielten die Richtlinie, jeden Dissidenten gemäß dem Nationalsicherheitskonzept als Feind zu behandeln.

Mitte der 1970er Jahre waren praktisch alle Widerstandsbewegungen vernichtet worden. Die Anzahl von Personen, die von der Repression rechtswidrig festgenommen und anschließend gefoltert wurden, wird auf mindestens 30.000 geschätzt. Tausende Brasilianer gingen ins Exil, der größte Teil von ihnen aus eigenem Entschluss, um dem Risiko zu entgehen, festgenommen und gefoltert zu werden. Die Anzahl von Ermordeten und Verschwundenen liegt bei etwa 500 Personen,[4] wenn man nur die politischen Dissidenten berücksichtigt, die vom Militärregime verfolgt wurden. Sie kann jedoch eine viel eindrucksvollere Zahl erreichen, wenn die Opfer dazugerechnet werden, die keine politischen Militanten waren, aber auf irgendeine Weise dem Modell des autoritären Regimes Wi-

---

3 Insgesamt waren es 17 Institutionelle Dekrete und 104 Ergänzungsdekrete.

4 Trotz der Einführung der Todesstrafe durch das Institutionelle Dekret Nr. 17 wurde niemand nach einem ordentlichen Verfahren hingerichtet. Alle Todesfälle waren Fälle illegaler Hinrichtungen.

derstand geleistet hatten. Hauptsächlich lebten diese Opfer in ländlichen Gebieten oder gehörten den schwachen Bevölkerungsgruppen an, wie zum Beispiel den indigenen Völkern.

1978 wurde in Brasilien eine Bewegung der Zivilgesellschaft zugunsten der Amnestie für politische Gefangene immer stärker. Als Folge einerseits dieses Drucks der Zivilgesellschaft und des Verlustes an Popularität des Militärregimes (hauptsächlich als Ergebnis der sozialen und wirtschaftlichen Krise, aber auch der Erschöpfung des politischen Modells der Entziehung von Freiheiten) und andererseits des bereits errungenen Sieges über den organisierten Widerstand, stimmte die Militärregierung 1979 einer Amnestie zu, die sich jedoch auf politische Verbrechen beschränkte. Die wegen Straftaten des Terrorismus, des Raubüberfalls, der Freiheitsberaubung oder des Attentats gegen Personen bereits verurteilten Täter, wurden nicht von der Amnestie erfasst.

Das Amnestiegesetz bestimmte, dass die Verbrechen, die mit politischen Verbrechen verbunden waren, ebenfalls amnestiert wurden. Allerdings erklärte eine Vorschrift dieses Gesetzes, dass unter dem Begriff der verbundenen Verbrechen alle Verbrechen zu verstehen waren, die aus politischen Gründen begangen worden waren (§ 1 des Artikels 1). Die Absicht der Militärregierung war, durch diese erweiterte Definition des Begriffs der verbundenen Verbrechen ihren eigenen Tätern eine getarnte Selbstamnestie zu gewähren.[5]

Die Amnestie von 1979 wurde also als bilateral verkündet, weil sie sowohl die politisch Verfolgten als auch die staatlichen Täter begnadigte.[6]

Erst 1985, nach einer populären Bewegung, die auf öffentlichen Plätzen Millionen Brasilianer versammelte, die direkte Wahlen für das Präsidialamt und

---

5 Das Gesetz Nr. 6.683/79 sieht folgendes vor:
„Art. 1°. Es wird Amnestie an alle diejenigen gewährt, die im Zeitraum zwischen dem 02. September 1961 und dem 15. August 1979 politische oder damit verbundene Verbrechen, begangen haben (...).
§ 1° – Zum Zweck dieses Artikels sind verbundene Verbrechen die Verbrechen jeglicher Art, die mit politischen Verbrechen verbunden sind oder aus politischer Motivation heraus begangenen wurden.
§ 2° – Von der Amnestie werden die Täter ausgeschlossen, die wegen der Begehung von Verbrechen des Terrorismus, des Raubüberfalls, der Freiheitsberaubung oder des Attentats gegen Personen verurteilt wurden."

6 Nach unserer Auslegung und trotz der Absicht des Gesetzgebers wurde der Text des Gesetzes Nr. 6.683/79 schlecht ausgearbeitet und hat keine Norm hervorgebracht, die als Begründung einer Amnestie für die staatlichen Bediensteten, die sich an der Repression gegen die politische Dissidenz beteiligt haben, ausgelegt werden könnte. Die von ihnen begangenen Verbrechen können weder im eigentlichen noch im uneigentlichen Sinn als politische und um so weniger als mit politischen verbundenen Verbrechen betrachtet werden (Weichert & Fávero, 2009).

das Ende der Diktatur forderten, verließ die Militärregierung die Macht. Obwohl es diese Bewegung nicht schaffte, die sofortige direkte Wahl für das Präsidialamt durchzusetzen, war sie für die Auswahl eines Zivilisten der Opposition bei der indirekten Wahl durch den Nationalkongress entscheidend. Unter der neuen Zivilregierung, die gegen das Militär eine moderate Opposition führte, wurde eine Verfassungsgebende Versammlung mittels der Verfassungsänderung Nr. 26 von 1985 einberufen. Diese Verfassungsänderung selbst amnestierte „die Täter von politischen oder damit verbundenen Verbrechen“ (§ 1, Art. 4), die zwischen dem 2. September 1961 und dem 15. August 1979 (§ 27) begangen worden waren.[7] Es handelte sich also um eine Norm, die zum Teil dem Amnestiegesetz von 1979 ähnlich war.

Jedoch anders als die Amnestie von 1979, unterließ die Vorschrift der neuen Amnestie die Erweiterung der Begnadigung auf die Verbrechen jedweder Art, die aus politischen Gründen begangen worden waren oder mit politischen Verbrechen verbunden waren, wie es im § 1 des Artikels 1 des Gesetzes Nr. 6.683/79 vorgesehen war.

1988 wurde endlich eine neue Verfassung verkündet. In ihrem Text findet sich kein Verweis auf die Amnestie von 1979.

Wie man bemerken kann, hat sich die Diktatur formal auf das Recht als Instrument der Legitimation ihrer Taten gestützt. Sie hat sich die Mühe gegeben, zwei Verfassungen und wiederholte Institutionelle Dekrete und Ergänzungsdekrete zu verabschieden, um dem Autoritarismus eine positive gesetzliche Form zu geben. Trotzdem funktionierte die Repression neben diesem normativen Apparat, welcher übrigens die Anwendung von Folter verbot. Im § 34 des Artikels 153 des 1969 verabschiedeten Textes heißt es: „Allen Behörden wird die Achtung der körperlichen und psychischen Unversehrtheit des Festgenommenen und des Gefangenen auferlegt“. Zuletzt verkündete die Regierung, als Vorberei-

---

7 Der vollständige Wortlaut der Vorschrift ist:

„Art. 4. Es wird Amnestie sowohl an alle Beamte der direkten oder indirekten Zivilverwaltung als auch an die Militärs gewährt, die von Ausnahmegesetzen, unabhängig davon ob es sich um Institutionelle Dekrete oder Ergänzungsdekrete handelten, bestraft wurden.

§ 1 Ebenfalls wird den Tätern von politischen und damit verbundenen Verbrechen und den Führern und Vertretern von Gewerkschaften und Studentenorganisationen Amnestie gewährt, welche aus ausschließlicher politischer Motivation aufgrund anderer gesetzlicher Vorschriften entlassen wurden oder denen gekündigt wurde.

§ 2 Die Amnestie umfasst alle, die wegen der Begehung der im ‚caput‘ dieses Artikels vorgesehenen Verbrechen bestraft wurden oder gegen die ein Prozess angestrengt wurde, wenn ihnen die Taten zuzurechnen waren und im Zeitraum zwischen dem 02. September 1961 und dem 15. August 1979 begangen wurden.“

tung des eigenen Rücktritts, eine Amnestienorm für ihre Bediensteten und ihre Opponenten. Der wesentliche Unterschied war, dass letztere bereits verfolgt und bestraft worden waren, während die Repressionstäter unbekannt waren und ihre Taten bis dahin nicht ermittelt wurden.

III. Der Rechtsstreit

Wie bereits erwähnt, hat das Amnestiegesetz von 1979 den Tätern von solchen Straftaten ausdrücklich eine strafrechtliche Begnadigung gewährt, welche gegen den Staat aus politischen Gründen begangen worden waren. Beispiele dafür waren die Straftaten der politischen Dissidenten und Widerstandskämpfern gegen das 1964 gegründete Diktaturregime.

Jedoch war das Gesetz in Bezug auf die Begnadigung der staatlichen Täter, die im Inneren der Repressionstätigkeiten gegen politische Dissidenten schwere Verbrechen gegen die Menschenrechte begangen hatten, nicht ganz klar.

Bis 2008 hatte sich die politische Ansicht durchgesetzt, dass die Amnestie bilateral war. Die wenigen Urteile zu dem Thema behaupteten, ohne technische Prüfung des Normeninhalts, dass die Amnestie die strafrechtliche Verfolgung der staatlichen Täter verhindere. Dies war eine Wiederholung der während der Diktatur selbst festgesetzten offiziellen Auslegung.

Im besagten Jahr 2008 begann die Bundesstaatsanwaltschaft von São Paulo damit, Ermittlungen und gerichtliche Klagen gegen Repressionstäter einzuleiten. Diese Maßnahmen beriefen sich auf Studien, die wir ausgearbeitet hatten. Dort haben wir die Nichtanwendbarkeit der Amnestie auf Täter von schweren Verletzungen der Menschenrechte und ebenfalls die Nichtverjährung dieser Straftaten vertreten.

Im Juli 2008 gewann das Thema durch die Veranstaltung einer öffentlichen Audienz im Justizministerium an politischer Projektion. Bei dieser Gelegenheit zeigten sich der Justizminister und der Minister des Besonderen Sekretariats der Menschenrechte mit der These der Staatsanwaltschaft von São Paulo einverstanden.

Im selben Jahr hat der Bundesrat der Rechtsanwaltskammer Brasiliens eine Verfassungsklage beim Obersten Bundesgerichtshof eingereicht, genannt „Klage auf Feststellung der Nichterfüllung einer Fundamentalen Vorschrift“. Der Zweck der Klage war es, dem Amnestiegesetz „eine Interpretation gemäß der Verfassung zu geben und folglich zu erklären, dass im Lichte ihrer fundamentalen Vorschriften sich die gesetzliche Amnestie für die politischen oder damit verbundenen Straftaten nicht auf gemeine Straftaten erstreckte, die während des Militärregimes von Repressionstätern gegen politische Opponenten begangen worden waren.“

Im April 2010 entschied der Oberste Gerichtshof mit Mehrheit, die *Klage auf Feststellung der Nichterfüllung einer Fundamentalen Vorschrift* abzuweisen. Um die Entscheidung zu begründen hat das Gericht verschiedene Argumente benutzt, aus denen wir die folgenden hervorheben möchten:

(a) das Amnestiegesetz hat alle aus politischen Gründen begangenen Straftaten umfasst, einschließlich derjenigen, die von Staatsbediensteten zum Zweck der Repression begangen worden waren. (b) Folglich war die Amnestie bilateral. (c) Das Gesetz hatte sofortige Wirkung und es war nicht möglich, seine Anwendung 30 Jahre danach zu revidieren. (d) Der Interpretation nach dem historischen Zeitpunkt, mit Berücksichtigung des Willens des Gesetzgebers zu der Zeit, sollte der Vorrang gegeben werden. (e) Es wurde ein politischer Pakt zwischen der Militärregierung und Organisationen der Zivilgesellschaft geschlossen und diese hatten der Amnestie der Staatsbediensteten mit dem Zweck zugestimmt, die Befreiung der politischen Gefangenen und die Rückkehr von Tausenden Exilanten, die vom Regime verfolgt worden waren, zu ermöglichen. (f) Es wäre nicht legitim, diese Vereinbarung zu revidieren, vor allem nicht durch eine gerichtliche Entscheidung. (g) Brasilien hat die Tradition, nach politischen Konflikten diese Art von Amnestie zu gewähren. (h) Wegen der Bilateralität der strafrechtlichen Begnadigung gab es keine Selbstamnestie. Weil die Rechtsprechung des Interamerikanischen Gerichtshofs für Menschenrechte Rechtsnormen für ungültig erklärt, die eine Amnestie solcher Art begründen, war sie nicht auf den Fall der brasilianischen Amnestie anwendbar. Und: (i) Die Verkündung und Anwendung des Gesetzes Nr. 6.683/79 unterliegen nicht dem Interamerikanischen Gerichtshof, weil das Amnestiegesetz bereits vor dem Zeitpunkt in Kraft trat, in dem Brasilien die Rechtsprechung des Interamerikanischen Gerichtshofs anerkannte. Diese Rechtsprechung war nur in Bezug auf Taten gültig, die nach Dezember 1998 begangen wurden.[8] Folglich musste sich der Oberste Bundesgerichtshof nicht vor einer internationalen Verurteilung fürchten.[9]

---

8 Als die brasilianische Regierung die verpflichtende Zuständigkeit des Interamerikanischen Gerichtshofs für Menschenrechte anerkannte, hat sie sich die Zuständigkeit vorbehalten, die bis zum 10. Dezember 1998 begangenen Taten abzuurteilen (Decreto Legislativo n° 89/98 und Decreto Presidencial n° 4.463, de 8 de novembro de 2002).

9 Abstimmung des berichterstattenden Ministers Eros Grau. Anzumerken ist, dass das Urteil in der *Klage auf Feststellung der Nichterfüllung einer Fundamentalen Vorschrift* früher als das Urteil des Interamerikanischen Gerichtshofs für Menschenrechte im Fall Gomes Lund gesprochen wurde. Der IGHM erkannte auf die eigene Zuständigkeit, um das Fehlen von Ermittlungen und Bestrafungen bei den schweren Verletzungen der Menschenrechte während der brasilianischen Diktatur zu prüfen, da diese Unterlassung auch nach der Anerkennung der Jurisdiktion der IGHM durch Brasilien fortdauert.

Meiner Ansicht nach ist der Oberste Bundesgerichtshof bei der Prüfung der Gültigkeit der Amnestie für die Täter von schweren Verletzungen der Menschenrechte einen falschen Weg gegangen.

Erstens, bezüglich der Beurteilung der ursprünglichen Verfassungsmäßigkeit. Das Gericht behandelte nur die historischen Gründe des Gesetzes und die Auswirkung einer angeblichen Neuinterpretation. Auf diese Weise unterließ es die unentbehrliche Prüfung der Verfassungsmäßigkeit der vom Gesetz Nr. 6.683/79 verkündeten Rechtsnorm in Anbetracht des Verfassungsrahmens, an welchen der Gesetzgeber zum Zeitpunkt der Verabschiedung des Gesetzes gebunden war. Das heißt, es muss notwendigerweise analysiert werden, ob der Gesetzgeber im Jahr 1979 ein Amnestiegesetz verkünden konnte, wenn dieses Gesetz Verbrechen wie die summarischen Hinrichtungen, das gewaltsame Verschwindenlassen von Personen, die Folter und die sexuelle Gewalt für straflos erklärte, die gegen brasilianische Bürger begangen worden waren. Ich insistiere darauf, dass diese Gültigkeitsprüfung vom Obersten Bundesgerichtshof noch nicht durchgeführt wurde.

Zweitens, gab es ein Missverständnis bei der Einschätzung der Auswirkung in das innere Recht der vom brasilianischen Staat übernommenen internationalen Verpflichtungen.

Es ist jedoch wichtig, vor der Analyse der Entscheidung des brasilianischen Obersten Gerichts hervorzuheben, dass ein anderes großes Hindernis bei der Förderung der Gerechtigkeit die Verjährungsfrist ist. Gemäß dem brasilianischen Strafgesetz beträgt die längste Verjährungsfrist 20 Jahre. In der Regel wird die Frist ab dem Zeitpunkt der Vollendung der Straftat berechnet. Akzeptiert man dieses Postulat, dann wäre seit Mitte der 1990er Jahre keine strafrechtliche Verfolgung des Großteils der hier erwähnten Straftaten mehr möglich.

Folglich stellen die Verjährungsnormen einen selbständigen Grund der Straflosigkeit dar. Sie müssen ebenfalls zum Gegenstand einer Reflexion werden. Mit dieser Reflexion muss erklärt werden, inwieweit die strafrechtliche Verantwortlichkeit der Täter von Verletzungen der Menschenrechte während der brasilianischen Diktatur rechtlich möglich sein kann.

IV. Verfassungsmäßigkeitsprüfung des Amnestiegesetzes – Parameter

Der erste Punkt, den wir hervorheben möchten, betrifft die Definition der Verfassungsordnung, die als Parameter der Verfassungsmäßigkeit angenommen werden soll. Soll dieser Parameter die Verfassung selbst sein, die vom autoritären Regime verkündet wurde samt ihrer willkürlichen Komplemente (damit meine ich die Institutionellen Dekrete und die Ergänzungsdekrete)? Oder soll er der letzte demokratische Verfassungstext sein?

Mit anderen Worten, soll die Verfassungsmäßigkeit des Gesetzes Nr. 6.683/79 im Vergleich zur Verfassung von 1967, in der 1969 geänderten und mit späteren Dekreten geflickten Fassung, geprüft werden oder im Vergleich zum Text der Verfassung von 1946 und den Werten eines demokratischen Rechtsstaates?

Mir scheint, dass die Antwort unausweichlich im Sinne der Nichtbeachtung der willkürlichen Rechtsordnung gegeben werden muss. Das heißt, der Nichtbeachtung der aufgezwungenen Verfassungstexte samt ihrer Komplemente.

Es ist unverständlich, dass man die verfassungsrechtliche Gültigkeit einer Rechtsnorm über den Schutz von Grundrechten mit Anwendung eines Parameters prüfen möchte, der sich aus einer von Diktatoren durchgesetzten verfassungsrechtlichen Ordnung ergibt.

Ich vertrete keine gänzliche Nichtbeachtung der Rechtsnormen, die während der Zeit der Willkür verkündet wurden. Das hieße ein Chaos zu verursachen, weil die sozialen Beziehungen während des Ausnahmezustandes selbstverständlich fortgesetzt wurden. Menschen wurden geboren, sie haben geheiratet und sind gestorben, sie haben gekauft, verkauft und schließlich alle Handlungen eines sozialen Lebens während der 21 Jahre der Diktatur unternommen. Der Grundsatz der Rechtssicherheit bestimmt, dass die Gültigkeit von Rechtsnormen, die solche Handlungen geregelt haben, anerkannt wird, auch wenn sie aus einer illegitimen Rechtsquelle entstanden sind.

Darüber hinaus verhindert die Fortsetzung der sozialen Beziehungen und der öffentlichen Angelegenheiten jeden Versuch, akritisch aus dem Rechtssystem alle Normen auszuschließen, die aus willkürlichen Quellen stammen. Man kann nicht „alle zahlreichen Gesetze entkräften, die während der Zeit der Militärdiktatur verabschiedet wurden, die die häufigsten Aspekte des alltäglichen Lebens regeln und wahrscheinlich auch nicht sehr anders wären, sollte der politische Kontext ein anderer gewesen sein. Das gleiche gilt aber nicht für Rechtsnormen, welche Angelegenheiten behandeln, die mit der Unterstützung des Gewaltregimes direkt verbunden waren, geschweige denn für die Normen, deren Zweck es ist, das Regime gegen künftige Kritik zu panzern. Sie leiden unter einem unheilbaren Legitimitätsmangel, worauf Walter Claudius Rothenburg (2012, S. 350) hinweist.

Die Rechtsnormen, die aus dem Autoritarismus entstehen, müssen durch einen Filter geleitet werden, damit ihre materielle Bewertung durchgeführt werden kann. Dieses Verfahren betrifft nicht nur ihre Konkordanz mit der nachherigen Verfassung, sondern auch ihre Vereinbarkeit mit den verfassungsrechtlichen Werten eines Rechtsstaates. Wenn es sich um gesetzliche Vorschriften handelt, die sich direkt oder indirekt auf die Förderung oder den Schutz von Menschenrechten beziehen, muss die Prüfungsstrenge noch höher sein. Die Illegitimität der Rechtsquelle verpflichtet zu einem hohen Grad an Strenge bei der Akzeptanz von Gesetzen, die in der Zeit des Autoritarismus verkündet wurden, um Grundrechte zu regeln.

Darüber hinaus muss man, wenn es sich um die Förderung und die Garantie von Grundrechten handelt, einen inneren Widerspruch wahrnehmen. Er besteht in der Anwendung der willkürlichen Verfassungsordnung als Parameter für die Verfassungsmäßigkeitsprüfung. Der Legitimitätsmangel einer positiven Rechtsordnung, die von einem Regime im Ausnahmezustand als verfassungsgemäß betrachtet wurde, verpflichtet den Juristen, sich der Rechtsordnung des vorher existierenden Rechtsstaates zu bedienen. Diese Regel soll auch auf strafrechtliche Normen angewendet werden, die vom autoritären Regime verkündet worden sind und Grundrechte, immer wenn sie von den Tätern des Regimes verletzt wurden, nur mangelhaft schützten. Das gleiche gilt für diejenigen Normen, die übermäßige Strafen für Meinungsdelikte, politischen Widerstand oder andere Äußerungen der Freiheit vorsehen. Das heißt, für eine missbräuchliche und unverhältnismäßige (exzessive oder defizitäre, positive oder negative) Anwendung des Strafrechts als ungeeignete oder auf unvernünftige Weise bevorzugte Repressionsmaßnahme.

Das bedeutet, dass die Diskussion über die Gültigkeit von Rechtsnormen, die sich auf die Ausübung von Grundrechten und Grundgarantien beziehen, im Lichte der Verfassungsordnung eines demokratischen Rechtsstaates geführt werden soll. Der Parameter dafür muss das Verfassungsrecht sein, das vor dem Ausnahmezustand in Kraft war, insbesondere wenn dieses Verfassungsrecht in die Rechtsordnung, die auf die Zeit der Willkür folgte, wieder aufgenommen wurde.

Folglich kann der Rechtsinterpret einer bestimmten Verfassung die Verfassungsordnung, die von Diktatoren verabschiedet wurde, nicht als Wertmaßstab zur Eichung der materiellen Gültigkeit einer untergeordneten Grundrechtsnorm verwenden, einschließlich des strafrechtlichen Bereiches. Er muss im Inhalt der vorherigen Verfassung den Bewertungsparameter suchen und auf andere Grundrechtsprinzipien und -regeln selbstverständlich achten.

Was die 1979 verabschiedete Amnestie betrifft, so setzt ihre Gültigkeit nach der Wiederherstellung der Demokratie (1988) folglich eine Prüfung der jeweiligen Verfassungsmäßigkeit voraus. Durfte der Brasilianische Staat im Lichte der Verfassungsgrundsätze eines demokratischen Rechtsstaates 1979 ein Gesetz verabschieden, das den Tätern von Verbrechen gegen die Menschlichkeit die Straflosigkeit gewährte?

Ich betone, dass eine Beurteilung der Verfassungsmäßigkeit des Amnestiegesetzes nicht akzeptiert werden kann, wenn sie nur im Vergleich mit der Verfassungsordnung, die auf das autoritäre Regime folgte, vorgenommen wird. Die strafrechtlichen Verfassungsnormen können auch nicht auf der Grundlage der nachherigen Verfassungsordnung undifferenziert ausgelegt werden. Ein nachträglicher verfassungsmäßiger Parameter darf nicht Situationen strafrechtlicher Verantwortlichkeit erschweren, es sei denn, dass die Rechtsnormen an ursprünglichen Gültigkeitsmängeln – bereits im Lichte der übergesetzlichen Rechtsordnung – litten. Das Prinzip des Rückwirkungsverbots ungünstigerer Normen legt fest, dass als Verfassungsmäßigkeitsparameter der materielle Verfassungskern verwendet werden muss, welcher vor dem Putsch, aus dem der Ausnahmezustand entstand, in Kraft war.

V. Verfassungswidrigkeit des Amnestiegesetzes

Gemäß dem Wertesystem der Verfassung eines demokratischen Rechtsstaates dürfen normative oder materielle Hindernisse bei der Ermittlung oder bei der Feststellung der Verantwortlichkeit in den Fällen von schweren Verletzungen der Menschenrechte weder geschaffen noch bei Vorliegen weiter aufrecht erhalten werden. Solche Hindernisse zu schaffen oder sie weiter aufrecht zu erhalten, ist angesichts dieses Wertesystems unmöglich.

Das erste Element, das jedweden Versuch ungültig macht, Foltertaten oder andere schwere Verbrechen gegen die Menschenrechte als amnestietauglich zu betrachten, ist der Grundsatz der menschlichen Würde.

Der Existenzgrund eines Rechtsstaates ist vor allem die Förderung der Grundrechte seiner Bürger. Obwohl der Inhalt dieses Grund- und Menschenrechtskatalogs nach Art und Umfang oft umstritten sein kann, steht jedoch oberhalb aller anderen Gedanken die Gewissheit, dass über allen demokratischen Rechtsstaaten souverän die Menschenwürde schwebt.

Wir berufen uns auf die Worte von Celso Antonio Bandeira de Mello:

> „Es wird schwierig sein, etwas anderes zu finden, das die Menschenwürde und die Bürgerschaft mehr angreift, und folglich zwei Fundamente der Republik mehr angreift, als die Folter. (…) Hier liegt also der Grund, weshalb nicht mal der fernste, der kleinste Zweifel darüber bestehen kann, dass Folter die Antithese der grundlegenden Werte darstellt, zu denen sich die Brasilianische Verfassung mit Nachdruck bekennt. Von daher bedeutet, die Straflosigkeit der Foltertäter zu respektieren, einen radikalen und offensichtlichen Widerspruch der grundlegenden Prinzipien des Brasilianischen Staates." (2009, S. 135-136).

Die Anerkennung der Amnestie für die Verbrechen der Repressionstäter ist auch mit dem republikanischen Prinzip und mit dem Rechtsstaatsprinzip unvereinbar. Aus diesen Vorschriften – die spätestens seit der Geburt der neuen brasilianischen Republik im Jahr 1934 mit dem brasilianischen Rechtsstaat unzertrennlich verbunden sind und den Staat kennzeichnen[10] – folgen der Kompromiss des Staates mit der Herrschaft des Gesetzes, die Verantwortung der öffentlichen Bediensteten für die begangenen Taten und die Unpersönlichkeit bei der Verwaltung öffentlicher Interessen.

Die Immunität der staatlichen Täter von schweren Verletzungen der Menschenrechte verwundet die Autorität des Rechtsstaates. Sie zeigt der Gesellschaft, dass die öffentliche Gewalt die körperliche und psychische Unversehrtheit der Bürger verletzen darf, die Bürger verfolgen, einsperren und umbringen. Es handelt sich hier um kein reines Einordnen der Verbrechen unter eine abstrakte begnadigende gesetzliche Norm. Sondern es handelt sich bei dieser Immunität darum, dem ordentlichen Gesetzgeber die Möglichkeit zu geben, den materiellen Inhalten (den Werten) des nationalen Normenzusammenhangs, der an die Förderung der Grundrechte und an die Achtung vor den Bürgern gebunden ist, zu trotzen. Man erinnere sich daran, dass der Staat das Monopol der Gewaltanwendung besitzt und dass dieses Monopol an die Förderung der öffentlichen Sicherheit gebunden ist. Eine illegitime und entstellte Anwendung der staatlichen Gewalt wird im Rechtsstaat nicht zugelassen.

Die Gewährung der Amnestie an diejenigen, „die sich außerhalb der Macht befinden, ist ein verständlicher Akt. Es bedeutet eine strafrechtliche Milde seitens des Staates denen gegenüber, die außerhalb der Grenzen der Legalität gehandelt haben. Jedoch kann der Staat, selbst mit dem Zweck den sozialen Frieden zu fördern, nicht im gleichen Maß denen gegenüber Milde zeigen, die die Macht besitzen", erklärt Marcus Orione Correia. „Der Grund liegt auf der Hand: dies zu tun würde eine Erlaubnis von Gewaltanwendung durch diejenigen bedeuten, die ursprünglich für deren Bekämpfung und für den Erhalt der bestehenden Ordnung zuständig waren. Die einzige Gewalt, die den Staatsbediensteten erlaubt ist, ist die rechtlich autorisierte Gewalt, weil das Recht schon an sich eine Begrenzung der individuellen Handlung darstellt, indem es den privaten Willen zum Teil beseitigt. Die dem Staat erlaubte Gewaltanwendung hat ihre Quelle im Recht (2009, S. 144).

10 Mit der Verkündung einer Verfassung fing 1934 die neue Republik an. Wir finden jedoch seit 1891 in allen Verfassungstexten (auch in denen, die von Diktaturen aufgezwungen wurden) die Vorstellung, dass Brasilien eine Republik und ein Rechtsstaat ist. Das heißt, wenigstens formal, haben alle Grundgesetze der republikanischen Zeit diese Prinzipien als wesentliche Werte aufgenommen, einschließlich der Grundgesetze, die von Regierungen diktiert wurden, die solche Werte nicht in die Praxis umsetzten (Verfassungen von 1937, 1967 und 1969). Siehe CF/88: arts. 1°, *caput* und parágrafo único, 5°, XXXIII; EC 1/69: art. 1°, *caput* und parágrafo único; CF/46: art. 1°; CF/37, art. 1°; CF/34, art. 1° und CF/1891, art. 1°.

Nicht einmal die Berufung auf terroristische Handlungen von Regimedissidenten konnte die Grundlage für Taten wie Folter, Einsperrung und Ermordung tausender Militanter und irgendwelcher anderer Verdächtiger liefern. Die Behörden der öffentlichen Sicherheit sind immer an das Gesetz gebunden und dieses hat nie die Anwendung solch einer Praxis vorgesehen, auch nicht während des Ausnahmezustandes. Der bereits erwähnte § 34 des Artikels 153 der 1969 verkündeten Verfassung (früher Artikel 150 der Verfassung von 1967) bestimmte eindeutig, dass „die Achtung der körperlichen und psychischen Unversehrtheit des Festgenommenen und des Gefangenen allen Behörden auferlegt (wird)". Der Rechtsstaat liefert die Instrumente zur Bekämpfung der Kriminalität. Außerhalb dieser Grenzen ist der öffentliche Bedienstete selbst derjenige, der den Weg des Verbrechens geht, wenn er willkürlich Gewalt anwendet.

Andererseits würde die Billigung eines vom autoritären Staat zugunsten ihrer Bediensteten verkündeten Selbstbegnadigungsgesetzes eine Nichtbeachtung des republikanischen Prinzips bedeuten, welches auf der Verantwortung der öffentlichen Verwaltung für ihre Taten und für die Einhaltung der Unpersönlichkeitspflicht beruht.

Selbstamnestien sind Kunstgriffe in die Straflosigkeit, durch welche die Täter von Verletzungen der Menschenrechte sich selbst Immunität gegen die Strafe für die begangenen Verbrechen gewähren. Es ist nun offensichtlich, dass demselben Regime, welches die Verletzung begeht oder begangen hat, nicht die Initiative zusteht, sich selbst zu begnadigen. Diese Handlung verstößt gegen die besagten Prinzipien der Verantwortung und der Unpersönlichkeit, da sie impliziert, dass der Staat seinen Bediensteten gesetzlichen Schutz und Straflosigkeit verleihen darf, weil diese Bediensteten die Regierung und ihre Vorstellungen mit einem besonderen persönlichem Einsatz verteidigt haben. Das würde bedeuten, die Parameter einer absolutistischen Regierung zu akzeptieren, mit der einhergehenden entsprechenden Verantwortungslosigkeit der öffentlichen Bediensteten und der Verwechslung zwischen staatlichen und persönlichen Interessen.

Auch wenn der autoritäre Staat einige Straftaten seinen politischen Opponenten vergeben hat, wurde ihm deshalb keine Kompetenz verliehen, seinen Bediensteten den gleichen Vorteil zu gewähren. Die Rechtslage und der Verfassungswert bzw. -unwert der Handlung des jeweils anderen sind flagrant unterschiedlich. In einem Rechtsstaat hatte und hat die öffentliche Gewalt keine Macht, um sich selbst zu amnestieren.

Es ist daran zu erinnern, dass das Gesetz Nr. 6.683/79 nicht das Ergebnis einer Debatte oder einer demokratischen Vereinbarung war. Man kann nicht behaupten, dass es das Ergebnis eines politisch demokratischen Pakts war. Diese Argumentationslinie kann die Tatsache nicht widerlegen, dass keine Korrelation von Kräften im Gesetzgebungsverfahren und erst recht keine politische und zivile Freiheit existierte, um eine legitime Debatte zu führen und eine Willensübereinstimmung zu erlauben. Nicht einmal die Meinungsfreiheit und der Austausch von Ideen wurden toleriert.

Obwohl der Anfang des Verfahrens ein Ergebnis des populären Drucks gewesen war, – der vor allem von Frauen und Angehörigen der politisch Verfolgten ausgeübt wurde – ist unbestreitbar, dass das Amnestiegesetz ein unilaterales und exklusives „Produkt“ der Militärregierung war. Die Gesellschaft hatte keine Stimme und durfte auch nicht abstimmen.

Kraft der schweren Situation der Familien mit exilierten, verbannten oder gefangenen Verwandten, gab es für die Opfer und die zivile Gesellschaft keine andere Alternative als die Hinnahme der gleichzeitigen Begnadigung der Repressionshenker. Ohne die Selbstamnestie ablehnen zu können, hat die Zivilgesellschaft den politisch Verfolgten eine partielle Amnestie garantiert. Es war ein „alles oder nichts“. Entweder man beugte sich der staatlichen Erpressung oder die tief ungerechte Situation der politischen Gefangenen würde weiter bestehen. Es gab keine Wahl.

Ohne die Gewährung dieses Vorteils an die staatlichen Täter hätte es keine Amnestie für die politisch Gefangenen und Verfolgten gegeben. Die Opposition und die Zivilgesellschaft hatten keine andere Wahl, als diese Klausel (wenn auch unter Protest) als unabdingbare Forderung zu akzeptieren, mit dem Zweck, Tausende von Brasilianern von Gefängnis und Exil zu befreien.

Es ist deshalb nicht legitim, sich auf eine Vereinbarung zu berufen, wenn diese vermeintliche Vereinbarung bekanntlich nichts anderes war als eine aufgezwungene Bedingung seitens der Inhaber der staatlichen Macht: ein Amnestiegesetz musste den Schutz der staatlichen Täter garantieren.

Die These, dass die gleiche Verfassungsänderung, die 1985 eine Nationale Verfassungsgebende Versammlung einberufen hat, auch der Amnestie Verfassungsrang einräumte, ist ebenfalls unverständlich.

Erstens, weil diese Änderung das Gesetz von 1979 nicht vollständig reproduziert hat. Es gibt substantielle Unterschiede. Die Verfassungsänderung von 1985 wiederholte nicht die Formel der „Verbindung *sui generis*“, die besagte, dass zum Zweck der Amnestie jedes aus politischen Gründen begangene Verbrechen einem politischen Verbrechen gleichzustellen sei, gerade so wie es im § 1 des Gesetzes von 1979 festgelegt wurde. Es ist unmöglich zu verschweigen, dass die gesamte These der Bilateralität auf der semantischen und syntaktischen Fassung dieser Vorschrift errichtet wurde, welche verwirrenderweise erklärt: „*zum Zweck dieses Artikels sind verbundene Verbrechen die Verbrechen jeglicher Art, die mit politischen Verbrechen verbunden sind oder aus politischer Motivation heraus begangenen wurden.*“ Aus dieser Vorschrift hat der Oberste Bundesgerichtshof die Rechtsnorm abgeleitet, die eine Amnestie für die gemeinen Straftaten begründet, wenn sie (i) „einen Bezug zu politischen Verbrechen haben oder (ii) zu Verbrechen, die aus politischer Motivation heraus begangen“ worden sind.[11]

Mit anderen Worten, die Auslegung zugunsten der Repressionstäter geht von der Prämisse aus, dass das Gesetz Nr. 6.683/79 zwei Amnestienormen enthält. Im *caput* des Artikels 1 findet sich die Begünstigung der Täter von politischen und damit verbundenen Verbrechen in ihrem traditionellen strafverfahrensrechtlichen Begriff. Das heißt, die abgeleitete Norm umfasste ausschließlich die Straftaten, die gegen den Staat begangen worden waren oder andere Straftaten, wenn sie mit der Motivation verbunden waren, die Öffentliche Gewalt anzugreifen. Es war notwendig, die spezifische Vorschrift des § 1 zu verabschieden, um damit den Begriff der Verbindung zu erweitern. Es wurde dem Begriff ein spezifischer Inhalt verliehen mit dem Zweck, auch die staatlichen Täter zu amnestieren, die bei der Repression von Dissidenten Verbrechen begangen hatten. Wir haben also zwei Vorschriften (caput und § 1) und zwei Normen (einerseits die Amnestie für politische und damit verbundene Verbrechen im engen Sinn und andererseits die Amnestie für gemeine Verbrechen mit einer besonderen Verbindung), die sich jeweils auf einander beziehen.

Nun, der Artikel 4, § 1 der Verfassungsänderung Nr. 26/85 hat nur die Aufforderung des *caput* des Artikels 1 des Gesetzes von 1979 reproduziert. Er bestimmt, dass „*Amnestie ebenfalls den Tätern von politischen und damit verbundenen Verbrechen gewährt wird, ...*“ Es gibt keine einzige Referenz auf die erweiterte Definition der Verbindung, die 1979 im erwähnten § 1 erörtert wurde (Verbrechen jeglicher Art, die mit politischen Verbrechen oder mit aus politischer Motivation heraus begangenen Verbrechen verbunden sind) und es gibt nicht mal einen Hinweis auf das Gesetz Nr. 6.683/79.

Daher können wir bei weitem nicht vermuten, dass eine integrale Einräumung des Verfassungsrangs an die zwei Amnestienormen von 1979 stattfand. Die Verfassungsänderung nahm lediglich diejenige Norm in ihren gesetzlichen Tatbestand auf, die für Täter von politischen und damit verbundenen Verbrechen *stricto sensu* günstig war. Das Schweigen des Gesetzgebers in der Verfassungsänderung Nr. 26/85 scheint uns beredt zu sein. Es bedeutet die Aufnahme einer Amnestie nur für politische Verbrechen in den Verfassungstext, unter Ausschluss derjenigen, die außerhalb dieses Bereiches begangen wurden.

Dem Argument der Einräumung des Verfassungsrangs nützt nicht einmal die These, dass die Interpretation der Amnestie von 1979 ohne Bindung an den

11 Abstimmung des berichterstattenden Ministers Eros Grau, S. 25, item 26.

normativen Text (Punkt 28 der Abstimmung des berichterstattenden Richters)[12] durchgeführt werden soll, sondern den Schwerpunkt auf den historischen Zeitpunkt legen solle. Die These nützt dem Argument nicht, weil der „historische Zeitpunkt" im Jahr 1985 offensichtlich ein anderer war, als derjenige im Jahr 1979. Die Militärdiktatur war beendet und die „Neue Republik", wenn auch auf eine noch gebrechliche Weise, hatte begonnen. Daher sollte die Auslegung des normativen Textes der Verfassungsänderung 26/85 – wenn wir die Auffassung des berichterstattenden Ministers kohärent annehmen – sich den Werten des *neuen* „historischen Zeitpunktes" im Jahr 1985 einordnen. Das heißt, die Auslegung sollte dann gemäß den Parametern der Neugründung eines demokratischen Rechtsstaates durchgeführt werden und ein solcher Staat ist, wie wir sehen werden, mit der Straflosigkeit von Verletzungen der Menschenrechte unvereinbar.

Erstens darf man nicht einfach vermuten, dass die Verfassungsänderung Nr. 26/85 die Normen und die Auslegung der Amnestie von 1979 im Ganzen reproduziert hat. Es gibt im normativen Text nichts, was uns diese Lesart erlaubt. Im Gegenteil. Die Tatsache, dass nur eine Vorschrift des Artikel 1 des Gesetzes Nr. 6.683 in den Verfassungstext aufgenommen wurde und der Kontext der Verabschiedung dieser Verfassungsänderung, führen zu einer diametral entgegengesetzten Auslegung.

Zweitens wirkt das Argument schwach, weil es eine Verfassungsänderung schätzt, die aus einer illegitimen Legislative und aus einer autoritären Rechtsordnung stammte.

Drittens wurde die Verfassungsänderung, die die Verfassungsgebende Nationalversammlung einberufen hat, mit dem Inkrafttreten der neuen Verfassung 1988 aufgehoben, „womöglich aber schon früher, als die Verfassungsgebende Versammlung ihre Wege in einem teilweise divergenten und autonomen Sinn in Bezug auf die in der vorhergehenden Rechtsordnung durchgesetzten Grenzen definierte" (Rothenburg, 2012, S. 350). „Vom juristischen Standpunkt aus betrachtet, bedeutete die neue Verfassung einen Bruch, ihr Ausarbeitungsverfahren hat sich von ihrem Einberufungsakt abgetrennt". Es ist deshalb nicht möglich zu sagen, dass sich der Inhalt des Einberufungsaktes auf eine implizite Weise im Körper des neuen Verfassungstextes findet. In der Ausübung der ursprünglichen Verfassungsgebenden Gewalt, wird das Produkt (die Verfassung) nicht der vorhergehenden Verfassungsordnung unterworfen, auch wenn diese der formale Ursprung der neuen Verfassung war (die Einberufung der Verfassungsgebenden Versammlung).

12 Dieses vom Obersten Bundesgerichtshof verwendete Argument widerspricht dem hermeneutischen Prinzip, die Auslegung von Rechtsnormen aus dem Wortlaut des Gesetzestextes, nicht aus dem subjektiven Willen des Gesetzgebers durchzuführen.

Die Auslegung der Verfassung von 1988 in dem Sinne, dass diese Verfassung die Amnestie von 1979 (oder von 1985) kraft ihres Einberufungsaktes zwingend verinnerlichte, steuert in eine Richtung, die dem richtigen Verständnis einer der Hauptbegrenzungen der Verfassungsgebenden Versammlung entgegen steht. Diese Hauptbegrenzung ist die Achtungspflicht vor den Grundrechten (Tavares, 2000, S. 37, 41–42), als wahrer Säule des materiellen Verfassungsbegriffs.

In diesem Fall vertritt aber die These des Obersten Bundesgerichtshofs die Auffassung, dass die ursprüngliche Verfassungsgebende Gewalt an die entgegengesetzten Werte gebunden wäre, das heißt, an die Straflosigkeit der schweren Verletzungen der Menschenrechte. Es ist also offensichtlich, dass diese These keine Stütze findet.

VI. Amnestie und Verjährung angesichts des Völkerrechts

Auch das Völkerrecht hinderte den brasilianischen Staat daran, schwere Verletzungen der Menschenrechte zu amnestieren.
Spätestens seit der Verkündung der Haager Übereinkommen von 1907 (die 1914 ratifiziert wurden) und besonders durch die Unterzeichnung der Gründungscharta der Vereinten Nationen 1945 in San Francisco, hat Brasilien eine Rolle als Mitverantwortlicher für die Förderung der Menschenrechte übernommen.

Das Land hat sich an der Verkündung der Amerikanischen Erklärung der Menschenrechte und -pflichten und an der Allgemeinen Erklärung der Menschenrechte, beide aus dem Jahr 1948, beteiligt. Sie garantieren die Grundsätze des Rechts auf Leben, des Rechts auf ein faires Verfahren und des Rechts, nicht der Folter oder grausamen, unmenschlichen oder erniedrigenden Behandlungen oder Strafen unterworfen zu werden (Amerikanische Erklärung, Artikel I, XXV und XXVI; Allgemeine Erklärung, Artikel III, V). In jüngerer Zeit ratifizierte Brasilien auch die Amerikanische Menschenrechtskonvention und anerkannte die Zuständigkeit des Interamerikanischen Gerichtshofs für Menschenrechte.

Brasilien ist kraft Entscheidung der eigenen Verfassung an diese internationale Ordnung für den Schutz der Menschenrechte gebunden. Sie bestimmt den Vorrang dieser Interessen in den internationalen Beziehungen des Landes (Art. 4. II). Diese Vorschrift wird von den Normen gestärkt, die den Grundrechtskatalog erweitern, welche sich in §§ 2 und 4 des Artikels 5 befinden. In diesem Kontext einer verfassungsmäßigen Bindung an die Menschenrechte im Völkerrecht ist der brasilianische Staat an die Norm gekoppelt, die ihm die Verantwortung für die schweren Verletzungen der Menschenrechte auferlegt.

Die internationale Gemeinschaft – unter Beteiligung Brasiliens – legte seit dem Nürnberger Gerichtshof (1945), dessen Grundsätze in der ersten Sitzung der Generalversammlung der Vereinten Nationen (Resolution Nr. 95, 1946[13]) ratifiziert wurden, fest, dass die Förderung der strafrechtlichen Verfolgung der Kriegsverbrechen und der Verbrechen gegen den Frieden und die Menschlichkeit ein nicht abzuweisendes Gebot ist.

Es gibt folglich eine Vorschrift *jus cogens* (eine internationale zwingende Norm), aus der internationale Verpflichtungen *erga omnes* entstehen. Damit wurde dem Zuständigkeitsbereich des Staates die Begnadigung von Verbrechen gegen die Menschlichkeit entzogen. Diese Verbrechen werden durch die Ausübung unmenschlicher Taten, wie Ermordung, Folter, außergesetzliche oder willkürliche summarische Hinrichtungen und gewaltsames Verschwindenlassen von Personen gekennzeichnet, wenn sie, sowohl in Zeiten des Krieges als auch des Friedens, in einem Kontext von allgemeinen und systematischen Angriffen gegen die Zivilbevölkerung begangen werden.[14]

Auf diese Weise konnte der brasilianische Staat als Folge seiner internationalen Verpflichtungen, keine Norm in das innere Recht umsetzen, die solchen Verbrechen Amnestie gewährte.

Als in den 1960er und 1970er Jahren Mitglieder der Streitkräfte und der Polizei in Brasilien Taten wie die Einsperrung, die Folter, die Ermordung und das Verstecken von Leichen begingen, handelten sie innerhalb eines Verfolgungsmusters, das sich gegen jeden Verdächtigten der politischen Dissidenz richtete. Sie begingen Straftaten, die schon damals als Verbrechen gegen die Menschlichkeit galten, unabhängig davon, ob sie in einem Kriegskontext begangen wurden oder nicht.

Es ist besonders wichtig, dass keine Zweifel an der Existenz einer besonderen Rechtsordnung für die Verbrechen gegen die Menschlichkeit bestehen. Diese Rechtsordnung war bereits vor der Begehung der hier behandelten schweren Verbrechen durch Bedienstete der brasilianischen Regierung in Kraft. Die Rechtswidrigkeit von Handlungen, die darin bestanden, in großem Umfang zu ermorden und zu foltern, war jedem offensichtlich, vor allem nach dem Horror des Zweiten Weltkrieges und der internationalen Verurteilung der Verantwortlichen.[15]

---

13 Resolution Nr. 95 (I), 55. Plenarsitzung vom 11. Dezember 1946.

14 Vgl. Fall „Almonacid Arellano y otros *Vs.* Chile". „Excepciones Preliminares, Fondo Reparaciones y Costas". Sentença de 26 de setembro de 2006. Série C, nº 154. Par. 96.

15 Andere jüngere Statuten bestätigten den Begriff des Verbrechens gegen die Menschlichkeit: Statut des Internationalen Strafgerichtshofs für das ehemalige Jugoslawien, Artikel 5; Statut des Internationalen Strafgerichtshofs für Ruanda, Artikel 3 und besonders Artikel 7 des Römischen Statuts (17. Juli 1998), welches den Internationalen Strafgerichtshof gründete – 2002 von Brasilien ratifiziert und verkündet (Decreto nº 4388, de 25 de setembro de 2002).

Es soll betont werden, dass für die Vollendung des Verbrechens gegen die Menschlichkeit die Vollendung des Völkermords nicht notwendig ist. Es reicht aus, dass eine einzige rechtswidrige Tat im Kontext einer breiten Verfolgung begangen wird. „Eine einzige Tat, die von einem Täter im Kontext eines allgemeinen oder systematischen Angriffs gegen die Zivilbevölkerung begangen wurde, löst strafrechtliche und individuelle Verantwortung aus. Der Täter muss nicht zahlreiche Verletzungen begehen, um für verantwortlich gehalten zu werden“, legte der Internationale Strafgerichtshof für das ehemalige Jugoslawien fest.[16]

Die Bestrafung der Täter von Verbrechen gegen die Menschlichkeit ist eine internationale verbindliche Norm. Es handelt sich, kraft internationaler Gewohnheit, um einen verpflichtenden Grundsatz für alle Länder. Diese Vorschrift schließt jedwede Möglichkeit aus, dass ein Land die Täter solcher Verbrechen durch einen inneren Akt amnestieren darf.

Obwohl die Normen, die den Begriff und die rechtliche Regelung der Verbrechen gegen die Menschlichkeit enthielten, in der 1960er und 1970er Jahren noch gewohnheitsrechtliche Normen waren, müssen sie verfassungsgemäß in der inneren Ordnung zusammen mit dem brasilianische Gesetzesrecht angewendet werden.

Die Gewohnheit ist „die älteste und originale Quelle des Völkerrechts“ (Steiner; Alston, 2000, S. 69). Selbst das Wiener Übereinkommen über das Recht der Verträge von 1969 erklärt in seinem Artikel 38, dass die Bestimmungen eines Vertrages „als ein Satz des Völkergewohnheitsrechts, der als solcher anerkannt ist, für einen Drittstaat verbindlich“ werden können.[17] Weiter noch, gemäß seinem Artikel 53 kann nicht mal ein Vertrag eine zwingende gewohnheitsrechtliche Norm (gewohnheitliches *jus cogens*) außer Kraft setzen.

Folglich verpflichten die Normen des Völkergewohnheitsrechts bezüglich der Verbrechen gegen die Menschlichkeit den brasilianischen Staat und sie interagieren mit den inneren strafrechtlichen Normen. Brasilien darf, kraft seiner internationalen Kompromisse und der verfassungsrechtlichen Anerkennung des Vorrangs der Menschenrechte, die staatlichen Täter nicht amnestieren, die Verbrechen gegen die Menschlichkeit begangen haben.

Das gleiche geschieht im Bereich der Verjährung. Das Völkerrecht bestimmt, dass schwere Verletzungen der Menschenrechte und Verbrechen gegen

16 Freie Übersetzung des Textes. Vgl. Fall „Prosecutor v. Dusko Tadic“. IT-94-1-T. “Opinion and Judgement”. 7 de maio de 1997. Par. 649. Das Gericht verwendete später die gleiche Rechtsprechung in „Prosecutor v. Kupreskic“. IT-95-16-T. „Judgement“. 14 de janeiro de 2000. Pár. 550; und “Prosecutor v. Kordic and Cerkez” 9. IT-95-14/2-T. „Judgement“. 26 de fevereiro de 2001. Par. 178.

17 Wiener Übereinkommen über das Recht der Verträge vom 26. Mai 1969.

die Menschlichkeit nicht verjähren. Diese Norm des *jus cogens* muss zusammen mit dem inneren Strafecht angewendet werden, um keine Verjährungsfrist in den Fällen zu berechnen, die eine solche Qualifikation erhalten.

Diese Verbindung des Völkerrechts mit dem inneren Recht schadet den strafrechtlichen Garantien nicht, da sowohl die spezifische gesetzliche Typologie der Straftaten im Strafgesetzbuch als auch das Prinzip des Rückwirkungsverbots beachtet werden: diese Prinzipien gelten mithin schon seit Mitte der 40-er Jahre.

Das Verjährungsverbot ist eine äußerst wichtige Norm für die Transitional Justice. Dies weil der Zeitpunkt der Anwendung des Rechts auf die vom Staat begangenen Verletzungen der Menschenrechte nicht der gleiche ist, wie der Zeitpunkt seiner Anwendung auf gewöhnliche Straftaten. Die Verantwortlichkeit der staatlichen Behörden fordert vorherige politische, verwaltungsrechtliche und legislative Änderungen im Transitionsstaat.

Man nehme den brasilianischen Fall als Beispiel. Die Diktatur hat 21 Jahre gedauert, eine an sich schon längere Dauer als die längste Verjährungsfrist, die im Strafgesetzbuch vorgesehen ist. Darüber hinaus wurde der Ausstieg der Militärs aus der Macht im erwähnten langsamen und graduellen Prozess, unter der Garantie der Straflosigkeit verwirklicht. Auf diese Weise waren weitere 20 Jahre nach der Verabschiedung der Verfassung notwendig, um die politischen Bedingungen für jene Debatte zu schaffen.

Weil im Fall der Amnestie von 1979 sich im Staat die Initiative der Strafverfolgung und die Täterschaft der Verbrechen überschneiden, ist ausreichend bewiesen, dass es aufgrund eines inneren Widerspruchs hier unmöglich wäre, die strafrechtliche Verjährung nach ihrem gewöhnlichen Muster zu erlauben. Die strafrechtliche Verjährung ist das Recht auf Vergessen angesichts der Verfolgungs- oder Bestrafungstätigkeit des Staates. Es ist nicht ihr Zweck, zugunsten des Staates zu wirken. Dieses ist übrigens ein großes Verdienst der Vereinten Nationen, als sie die Grundsätze des Nürnberger Gerichtshofs formalisierten und festgelegt haben, dass die Verbrechen gegen die Menschlichkeit ontologisch nicht verjähren können.

VII. Amnestie als extremes Unrecht

Wie gesagt sind sowohl die Förderung der Straflosigkeit von schweren Verletzungen der Menschenrechte – über die Amnestie – als auch die Förderung der Verletzung solcher Rechte selbst, mit den strukturgebenden Prinzipien eines republikanischen und demokratischen Rechtsstaates unvereinbar. Aus diesem Grund soll ein Gesetz, das eine solche Begünstigung einführt, für ungültig, weil materiell verfassungswidrig, gelten. Nur eine strikt positivistische und akritische Auffassung des Rechts könnte solchem Gesetz Gültigkeit zuerkennen.

Der Vorschlag, eine Norm zu akzeptieren, nur weil sie gesetzlich positiviert ist, verweist uns in diesem besonderen Punkt auf die von Gustav Radbruch ausgearbeitete Beurteilung, welche dem positiven Recht eine axiologische Grenze setzt und als Radbruch'sche Formel[18] bekannt ist:

> „Der Konflikt zwischen der Gerechtigkeit und der Rechtssicherheit dürfte dahin zu lösen sein, daß das positive, durch Satzung und Macht gesicherte Recht auch dann den Vorrang hat, wenn es inhaltlich ungerecht und unzweckmäßig ist, es sei denn, daß der Widerspruch des positiven Gesetzes zur Gerechtigkeit ein so unerträgliches Maß erreicht, daß das Gesetz als ‚unrichtiges Recht' der Gerechtigkeit zu weichen hat.
>
> Es ist unmöglich, eine schärfere Linie zu ziehen zwischen den Fällen des gesetzlichen Unrechts und den trotz unrichtigen Inhalts dennoch geltenden Gesetzen; eine andere Grenzziehung aber kann mit aller Schärfe vorgenommen werden: wo Gerechtigkeit nicht einmal erstrebt wird, wo die Gleichheit, die den Kern der Gerechtigkeit ausmacht, bei der Setzung positiven Rechts bewußt verleugnet wurde, da ist das Gesetz nicht etwa nur ‚unrichtiges' Recht, vielmehr entbehrt es überhaupt der Rechtsnatur."[19]

Radbruch erkennt den Vorrang des positiven Rechts an. Jedoch ist dieser Vorrang nicht absolut. Das geschriebene Gesetz soll dem Wert der Gerechtigkeit weichen, wenn der Widerspruch zwischen den beiden ein unerträgliches Maß erreicht hat. In diesem Fall wäre das Gesetz ein Fall von gesetzlichem Unrecht und folglich ungültig.

Auf diese Weise erklärt die Radbruch'sche Formel, dass wenn eine gesetzliche Maßnahme dem Gerechtigkeitsbegriff gegenüber unerträglich ist, die gesetzliche Maßnahme ungültig wäre. Oder, worauf Robert Alexy[20] richtig hinweist, die Formel erklärt, dass „extremes Unrecht kein Recht (ist)".

---

18 *Anmerkung des Übersetzers*: Im Text wird die spanische Übersetzung angegeben: Radbruch, Gustav. *Arbitrariedad legal y derecho supralegal*. Imprenta: Buenos Aires, Abeledo-Perrot, 1962, S. 37–38.

19 *Anmerkung des Übersetzers*: Radbruch, Gustav. „Gesetzliches Unrecht und übergesetzliches Recht" (1946). In: *Gustav Radbruch. Gesamtausgabe*, hrsg. von A. Kaufmann, Bd. 3, Heidelberg 1990, S. 89, in diesem Kontext auch zitiert von Alexy, Robert. *Mauerschützen – Zum Verhältnis von Recht, Moral und Strafbarkeit*, Hamburg 1993, S. 3–4. Originaler Beitrag von Radbruch in *Süddeutsche Juristenzeitung*, 1 (1946), S. 105–108.

20 *Anmerkung des Übersetzers*: Im Text wird die spanische Übersetzung angegeben: Alexy, Robert. „Derecho injusto, retroactividad y principio de legalidad penal. La doctrina del

„Die Radbruch'sche Formel ist Ausdruck eines nichtpositivistischen Rechtsbegriffs. Nach diesem bestimmt sich das, was Recht ist, nicht nur durch die ordnungsgemäße Gesetztheit und die soziale Wirksamkeit, sondern auch durch die inhaltliche Richtigkeit. Das besondere an der Radbruch'schen Formel ist, dass sie einen notwendigen Zusammenhang zwischen Recht und Moral postuliert, ohne eine vollständige Deckung des Rechts mit der Moral zu fordern. Aus Gründen der Rechtssicherheit läßt sich das gesetzte und wirksame Recht auch dann gelten, wenn es inhaltlich unzweckmäßig oder ungerecht ist. Sie baut lediglich eine äußerste Grenze in das Recht ein"[21].

Interessanterweise vertrat Radbruch in seinen Schriften vor dem Nazismus die Rechtssicherheit (Hauptwert des positiven Rechts) als obersten Wert in allen Fällen, in denen dieser Wert mit dem Begriff der Gerechtigkeit verglichen wurde[22]. Jedoch nach dem vom Nationalsozialismus den Deutschen und der Weltbevölkerung aufgezwungenen Terror, verstand Radbruch die Unzulänglichkeit der absoluten Auffassung des positiven Rechts, um den Autoritarismus und die Willkür zu bekämpfen. Der deutsche Professor hat dann Kants Begriff über die Idee der Menschlichkeit wiederaufgenommen (Vigo, 2006, S. 12) und Stellung zugunsten einer vermuteten Gültigkeit der positiven Rechtsnorm bezogen, als Mittel, die Rechtssicherheit zu garantieren. Die Rechtssicherheit musste jedoch weichen, wenn sie einen unerträglichen Widerspruch zum übergesetzlichen Recht auf die Menschenwürde und auf die immerwährenden demokratischen Werte bedeutete.

Darauf weist Luis Roberto Vigo hin:[23]

„So sind dann, um zu wissen, ob wir vor dem Recht stehen oder nicht, keine rechtspositivistischen Antworten, die das Recht durch strukturelle oder formale Maßstäbe identifizieren, ausreichend. Man muss es vielmehr einer Inhaltsprüfung unterziehen, weil ‚es Gesetze gibt, die kein Recht sind und es gibt ein übergesetzliches Recht'. Radbruch hat die Aufgabe auf sich genommen, diese Theorie des ‚übergesetzlichen

---

Tribunal Constitucional alemán sobre los homicídios cometidos por centinelas del Muro de Berlin". *Doxa* 23 (2000, S. 204–205).

21 *Anmerkung des Übersetzers*: Alexy, Robert. *Der Beschluss des Bundesverfassungsgerichts zu den Tötungen an der innerdeutschen Grenze vom Oktober 1996*, Hamburg 1997, S. 11–12.

22 Radruch, Gustav. *Filosofia del Derecho*, Madrid: Ed. Revista de Derecho Privado, 1959, zitiert von Vigo, 2006, S. 9. (*Anmerkung des Übersetzers*: vgl.: Radbruch, Gustav. *Rechtsphilosophie*, dritte, ganz neu bearbeitete und stark vermehrte Auflage, § 10. Die Geltung des Rechts – Antinomien der Geltungslehre, Leipzig 1932, S. 82–84).

23 Vigo, Rodolfo Luis. *La Injusticia Extrema no es* Derecho. Buenos Aires: Facultad de Derecho UBA – La Ley, 2006, S. 13

Rechts' in die Praxis umzusetzen. Er hat verschiedene Rechtsfälle analysiert, die in der Zeit des nationalsozialistischen Rechts und nach ihr stattgefunden haben, und den folgenden Schluss gezogen: ‚Der Rechtscharakter fehlt weiter allen jenen Gesetzen, die Menschen als Untermenschen behandelten und ihnen die Menschenrechte versagten.'"[24]

Die Radbruch'sche Formel ist nicht vom *Naturrecht* abhängig. Das materielle demokratische Verfassungsrecht und andere übergesetzliche Rechtsquellen wie das Völkerrecht, liefern ausreichende Parameter, um den Schluss ziehen zu können, dass es Rechtsnormen gibt, die im extremen Maße ungerecht sind, besonders im Bereich des Schutzes der Menschenrechte.

Die Radbruch'sche Formel anzuwenden, bedeutet keinen Kompromiss mit dem Naturrecht, sondern die Akzeptanz von Normen, die von der gesamten Menschheit und damit auch von der brasilianischen Nation anerkannt werden und als Parameter der Gültigkeit aller Normen angenommen werden sollen. Die Identifizierung eines „extremen Unrechts" ist durch den Vergleich der Rechtsnormen mit den allgemeinen Prinzipien des modernen demokratischen Verfassungsrechts und den Prinzipien des Völkerrechts möglich.

Aus dem Inhalt des Stoffes, den wir in diesem Artikel untersuchen, wird die absolute Unvereinbarkeit sichtbar, die zwischen dem Anreiz zur Begehung und der Toleranz gegenüber der wiederholten Verletzungen von Menschenrechten (am Beispiel eines Amnestiegesetzes, das die Täter solcher Taten beschützt) einerseits, und den Begriffen von Demokratie, Republik und Rechtsstaat (*rule of Law)* andererseits existiert und schließlich auch die Unvereinbarkeit mit dem Begriff des *jus cogens* des Völkerrechts.

Wenn wir behaupten, dass eine Selbstamnestie für Straftaten wie Folter, gewaltsamem Verschwindenlassen von Personen, summarischen Hinrichtungen und Vergewaltigungen mit dem republikanischen Prinzip und mit dem Verfassungsschutz der Menschenwürde unvereinbar ist und auch gegen den demokratischen Rechtsbegriff verstößt, dann tun wir nichts anderes als anzuerkennen, dass das Amnestiegesetz ein extremes Unrecht begründete, und zwar nicht angesichts naturrechtlicher Vorschriften, sondern angesichts eines verfassungsrechtlichen und internationalen axiologischen Katalogs von Menschenrechten.

Von den Genfer Konventionen, über die Satzung des Nürnberger Gerichtshofs, die Allgemeine Erklärung der Menschenrechte, den Internationalen Pakt über bürgerliche und politische Rechte, die Amerikanische Konvention für Menschenrechte bis hin zu den brasilianischen Verfassungen von 1934 und 1946, kann leicht gezeigt werden, dass schon vor der Verabschiedung des Gesetzes

24 *Anmerkung des Übersetzers*: Radbruch, Gustav. *Gesetzliches Unrecht und übergesetzliches Recht* (1946), a.a.O., S. 107.

Nr. 6.683/79 ein Zusammenhang von Rechtsnormen und Rechtswerten existierte, der mit den erwähnten gewaltsamen Taten und mit allen staatlichen Taten (materiellen oder gesetzgebenden), die eine solche Verhaltensweise anregten, tolerierten oder beschützten, unvereinbar war.

Übrigens wirkte diese Diskussion wie ein richtungsgebender Präzedenzfall für die deutsche Judikative bezüglich der strafrechtlichen Bestrafung der Wächter der Berliner Mauer in der vergangenen Deutschen Demokratischen Republik (DDR), welche in der Ausübung ihrer Aufgaben auf Bürger schossen und sie töteten, wenn sie versuchten, aus der DDR in die Bundesrepublik Deutschland (BRD) zu fliehen.

Der Bundesgerichtshof (nach der Wiedervereinigung) erkannte auf die Strafbarkeit der Grenzwächter und auch ihrer Vorgesetzten für die begangenen Ermordungen, obwohl das innere Recht der DDR mit den Taten vereinbar war. Der Bundesgerichtshof hat den Rechtfertigungsgrund beseitigt, der im Gesetz der DDR enthalten war (die Erlaubnis der Grenzwächter, auf Flüchtlinge zu schießen und sie eventuell zu töten), weil er ihn gemäß der Radbruch'schen Formel mit einem übergesetzlichen Recht für unvereinbar hielt.

Die Entscheidungen des Bundesgerichtshofs – und die Anwendung der Radbruch'schen Formel – wurden vom Bundesverfassungsgericht in genau dem Sinn bestätigt, den wir hier vertreten. Das heißt, die Definition eines extremen Unrechts – deswegen ungültig – fordert keinen Rückgriff auf das Naturrecht, sondern auf allgemeine Prinzipien und auf das Völkerrecht. Das deutsche Gericht sagte[25]:

> „2. a) (…) Das Verhältnis der in diesem Maßstab verknüpften Kriterien der Radbruch'schen Formel und der völkerrechtlich geschützten Menschenrechte hat der Bundesgerichtshof dahin umschrieben, daß zu den wegen ihrer Unbestimmbarkeit schwer zu handhabenden Kriterien der Radbruch'schen Formel konkretere Prüfungsmaßstäbe hinzugekommen seien, weil die internationalen Menschenrechtspakte Anhaltspunkte dafür böten, wann der Staat nach der Überzeugung der weltweiten Rechtsgemeinschaft Menschenrechte verletzt.
>
> b) Diese Bewertung entspricht dem Grundgesetz.“[26]

Man betone, dass das Bundesverfassungsgericht darüber hinaus erkärte, dass diese Interpretation und die darauffolgende Nichtbeachtung der Rechtsnormen

---

25 *Anmerkung des Übersetzers*: Im Text wird die spanische Übersetzung angegeben, in: Vigo, Rodolfo Luis, *La Injusticia Extrema no es Derecho*. Buenos Aires: Facultad de Derecho UBA – La Ley, 2006, S. 73–99.

26 *Anmerkung des Übersetzers*: BVerfG, „Mauerschützen“, Beschluss des Zweiten Senats vom 24. Oktober 1996, EuGRZ 1996, 538 (549).

der DDR, die in solchen Fällen die Schuld ausschließen würden, nicht gegen das Rückwirkungsverbot verstießen. Das in einem autoritären Staat verabschiedete „extreme Unrecht" (das heißt, außerhalb der demokratischen Grundsätze, der Gewaltenteilung und der Förderung der Grundrechte) kann nicht unter dem Schutz des Rückwirkungsverbots stehen.[27]

Wie Robert Alexy[28] darlegt, hat das Bundesverfassungsgericht folgendermaßen entschieden: „die besondere Vertrauensgrundlage", die unter den Bedingungen von Demokratie, Gewaltenteilungen und Grundrechten die strikte Geltung des Rückwirkungsverbots trage, entfalle (dann), wenn der andere Staat „extremes staatliches Unrecht" setzte, indem er über die geschriebenen Normen hinaus zu solchem Unrecht aufforderte, es begünstigte und so die in der Völkerrechtsgemeinschaft allgemein anerkannten Menschenrechte in schwerwiegender Weise mißachtet". Kurzum: „Der strikte Schutz von Vertrauen durch Art. 103 Abs. 2 GG muss dann zurücktreten", wenn erstens weder die Demokratie noch die Gewaltenteilung, noch die Grundrechte verwirklicht sind und zweitens unter diesen Umständen Rechtfertigungsgründe geschaffen werden, die extremes Unrecht decken, wobei es eine nicht zu erörternde Rolle spielen soll, dass der Staat

27 *Anmerkung des Übersetzers*: Das BVerfG (idem, „Mauerschützen", S. 549) führte aus: „Das strikte Rückwirkungsverbot des Art. 103 Abs. 2 GG findet – wie dargelegt – seine rechtsstaatliche Rechtfertigung in der besonderen Vertrauensgrundlage, welche die Strafgesetze tragen, wenn sie von einem an die Grundrechte gebundenen demokratischen Gesetzgeber erlassen werden. Diese besondere Vertrauensgrundlage entfällt, wenn der andere Staat für den Bereich schwersten kriminellen Unrechts zwar Straftatbestände normiert, aber die Strafbarkeit gleichwohl durch Rechtfertigungsgründe für Teilbereiche ausgeschlossen hatte, indem er über die geschriebenen Normen hinaus zu solchem Unrecht aufforderte, es begünstigte und so die in der Völkerrechtsgemeinschaft allgemein anerkannten Menschenrechte in schwerwiegender Weise mißachtete. Hierdurch setzte der Träger der Staatsmacht extremes staatliches Unrecht, das sich nur solange behaupten kann, wie die dafür verantwortliche Staatsmacht faktisch besteht.

In dieser ganz besonderen Situation untersagt das Gebot materieller Gerechtigkeit, das auch die Achtung der völkerrechtlich anerkannten Menschenrechte aufnimmt, die Anwendung eines solchen Rechtfertigungsgrundes. Der strikte Schutz von Vertrauen durch Art. 103 Abs. 2 GG muß dann zurücktreten. Anderenfalls würde die Strafrechtspflege der Bundesrepublik zu ihren rechtsstaatlichen Prämissen in Widerspruch geraten. Dem Bürger, der jetzt der Strafgewalt der Bundesrepublik unterliegt, wird die Berufung auf einen solchen Rechtfertigungsgrund verwehrt; im übrigen bleibt das Vertrauen darauf gewährleistet, nach dem Gesetz bestraft zu werden, das für ihn im Zeitpunkt der Tat galt."

28 *Anmerkung des Übersetzers*: Im Text wird die spanische Übersetzung angegeben: „Mauerschützen. Acerca de la relación entre Derecho, Moral y Punibilidad". In: Vigo, Rodolfo Luis. *La Injusticia Extrema no es* Derecho. Buenos Aires: Facultad de Derecho UBA – La Ley, 2006, S. 167–195. Es wird auch auf den Originaltext verwiesen, verfügbar in: Vigo, a.a.O., 2006, S. 93.

„über die geschriebenen Normen hinaus zu solchem Unrecht aufforderte, es begünstigte“.[29]

Im brasilianischen Fall ist die Lösung noch einfacher. Es handelt sich nicht darum zu argumentieren, dass die schweren Verletzungen der Menschenrechte Rechtfertigungsgründe hatten (die Erlaubnis, gegen das Gesetz zu handeln). Es steht außer allem Zweifel, dass diese Taten tatbestandsmäßige Straftaten waren[30] und dass die Täter mit Vorsatz und Schuld handelten, obwohl ihre Motivation der Schutz des Staates war. Sie haben außerhalb der autoritären Rechtsordnung selbst gehandelt (nicht mal die Folter wurde in der formalen Rechtsordnung erlaubt), obwohl sie dabei Direktiven der höheren Regierungsstufe umsetzten. Was hier zur Diskussion steht ist die Verabschiedung eines späteren Gesetzes, welches die Verbrechen durch die Gewährung einer Amnestie straflos gemacht hat. Angesichts der Feststellung schwerster Verbrechen ist dieses eine Norm, welche die staatliche Pflicht zu bestrafen zugunsten der sich selbst amnestierenden Machthaber subvertiert.

Auf diese Weise, anders als in Deutschland, wo das Thema mittels der Diskussion über die Gültigkeit eines Gesetzes, das bereits vor den Taten in Kraft war und für die begangenen Verbrechen einen Rechtsfertigungsgrund vorsah (und damit die Vollendung des Verbrechens unwirksam machte), behandelt wurde, diskutieren wir im brasilianischen Fall den rechtlichen Wert einer Norm, die nach den Taten verabschiedet wurde und das, was früher strafbar war, straflos machte.

Bei Anwendung von Maßstäben, die die ursprüngliche Verfassungswidrigkeit bewirken, sind Überlegungen über eine vermeintliche rückwirkende Änderung des Rechts, die durch Interpretation verwirklicht sein könnte, nicht mehr nötig. Alle Erfordernisse auf die sich die Rechtsprechung des deutschen Bundesverfassungsgerichts beruft, um dem Rückwirkungsverbot auszuweichen, liegen auch im Fall des brasilianischen Amnestiegesetzes vor (ein extremes gesetzliches Unrecht, welches Grundrechte verletzt, in der Form eines antidemokratischen, aus einem autoritären Regime hervorgegangen Gesetzes). Es scheint uns dennoch, dass die richtige Interpretation der vermeintlichen ursprünglichen Gültigkeit der Norm, die die Strafbarkeit eliminierte (auch wenn diese Interpretation über 30 Jahre nach der Verabschiedung des Gesetzes durchgeführt wird), eine

29 *Anmerkung des Übersetzers*: Alexy, Robert. *Der Beschluss des Bundesverfassungsgerichts zu den Tötungen an der innerdeutschen Grenze vom Oktober 1996*, a.a.O, S. 20.

30 Wir möchten daran erinnern, dass es zu der Zeit keinen strafrechtlichen Tatbestand der Folter gab. Die Strafverfolgung ist jedoch möglich wegen Körperverletzung, oder in den entsprechenden Fällen, wegen Begehung von Straftaten gegen die sexuelle Selbstbestimmung.

ausreichende Grundlage dafür liefert, auf die Ungültigkeit von Interpretationen zugunsten von Menschenrechtsverbrechern zu schließen.

Wir können dann schließen, dass die im Gesetz Nr. 6.683/79 enthaltene Norm, welche eine Amnestie für Täter von schweren Verletzungen der Menschenrechte gewährte, ein extremes positiviertes Unrecht ist. Ihr formales Bestehen ist im brasilianischen Rechtssystem unerträglich. Sie überlebt die Maßstäbe der Radbruch'schen Formel nicht, wenn sie gemäß den Parametern des republikanischen und demokratischen brasilianischen Verfassungsrechts, das vor der Zeit der Willkür in Kraft war, angewendet wird. Und sie überlebt auch die Grundsätze des völkerrechtlichen Menschenrechts nicht.

VIII. Untermaßverbot

Zuletzt kann die Amnestie für schwere Verletzungen der Grundrechte auch nicht durch den Filter der Verhältnismäßigkeit dringen.

Der Staat ist bei der strafrechtlichen normativen Produktion an den Maßstab der Verhältnismäßigkeit gebunden. Dieser Maßstab hindert ihn daran, sowohl ein Übermaß an Bestrafung wie auch ein Untermaß an Schutz zu begründen. Die gesetzgeberische Tätigkeit ist an die Festlegung von gerechten und verhältnismäßigen Bestrafungen für die Täter von Straftaten gebunden. Auf diese Weise kann das Gesetz weder eine übermäßige noch eine untermäßige Sanktion festlegen.

„Die Verhältnismäßigkeit der staatlichen Handlung im Schutz der Grundrechte muss überprüft werden, nicht nur um schwerwiegende und vermeidbare Maßnahmen zu vermeiden – das Übermaßverbot –, sondern auch zum Zweck des Verbots eines unterdimensionierten oder unzureichenden Schutzes, des Untermaßverbots“, stellt Luis Carlos Goncalves. (2007, S. 57) dar.

Dieses Lehrgebäude hat aufgrund der Anwendung seiner Vorstellungen durch das deutsche Bundesverfassungsgericht an Bedeutung gewonnen, vor allem wenn sich das Gericht mit der Frage der Gültigkeit von Schwangerschaftsabbruchgesetzen beschäftigte[31] und folglich entschied, dass Normen, die den freien Schwangerschaftsabbruch exzessiv begünstigen, einen unzureichenden

31 *Anmerkung des Übersetzers*: Schwangerschaftsabbruch II. Im Text wird die portugiesische Übersetzung angegeben: Martins, Leonardo (Org.). *Cinquenta anos de jurisprudência do Tribunal Constitucional Federal Alemão.* (Original: Schwabe, Jürgen. *Entscheidungen des Bundesverfassungsgerichts – Studienauswahl.* Berlin: Konrad Adenauer Stiftung, 2005, S. 273).

Schutz des Rechts auf Leben mit sich bringen. Das heißt, sie verletzen das Untermaßverbot.[32]

Lenio Luis Streck kommentiert:

> „Es handelt sich darum, zu verstehen, dass die Verhältnismäßigkeit ein doppeltes Gesicht hat: einen positiven Schutz und einen Schutz vor staatlichen Unterlassungen. Das heißt, die Verfassungswidrigkeit kann aus einem Übermaß des Staates entstehen und in diesem Fall ist die staatliche Handlung unvernünftig und aus der Abwägung zwischen Mitteln und Zwecken ergibt sich ein unverhältnismäßiges Ergebnis. Andererseits kann die Verfassungswidrigkeit aus einem untermäßigen Schutz eines Grundrechtes (in seinen verschiedenen Dimensionen) bestehen. Das geschieht, wenn der Staat auf die Anwendung von bestimmten strafrechtlichen oder verwaltungsrechtlichen Sanktionen verzichtet, um Rechtsgüter zu schützen. Diese doppelte Richtung des Verhältnismäßigkeitsgrundsatzes folgt aus der notwendigen Bindung aller staatlichen Handlungen an die materielle Verfassung. Die Konsequenz ist eine empfindliche Verminderung der Diskretionarität (als handlungsbestimmende Freiheit verstanden) des Gesetzgebers“ (2007).

In der Tat steht das Strafrecht im Dienst der Gesellschaft und unter ihren verschiedenen Zielen sind die Generalprävention und der Schuldenausgleich hervorzuheben. Insbesondere ist im Bereich der Grundrechte der strafrechtliche Schutz unentbehrlich. Nicht nur weil die übrigen Sanktionsmechanismen die im Zivil- und Verwaltungsrecht zur Verfügung stehen, hier unzureichend sind, sondern auch wegen der Gewissheit, dass die Straflosigkeit ein großer Anreiz für die Begehung solcher Taten ist. Nicht ohne Grund erkennen die Vereinigten Nationen die Pflicht an, die Täter von Verbrechen gegen die Menschlichkeit und von Kriegsverbrechen zu bestrafen.

Gemäß der Resolution Nr. 3074 von 1973 ("Principles of international cooperation in the detenction, arrest, extradition and punishment of persons guilty of war crimes and crimes against humanity"):

> „8. States shall not take any legislative or other measures which may be prejudicial to the international obligations they have assumed in regard to the detection, arrest, extradition and punishment of persons guilty of war crimes and crimes against humanity.“[33]

32 *Anmerkung des Übersetzers*: Siehe: BVerfG 88, 203, in: Entscheidungen des Bundesverfassungsgerichts, Tübingen, J.C.B. Mohr (Paul Siebeck), 1993, S. 204: „Das Untermaßverbot läßt es nicht zu, auf den Einsatz des Strafrechts und die davon ausgehende Schutzwirkung für das menschliche Leben frei zu verzichten“.

33 Freie Übersetzung des Textes.

In diesem Kontext ist es wegen Unverhältnismäßigkeit oder wegen Verletzung des Untermaßverbots verfassungswidrig, Normen, die die Schutzlosigkeit von Rechtsgütern verursachen, in die strafrechtliche Gesetzgebung aufzunehmen. Dabei ist es gleichgültig, ob solche Normen strafrechtliche Tatbestände abschaffen, Strafen übermäßig mildern oder Gründe für den Ausschluss der Strafbarkeit einführen.

Der brasilianische Oberste Bundesgerichtshof hat bereits 2006 dieses Prinzip angewendet, als er im Fall eines Vergewaltigungsverbrechens das gegen ein neunjähriges Kind begangen wurde, die Möglichkeit ablehnte, die Strafbarkeit durch die spätere Eheschließung zwischen dem Opfer und seinem Folterer auszuschließen.[34]

In dieser Angelegenheit wies der Minister Gilmar Mendes darauf hin, dass:

> „man andernfalls durch eine günstige strafrechtliche Norm eine faktische Situation schützen würde, die von der Gesellschaft unumstritten verabscheut wird. Diese Situation hätte dann die Eigenschaften eines typischen Untermaßverbots, seitens des Staates auf einer allgemeinen Ebene, seitens der Judikative auf einer besonderen Ebene.
>
> In Sachen Untermaßverbot weist die Lehre auf eine Art positiven Garantismus hin. Der Gegensatz ist ein negativer Garantismus (der im Schutz gegen das staatliche Übermaß zum Ausdruck kommt), der bereits vom Verhältnismäßigkeitsgrundsatz begründet wird. Das Untermaßverbot gewinnt bei der Anwendung von Grundrechten aus der Perspektive der staatlichen Schutzpflicht an Wichtigkeit, das heißt, in denjenigen Fällen in denen der Staat um den Schutz von Grundrechten zu garantieren, nicht auf den strafrechtlichen Schutz verzichten kann.“

Dazu Luis Gonçalves:

> „Die Existenz einer strafrechtlichen Norm, die eine Tat kriminalisiert und in einer stillschweigenden Verfassungspflicht begründet ist, wirkt wie ein Hindernis der eventuellen Entkriminalisierung oder der Reduktion der Schutzsphäre im Namen des Rückwirkungsverbots. Einmal den strafrechtlichen Schutz gesichert, können seine Abschaffung oder Reduktion Unverhältnismäßigkeit bedeuten“ (2007, S. 138).

Auf diese Weise ist das Amnestiegesetz in Bezug auf den Grundrechtekatalog eine Ursache des nicht zu übersehenden Rückgangs beim Opfer- und Gesellschaftsschutz. Eine Barriere dagegen bildet jedoch der Verhältnismäßigkeitsgrundsatz in seinem Aspekt des Untermaßverbots. Es gibt deshalb noch dieses

34 RE 418.376-5/MS, Rel. para o acórdão Min. Joaquim Barbosa. Pleno, maioria, j. 9/2/2006, DJ 23/3/2007.

Hindernis gegen die Aufnahme des Amnestiegesetzes in den Rahmen eines demokratischen Rechtssystems.

IX. Die Entscheidung des Interamerikanischen Gerichtshofs für Menschenrechte

Als letztes werden wir die Folgen des Urteils analysieren, das 2010 im Fall Gomes Lund gegen Brasilien am Interamerikanischen Gerichtshof für Menschenrechte (IGHM) gesprochen wurde, sowie die Divergenz der Perspektiven dieses Gerichts und des Obersten Bundesgerichtshofs in Bezug auf die Amnestie für die Täter von schweren Verletzungen der Menschenrechte.[35]

Zuerst einmal ist es notwendig zu verstehen, dass sowohl der Beitritt zur Amerikanischen Konvention für Menschenrechte als auch die Anerkennung der verpflichtenden Rechtsprechung des IGHM souveräne und freiwillige Akte des brasilianischen Staates waren. Es war folglich Brasilien, das sich durch seine verfassungsmäßig zuständige Behörde dazu entschieden hat, Teil des interamerikanischen Systems für Menschenrechte zu werden. Ein Mangel beim Ratifizierungsverfahren der Konvention oder in ihrer innerstaatlichen Umsetzung ist nicht zu finden. Ebenfalls hat kein ausländischer Staat das Land dazu gezwungen, Teil dieser internationalen Verträge und Organisationen zu werden.

Zu diesem Zweck interessiert die Diskussion über den Verfassungsrang der Konvention wenig. Relevant ist zu verstehen, dass die Anerkennung der Jurisdiktion und der Zuständigkeit des IGHM eine Konkretisierung von Verfassungsprinzipien ist. Unter anderem[36] soll die Bestimmung des Artikels 7 der Ergän-

---

35 Dieses Thema wird detailliert analysiert von: Carvalho Ramos, André de. „Crimes da ditadura militar: a ADPF 153 e a Corte Interamericana de Direitos Humanos", und auch von Weichert, Marlon Alberto. „A sentença da corte Interamericana de Direitos Humanos e a obrigação de instituir uma Comissão da Verdade" (beide in: Gomes, Luiz Flavio & Mazzuoli, Valerio de Oliveira (Org.). *Crimes da ditadura militar: uma análise à luz da jurisprudência atual da Corte Interamericana de Direitos Humanos: Argentina, Brasil, Chile, Uruguai*. São Paulo: Revista dos Tribunais, 2011). Dazu auch Rothenburg, Walter Claudius. "Controle de constitucionalidade e controle de convencionalidade: o caso brasileiro da Lei de Anistia". In: Pagliarini, Alexandre Coutinho & Dimoulis, Dimitri (Coord.). *Direito constitucional e internacional dos direitos humanos*. Belo Horizonte: Fórum, 2012, S. 333–359.

36 Siehe artigo 4º, inciso II („Die Föderative Republik Brasilien leitet sich in ihren internationalen Beziehungen duch folgende Prinzipien: (…) II. Vorrang der Menschenrechte"); und § 2 des Artigo 5 (§ 2 – „Die Rechte und Garantien, die in dieser Verfassung enthaltenen sind schließen andere nicht aus, welche sowohl aus der Vorschriftsordnung der Verfassung und ihrer Grundsätze, als auch aus denen von der Föderativen Republik Brasilien unterzeichneten internationalen Verträgen, erfolgen").

zungserklärung über die Verfassungsrechtlichen Übergangsbestimmungen hervorgehoben werden: „Brasilien wird die Gründung eines internationalen Gerichts für Menschenrechte verteidigen".

Die Anerkennung der Rechtsprechung des Interamerikanischen Gerichtshofs für Menschenrechte durch den brasilianischen Staat, hat auf diese Weise vollständige und direkte Unterstützung in der Verfassung. Weit davon entfernt, gegen die Verfassung zu verstoßen, konkretisieren deshalb die Ratifizierung der Konvention durch den Präsidenten der Republik, und der Beschluss des Nationalkongresses, die Konvention anzunehmen, Gebote, die in der Verfassung enthalten sind.

Um dem IGHM die Autorität zu verweigern, wäre ein formaler oder materieller verfassungswidriger Mangel im Ratifizierungsakt, in der Annahme oder in der Verkündung der Amerikanischen Konvention für Menschenrechte oder bei der Akzeptanz der Jurisdiktion des IGHM notwendig. Insbesondere um die Umsetzung eines gegen Brasilien gesprochenes Urteil des IGHM rechtlich zu verweigern, müsste der Oberste Bundesgerichtshof die Verkündung der Klausel des Artikels 68, 1 der Konvention („Die Vertragsstaaten der Konvention verpflichten sich, die Entscheidung des Gerichts, in den Fällen, an denen sie beteiligt sind, einzuhalten") für verfassungswidrig erklären.

Man erinnere sich jedoch daran, dass, sollte Brasilien den Standpunkt vertreten, die Rechtsprechung des IGHM verpflichte die internen Organe nicht, die Konvention als Ganzes aufkündigen müsste, wie Artikel 44.1 des Wiener Übereinkommens über das Recht der Verträge bestimmt.

Eine solche Situation wäre jedoch unvorstellbar. Sie würde einen beispiellosen Rückschritt in Brasiliens internationalen Beziehungen und einen harten Schlag gegen die Demokratie und gegen die Förderung der Menschenrechte bedeuten. Im Übrigen stellte eine solche Prozedur an sich schon eine autonome Verletzung der Verfassung dar, weil sie von der Rückschrittsverbotsklausel nicht erlaubt wäre.

Bezüglich des scheinbaren Widerspruchs zwischen der Entscheidung des Obersten Bundesgerichtshofs in der Klage auf Feststellung der Nichterfüllung einer Fundamentalen Vorschrift Nr. 153 und dem Urteil des IGHM im Fall Gomes Lund sollen die innerstaatlichen Behörden der strafrechtlichen Verfolgung entscheiden, welcher Entscheidung zu folgen ist. Zu diesem Zweck sollen sie die Zuständigkeitsgrenzen jedes der Gerichte beachten.

Erstens sollen sie verstehen, dass beide Entscheidungen rechtlich vereinbar sind. Der Oberste Bundesgerichtshof ist die letzte Instanz in der Beurteilung der Verfassungsmäßigkeit, während der Interamerikanische Gerichtshof die Kontrolle der Konventionalität durchführt. Das Amnestiegesetz wäre durch den Filter der Verfassungsmäßigkeitsprüfung gedrungen, nicht aber durch den Filter der Kontrolle der Konventionalität durch den IGHM.

Wenn die Verbrechen mit „Verletzungen der Menschenrechte" verbunden sind, sollen sie also vom IGHM entschieden werden, weil sie in der Amerikanischen Konvention für Menschenrechte vorgesehen sind. In diesen Situationen wird die Entscheidung des Obersten Bundesgerichtshofs nicht den Vorrang haben. Für die Straftaten jedoch, die keinen Bezug zu „Verletzungen der Menschenrechte" haben, gilt ausschließlich die Rechtsprechung, die in der Klage auf Feststellung der Nichterfüllung einer Fundamentalen Vorschrift festgelegt wurde. Es gibt also eine Besonderheitsbeziehung zwischen Urteilen des IGHM und des Obersten Bundesgerichtshofs.

Zusammenfassend gesagt, ist der IGHM keine zusätzliche Instanz in Bezug auf den innerstaatlichen Prozess und er hat die Entscheidung des brasilianischen höchsten Gerichts in der Klage auf Feststellung der Nichterfüllung einer Fundamentalen Vorschrift Nr. 153 nicht reformiert. Sein Urteil bewegt sich im strikten Raum der eigenen Zuständigkeit und nur dort hat es gegenüber den Entscheidungen der innerstaatlichen richterlichen Organe den Vorrang. Von daher sind die sich an der Strafverfolgung beteiligenden Behörden (Richter, die Staatsanwaltschaft und die Kriminalpolizei) daran gebunden, beide Entscheidungen innerhalb der Grenzen ihrer jeweiligen Anwendungen zu erfüllen.

X. Abschluss

Die materiellen Werte eines demokratischen und republikanischen Verfassungsstaates sind mit Toleranz der Folter und Ermutigung zu Foltertaten, mit dem gewaltsamen Verschwindenlassen von Personen, mit Vergewaltigung, mit der summarischen Hinrichtung und anderen gewaltsamen Handlungen des Staates gegen seine Bürger unvereinbar, unabhängig davon, welche die Gründe für diese Taten sein mögen. Es ist Aufgabe des Strafrechts, die Grundrechte zu schützen und folglich kann seine Anwendung auf die Täter solch schwerer Verletzungen der Menschenrechte nicht verweigert werden.

Der Verfassungsrang des Schutzes von Grundrechten erlaubt dem Gesetzgeber nicht, die strafrechtliche Verantwortung für ihre Verletzungen zu mildern oder außer Kraft zu setzen. Es gilt ein implizites allgemeines Kriminalisierungsgebot, und in manchen Fällen sogar ein ausdrückliches und spezifisches (zum Beispiel in der Verfassung von 1988, Folter und Rassismus). Nach diesem Gebot müssen solche Verbrechen strafrechtlich bestraft werden. Logischerweise verbieten diese Gebote die Entkriminalisierung (das heißt die Straflosigkeit) und machen alle Gesetze verfassungswidrig, die das Untermaßverbot verletzen, mit anderen Worten, die vor einem vernünftigen Strafmaß zurückweichen.

Auf diese Weise bedeuten Normen, die den Ausschluss der Strafbarkeit von schweren Verletzungen der Menschenrechte begründen, ein extremes Unrecht (Radbruch) und sind somit verfassungswidrig. Die Verkündung von Normen solcher Art verletzt das Untermaßverbot.

Es ist nicht notwendig, sich auf das Naturrecht oder auf ein übergesetztes Recht zu berufen, um eine strafrechtliche Norm als unverhältnismäßig negativ identifizieren zu können. Die nationale Gesellschaft und die internationale Gemeinschaft haben Rechtsnormen, die sie spätestens seit den 1940er Jahren zur Förderung und zum Schutz der Menschenrechte verpflichten, einschließlich durch strafrechtliche Strafen. Diese Normen bilden Parameter aus, um den Anspruch auf die Abschaffung der Strafbarkeit von schweren Verletzungen der Menschenrechte mittels Amnestie ungültig zu machen.

Besondere Aufmerksamkeit muss man einem Anspruch widmen. Er besteht darin, den Rechtsnormen, die während der Zeit der Willkür verabschiedet wurden, den Mantel der materiellen Verfassungsmäßigkeit verleihen zu wollen. Dazu beruft man sich auf die Vereinbarkeit solcher Normen mit Vorschriften der Verfassungen, die vom autoritären Regime selbst verabschiedet wurden. Jedoch darf der Interpret der Verfassung nicht zum Opfer dieser Falle werden. Sie ist ein reiner Zirkelschluss: man möchte die materielle Gültigkeit einer Rechtsnorm, die von einem autoritären Regime verabschiedet wurde, prüfen, verwendet aber die politische und rechtliche Ordnung der Diktatur selbst als Prüfungsparameter. Der Sinn und der Begriff der Grundrechte, vor allem der zivilen und politischen, stehen ontologisch im Gegensatz zur Willkür und zum Ausnahmezustand. Ihre Verfassungsmäßigkeitsprüfung im Vergleich mit aufgezwungenen Verfassungen durchführen zu wollen bedeutet eine Missachtung ihrer Stellung im Rechtssystem. Man muss die Ordnung, die von der Willkür aufgezwungen wurde, unbeachtet lassen und sie durch diejenige Ordnung ersetzen, die vor dem Putsch in Kraft war, besonders wenn diese Ordnung in der nachdiktatorischen Zeit von der Verfassungsgebenden Gewalt bestätigt wurde.

Die Gültigkeit der Interpretation, die dem Gesetz Nr. 6.683/79 in dem Sinne zuteil wurde, dass dieses Gesetz eine strafrechtliche Amnestie für Täter von schweren Verletzungen der Menschenrechte begründete, muss in diesem Kontext geprüft werden. Sie besteht keine Vereinbarkeitsprüfung gegenüber der brasilianischen Verfassung von 1946 und gegenüber ihren strukturgebenden Prinzipien. Auf die gleiche Weise ist der axiologische Tenor der Verfassung von 1988 mit solchen Straflosigkeitsvorschriften unvereinbar. Diese Tatsache bestätigt die materielle Unvereinbarkeit von Selbstamnestienormen mit der Verfassung.

Es handelt sich nicht darum, ein Amnestiegesetz aufzuheben, das bereits gewirkt hätte, sondern anzuerkennen, dass diese Amnestie niemals die Fähigkeit gehabt hat, ihre so angepriesene Begünstigung hervorzubringen. Dies ist eine

Folge der Unvereinbarkeit zwischen derjenigen Auslegung des Amnestiegesetzes einerseits und fundamentalen Vorschriften der brasilianischen Verfassungen und des Völkerrechts, die im nationalen Rechtssystem eingebettet sind, andererseits. Selbst vor der Errichtung der Militärdiktatur existierten schon rechtliche Gründe, welche den Staat daran hinderten, die von den eigenen Tätern begangenen barbarischen Angriffe gegen die Menschenwürde unbestraft und vergessen zu lassen.

Folglich gibt es trotz des Gewichtes der Entscheidung des Obersten Bundesgerichtshofs in der Klage auf Feststellung der Nichterfüllung einer Fundamentalen Vorschrift Nr. 153, wesentliche Punkte, die noch auf Prüfung und Diskussion warten. Die Vertiefung dieser Überlegung ist im Prozess der historischen Verwirklichung der Menschenrechte in Brasilien von entscheidender Bedeutung.

Literaturverzeichnis:

Alexy, Robert. „Derecho injusto, retroactividad y principio de legalidad penal. La doctrina del Tribunal Constitucional alemán sobre los homicídios cometidos por centinelas del Muro de Berlin". *Doxa* 23 (2000), S. 197–230.

Alexy, Robert. „Mauerschützen. Acerca de la relación entre Derecho, Moral y Punibilidad". In: Vigo, Rodolfo Luis, *La Injusticia Extrema no es Derecho.* Buenos Aires: Facultad de Derecho UBA – La Ley, 2006, S. 167–195.

Canotilho, J.J. Gomes. *Direito Constitucional*, 6ª ed. Coimbra: Almedina, 1993.

Carvalho Ramos, „André de. Crimes da ditadura militar: a ADPF 153 e a Corte Interamericana de Direitos Humanos". In: Gomes, Luiz Flavio & Mazzuoli, Valerio de Oliveira (Org.). *Crimes da ditadura militar: uma análise à luz da jurisprudência atual da Corte Interamericana de Direitos Humanos: Argentina, Brasil, Chile, Uruguai.* São Paulo: Revista dos Tribunais, 2011, S. 174–225.

Correia, Marcus Orione Gonçalves. „Anistia para quem?". In: Soares, Inês Virgínia Prado & Kishi, Sandra Akemi Shimada (Coord.). *Memória e verdade*: a justiça de transição no Estado Democrático brasileiro. Belo Horizonte: Fórum, 2009, S. 141–152.

Gonçalves, Luiz Carlos dos Santos. *Mandados expressos de criminalização e a proteção de direitos fundamentais na Constituição brasileira de 1988.* Belo Horizonte: Fórum, 2007.

Martins, Leonardo (Org.). *Cinquenta anos de jurisprudência do Tribunal Constitucional Federal Alemão.* Schwabe, Jürgen (Coletânea original); Berlin: Konrad Adenauer Stiftung, 2005.

Mello, Celso Antônio Bandeira de. „Imprescritibilidade dos crimes de tortura". In: Soares, Inês Virgínia Prado & Kishi, Sandra Akemi Shimada (Coord.). *Memória e verdade: a justiça de transição no Estado Democrático brasileiro.* Belo Horizonte: Fórum, 2009,

S. 135–140.

Radbruch, Gustav. *Arbitrariedad legal y derecho supralegal.* Imprenta: Buenos Aires, Abeledo-Perrot, 1962.

Rothenburg, Walter Claudius. „Controle de constitucionalidade e controle de convencionalidade: o caso brasileiro da Lei de Anistia". In: Pagliarini, Alexandre Coutinho & Dimoulis, Dimitri (Coord.). *Direito constitucional e internacional dos direitos humanos.* Belo Horizonte: Fórum, 2012, S. 333–359.

Steiner, Henry J. & Alston, Philip. *International Human Rights in Context: Law, politics, morals.* New York: Oxford University Press, 2000.

Streck, Lenio Luis. Bem jurídico e constituição: da proibição de excesso (Übermassverbot) à proibição de proteção deficiente (Untermassverbot) ou de como não há blindagem contra normas penais inconstitucionais. >http://leniostreck.com.br/index.php?option=com_ docman%20&Itemid=40<. Abgerufen am 9/9/12.

Tavares. André Ramos. *Curso de Direito Constitucional.* São Paulo: Saraiva, 2002.

Vigo, Rodolfo Luis. *La Injusticia Extrema no es* Derecho. Buenos Aires: Facultad de Derecho UBA – La Ley, 2006.

Weichert, Marlon Alberto & Fávero, Eugênia Augusta Gonzaga. „A responsabilidade por crimes contra a humanidade cometidos durante a ditadura militar". In: Souza Neto, Cláudio Pereira / Sarmento, Daniel / Binenbojm, Gustavo. *Vinte Anos da Constituição Federal de 1988.* Rio de Janeiro: Lumen Juris, 2009, S. 511–568.

Weichert, Marlon Alberto. „Suprema Impunidade no Julgamento da ADPF 153". In: Sarmento, Daniel / Sarlet, Ingo Wolfgang. *Direitos Fundamentais no Supremo Tribunal Federal: balanço e crítica.* Rio de Janeiro: Lumen Juris, 2011, S. 955–979.

Weichert, Marlon Alberto. Crimes contra a humanidade perpetrados no Brasil. Lei de anistia e prescrição penal. *Revista Brasileira de Ciências Criminais.* São Paulo: Revista dos Tribunais, Ano 16 n. 74 setembro-outubro de 2008, S. 170–229.

Weichert, Marlon Alberto. „A sentença da Corte Interamericana de Direitos Humanos e a obrigação de instituir uma Comissão da Verdade". In: Gomes, Luiz Flavio & Mazzuoli, Valerio de Oliveira (Org.). *Crimes da ditadura militar: uma análise à luz da jurisprudência atual da Corte Interamericana de Direitos Humanos: Argentina, Brasil, Chile, Uruguai.* São Paulo: Revista dos Tribunais, 2011, S. 226–242.

(Tradução do Português: Dr. João Manuel Fernandes, Tübingen, Febr. 2013)

Warum Amnestie zu wenig und Strafe das Falsche ist – erweiterter Auftrag einer Wahrheits- und Versöhnungskommission (TRC)?

Dirk Fabricius

1. Nunca mais / „Nie wieder Krieg, nie wieder Faschismus"

Wie sollte eine Transition von einer unrechtsstaatlichen Diktatur zu einem demokratischen Rechtsstaat aussehen? „Nunca mais", „Nunca más" oder das Motto der überlebenden Häftlinge aus dem KZ Buchenwald „Nie wieder Krieg, nie wieder Faschismus" ist das Ziel. Kein Rückfall in die Diktatur.

Die Vergangenheit zu bewältigen ist wichtig. Vergangenheit ist vergangen – bewältigen kann man nur Spuren der Vergangenheit. Spuren, die als aktive Faktoren den Aufbau eines demokratischen Rechtsstaates behindern oder fördern. Solche Faktoren zu identifizieren, behindernde zu schwächen, fördernde zu stärken, beugt dem Rückfall vor. Erfahrungen aus Krieg und Diktatur bringen Menschen dazu, Menschenrechte zu artikulieren und zu fördern (Haller 2012, S. 29). Ihre Negation, Ungerechtigkeitserfahrungen, können den Willen stärken, eine Wiederholung zu vermeiden, Sicherungen gegen Krieg und Diktatur zu entwickeln. Dass die Allgemeine Erklärung der Menschenrechte nach dem 2. Weltkrieg verabschiedet wurde, die Folter als „Verbrechen an sich" angesehen wurde, ist kein Zufall.

Aber der starke Wille allein genügt nicht, und Erfahrungen lassen sich nicht tradieren. Die Rückfallverhütung verlangt mehr.

Die Frage, wie man effektiv einer Wiederholung von Diktatur und Menschenrechtsverletzungen vorbeugen kann, ist eine kriminologische, jedenfalls erfahrungswissenschaftliche.

Ein Mangel an kriminologischer Forschung ist unübersehbar (Möller 2003, S. 228; Reese 2004, S. 159). Die kriminologischen Standardtheorien lassen sich nicht oder nur unter mühsamem Zurechtschneiden auf diese Art von Kriminalität anwenden (Möller 2003, S. 3; Neubacher 2005, S. 240). Kollektive Aktionszusammenhänge, die Einzeltat als systemkonformes, situationsangepasstes „Kleinstpartikelchen" sind Merkmale dieser Kriminalität (Möller 2003, S. 241). Für quantitative Untersuchungen fehlt eine genügend große Grundgesamtheit (Möller 2003, S. 515), zumal viele Faktoren und Variablen aufgerufen werden, die Entstehung respektive Verhütung solcher Verbrechen erklären sollen (Roht-

Arriaza & Orlovsky 2012, S. 496; Arthur 2012, S. 86; Löbsack 2012, S. 266). Dass die benötigten Daten in Krieg und Diktatur oft kaum zu gewinnen sind, und wenn, dann verzerrt und verrauscht, macht empirische Forschung noch schwieriger.

Mit dem Übergang von „Truth and Reconciliation" zu „Transitional Justice" (TJ) als Leitprinzip ist eine Renaissance „des strafrechtlichen Weges der Aufarbeitung", darüber hinaus eine mehr auf Justiz und Gerichte als auf politisch-gesellschaftliche Wege gerichtete Transition verknüpft (Buckley-Zistel & Oettler 2011, S. 24). Der Mangel an empirischer Forschung betrifft aber auch die TJ-Instrumente (Fischer 2011, S. 70), u. a. die „Strafzwecklehren", die mit diesem Übergang bedeutsamer werden und entsprechend der Prüfung harren.

Eine umfassende Untersuchung müsste die Entstehung der Diktatur erklären. Ich werde mich hier aber auf Faktoren konzentrieren, die gerade durch den diktatorischen Unrechtsstaat entstanden oder verstärkt sind, und den Fokus mehr auf TJ als Transition allgemein legen, ohne der Skepsis gegen TJ eine Absage erteilen zu wollen (Buckley-Zistel & Oettler 2011, S. 28 ff.)

Nur so viel:

Grob gesagt, ist eine Diktatur wahrscheinlich, wenn absolute Armut mit großer Ungleichheit zusammentrifft und die „Armen" sich politisch organisieren. Dann ist die etablierte Herrschaft bedroht. Sie greift auf Gewalt, d. h. auf Polizei und Militär, Justiz und Psychiatrie zurück, um ihre Herrschaft zu sichern. Dass dabei Fraktionen der Armen auch politisch den Herrschenden beispringen (Deutschland im 3. Reich, Iran), kompliziert das Bild.

1.1. Theorie und Methode

Die Schwierigkeiten, präventive Theorien wenigstens plausibel zu machen, können dann dazu führen, dass man auf retributive Vergeltungstheorien zurückgreift, um sich aus den kriminologischen Schwierigkeiten zu befreien. Denn auf den ersten Blick entzieht sich die Vergeltungstheorie einer empirischen Prüfung, und es sieht so aus, als sei man „damit fein raus". Doch das Standard-Strafrecht-Modell, das wesentlich auf dem Schuldprinzip basiert, enthält stillschweigende tatsächliche Annahmen, die man auf Realitätsadäquanz prüfen kann.

Davon abgesehen kann man erfahrungswissenschaftlich die faktischen Wirkungen der Anwendung des Standard-Strafrecht-Modells untersuchen. Diese ihrerseits können relevant sein für die Wahrscheinlichkeit, dass sich Diktatur und Menschenrechtsverletzungen wiederholen.

Allgemein kann man für die Gestaltung der Transition zur Demokratie folgende Alternativen ins Auge fassen. Wenn ich dabei auf die „faulen Äpfel" von George W. Bush bzw. D. Rumsfeld zurückgreife, so nicht zuletzt um mit Hinweis auf Guantanamo und Abu Ghraib daran zu erinnern, dass Menschenrechtsverletzungen nicht nur in Diktaturen vorkommen. Die Metapher benutzten sie bezüglich der Soldaten, die Verbrechen im irakischen Gefängnis Abu Ghraib begingen.

> (1) Das Personal austauschen oder bessern: die Richtigen an die wichtigen Stellen setzen und die anderen zu Richtigen zu machen. Die *Faulen Äpfel* entfernen, die Fäulnis herausschneiden;
>
> ODER
>
> (2) die institutionellen Organisationsstrukturen verändern. *Faule Fässer* von der Fäulnis befreien, damit es keine faulen Äpfel mehr gibt.
>
> ODER
>
> (3) auf gesellschaftliche und institutionelle „Selbstheilungskräfte" vertrauen. Diese heilen dann sowohl Individuen wie Organisationsstrukturen.
>
> Werden Amnestie – d. h. Vergessen und Vergeben durch Verzicht auf Strafverfolgung bzw. Straferlass – oder Bestrafung (a) einen präventiven Effekt haben, der (b) per Saldo größer zu sein verspricht als der jeder Alternative?

Für die Modellentwicklung nutze ich die System-Dynamics (Sterman 2000). Diese Methode ist gerade dann angebracht, wenn viele Variablen und Faktoren im Spiel sind, die miteinander interagieren – Modelle sind nicht mehr berechenbar – und wenn Vieles nicht zu messen ist, sondern geschätzt werden muss.

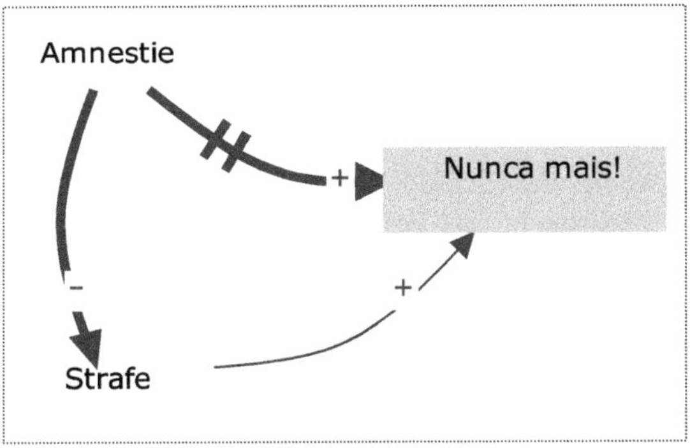

Abb. 1: Einfaches System-Modell. – *Legende: Eine Verbindung zwischen zwei Variablen oder Faktoren indiziert einen kausalen Zusammenhang. Ein Pfeil geht von Ursache zu Wirkung, je dicker der Pfeil desto stärker die Wirkung. Ein*

„+“-Zeichen bedeutet, dass bei Zunahme der Ursachenvariablen auch die Wirkungsvariable zunimmt, ein „–“-Zeichen, dass bei Zunahme der Ursachen-Variablen die Wirkungsvariablen abnimmt. Bei Rückwirkungen lassen sich Ursache- und Wirkungs-Variablen oft nicht eindeutig bestimmen. Querbalken bezeichnen eine Verzögerung, je mehr Balken, desto größer.

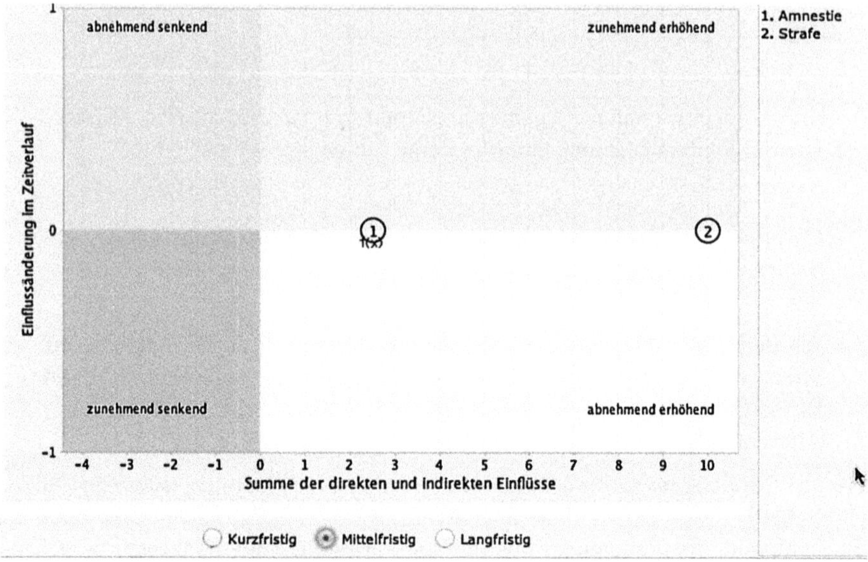

Abb. 2: Erkenntnis-Matrix. – *Legende: Die „Erkenntnis-Matrix“ liefert einen Überblick über die Wirkung einzelner Faktoren auf eine Zielvariable im Zeitablauf, wie sie sich nach den Modellannahmen ergeben – hilfreich besonders bei umfangreichen Modellen.*

Meine These, dass Amnestie zu wenig und (Schuld-)Strafe, aber auch strafrechtliche, auf Individuen bezogene Maßregeln das Falsche sei, lässt sich nur mit Blick auf Alternativen beurteilen. Nimmt man an, dass die Amnestie die Strafverfolgung ausschließt und zweitens, dass eine Amnestie der Wiederholungsgefahr besser vorbeugt als Strafverfolgung, und erst recht als ein bloßes „Laufen lassen“, so wäre die Amnestie vorzugswürdig. Ob eine Amnestie zivilrechtliche oder verwaltungsrechtliche Konsequenzen ausschließt, wäre gesondert zu prüfen.

Wäre eine Truth and Reconciliation Commission-Lösung, eine Wahrheits- und Versöhnungskommission am wirksamsten, so schlösse dies Amnestie, aber weitgehend auch Strafverfolgung aus. Eine TRC setzt nicht auf das Vergessen, auf das Mit-Schweigen-Übergehen, sondern auf Erinnern.

Ich stütze mich hinsichtlich der im Folgenden eingeführten Faktoren und ihrer Zusammenhänge neben der speziellen TJ-Literatur auf Sozialpsychologie, besonders Zimbardo, Milgram, verbunden mit (Ethno-)Psychoanalyse – Volkan (2000), Erdheim (1982). Auch beziehe ich Erkenntnisse über Kindesmisshandlung und -missbrauch in Institutionen (Andresen & Heitmeyer (Hg.) 2012) und über Managerverhalten in der Finanzmarktkrise (Tuckett 2011) ein. Denn auch hier wirken die situativen und systemischen Umgebungsbedingungen. Sie schaffen Anreize zum Verbrechen, zu einer gestörten Realitätssicht und narkotisieren das Gewissen. Häufig vermittelt eine institutionseigene oder allgemeine politische Ideologie diese Wirkungen.

1.2. Umriss des Modells

Ich führe weitere Faktoren in das Modell ein. Die Wirkungen von Amnestie bzw. Strafe auf „Nunca mais“ sind nun vermittelt.

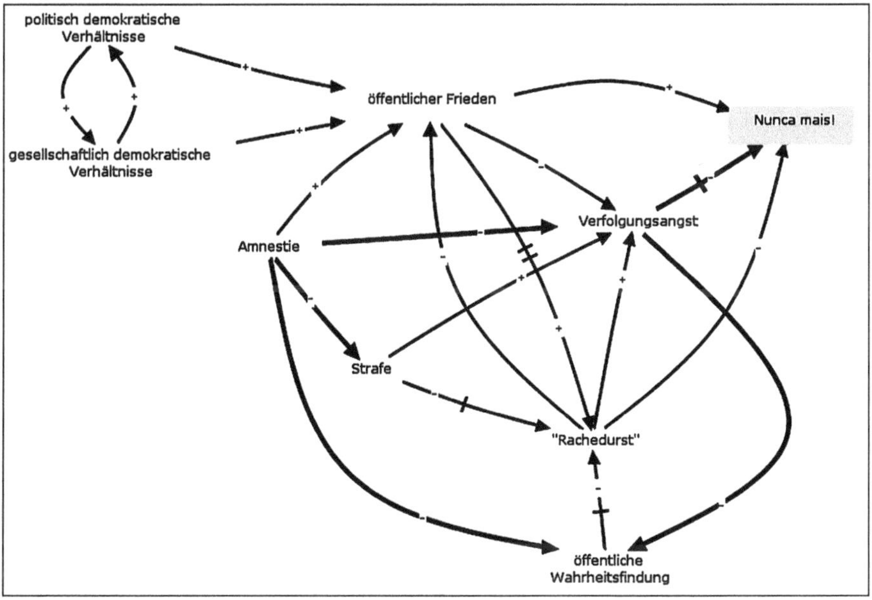

Abb. 3: Erweitertes Modell[1]

Bei den Opfern kann etwas aus der Vergangenheit überleben und „gefährlich" werden: „Rachedurst", um es pointiert auszudrücken. Die Täter haben Verfolgungsangst, die durch den „Rachedurst" und die Angst vor Strafverfolgung verstärkt, durch eine Amnestie hingegen verringert wird. Da die Täter in der Regel aus Armee, Polizei oder Milizen stammen, die immer noch großenteils über Waffen verfügen, schafft die Verfolgungsangst ein Motiv, die Macht wieder zu übernehmen und eine neue Diktatur zu versuchen. Die Strafe kann den Rachedurst herabsetzen. Die Amnestie trägt zum öffentlichen Frieden bei, weil dem Rachedurst eine Bühne wie das Strafverfahren fehlt. Das mindert Vergeltungsängste der Täter und hält sie ab, die Macht wieder zu erobern. Indem die Auseinandersetzung über die vergangenen Verbrechen gehemmt wird, heizen sich Rachedurst und Vergeltungsangst nicht wechselseitig an, nehmen vielmehr durch Zeitablauf ab. So verringert der öffentliche Frieden die Wiederholungsgefahr. Auch Strafverfolgung behinderte die Täter, zur Diktatur zurückzukehren. Gleichwohl würde eine massenhafte Bestrafung den öffentlichen Frieden stören, weil harte Auseinandersetzungen geführt würden. Faktoren, die zum öffentlichen Frieden beitragen und der Wiederholungsgefahr vorbeugen, sind sowohl politisch-demokratische als auch gesellschaftlich-demokratische Verhältnisse, d. h. demokratisch verfasste Organisationen – Vereine, Gewerkschaften, Parteien – und Institutionen in der Gesellschaft, wie Betriebe, Schulen, Universitäten usw. Politisch-demokratische Verhältnisse sind umso instabiler, je mehr es gesellschaftliche Herrschafts- und Gewaltverhältnisse gibt. Umgekehrt verstärken politisch-demokratische Verhältnisse demokratische Verhältnisse in anderen gesellschaftlichen Bereichen. Unter „öffentlicher Wahrheitsfindung" sei ein öffentlicher Prozess verstanden, in dem die Verbrechen und die Bedingungen und Verhältnisse, unter denen sie begangen wurden, untersucht und öffentlich anerkannt werden. Die Relevanz wird im Folgenden begründet. Eine Amnestie schließt öffentliche Wahrheitsfindung aus. Wenn man diese Wahrheitsfindung für relevant hält, wird man nicht die Amnestie wählen. In das Modell übersetzt verringert Wahrheitsfindung die Wiederholungsgefahr. Der Strafprozess zielt auf Wahrheitsfindung. Daher ist die Frage, ob er der „Vergangenheitsbewältigung" förderlich ist.

Zusammengefasst: Wesentlich für die Rückfallvermeidung ist öffentlicher Frieden. Politisch und gesellschaftlich demokratische Verhältnisse ebenso wie die Amnestie verringern ebenfalls die Wiederholungsgefahr jedenfalls langfris-

1 Das vollständige Modell wird auf >www.dfabricius.de/downloads/laufend< bereitgestellt.

tig, während Strafe keinen merklichen Effekt hätte. Verfolgungsangst und Rachedurst wären wesentliche friedensstörende Faktoren.

2. Strafe

Um die Wirkungen der Strafe bezüglich der Wiederholungsgefahr zu beurteilen, gehe ich von der impliziten Kriminologie der Strafzwecklehren aus.

Das Modell des Schuldstrafrechts unterstellt für den Modalfall die Fähigkeit des Erwachsenen, das Unrecht einer Tat einzusehen und sich entsprechend dieser Einsicht zu steuern, d. h. die Tat zu unterlassen. Das schuldhaft angerichtete Unrecht wird vergolten, ausgeglichen. Eine Wirkung auf die Zahl von Verbrechen wird nicht erwartet.

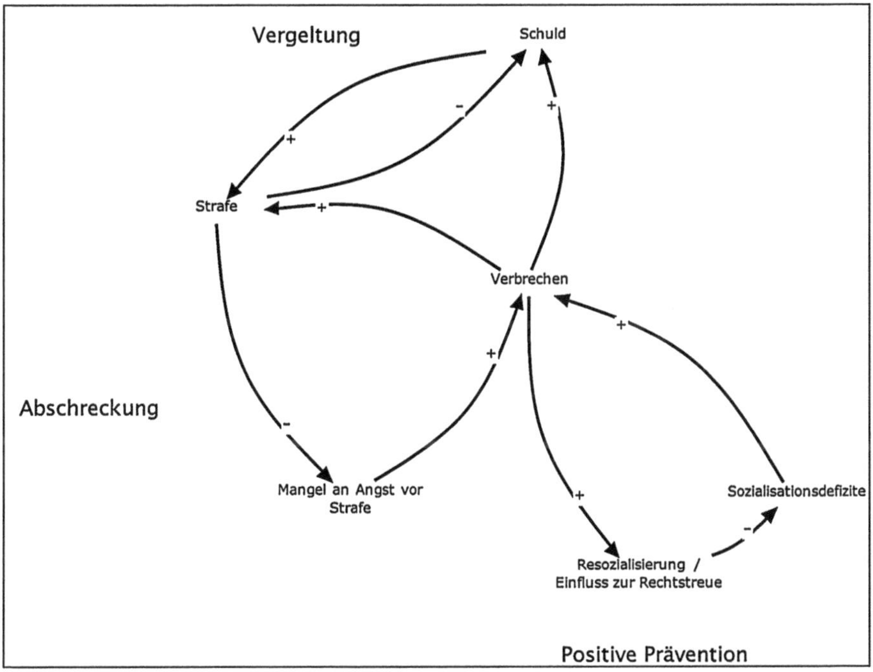

Abb. 4: Straf(zweck-)Theorien-Modell

Abschreckungs-Konzepte nehmen an, dass Individuen Straftaten begehen, weil es ihnen an Angst vor Strafe mangelt (Abschreckung). Die Vertreter der negativen Generalprävention unterstellen eine allgemeine Versuchung zu Straftaten, die der negativen Spezialprävention sehen nur einzelne Individuen versucht. Je nachdem muss der Schrecken – Angst vor Strafe – breitflächig in der Allgemeinheit oder spezifischer bei bestimmten Individuen hervorgerufen werden.

Positiv präventive Konzepte setzen darauf, Individuen zu bessern, zu resozialisieren, ihre „Rechtstreue", d. h. ihre Unrechtseinsicht und Steuerungsfähigkeit zu erhöhen und die Bereitschaft, von ihnen auch tatsächlich Gebrauch zu machen. Die Vertreter der positiven Generalprävention sehen hier verbreitete Defizite in der Allgemeinheit, die der positiven Spezialprävention eher bei einzelnen Individuen, die schlecht sozialisiert sind.

Welches dieser kriminologischen Konzepte erklärt den größten Teil der Fälle staatlich veranlasster Verbrechen in einer Diktatur? Befehle der Vorgesetzten, Erwartungen von Kollegen/Kameraden und der Wunsch, rollenkonform zu agieren widersprechen – gerade in der Diktatur – oft dem Recht.

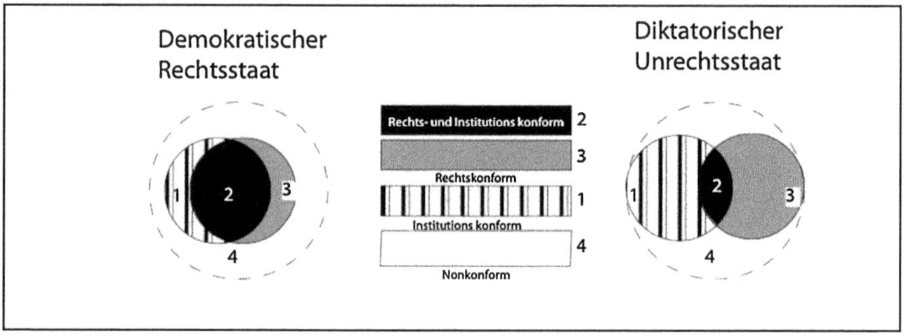

Abb. 5: Konformitäten

Der Überschneidungsbereich von Institutionskonformität [1] und Rechtskonformität [3] ist relativ schmal, während er umgekehrt in einem Rechtsstaat relativ breit sein sollte.

Für den schwarzen Bereich [2] lässt sich die Frage des relativen Motivationsgewichts kaum beantworten. Ihn lasse ich im Folgenden aus.

2.1. Schuldige sind selten

Wenn Menschen dem schuldstrafrechtlichen Bild entsprechen, so sollte es viele Entscheidungen geben, die rechtskonform [grau/3] sind, obwohl sie den Institutionsimperativen [schraffiert/1] widersprechen.

Individuen, die rein egoistisch agieren, z. B. „in die eigene Tasche" wirtschaften oder ihren sadistischen Impulsen ungehemmt nachgeben [weiß/4], würden sich weder um Institutions- noch um Rechtsnormen kümmern. Wäre das der Modalfall, würden wir viele Taten erwarten, die im weißen Bereich liegen, d. h. den Institutions- wie den Rechtsnormen widersprechen.

Nach allen empirischen Befunden sowohl aus experimenteller wie aus Feldforschung (Neubacher 2005, S. 236) ist zu schließen, dass Handlungen im grauen Bereich, d. h. institutioneller Ungehorsam, um das Recht zu wahren und sich nicht schuldig zu machen, äußerst selten sind. Ihnen im Transitionsprozess zu danken, ihr Recht, Widerstand zu leisten anzuerkennen, ist wichtig, aber im Strafprozess nicht zu leisten – Amnestiekarawanen sind dafür sicher besser (Abrao & Torelly 2012, S. 464). Ebenso sind Taten außerhalb der Institutionskonformität eher selten.

Man muss schließen, dass das Schuldvermeidungsmotiv relativ schwach ausfällt, dessen Quelle ein intaktes Gewissen wäre. Stärker sind Gehorsams-, Konformitäts- und Loyalitätsmotive.

Zum zweiten drängt sich die Hypothese auf, dass der von den Strafgesetzen ausgehende Abschreckungseffekt, d. h. Angsterzeugung, unter diktatorischen Bedingungen neutralisiert wird durch die Angst vor Sanktionen bei Institutionsnonkonformität. Drittens sind die Anreize, befohlene oder stillschweigend erwartete Verbrechen zu begehen, groß.

Man kann sich weiter fragen, ob Entscheidungen, die rechtswidrig, aber institutionskonform sind, typischerweise von Unrechtseinsicht begleitet sind. Oder mangelt es an Unrechtseinsicht, sei es, weil schon die tatsächlichen Verhältnisse nicht adäquat wahrgenommen werden, sei es, dass Neutralisationstechniken eingesetzt werden, die gleichsam zu einer Betäubung des Unrechtsbewusstseins führen?

2.2. … gestörte Täter sind nicht häufiger als schuldige

Man vermutet, dass gerade unter den Bedingungen eines diktatorischen Unrechtsstaates besonders gestörte, „psychopathische" Individuen von den Institutionen angezogen und angeworben werden. Solche Störungen beeinträchtigen die Schuldfähigkeit.

Nach den empirischen Befunden wandern gestörte Individuen zu solchen Institutionen. Doch sie werden nur begrenzt aufgenommen. Die meisten Verbrechen begehen Individuen ohne gravierende psychische Störungen. So wurden gestörte Individuen nicht zu Folterern gemacht, wie Untersuchungen in verschiedenen Ländern (Zimbardo 2007, S. 278 ff.) ergeben.

Wieweit beeinträchtigen institutionelle Bedingungen *situativ und akut* Unrechtsbewusstsein und/oder Steuerungsfähigkeit?

Die forensische Psychiatrie – von Ausnahmen wie Lempp (2003) abgesehen – geht, sozialpsychologische Befunde ignorierend, davon aus, dass psychische Störungen, die die Schuldfähigkeit beeinträchtigen, zeitlich überdauernd vorliegen. „Akute“ Störungen behandelt sie als seltene Ausnahme oder nicht existent.

Nach der Äquivalenztheorie, der „Gleichwertigkeit der Bedingungen“, verurteilt man strafrechtlich auch dann, wenn das Faktorengewicht des schuldhaften Individuums gering ist. Komplementär finden die gewichtigeren institutionellen Faktoren keinen Platz. Wenn man die verbrecherische Vergangenheit aufklären will, muss man die Faktoren identifizieren, die dazu geführt haben. Das strafrechtliche Dispositiv eignet sich dazu nicht. Wenn man das geltende Schuldstrafrecht ernst nimmt, Vorsatz und Schuld nicht zuschreibt, wird das Schuldurteil in vielen Fällen unmöglich. Eine Verurteilung wäre ungerecht, widerspräche einer sorgfältigen Gesetzesanwendung und trüge zu einer trügerischen Beruhigung der Öffentlichkeit bei.

Wenn man für strafrechtliche Maßregeln zeitlich überdauernde Störungen verlangt, scheiden auch sie bezüglich des größten Teiles der Täter aus. Da diese Störungen in einer neuen, nicht-institutionellen Umgebung nicht auftreten, gäbe es auch keinen Ansatzpunkt für eine Behandlung. Das träfe auch auf die Resozialisierung im Vollzug zu.

2.3. Wahrheit finden im Strafprozess?

Im strafrechtlich-strafprozessualen Arrangement kann man nur begrenzt aufklären, wie es zur Diktatur und den aus ihr heraus begangenen Verbrechen kam. Da die Angeklagten in erster Linie schweigen oder abstreiten, hört man über ihre „innere Tatseite“ wenig. Allerdings meinen manche, eine diesbezügliche Aufklärung sei nicht relevant, z. B. Neier (1998, S. 32), der behauptet, in Bezug auf die Verbrechen auf dem Balkan habe es „nichts zu enthüllen“ gegeben. Der „institutionelle Schweigepanzer“ (Heitmeyer 2012, S. 29) wirkt weiter: die Angehörigen der jeweiligen Institution halten zusammen auch in der Post-Diktatur-Ära. Die Opfer-Zeugen wissen über die innerinstitutionellen Abläufe und die inneren Abläufe bei den Tätern wenig bis nichts: entscheidende Fragen bleiben offen. Die Aussagen der Opfer sollen klären, ob der Angeklagte ein Täter und welcher Taten war. Das Erleben und Leiden, die Folgen für das spätere Leben, die sozialen Beziehungen, gesellschaftliches Engagement usw. stehen nicht im Zentrum. Was an Wahrheit gefunden werden kann, ist vom Ziel der Beweisaufnahme und insbesondere dem abstreitenden, bagatellisierenden Prozessverhalten der Angeklagten begrenzt. Einsicht in das Unrecht wenigstens im Nachhinein zu erzeugen, kann kaum gelingen – besteht doch die Gefahr, dass das Gericht dies auf den Tatzeitpunkt zurückprojiziert mit der Konsequenz der Bestrafung. Die

Tendenz im Strafprozess ist, die individuelle Schuld der Täter als unrealistisch gewichtigen Faktor anzusehen, andere Faktoren nicht genau zu (unter-)suchen. Beschuldigen funktioniert adaptiv nur, stellt Tuckett (2011, S. 189) zutreffend fest, wenn es die Ursachen korrekt identifiziert.

Die inzwischen im Strafprozess verbreitete Entgegensetzung von Täter und Opfer lässt leicht übersehen, dass es Täteropfer und Opfertäter gibt: manche mögen beides gewesen sein. Die englischen Termini *victim* und *sacrifice,* passives Erleiden vs. heroisches Aufopfern erleichtern es, dieser falschen Entgegensetzung zu entkommen (Baumann 2011, S. 40; vgl. auch Meyer 2011, S. 212), dennoch bleibt es in der strafprozessualen Anordnung unmöglich, den Opferzeugen zugleich als Täter zu sehen.

Der Strafprozess, der auf Feststellung des persönlich zu verantwortenden Unrechts abzielt, kann angesichts des großen Unrechts die Täter mit Blick auf ihre herabgesetzte persönliche Verantwortlichkeit kaum angemessen behandeln, ohne falsche Signale zu setzen. Minimale Strafen für Kapitalverbrechen, ohne die Angeklagten für krank zu erklären, sind nach dem geltenden Gesetz kaum möglich.

Die Fehlurteile hinterlassen bei den Tätern das Gefühl, ungerecht behandelt worden zu sein. Der resultierende Groll kann den öffentlichen Frieden stören.

2.4. Prävention durch Strafe

Mit dem Übergang zur Prävention und Strafrecht als Mittel sinkt die Beachtung der Schuld als Voraussetzung und die Strafhöhe bestimmender Faktor. Wenn Strafe der Prävention diene, sei dies Rechtfertigung genug. Ob dieser Übergang mittels Verzicht auf das Schulderfordernis oder durch die schuldunabhängigen, aber strafähnlichen, Maßregeln erfolgt, insbesondere Sicherungsverwahrung, ist von Land zu Land und Zeit zu Zeit verschieden. Mit Blick auf das „Nie wieder“-Ziel und den Zweifeln an der Existenz wie Feststellbarkeit von Schuld ist ein solcher Übergang legitim. Allerdings müssen sich präventive Strafrechtslehren der empirischen Prüfung stellen. Erst wenn ihre überlegene Wirksamkeit evident ist, ist eine Bedingung erfüllt, damit verfassungsrechtlich Eingriffe in Grundrechte zu legitimieren.

2.4.1. Verbrechen sind nicht auf einen Mangel an Angst zurückzuführen

Kopfschmerzen lassen sich durch Aspirin lindern. Allerdings lassen sie sich nicht mit einem Mangel an Aspirin erklären. Ähnlich wird man Prävention mittels Strafe eher als symptomatische Behandlung ansehen. Doch der ubiquitäre Einsatz von Strafe gegen jede Kriminalität entspräche dem Einsatz von Aspirin gegen jede Krankheit. Strafe zu verteilen, um allgemein Angst zu provozieren, gliche einer vorbeugenden flächendeckenden Vergabe von Aspirin. Symptomatische Behandlungen tragen dazu bei, dass zu Grunde liegende Probleme erhalten, wenn nicht vergrößert werden.

Mit dem Einsatz von angsterzeugenden Maßnahmen nimmt man zudem Nebenwirkungen, wie dadurch erzeugten dauernden Stress und so herabgesetzte Lernfähigkeit, erhöhte Krankheits- und Mortalitätsraten in Kauf.

Die empirischen Befunde sprechen zwar in manchen Kriminalitätsbereichen für eine Wirkung der negativen Generalprävention (Entorf 1995). Sie wirkt über die Erwartung der Täter, ermittelt und gefasst zu werden, und weniger über die erwartete Strafhöhe. Die subjektiven Wahrscheinlichkeiten der Betreffenden, ermittelt zu werden, nehmen mit der Kontroll- und Verfolgungsdichte zu.

Zudem funktioniert die negative Generalprävention im Befehls-Gehorsams-Modus. Sie muss daher auch allgemein als die Fähigkeit zu Unrechtseinsicht und auch die Entwicklung konkreter Unrechtseinsicht behindernd angesehen werden. Mit anderen Worten, die negative Generalprävention widerspricht einem Schuldstrafrecht im prinzipiellen Sinne.

Zudem ist die Effektstärke gering, die negativen Wirkungen werden – jedenfalls auf der Ebene der Allgemeinheit – nicht untersucht und gegengerechnet. Für die Individuen hingegen, an denen die Strafe vollstreckt wird, sind die negativen Wirkungen dominant – so steigt die Rückfallquote mit der Vollstreckung im Vergleich zu Aussetzung.

Unter den Bedingungen der Diktatur ist mit einer Verfolgung gerade nicht zu rechnen, im Gegenteil. Die entsprechenden Taten werden, wenn nicht befohlen, so doch beifällig geduldet. Man müsste also erwarten, dass die Täter es für wahrscheinlich halten, dass die Diktatur untergeht und dass in der Folge eine entsprechend dichte Strafverfolgung stattfinden wird. Doch lässt sich diese Wahrscheinlichkeit aus der Sicht der Betroffenen vermutlich dadurch senken, dass sie in ihrem verbrecherischen Tun fortfahren: Damit erhalten sie die Diktatur aufrecht, und je mehr Taten und je mehr Täter es gibt, desto geringer wird der Einzelne die Wahrscheinlichkeit ansehen, jemals angeklagt und verurteilt zu werden.

2.4.2. Positive Generalprävention: Vom Zuschauen, wie andere bestraft werden, ist keine Steigerung der „Rechtstreue“ zu erwarten

Will man positive Generalprävention als Mittel verstehen, die Bürger an das Gesetz in seiner jeweils von der herrschenden Meinung oder höchstrichterlichen Rechtsprechung bestimmten Auslegung zu binden, kann das Konzept für Menschenrechtsverletzungen nicht funktionieren, weil diese unabhängig von ihrer gesetzlich bestimmten Strafbarkeit unterlassen werden sollen. Ist eine solche Konzeption schon innerstaatlich gerade für Demokratien dubios, so wird sie dies im völkerrechtlichen Rahmen mit der Inanspruchnahme eines materiellen Verbrechensbegriffs erst recht. Demokratische Gesellschaften bedürfen reifer, autonomer Individuen.

> „In einer autonomen Gesellschaft kann das Meta-Gesetz nur lauten: Du sollst dem Gesetz gehorchen, aber du darfst es in Frage stellen. Du darfst die Frage nach der Gerechtigkeit oder der Angemessenheit des Gesetzes stellen. (Castoriadis 1996, S. 911)

Stellt man naheliegender auf Entwicklung von Unrechtseinsichtsfähigkeit, der Bereitschaft, solcher Einsicht zu folgen und der Fähigkeit als Konkretisierung des Ziels der positiven Generalprävention ab, sind Beobachtung von Strafprozess und Bestrafung der Täter ungeeignete Mittel. Beobachtbar müsste eine Verhandlung sein, in der die Betreffenden ihre Neutralisationstechniken unbeschadet, das heißt ohne Sanktionsdrohung vortragen und verhandeln könnten. Nach allem was man weiß, bestreiten die Angeklagten oder aber halten unbeirrt an ihren „Rechtfertigungsgründen" fest. Der geeignete Beobachtungsgegenstand fehlt. Die Verhandlung, die die Unrechtseinsicht der Gerichtspersonen demonstriert und erklärt, die Einsicht auf Seiten der Angeklagten Schritt für Schritt gewinnen lässt, findet nicht statt und kann als Strafverhandlung nicht stattfinden.

2.4.3. Positiv auf die Individuen im Vollzug einwirken?

Selbst wenn man die Strafe „absolut" begründet, hat die Strafvollstreckung Wirkungen auf die Gefangenen. Gefängnisse sind auch unter demokratisch-rechtsstaatlichen Verhältnissen Orte des Missbrauchs und der Gewalt. In Zeiten der Diktatur sind sie es erst recht. Die Übergänge von Misshandlung zu Folter sind oft fließend. Die Verurteilung zu Freiheitsstrafe – etwas anderes kommt bei den infrage stehenden Verbrechen kaum in Betracht – kann insofern als Versuch angesehen werden, den Teufel mit Beelzebub auszutreiben.

Fazit: Die Suche nach Schuldigen und Kranken suggeriert falsche Erklärungen. Strafen und Maßregeln sind ungeeignet, die Wiederholungsgefahr zu verringern. Eine Verschiebung des kriminalwissenschaftlichen Fokus auf die Verletzung oder den Schaden (Reese 2004, S. 14) hilft, das Verbrechen darüber zu definieren und die Unrechtsgrenze zu ziehen und damit Unrechts- und Schuldfeststellung sorgfältig zu trennen (Reese 2004, S. 283). Damit kann auch öffentlich das Unrecht und der damit verbundene Schaden erkannt und anerkannt werden. Um die Leerstelle, die die Vertreibung „des Kriminellen" aus dem Konzept gelassen hat, zu füllen, muss man aber noch einen weiteren Schritt tun.

2.4.4. Eine kurze allgemeine Kritik von „Zuckerbrot und Peitsche"

Die Kritik der idealistischen deutschen Philosophie an den präventiven Theorien kann mittels psychologischer Erkenntnisse aus der Motivationsforschung eindrucksvoll unterstrichen werden. Die Konsequenzen Kants und Hegels, sich einer absoluten Straftheorie zu verschreiben, widersprechen dieser Erkenntnisse allerdings. Sie legen den Verzicht auf *Peitsche* (Strafe) und *Zuckerbrot* (Anreize etc.) nahe (Pink 2010, S. 17, 34 ff., 52 ff.).

Eine erste Unterscheidung der Motivationsforschung ist die zwischen intrinsischer und extrinsischer Motivation. Extrinsisch sind Anreize wie Belohnung, Beförderung, Beifall oder aversive Reize wie Strafe, Degradierung, Missbilligung. Intrinsisch sind innere Faktoren, die Motivationen erzeugen, ohne dass extrinsische Faktoren ins Spiel kommen.

Wenn Unrechtseinsicht oder Unrechtsbewusstsein zentrale Begriffe im Strafrecht sind, so schwingt ein Glauben an „intrinsische Motivation" mit, denn Einsicht, Überzeugung motiviert jenseits externer Faktoren. Gleichwohl reduzieren sich strafrechtliche Konzepte auf externe Motivatoren. Die Strafrechtler finden sich in bester Gesellschaft mit Pädagogen, Politikern, Managern und Managementtheoretikern. Das wirtschaftswissenschaftliche Modell „homo oeconomicus" kennt ebenfalls nur externe Motivationsfaktoren. Als legitime Erziehungsmittel gelten Bestechung, Drohung, mancherorts Gewalt und Manipulation (Lüge, Täuschung, List). Dabei hat sich die – lange bestehende – Erkenntnis, dass aversive Reize (Strafe) relativ schwach wirken, besonders wenn nicht mit positiven verknüpft, und oft schädliche Nebenwirkungen haben, bei Strafrechtlern am wenigsten verbreitet. Unbeirrt wiederholen sie das Mantra „Strafe muss sein", während die Psychologen und Pädagogen davon Abstand gewonnen haben.

Die Tatsache, dass der Einsatz externer Motivatoren intrinsische Motivation schwächt, womit dieser Einsatz dauerhafter, in der Dosis zunehmend und damit teuer wird, hat sich hingegen kaum herumgesprochen und wird insbesondere in der Praxis trotz guter wissenschaftlicher Bestätigung (Lepper, Greene und Nisbett 1973; Hattie 2009, S. 174; Pink 2010, S. 3 f., 8) ignoriert.

Der Hintergrund dafür ist vermutlich das „Agency"-Problem, welches mit großen Gesellschaften und damit Institutionen auftritt (Tuckett 2011, S. 136). Da die Individuen an den jeweiligen Positionen austauschbar sein sollen, kann man sich auf die subjektiven intrinsischen Motivationen nicht verlassen. Diese können die erforderliche Rollenkonformität geradezu stören. Unrechtseinsicht zu vernebeln und als motivationalen Faktor auszuschalten liegt um so näher, je weniger demokratisch, selbstverwaltet es in Gesellschaft und Institutionen zugeht.

2.5. Die soziale Situation und Positionierung der Individuen als entscheidende Faktoren

Die Strafzwecktheorien bieten selbst im Rahmen der TJ-Perspektive keine brauchbare Kriminalitätstheorie der Verbrechen noch mit Blick auf das „Nie wieder-Ziel" geeignete Mittel. Die schon angedeuteten situativen und systemischen, institutionellen Bedingungen sind bessere Kandidaten zum Aufbau einer Kriminologie der Menschenrechtsverletzung (MRV).

In einer Institution agieren die Individuen in der Regel rollenkonform, vermeiden, in Widerspruch zu ihren Vorgesetzten und Kollegen zu geraten. Die Anreize dazu sind vielfältig. Die institutionsinternen Konsequenzen der Abweichung von den Normen der Institution und des Bruches der Loyalität machen mehr Angst als der Rechtsbruch. Konsequenzen darauf erscheinen unwahrscheinlich und fern. Zugehörigkeit zur mächtigen Institution und Karrierehoffnungen verstärken institutionsloyales Handeln. Institutionen bieten ein zusammenhängendes Muster von Positionen, deren jeweilige Inhaber bestimmte Funktionen ausüben sollen. Entsprechend ergeben sich aus diesen Positionen Rollen, die systemisch miteinander verknüpft, aufeinander bezogen sind. Formelle und informelle Regeln und entsprechende Praktiken konstituieren das jeweilige System und programmieren gleichsam das Handeln der Positionsinhaber. Daher kommt es „vor allem auf Systeme an" (Zimbardo 2007, S. 222). Die Frage „wer oder was ist schuld" (Stiglitz 2009, S. 18) ist tendenziell eher in Richtung „was" zu beantworten, die Variable „was" mit „das System" zu binden. Solche kriminogenen Systeme sind nicht auf staatliche Institutionen in Diktaturen beschränkt, auch in Demokratien gibt es endemische MRV (Méndez 2012, S. 179). Ebenso können Unternehmen und Verbände kriminogene Positions-/Funktions-/Rollenmuster entwickeln. Entsprechend treten auch da nicht besonders böse oder gestörte Individuen gehäuft in Erscheinung (Reese 2004, S. 50). Institutionen perpetuieren sich selbst, indem sie die Individuen konform machen (Castoriadis 1996, S. 909). Identifizierung der neu eintretenden Individuen mit denen, die sie dort vorfinden, und mit der Institution insgesamt trägt dazu wesentlich bei (Maffettone 2005, S. 629). Die „Institution im Geist" (Sievers 2008, S. 584) ermöglicht institutions- und rollengerechtes Agieren. Der „Geist der Institution" kann so umgekehrt das individuelle Handeln inspirieren. So bildet sich eine heteronome institutionelle, kulturelle oder auch, wenn das übergreifende System im Spiel ist, gesellschaftliche Identität heraus (Maffettone 2005, S. 645).

Wenn von einem paranoid-ängstlichen institutionellen Geist bestimmt, induziert das institutionelle Feld Wahrnehmungsstörungen und Neutralisationstechniken, die die strafrechtliche Zurechnung eher ausschließen. Identifikation mit und Idealisierung der Institution induzieren eine Spaltung, mittels derer Wahrnehmungen, die schlechte Gefühle erzeugen könnten, verleugnet oder, wenn solche Gefühle auftauchen, verdrängt werden. Idealisierung mindert Misstrauen und darüber Angst (Tuckett 2011, S. 157). Diese Wirkungen nehmen zu, je diktatorischer es zugeht und je dominanter ein „Über-Wir", d. h. ein Gruppendenken und Gruppenfühlen, eine ideologische Überhöhung der Institution wird. Das erklärt, warum man Wahrheitskommissionen über Menschenrechtsverletzungen hinaus für die Aufklärung z. B. von sexuellem Missbrauch in Institutionen, von Korruption, Menschenhandel einsetzt (González Cueva 2012, S. 328).

Das Agieren in diktatorischen Zusammenhängen führt zu Allmachtsphantasien der Führer, einem Machtrausch, an dem Strafdrohungen abprallen. Die Untergebenen sind damit identifiziert, unterwerfen sich dem Führer (Kernberg 2001, S. 1087; Wirth 2001, S. 1224) und blenden komplementär das Risiko einer späteren Bestrafung aus. Zudem gelingt es den Präsidenten, Direktoren, Leitern und Führern in Institutionen in der Regel, ihr Handeln einer rechtlichen oder kriminologischen Untersuchung zu entziehen (Prengel 2012, S. 179); sie können die Verantwortung meist auf Nachgeordnete verschieben.

These: Der Einfluss individueller Persönlichkeits-/Charaktermerkmale auf das Verhalten wird um so geringer, je größer der Konformitäts- und Anpassungsdruck ist.

Der Anpassungsdruck ist umso größer, je weniger Abwanderung und Widerspruch möglich ist, d. h. je diktatorischer und undemokratischer es zugeht.
Faulen Fässern kann man mit besserer Lüftung beikommen. Dementsprechend nenne ich „eine Institution „porös", wenn sie weder total (im Sinne Goffmanns 1961) noch hermetisch abgeschlossen ist. Porösere Institutionen beugen diktatorischen Verhältnissen vor.

2.6. Fazit

Die schuldigen wie die gestörten Individuen tragen nur wenig zur Erklärung der Verbrechen bei. Schuldstrafe oder strafrechtliche Maßregel sind daher wenig gerecht und wenig zweckmäßig, mindern Wiederholungsgefahr kaum. Da komplementär die entscheidenden institutionellen Ursachen ausgeblendet und in der Folge auch nicht verändert werden, erhalten Strafverfahren indirekt verbrechenserzeugende Bedingungen.

3. Amnestie: die Last des Schweigens

Wenn Strafjustiz in der Transition ungerecht und ungeeignet ist, muss man die Amnestie auf ihre Tauglichkeit zur Rückfallvermeidung untersuchen. Amnesie und Amnestie klingen nicht zufällig ähnlich: Der Wunsch nach Amnesie, Befreiung von Erinnerung, führt zu Amnestie, um ihn befriedigen. Damit geht die Verleugnung von MRV einher (für Chile Jiménez 2010, S. 340). Im Gegensatz zum einfachen „Laufen lassen" impliziert sie das Anerkenntnis, dass es Verbrechen gegeben hat. Auch dass es Schuldige gibt, deren Schuld ohne Amnestie gerichtlich festgestellt werden und zur Strafe führen könnte, ist vorausgesetzt. Die „Genugtuungsinteressen" der Verletzten, Getöteten und Geschädigten bzw. ihrer Angehörigen bleiben infolge der Amnestie so gut wie unbefriedigt (Baumann 2011, S. 45; Teitel 2012, S. 146). Zudem kann die Amnestie auch verhindern, dass andere Ansprüche von den Opfern aussichtsreich verfolgt werden können. Wenn das internationale humanitäre Recht Amnestien weitgehend ausschließt (Salmón 2012, S. 217), ist das bezogen auf Wahrheitsfindung und Opferansprüche zu begrüßen. Daraus jedoch eine Pflicht zu strafen abzuleiten, ist aus den genannten Gründen höchst problematisch, nicht zuletzt, weil unerledigte Genugtuungsinteressen leicht zu Aktionen führen, die den öffentlichen Frieden, die politische Stabilität stören.

Eine Aufklärung der Faktoren, die die Verbrechen ermöglicht und begünstigt haben, unterbleibt.

Doch den Wunsch zu vergessen haben nicht allein die Täter. Auch Opfer erinnern sich der oft demütigenden, ohnmächtigen, schmerzhaften Erfahrungen ungern. Die Wahrheit ist emotional schwierig (Tuckett 2011, S. 200).

Die Last des Schweigens (Dan Bar-On 1993) trifft sowohl die Nachkommen der Opfer wie die der Täter. Das Ausgesparte teilt sich unterschwellig mit, bleibt unbewusst, aber nicht wirkungslos (Maciejewski 2008, S. 248). Diese Last wirkt auch gesellschaftlich-politisch und wird durch eine Amnestie auferlegt.

4. Wahrheits- und Versöhnungskommission (TRC)

Öffentliche Wahrheitsfindung und -feststellung ist ein zentraler Teil des Genugtuungsinteresses. Der Wunsch nach Übelszufügung gegen einzelne Individuen ist weder empirisch dominant (jedenfalls nicht seitens der Opfer) noch normativ zu legitimieren.

Der Verzicht auf Strafe schließt weder Schadensersatzforderungen, sei es gegen den Staat oder auch gegen einzelne Beamte, aus, noch verwaltungsrechtliche Maßnahmen wie Feststellungen der mangelnden Eignung für bestimmte Ämter oder Berufe. Einer TRC Befugnisse zur Beschlagnahme von Akten und anderen Dokumenten zur Archivierung zu verleihen, liegt nahe – des Strafverfahrens bedarf es dazu nicht (entgegen Hoffmann 2011, S. 82). Eine TRC kann die „Macht der Dokumente" (da Silva Catela 2012, S. 354) relativieren, indem die Narrative von Opfern und Tätern, auch in Bezug auf solche Dokumente – als „Schlüssel zur Erinnerung" (da Silva Catela 2012, S. 366), einen wichtigen Beitrag zum kollektiven Gedächtnis leisten, das auch erklärende Zusammenhänge repräsentiert (Reátegui 2012, S. 348 ff.). Je mehr die Geschichte, wie sie sich real zugetragen hat, im kulturellen Gedächtnis repräsentiert werden kann, desto weniger wird es von illusionären, mythischen Geschichten besetzt (Maciejewski 2008, S. 244)

Allerdings könnte eine Verwertung der Erkenntnisse aus der TRC insoweit ausgeschlossen werden, um ein Klima zu schaffen, das ermutigt, zu erinnern, zu entdecken und die so gefundene Wahrheit durchzuarbeiten und psychisch zu integrieren.

4.1. Öffentlicher Prozess der Wahrheitsfindung

You can't come back from Guantanamo
You can't come home from Guantanamo
(Ry Cooder, Election special Album 2012)

Um eine Wahrheits- und Versöhnungskommission als die bessere Lösung vorzustellen, müssen wir unser Modell um die Spuren der Vergangenheit, die Faktoren für die Rückfälligkeit bilden, ergänzen.

Erstens: Folter, „Verschwinden lassen", Haft oder politische Verfolgung und/oder nahe Angehörige zu verlieren, traumatisiert. Viele Folgen des Traumas erfasst die „posttraumatische Belastungsstörung" (PTBS), auf der individuellen Ebene. Beziehungen zu anderen sind durchbrochen, Verbindungen zu empathischen Anderen sind aufgehoben, eine Sicherheit bietende Bindung ist durchkreuzt (Varvin, Jovic und Rosenbaum 2012, S. 941). Die Erinnerung an die traumatischen Ereignisse ist oft affektisoliert und nicht im episodischen Gedächtnis repräsentiert (Neuner 2012, S. 36). Erinnerung isoliert genügt nicht (Kattermann 2012, S. 488). Die vergangenen, von Vernichtungsangst begleiteten (Varvin, Jovic und Rosenbaum 2012, S. 953) Ereignisse zu repräsentieren, die Präsentation – das Vergangene taucht in der Gegenwart auf (Flashback) – zu überwinden, gelingt im Schweigen nicht. So weit man überhaupt „wieder heimisch werden kann in der Welt" (Jean Amery) – um so unwahrscheinlicher, je mehr die Tat „Seelenmord" war (Levitt 2012, S. 438), bedarf es der Repräsentation und der darüber möglichen Verarbeitung (Kattermann 2012, S. 485 f.). Oft erkennen die Betreffenden erst in diesem Prozess, dass sie als Geschädigte, als Opfer Rechte und Ansprüche haben (Reátegui 2012, S. 342).

Zweitens: Die kumulierten Traumata in einer Gesellschaft lähmen das gesellschaftliche und politische Leben.

Drittens: Schwere Verbrechen begangen zu haben, bedeutet auch den Tätern oft weitaus mehr als nichts. Sie müssen ein rächendes Gewissen abwehren und die Verfolgungsangst durch hartnäckiges Verleugnen mindern (Kattermann 2012, S. 484; Varvin, Jovic und Rosenbaum 2012, S. 941). Mit dem Ende der Diktatur erleiden sie eine Niederlage, „geplatzte Träume" von der „Rettung des Vaterlandes". Das ist mit schmerzlichen Gefühlen verknüpft. Die Verarbeitung dieser Erfahrungen, um aus ihnen lernen zu können, gelingt nicht im Selbstlauf. Depressive Schuld, die den Weg zum Bereuen, Lernen und zur Wiedergutmachung öffnet, ist schwierig zu fühlen (Tuckett 2011, S. 166).

Erfahrungen von Passivität und Opferposition haben zerstörerischere Wirkung, statistisch Varvin, Jovic und Rosenbaum 2012, S. 945). Insofern sind Täter, aktive Polizisten, Soldaten, Kämpfer in der Regel weniger ge-, ver- oder zerstört.

Die Mitläufer, die, die weggesehen haben, die geschwiegen haben finden in strafrechtlichen Ermittlungen und Prozessen keinen Platz, obgleich ohne sie viele der Taten nicht begangen worden oder jedenfalls eine negative Reaktion erfahren hätten (Andresen & Heitmeyer 2012, S. 11). Die Erzählung ihrer Geschichten, die Reflexion ihrer Erfahrungen gehört in einen Transitionsprozess. Viele schweigen, weil sie den Vorgesetzten oder Kollegen sich verpflichtet fühlen und tragen dazu bei, die Opfer von Gewalt und Folter auszuliefern (vgl. Helming & Mayer 2012, S. 53). Oft wird der fehlende Protest, die Entsolidarisierung mit Opfern als beschämende Feigheit erlebt – woran man sich nicht gern erinnert.

Das Erlittene berichten, das Getane bekennen, ist hilfreich und heilsam (Fegert, Rassenhofer und Schneider 2012, S. 120), wirkt den Tendenzen der Derealisierung und Verleugnung entgegen, auch den verbreiteten Neigungen zum Verschweigen. Allerdings nur, wenn man Gehör findet. Daran aber fehlt es oft im nicht-öffentlichen Raum. Erst das öffentliche Auftreten erweckt viele der Opfer, die einen „sozialen Tod" (Heitmeyer 2012, S. 22) erlitten hatten, wieder zum sozialen und politischen Leben. Das lässt Gerechtigkeit zunehmen (Roht-Arriaza & Orlovsky 2012, S. 495; Reátegui 2012, S. 34). Umgekehrt kann das unter dem Deckmantel des Schweigens entstehende Bild eines monströsen Täters korrigiert werden. Der Prozess der Wahrheitsfindung und Anerkennung auf öffentlicher Ebene mindert Traumafolgen auf individueller und gesellschaftlicher Ebene.

Das kulturelle Gedächtnis anzureichern fördert Erinnerung, die dann auch „durchgearbeitet" werden kann (Kattermann 2012, S. 491). Aufhebung von

Verdrängung und Trauerarbeit sind Aspekte dieses Prozesses (Buckley-Zistel & Oettler 2011, S. 23).

Neben dem erweiterten Blick auf Institutionen, auf den ich im Folgenden näher eingehe, sollte der Blick sich auf famliliäre, gesellschaftliche, ökonomische und kulturelle zerstörerische Folgen der MRV richten (Buckley-Zistel 2011, S. 14). Auch Kontinuitäten, z. B. im Geschlechterverhältnis, könnten bei einer Überwindung des Täter-Opfer-Musters als Untersuchungsgegenstand eher wahrgenommen werden (Schäfer 2011, S. 161). Bei entsprechender Aufklärung kann durch den Umbau der Institutionen auch der kulturellen und gesellschaftlichen „Erneuerung" Vorschub geleistet werden (Zyl 2012, S. 48).

4.2. Untersuchungsgegenstände

Die bisherigen TRCs haben auf individuelle Schädigungen und individuelles Leid fokussiert. Verbrechen als von einzelnen Individuen schuldhaft begangen sind vorausgesetzt, wenngleich die Untersuchung der Täterseite häufig zu kurz kam. Wenn die obige kriminologische Analyse zutrifft, so ist der Kreis der Untersuchungsgegenstände zu erweitern. Außerdem sind sie in ihrem Zusammenhang zu sehen. Der Untersuchungsauftrag muss sich auf die Anreizstrukturen in den Institutionen richten, und zugleich auf die Mechanismen, die zur Verkennung, Verleugnung, Neutralisierung und Bagatellisierung beitragen (Fegert, Rassenhofer und Schneider 2012, S. 113). Mit welchen Geschichten rechtfertigen die Täter ihr Tun und wie stellten sie sich die soziale Situation vor?

Geschichten wie die von der *Rettung des Vaterlandes* suggerieren eine Notstandssituation, und bieten zugleich dem Individuum eine Heldenrolle an. Die Geschichte von dem „kleinen Rädchen im großen Getriebe", zugespitzt in der vom Befehlszustand, leugnet jeden eigenen Handlungsspielraum. Im Strafverfahren legt man derartige Geschichten als Schutzbehauptungen ad acta. Im Rahmen einer TRC kann und sollte man sie als illusionäre Vorstellungen und Skripte untersuchen, an die die Beteiligten tatsächlich geglaubt haben. Auf diesem Hintergrund könnten dann auch die Anteile individueller Verantwortung erkannt werden, die individuellen Handlungsspielräume identifiziert werden.

Versteht man das Zusammenspiel verschiedener Vorgänge in der Situation, kann man „institutionelle Konstanten" identifizieren, die den Systemwechsel überlebt haben. Eben diese führten, neben anderen Faktoren, dazu, dass das Fass faulte und die Zahl der faulen Äpfel dramatisch anstieg. Die Fokussierung auf die Vergangenheit kann den Blick von der Gegenwart ablenken (Behnisch & Rose 2012, S. 322; Zyl 2012, S. 52 ff.).

Denkt man sich die Individuen als variabel und die Institutionen als konstant, beschreibt man die Verhältnisse vermutlich realistischer. Das eröffnet den

Individuen auch eine Perspektive, sich „weiß“ zu machen, ihre Fäulnis zu heilen und bietet ihnen die Veränderung des institutionellen Musters als realistische und aussichtsreiche Handlungsperspektive an.

Worauf es ankommt ist, einen sozialen Raum zu schaffen, in welchem Einsicht gewonnen werden kann. Einsicht sowohl in tatsächliche Zusammenhänge als auch in das Unrecht. Dieser Einsichtsgewinn verläuft über eine „lebendige“, emotional getränkte Erinnerung, eine Wahrnehmung der entgegengesetzten Kräfte, die in der damaligen Lage wirkten. Die Gegenwart eines aktiven, aber möglichst wenig autoritativen Beobachters katalysiert diesen Einsichtsprozess am besten (Wurmser 1989, S. 310 ff.).

4.3. Rechtsfolgen: „poröse“ Institutionen organisieren

Manche können die TRC nicht legitimieren, weil sie Konsequenzen, Rechtsfolgen vermissen, Wahrheitsfindung scheint nicht ausreichend.

Bezieht man jedoch die Institutionen ein, so ergeben sich aus den Untersuchungen Möglichkeiten, die Institutionen poröser zu machen. Der Verzicht auf Strafe kann die „Loyalität des Schweigens“ schwächen. Eine Beschreibung der „Möglichkeitsstrukturen“ (Ley & Ziegler 2012, S. 267, auf sexuellen Missbrauch bezogen) liefert die Ansatzpunkte, diese Strukturen zu verändern, mindestens im Auge zu behalten. Man kann „institutionelle Gedächtnisse“ durch eine auf die jeweils konkrete Situation und Institution bezogene Untersuchung anlegen. Das trägt dazu bei, neu in die Institution eintretende Individuen zu immunisieren. Intervision und Supervision sind zu fördern, Ombudsleute, Besuchskommissionen, viele Besuche erhöhen die Durchlässigkeit (Fabricius 2006, S. 121 ff.). Insbesondere aber geht es um eine „Bemächtigung“ der Klienten, Insassen, um eine Demokratisierung der Institution (Ley & Ziegler 2012, S. 275 ff.). Auf diese Weise kann man der Entwicklung einer „gierigen Institution“ (Coser nach Ley & Ziegler 2012, S. 269), die auch emotional von den Mitgliedern Besitz ergreift, wehren.

Wenn man Hirschmann (1974; Ley & Ziegler 2012, S. 270) folgt, so sind nachhaltig „überlebensfähig“ Organisationen, aus denen man abwandern und in denen man widersprechen kann. Die Loyalität der Individuen zu den Institutionen hängt wesentlich davon ab. Je weniger man abwandern kann, desto bedeutender wird die Freiheit zu widersprechen.

In diesem Sinne würde eine TRC als Institution des neuen Staates auftreten.

Die Frage von Abwanderung (bzw. Abwesenheit oder Fernbleiben) müsste man noch genauer diskutieren. Die Offenheit für Widerspruch jedenfalls ist ein essentieller Bestandteil einer Wahrheitsfindung. Eine Form der Wahrheitsfindung, die zugleich eine Veränderung der anfänglichen individuellen Positionen ermöglicht und damit einen Versöhnungsprozess katalysieren kann.

Tatsächliche Feststellungen sollten dabei als erwiesen konstatiert werden und für weitere Verfahren bezüglich Entschädigungsleistungen bindend sein. Jedoch sollten nicht bewiesene Berichte „stehen bleiben", und nur widerlegte als solche beurteilt werden.

Gewisse justizförmige Elemente sind zweckmäßig und das Öffentlichkeits- und Mündlichkeitsprinzip des Strafprozesses werden dem politischen und gesellschaftlichen Charakter gerecht. Notwendig ist auf Sanktionen zu verzichten. Sie beeinträchtigen indirekt die Rede- und Äußerungsfreiheit.

Dies ambige Bild bezüglich der Justiz gilt für alle staatlichen und nichtstaatlichen Institutionen. Alle müssen selbstreflexiver und durchlässiger werden. Das geht nur im laufenden Prozess und kaum von Grund auf.

5. Justiz und Juristen

In die Verbrechen während des Nationalsozialismus waren neben den Medizinern wesentlich die Juristen vielfältig involviert, zum Teil als treibende Kräfte, zum Teil als Mitläufer (vgl. die Beiträge in Haferkamp, Szöllösi und Ullmann (Hg.) 2012). Diese tiefe Verstrickung in die nationalsozialistischen Verbrechen machte die bundesdeutsche Justiz, in deren Personal sich zahlreiche belastete Richter, Staatsanwälte, Verteidiger, aber auch Gefängnisdirektoren fanden, im Grunde genommen ungeeignet, die Verbrechen aufzuarbeiten. (Ebenso, wie katholische Priester für Opfer sexuellen Missbrauchs durch Priester kaum die besten Ansprechpartner sind; André 2012, S. 92). Insbesondere führte das dazu, dass keiner der belasteten Juristen wegen Rechtsbeugung angeklagt oder verurteilt wurde. Das so genannte „Richterprivileg" wurde extrem ausgeweitet. Der Schutz und das Ansehen der Institution kann schnell wichtiger werden als die Verfolgung der Ziele, die sie von Rechts wegen zu verfolgen hat (Bergmann 2012, S. 96).

Die nationale Strafjustiz wird man also, wenn überhaupt, nur dann mit der Durchführung solcher Prozesse beauftragen können, wenn sie in die Verbrechen unter der Diktatur nicht verwickelt war.

Eine letzte Frage ist, ob Juristen bei der „Vergangenheitsbewältigung" richtig sind – eine professionsspezifische Frage (Vormbaum 2013). Historisch war es nie ein Problem, staatsnahe Juristen auch für Diktaturen zu finden. Sie waren oft prominente Mittäter. Soweit kann man ihre Eignung anzweifeln. Allerdings sind andere Professionen, wie etwa die Mediziner, aber auch Psychologen und Psychoanalytiker keineswegs immun und nicht notwendigerweise unbelastet.

Für die Aufklärung in dem umrissenen kriminologischen Sinne sind Juristen jedoch nicht prädestiniert. Von den Professionen her sollte die Kommission gemischt besetzt sein.

Wenn eine Belastung oder „Mittäterschaft“ so oft im Raume steht, liegt eine internationale Mediatisierung nahe.

Abschließend möchte ich noch einmal betonen, dass ich mich auf die Faktoren für die Wiederholungsgefahr bezogen habe, die auf die Aufarbeitung und dadurch ermöglichte Verhütung künftiger Verbrechen bezogen sind. Die wesentlichen Faktoren für die Entwicklung diktatorischer Unrechtsverhältnisse sind hier nicht behandelt. Ohne sie adäquat zu berücksichtigen und zu verändern, wird die Transition nicht dauerhaft gelingen können. Umgekehrt jedoch kann die „Vergangenheitsbewältigung“ in dem hier geschilderten Sinne dazu beitragen, dass jene Ursachen überhaupt gesellschaftlich und politisch wahrgenommen und verändert werden können. Die Auseinandersetzungen im Rahmen einer TRC können auf diese Weise auch der demokratischen und so letztlich praktischen Durchsetzung der Menschenrechte dienen (vgl. Haller 2012, S. 106 ff.). Eine auf internationalen Druck in Gang gesetzte Strafverfolgung kann leicht den entgegengesetzten Effekt haben. Die Betroffenen gelangen nicht zur Einsicht und die indirekt aufgerufenen Menschenrechte entbehren der demokratischen Legitimation (Haller 2012, S. 116 f.) Stehen sich der individuelle Verletzte und der individuelle Verletzer gegenüber, werden Menschenrechte gleichsam privatisiert (Haller 2012, S. 132 f.).

6. Fazit

Wenn die in das Modell eingegangenen Annahmen zutreffend sind, ist eine TRC, die zur Entwicklung poröser Institutionen beiträgt, gegenüber der staatlichen Strafverfolgung deutlich, aber auch noch gegenüber der Amnestie vorzugswürdig, weil sie mehr zur Rückfallvermeidung beiträgt.

Die Modellannahmen sind großenteils alt, seit langem gut bestätigt, aber die Botschaften treffen über Jahrzehnte auf taube Ohren. Was die Zwecklosigkeit des Strafens und seine schädlichen Nebenwirkungen angeht, kann man in die Lerntheorie bis zu „Thorndikes Katzen“ ins Jahr 1907 zurückgehen, die Versuche von Milgram und Zimbardo lagen in der zweiten Hälfte des letzten Jahrhunderts und nähern sich dem stattlichen Alter von 50 Jahren und auch im Übrigen sind die sozialpsychologischen Befunde, die das hohe Maß an Beeinflussbarkeit durch andere Individuen oder durch den sozialen Kontext selbst belegen, alt. Auch die psychoanalytischen Untersuchungen haben eine lange Geschichte.

Auch meine Ohren blieben über gut 20 Jahre taub. Schon Anfang der 80er Jahre kannte ich die Experimente von Milgram und Zimbardo. Erst als Folter in

Frankfurt (der Fall des stv. Polizeipräsidenten Daschner) und im US-Regime in Abu Ghraib mich aufschreckte, verstand ich ihre kriminologische Relevanz. Wir müssen lernen, unbequeme Botschaften und schmerzliche Wahrheiten anzuerkennen. Dazu gehört der Luzifer-Effekt in den alltäglichen institutionellen Verhältnissen. Der Blick in die Vergangenheit muss Hand in Hand gehen mit dem auf die Gegenwart. Vergangenheitsbewältigung heißt,

(1) eine angemessene Repräsentation zu schaffen, öffentlich, damit sie in das kulturelle Gedächtnis Eingang finden kann,

(2) eine Geschichte der Kontinuitäten zu schreiben, die den Übergang in die Diktatur und den heraus zur Demokratie begleiten und

(3) diesen Kontinuitäten in dem Prozess der Vergangenheitsbewältigung selbst nachzuspüren.

Wer diese Geschichte nicht schreiben will – Amnestie – geht das Rückfallrisiko ein ebenso wie der, der bestrafen will. Denn wer sich legitimiert sieht, schuldig zu sprechen und zu strafen, kann seine eigene Schuld oder – prospektiv – Verantwortung, kaum adäquat wahrnehmen.

Eine Wahrheits- und Versöhnungskommission ist eine in Organisationen umgesetzte Institution. Sie unterliegt denselben Prozessen, die sie aufarbeiten will. Unausweichlich muss sie die Selbstreflexion und „Löchrigkeit" ihrer selbst im Blick behalten, während sie die Verbrechen in der Diktatur aufarbeitet.

Literatur

Abrao, P. / Torelly, M. (2012): The Reparations Program as the Lynchpin of Transitional Justice in Brazil. In: Transitional Justice. Handbook for Latin America, ed. Reátegui, F., Brasil: Ministério da Justica, 2012, S. 443–486.

André, H. (2012): Das Canisius-Kolleg und der „Eckige Tisch". In: Zerstörerische Vorgänge, Hg. Andresen, S. / Heitmeyer, W., Weinheim: Beltz, 2012, S. 82–95.

Andresen, S. / Heitmeyer, W. (2012): Zerstörerische Vorgänge. Missachtung und sexuelle Gewalt gegen Kinder und Jugendliche in Institutionen – eine Einleitung. In: Zerstörerische Vorgänge, ed. Andresen, S. / Heitmeyer, W., Weinheim: Beltz, 2012, S. 11–19.

Arthur, P. (2012): How „Transitions" Reshaped Human Rights: A Conceptual History of Transitional Justice. In: Transitional Justice. Handbook for Latin America, ed. Reátegui F. Brasil: Ministério da Justica, 2012, S. 69–124.

Baumann, M.M. (2011): Verabschiedung von den Opfern? Die namenlose Tragik des Friedens in Nordirland. In: Nach Krieg, Gewalt und Repression. Vom schwierigen Umgang mit der Vergangenheit, ed. Buckley-Zistel, S. / Kater, T., Baden-Baden: Nomos, 2011, S. 39–57.

Bar-On, D. (1993): Die Last des Schweigens. Gespräche mit Kindern von Nazi-Tätern. Frankfurt: Campus.

Behnisch, M. / Rose, L. (2012): Frontlinien und Ausblendungen. Eine Analyse der Mediendebatte um den Missbrauch in pädagogischen und kirchlichen Institutionen des Jahres 2010. In: Zerstörerische Vorgänge, ed. Andresen S. / Heitmeyer W., Weinheim: Beltz, 2012, S. 308–328.

Bergmann, C. (2012): Sexueller Missbrauch ist kein Thema der Vergangenheit. Erfahrungen und Ergebnisse nach eineinhalb Jahren Aufarbeitung. In: Zerstörerische Vorgänge, ed. Andresen, S. / Heitmeyer, W., Weinheim: Beltz, 2012, S. 96–110.

Brunner, J. (1996): Freud und die Politik der Religion. Psyche (50), S. 786–816.

Buckley-Zistel, S. (2011): Einleitung: Nach Krieg, Gewalt und Repression. In: Nach Krieg, Gewalt und Repression. Vom schwierigen Umgang mit der Vergangenheit, ed. Buckley-Zistel, S. / Kater, T., Baden-Baden: Nomos, 2011, S. 7–20.

Buckley-Zistel, S. / Oettler, A. (2011): Was bedeutet: Transitional Justice?. In: Nach Krieg, Gewalt und Repression. Vom schwierigen Umgang mit der Vergangenheit, ed. Buckley-Zistel, S. / Kater, T., Baden-Baden: Nomos, 2011, S. 21–37.

Burt, J.M. (2012): Challenging Impunity in Domestic Courts: Human Rights Prosecutions in Latin America. In: Transitional Justice. Handbook for Latin America, ed. Reátegui, F., Brasil: Ministério da Justica, 2012, S. 285–314.

Canton, S. (2012): Amnesty Laws. In: Transitional Justice. Handbook for Latin America, ed. Reátegui, F., Brasil: Ministério da Justica, 2012, S. 245–270.

Castoriadis, C. (1996): Psychoanalyse und Politik. Psyche (50), S. 902–915.

Correra, C. (2012): Reparation Programs for Mass Violations of Human Rights: Lessons from Experiences in Argentina, Chile and Peru. In: Transitional Justice. Handbook for Latin America, ed. Reátegui, F., Brasil: Ministério da Justica, 2012, S. 409–442.

da Silva Catela, L. (2012): The World of Archives. In: Transitional Justice. Handbook for Latin America, ed. Reátegui, F., Brasil: Ministério da Justica, 2012, S. 353–376.

de Greiff, P. (2012): Justice and Reparations. In: Transitional Justice. Handbook for Latin America, ed. Reátegui F. Brasil: Ministério da Justica, 2012, S. 377–408.

Erdheim, M. (1982): Die gesellschaftliche Produktion von Unbewußtheit – Eine Einführung in den ethnopsychoanalytischen Prozeß. Frankfurt/M.: Suhrkamp.

Entorf, H. (1995): Kriminalität und Ökonomie. Eine Bestandsaufnahme. Mannheim: Institut f. Volkswirtschaftslehre u. Statistik.

Fabricius, D. (2006): Folter und unmenschliche Behandlung in Institutionen. Feldeffekte und Schuldfähigkeit als kriminogene Faktoren. Hamburg: Merus.

Fegert, J. / Rassenhofer, M. / Schneider, T. (2012): Betroffene hören. Ergebnisse der Begleitforschung für die telefonische Anlaufstelle der Unabhängigen Beauftragten zur Aufarbeitung des sexuellen Kindesmissbrauchs und Diskussion einer Forschungsagenda. In: Zerstörerische Vorgänge, ed. Andresen, S. / Heitmeyer, W., Weinheim: Beltz, 2012, S. 111–129.

Fischer, M. (2011): Struggling for Justice, Truth and Reconciliation in the Western Balkans. In: Nach Krieg, Gewalt und Repression. Vom schwierigen Umgang mit der Vergangenheit, ed. Buckley-Zistel, S. / Kater, T., Baden-Baden: Nomos, 2011, S. 59–79.

Galain-Palermo, P. (2012): Übergangsjustiz und Vergangenheitsbewältigung in Uruguay.

Gericke, C. / Mühlhäuser, R. (2011): Vergebung und Aussöhnung nach sexuellen Gewaltverbrechen. In: Nach Krieg, Gewalt und Repression. Vom schwierigen Umgang mit der Vergangenheit, ed. Buckley-Zistel, S. / Kater, T., Baden-Baden: Nomos, 2011, S. 91–111.

González, Cueva E. (2012): Where Are Truth Commissions Headed?. In: Transitional Justice. Handbook for Latin America, ed. Reátegui, F., Brasil: Ministério da Justica, 2012, S. 315–330.

Goffmann, E. (1961): Asyle. Über die soziale Situation psychiatrischer Patienten und anderer Insassen. Frankfurt (1972): Suhrkamp.

Haller, G. (2012): Menschenrechte ohne Demokratie? Der Weg der Versöhnung von Freiheit und Gleichheit. Berlin: Aufbau.

Hankel, G. (2011): Die Gacaca-Justiz in Ruanda – ein kritischer Rückblick. In: Nach Krieg, Gewalt und Repression. Vom schwierigen Umgang mit der Vergangenheit, ed. Buckley-Zistel, S. / Kater, T., Baden-Baden: Nomos, 2011, S. 167–183.

Hattie, J. (2009): Visible Learning. A Synthesis over 800 Meta-Analysis relating to achievement. London: Routledge.

Heidhues, A.N. (2011): Umstrittenes Terrain. In: Nach Krieg, Gewalt und Repression. Vom schwierigen Umgang mit der Vergangenheit, ed. Buckley-Zistel, S. / Kater, T., Baden-Baden: Nomos, 2011, S. 221–241.

Heitmeyer, W. (2012): Sozialer Tod. Sexuelle Gewalt in Institutionen: Mechanismen und System. In: Zerstörerische Vorgänge, ed. Andresen, S. / Heitmeyer, W., Weinheim: Beltz, 2012, S. 22–35.

Helming, E. / Mayer, M (2012), „Also über eine gute Sexualität zu reden, aber auch über die Risiken, das ist eine ganz große Herausforderung“ – Einige ausgewählte Aspekte zum Umgang mit Sexualität und sexueller Gewalt in institutionellen Kontexten, die mit Kindern und Jugendlichen arbeiten. In: Zerstörerische Vorgänge, ed. Andresen S / Heitmeyer, W., Weinheim: Beltz, 2012, S. 49–65.

Hirschman, A.O. (1974), Abwanderung und Widerspruch. Reaktionen auf Leistungsabfall bei Unternehmungen, Organisationen und Staaten. Tübingen: Mohr (Siebeck).

Hoffmann, K. (2011), Internationale Strafgerichte und Tribunale und ihre (potentielle) Rolle im Versöhnungsprozess. In: Nach Krieg, Gewalt und Repression. Vom schwierigen Umgang mit der Vergangenheit, ed. Buckley-Zistel, S. / Kater, T., Baden-Baden: Nomos, 2011, S. 81–90.

Jiménez, J.P. (2010): Soziopolitische Gewalt: Psychosoziale Strategien und Maßnahmen zur Wiedergutmachung – der Fall Chile. Psyche (64), S. 336–352.

Kattermann, V. (2012): Vom allmählichen Metabolisieren der Vergangenheit. Versuch einer Differenzierung im Verständnis sozialen Erinnerns. Psyche (6), S. 481–505.

Kernberg, O.F. (2001): Psychoanalytische Beiträge zur Verhinderung gesellschaftlich sanktionierter Gewalt. Psyche (55), S. 1086–1109.

Koch, K. (2012): Das Kind als Feind, das Kind als Freund. Was haben nationalsozialistisches Erziehungserbe und pädophile Ideologie mit der gegenwärtigen Missbrauchsdebatte zu tun?. In: Zerstörerische Vorgänge, ed. Andresen, S. / Heitmeyer, W., Weinheim: Beltz, 2012, S. 228–242.

Lepper, M.R. / Greene, D. / Nisbett, R. (1973): Undermining Children's Intrinsic Interest with Extrinsic Reward: A Test of the „Overjustification" Hypothesis. J Personality Social Psychology (28), S. 129–137.

Levitt, C. (2012): Sigmund Freuds intensive Lektüre der Schriften Ludwig Feuerbachs. Psyche (66), S. 433–455.

Ley, T. / Ziegler, H. (2012): Rollendiffusion und sexueller Missbrauch. Organisations- und professionstheoretische Perspektiven. In: Zerstörerische Vorgänge, ed. Andresen, S. / Heitmeyer, W., Weinheim: Beltz, 2012, S. 264–280.

Löbsack, L. (2012): Verfassung und Alltag. Aachen: Shaker.

Maciejewski, F. (2008): Psychoanalytische Kulturtheorie (Freud) und kulturwissenschaftliche Gedächtnistheorie (Assmann). Psyche (62), S. 235–252.

Maffettone, S. (2005): Neue Identitäten. Psyche (59), S. 629–662.

Maslach, C. (2000): An Outsiders View of the Underside of the Standford Prison Experiment. In: Obedience to Authority: Current Perspectives on the Milgram Paradigm, ed. Blass, T., Hove and London: Erlbaum, 2000, S. 209–213.

Méndez, J.E. (2012): Accountability for Past Abuses. In: Transitional Justice. Handbook for Latin America, ed. Reátegui, F., Brasil: Ministério da Justica, 2012, S. 179–210.

Mentzos, S. (1993): Der Krieg und seine psychosozialen Funktionen. Frankfurt/M.: Fischer.

Meyer, B. (2011): Flexibles Kunstwerk am Paradeplatz oder: Was für ein Denkmal braucht Deutschland für die toten Bundeswehr-Soldaten? In: Nach Krieg, Gewalt und Repression. Vom schwierigen Umgang mit der Vergangenheit, ed. Buckley-Zistel, S. / Kater, T., Baden-Baden: Nomos, 2011, S. 205–220.

Möller, C. (2003): Völkerstrafrecht und Internationaler Strafgerichtshof – kriminologische, straftheoretische und rechtspolitische Aspekte. Münster.

Neier, A. (1998): War Crimes. Brutality, Genocide, Terror, and the Struggle for Justice. N.Y.: Times Books.

Neubacher, F. (2002): Verbrechen aus Gehorsam – Folgerungen aus dem Milgram-Experiment für Strafrecht und Kriminologie. In: Sozialpsychologische Experimente in der Kriminologie, ed. Neubacher, F. / Walter, M., Münster: LIT, 2002, S. 43–67.

Neubacher, F. (2005): Kriminologische Grundlagen einer internationalen Strafgerichtsbarkeit. Tübingen: Mohr (Siebeck).

Neuner, F. (2012): Traumatisierung durch Gewalterfahrungen in Institutionen des Aufwachsens. In: Zerstörerische Vorgänge, ed. Andresen, S. / Heitmeyer, W., Weinheim: Beltz, 2012, S. 36–48.

Pink, D.H. (2010): Drive. The surprising truth about what motivates us. Edinburgh u.a.: Keningate.

Prengel, A. (2012): Respekt und Missachtung. Interaktionen zwischen LehrerInnen und SchülerInnen. In: Zerstörerische Vorgänge, ed. Andresen, S. / Heitmeyer, W., Weinheim: Beltz, 2012, S. 178–194.

Reátegui, F. (2012): Introduction. In: Transitional Justice. Handbook for Latin America, ed. Reátegui, F., Brasil: Ministério da Justica, 2012, S. 33–44.

Reátegui, F. (2012): The Victims Remember. Notes on the Social Practice of Memory. In: Transitional Justice. Handbook for Latin America, ed. Reátegui, F., Brasil: Ministério da Justica, 2012, S. 331–352.

Reese, C. (2004): Großverbrechen und kriminologische Konzepte. Versuch einer theoretischen Integration. Münster: Lit.

Roht-Arriaza, N. (2012): The Need for Moral Reconstruction in the Wake of Past Human Rights Violations. An Interview with José Zalaquett. In: Transitional Justice. Handbook for Latin America, ed. Reátegui, F., Brasil: Ministério da Justica, 2012, S. 159–178.

Roht-Arriaza, N. / Orlovsky, K. (2012): A Complementary Relationship: Reparations and Development. In: Transitional Justice. Handbook for Latin America, ed. Reátegui, F. Brasil: Ministério da Justica, 2012, S. 487–532.

Salmón, E. (2012): Reflections on International Humanitarian Law and Transitional Justice: Lessons to Be Learnt from the Latin American Experience. In: Transitional Justice. Handbook for Latin America, ed. Reátegui, F., Brasil: MInistério da Justica, 2012, S. 211–244.

Schäfer, R. (2011), Gender in der südafrikanischen Wahrheits- und Versöhnungskommission. In: Nach Krieg, Gewalt und Repression. Vom schwierigen Umgang mit der Vergangenheit, ed. Buckley-Zistel, S. / Kater, T., Baden-Baden: Nomos, 2011, S. 151–166.

Sievers, B. (2008): Die psychotische Organisation: Eine sozioanalytische Perspektive. Psyche (62), S. 581–602.

Sperber, D. (1989): Das Wissen des Ethnologen. Frankfurt; New York: Qumran.

Stein, R. (2005): Das Böse als Liebe und Befreiung: Zur psychischen Verfassung religiös motivierter Selbstmordattentäter. Psyche (59), S. 97–126.

Sterman, J. (2000): Business Dynamics. New York: McGraw-Hill.

Stiglitz, J. (2009): Im freien Fall. München: Siedler.

Teitel, R. (2012): Transitional Justice Genealogy. In: Transitional Justice. Handbook for Latin America, ed. Reátegui, F., Brasil: Ministério da Justica, 2012, S. 125–158.

Tuckett, D. (2011): Minding the Markets. An Emotional Finance View of Financial Instability. Houndmills/New York: PalgraveMcMillan.

Van Zyl, P. (2012): Promoting Transitional Justice in Post Conflict Societies. In: Transitional Justice. Handbook for Latin America, ed. Reátegui F., Brasil: Ministério da Justica, 2012, S. 45–68.

Varvin, S. / Jovic, V. / Rosenbaum, B. (2012): Traumatische Träume: Streben nach Beziehung. Psyche, S. 937–967.

Volkan, V.D. (2000): Großgruppenidentität und auserwähltes Trauma. Psyche (54), S. 931–953.

Vormbaum, T.: Die strafrechtliche Transition in Deutschland nach 1945 unter besonderer Berücksichtigung der Aufarbeitung des Justizunrechts der NS-Zeit, in diesem Band.

Weinke, A. (2011): Transnationale „Übergangsjustiz“ und nationale „Vergangenheitsbewältigung“. In: Nach Krieg, Gewalt und Repression. Vom schwierigen Umgang mit der Vergangenheit, ed. Buckley-Zistel, S. / Kater, T., Baden-Baden: Nomos, 2011, S. 113–130.

Winnicott, D.W. (1965): Familie und individuelle Entwicklung. Frankfurt/M. (1978): Fischer.

Wirth, H.J. (2001): Fremdenhass und Gewalt als familiäre und psychosoziale Krankheit. Psyche (55), S. 1217–1244.

Wurmser, L. (1989): Die zerbrochene Wirklichkeit. Psychoanalyse als das Studium von Konflikt und Komplementarität. Berlin/Heidelberg/New York: Springer.

Zimbardo, P.G. (2007): The Lucifer-Effect. London: Random House.

Stellt die Amnestie ein Hindernis für die brasilianische „*Transitional Justice*“ dar?[1]

Lauro Joppert Swensson Jr.

1. Problematik

Mit der durch das Gesetz Nr. 6.683 vom 28. August 1979 verkündeten Amnestie hat Brasilien den Tätern schwerer Verbrechen wie Folter, summarische Hinrichtungen und gewaltsames Verschwindenlassen von Personen, die als Maßnahmen der politischen Repression begangen worden waren, Straflosigkeit gewährt. In der brasilianischen gerichtlich Praxis setzt sich bis heute die Meinung durch, dass die Gewährung der Amnestie durch das Gesetz Nr. 6.683 auf der Grundlage eines weiten Kriteriums *sui generis* erfolgte und zwar des Kriteriums der politischen Motivation der Tat, unabhängig von der Identität des Täters oder des verletzten Rechtsgutes. Folglich umfasste die Amnestie sowohl diejenigen, die für den Sturz der Diktatur, als auch diejenigen, die für ihren Erhalt gekämpft hatten. Dieses Verständnis wurde sogar am 29. April 2010 vom Obersten Bundesgerichtshof (*Supremo Tribunal Federal – STF*) bestätigt, in seinem Urteil zur „Klage auf Feststellung der Nichterfüllung einer Fundamentalen Vorschrift“ Nr. 153 (*Arguição de Descumprimento de Preceito Fundamental Nr. 153 – ADPF/153*).

Aus diesen Umständen wird heftige Kritik an der brasilianischen *Transitional Justice* und an der Entscheidung der ADPF/153 durch den *Supremo Tribunal Federal* geübt. Insbesondere werden sie sowohl im Vergleich mit den Wegen, die unsere südamerikanischen Nachbarn einschlugen, als sie ihre eigenen Amnestiegesetze aufhoben,[2] als auch im Vergleich mit der richtungsweisenden Rechtsprechung des Interamerikanischen Gerichtshofs für Menschenrechte

1 Der vorliegende Text ist eine durchgesehene und erweiterte Fassung der Arbeit, die bereits im Sammelband "Justiça de Transição – Reparação, Verdade e Justiça. Perspectivas comparadas Brasil-Espanha" [Proner, Abrão, Fernández (Hrsg.), Belo Horizonte, 2013] veröffentlicht wurde, auf der Grundlage des Kongresses, der vom 11. bis 13. Mai 2011 in Sevilla stattfand. Ich möchte mich bei Erika C. Vegners für die wertvolle kritische Lesung und für die Korrektur des Manuskripts bedanken. Für eventuelle Fehler bin ich verantwortlich.

2 Mit Ausnahme von Uruguay. Neben zwei Volksabstimmungen, die die Gültigkeit des Amnestiegesetzes bestätigten, besteht die kürzlich ergangene Entscheidung des *Suprema Corte de Justicia* in diesem Sinne.

(CIHD) in den Fällen *Barrios Altos gegen Peru*, vom 14. März 2001, *La Cantuta gegen Peru*, vom 29. November 2006, *Almonacid Arellano et. al. gegen Chile*, vom 26. September 2006, *Massacre de la Rochela gegen Kolumbien*, vom 11. Mai 2007 und in Bezug auf Brasilien, *Caso Gomes Lund gegen Brasil (Guerilla von Araguaia)*, vom 24 November 2010, kritisiert.[3]

Das von der Kritik wiederholt vorgetragene Argument ist, dass Brasilien wegen der Straflosigkeit, die den Tätern von Staatsverbrechen vom Amnestiegesetz gewährt wurde, noch keine geeignete, ausreichende, richtige und befriedigende *Transitional Justice* verwirklicht hat. Die Amnestie sei also ein Hindernis – wenn nicht sogar das größte Hindernis – für die brasilianische *Transitional Justice*.[4]

Es wird nicht definiert und noch weniger detailliert diskutiert, *wer* darüber entscheidet, *was* eine geeignete, ausreichende, richtige und befriedigende politische Transition ist und welche Kriterien für die Beurteilung dieser Eignung, Suffizienz, Richtigkeit oder Zufriedenstellung verwendet werden sollen. Trotzdem geht man von der Voraussetzung aus, dass die politische Transition zur Demokratie oder die *Transitional Justice* nicht „geeignet“ ist, weil man keine Wahrheitskommission errichtete und weil die Strafverfolgung der mutmaßlichen Täter von Verbrechen, die während der politischen Repression begangen worden

---

3 Vgl. dazu *T. Genro*, Teoria da Democracia e Justiça de Transição, in: Abrão, Genro, Os Direitos da Transição e a Democracia no Brasil, Belo Horizonte, 2012, S. 90.

4 Wie zum Beispiel *José Carlos Moreira da Silva Filho* im Hinblick auf die brasilianische *Transitional Justice*: „Der Mangel an einer angemessenen politischen Transition (zur Demokratie) trägt dazu bei, dass sich die Demokratie nicht entwickelt, dass sie in einem demokratischen Diskurs isoliert bleibt, dem in der Tat eine autoritäre Praxis entspricht. In Bezug auf die zivil-militärische Diktatur, die Brasilien seit 1964 aufgezwungen wurde, ist offensichtlich, dass noch keine adäquate Transition stattfand. Im Gegensatz zu anderen lateinamerikanischen Ländern, die im gleichen Zeitraum bittere Diktaturen erlebt haben, gab es in Brasilien bis vor kurzem keine Wahrheitskommission und noch weniger fand die Ermittlung und die strafrechtliche Verantwortlichkeit der staatlichen Bediensteten und ihrer Befehlshaber, die Verbrechen gegen die Menschlichkeit begangen hatten, statt. Dies spiegelt sich in der Fortsetzung der extremen Gewalt wider, die von den öffentlichen Sicherheitskräften angewendet wird, und insbesondere in der Folter als Methode der Kriminalermittlung. Es spiegelt sich auch im konservativen Wesen der brasilianischen Justiz wider.“ *Silva Filho*, O Julgamento da ADPF 153 pelo Supremo Tribunal Federal e a Inacabada Transição Democrática Brasileira, s/d, verfügbar unter: <http://idejust.files.wordpress.com/2010/07/o-julgamento-da-adpf-153-pelo-supremo-tribunal-federal-e-a-inacabada-transicao-democratica-brasileira.pdf>, S. 2. Eine frühere Fassung dieses Aufsatzes ist in: *ders*, O Julgamento da ADPF 153 pelo Supremo Tribunal Federal e a Inacabada Transição Democrática Brasileira, in: Soares, Piovesan (Hrsg.), Direito ao Desenvolvimento, São Paulo, 2010, S. 515–545, zu finden.

sind, nicht durchgeführt wurde. Wenn die Ursache der fehlenden Strafverfolgung die Amnestie und die Ursache der ungeeigneten politischen Transition die fehlende Strafverfolgung ist, dann ist die Amnestie ein Haupthindernis für die adäquate *Transitional Justice*.[5]

Das Problem, sollte diese Folgerung bis zu Ende gedacht werden, besteht darin, dass sie uns einerseits zu einer zu starken Vereinfachung der Idee der *Transitional Justice* selbst führen würde, die jedoch als Phänomen viel komplexer und umfassender ist, als die einfache Bestrafung der Täter von Verbrechen, welche unter dem autoritären Regime begangen wurden. Andererseits würde die Folgerung auch zu dem Trugschluss führen, dass jedes Land, das sich für die Amnestie der staatlichen Bediensteten, welche Verbrechen während der politischen Repressionen begangen haben, entschiede, zwangsläufig eine „ungeeignete“ und zum Scheitern verurteilte *Transitional Justice* haben müsste. Es soll deswegen überprüft werden, in welchem Ausmaß eine Amnestie die *Transitional Justice* eines Landes beeinflusst, kompromittiert oder ihr schadet. Stellt das Gesetz Nr. 6.683/79, das die Straflosigkeit der Repressionstäter der Diktatur garantierte und immer noch garantiert, tatsächlich ein großes Hindernis für die brasilianische *Transitional Justice* dar?

2. Neun Thesen über die Amnestie

Es findet in Brasilien, insbesondere im juristischen Bereich, eine junge und bereits umfangreiche Debatte über die Gültigkeit unserer Amnestie für die Täter der staatlichen Repression statt, die im Urteil der ADPF/153 durch das *Supremo Tribunal Federal* gipfelt. Um diese Fragen zu beantworten, werde ich mich nur auf neun kritische Punkte der Amnestie konzentrieren, die nach meiner Sicht aus den divergierenden Interpretationen über die Bedeutung der Amnestie herausragen. Zur Durchführung dieser Analyse wird das Urteil des *Supremo Tribunal*

---

5 Nach *Glenda Mezarobba* [O que é justiça de transição? Uma análise do conceito a partir do caso brasileiro, in: Soares, Kishi, Memória e verdade. A justiça de transição no estado democrático brasileiro. Belo Horizonte, 2009, S. 44]: „Solche Rechte und Pflichten (der *Transitional Justice*) stützen sich auf die in den letzten 60 Jahren vertiefte Auffassung, dass die Straflosigkeit ein Hindernis für die Entwicklung der Demokratie wäre und eine beträchtliche Bedrohung für den Demokratisierungsprozess darstellen würde.“ Laut *Silva Filho,* (Fn. 4), S. 4, in Bezug auf die Entscheidung des *Supremo Tribunal Federal* in der ADPF Nr. 153: „Dieses Urteil ist ein deutlicher Beweis, dass Brasilien in den Fragen der Stärkung der Demokratie und der Entwicklung, die von einem adäquaten Transitionsprozesse zu erwarten sind, noch auf allen Vieren kriecht.“ In diesem Sinn, auch *D. Ventura*, a interpretação judicial da Lei de Anistia brasileira e o direito Internacional, in: Payne, Abrão et. al. (Hrsg.), A anistia na era da responsabilização: o Brasil em perspectiva internacional e comparada, Brasília, Oxford, 2011, S. 308–343.

Federal über die ADPF/153 vertikal geprüft. Folglich beziehen sich alle von nun an in dieser Arbeit zitierten Abstimmungen auf dieses Urteil.

1) *Amnestie ist keine Vergebung.* Nur die direkten und indirekten Opfer (zum Beispiel Familienangehörige) der Gewalt und der Kriminalität des Militärregimes können vergeben, niemals der Staat durch Legislative, Exekutive oder Judikative. Vergebung ist individuell, persönlich. Sie betrifft nur den Täter einerseits und das Opfer andererseits. Nur wer die Tat beging, kann um Vergebung bitten. Ebenfalls kann nur der, der die Tat erlitt, vergeben. Eine Gesellschaft vergibt nicht. Ebenso wenig gibt es eine wahre kollektive Vergebung. Bei Intervention eines Dritten kann man über Amnestie, Versöhnung, Reparation etc. sprechen, nie aber über Vergebung.[6]

Es ist tatsächlich so, dass in diesem historischen Moment, in dem wir leben, und vor allem in einem Kontext der politischen Transition, üblicherweise eine ganze „Theaterbühne" errichtet wird, auf der, wahrhaftig oder nicht, die „große Vergebung" und die „große Szene der Reue" inszeniert werden. Zum Beispiel: die Bitte um Vergebung von Papst Johannes Paul II für die Taten, die in der Vergangenheit von Katholiken u. a. gegen Indianer und Schwarze (Oktober 1992), gegen Juden (März 2000) und gegen die Bevölkerung von Kroatien und Bosnien während des Krieges zwischen 1992 und 1995 (Juni 2003) begangen wurden. Oder auch der weltbekannte „Kniefall von Warschau" vom 7. Dezember 1970 vor dem Denkmal des Aufstandes des Warschauer Gettos 1943, dessen Protagonist der damalige Bundeskanzler der Bundesrepublik Deutschland, Willy Brandt war. Es handelt sich daher um eine „Vergebung" des politischen Sys-

---

6 *K. Ambos*, The legal framework of transitional justice: a systematic study with a special focus on the role of the ICC, in: Ambos, Large, Wierda (Hrsg.), Building a future on peace and justice: studies on transitional justice, peace and development. Berlin, Heidelberg, 2009, S. 27, Fn. 48. Dagegen, *Silva Filho* (Fn. 4), S. 42; Ação de Descumprimento de Preceito Fundamental n. 153 (ADPF/153), Abstimmungen von: *Carmen Lúcia*, S. 95: „(…) mehr als eine Amnestie, welche das Ergebnis einer Vergebung ist"; *Ayres Britto*, S. 135: „Ich sage dies, weil die Amnestie eine Vergebung ist, aber sie ist eine kollektive Vergebung. Die Gemeinschaft vergibt dem, der bestimmte Straftaten begangen hat"; *Marco Aurélio*, S. 155: „Amnestie schlägt endgültig eine neue Seite auf, sie ist eine Vergebung im höchsten Sinn, sie bedeutet die Lösung von Leidenschaften, die nicht immer zum angestrebten kulturellen Fortschritt beitragen"; *Cezar Peluso*, S. 206: „deren Verbrechen vergeben wurden" und S. 214: „nur eine höhere Gesellschaft, die sich durch das Bewusstsein der erhabensten Menschlichkeitsgefühle auszeichnet, kann vergeben, weil nur eine Gesellschaft, die diese Größe besitzt, größer ist als ihre Feinde und sie überleben kann. Eine Gesellschaft, die gegen ihre Feinde kämpfen will mit den gleichen Waffen, mit den gleichen Instrumenten, mit den gleichen Gefühlen wie sie, ist zu einem historischen Scheitern verurteilt."

tems, das in seiner Semantik strategische Überlegungen, Verhandlungen, Bedingungen und die Abwägung von Zwecken und Interessen erlaubt, seien sie edler Natur oder nicht.

Auf der anderen Seite bedeutet Vergebung aus einer mehr philosophischen (Derrida) und auch theologischen (die Paulinischen Briefe) Sichtweise,[7] auf die ich mich beziehe, genau das Gegenteil: einen Verzicht ohne Rechtfertigung, ohne Bedingungen, nicht verhandelbar, ökonomisch, politisch und nicht strategisch. Aus dieser Perspektive ist es zu erwähnen dass, auch wenn man einem Folteropfer oder der Familie eines aus politischen Gründen Verschwundenen sehr gute (politische, moralische, ethische, wirtschaftliche, religiöse etc.) Argumente für die Vergebung seines Peinigers anbieten könnte, wären sie trotzdem höchst wahrscheinlich nicht ausreichend. Es würde nichts geben, keine Norm (rechtliche, moralische, soziale, religiöse etc.) und kein Argument, das sie dazu bewegen könnte, zu vergeben. Und es sind jedoch gerade diese Situationen, in denen paradoxerweise die Vergebung in ihrem reinsten und authentischsten Sinn möglich wäre: als das Rätsel, nur das Unverzeihliche zu vergeben (oder es vergeben zu können).[8] Dieser Sinn ist also in keiner Weise der Bedeutung einer Amnestie gleichwertig oder ihr ähnlich.[9]

2) *Amnestie ist keine Aufhebung des Strafgesetzes*, obwohl bestimmte Autoren[10] und die Klageschrift der ADPF/153 selbst das Gegenteil behaupten. Zum Beispiel wird im Text der Klageschrift aufgeführt, dass „*anders als die Gnade und die Begnadigung, sie* [die Amnestie] *nicht nur die Strafbarkeit auflöst – wie der Artikel 107, II des Strafgesetzbuches unvollkommener Weise bestimmt –, sondern sie entkriminalisiert auch die kriminelle Tat. Rückwirkend bestimmt das Gesetz, dass bestimmte Straftaten aufhören, als solche betrachtet zu werden.*"[11] Diese Auffassung verwechselt Amnestie mit der teilweisen oder vollständigen

---

7 Gemäß der Evangelien, zum Beispiel, ist das Gebot Jesus Christus immer zu vergeben, unabhängig also von der Reue, dem Schuldbekenntnis, der Buße, dem Kompromiss die Sünde nicht wiederzuholen usw.

8 *J. Derrida*. El siglo y el perdón. Fe y saber. Buenos Aires, 2003, S. 7–39.

9 *L.J. Swensson Jr*, Anistia Penal. Problemas de validade da lei de anistia brasileira (Lei 6.683/79). Curitiba, 2007, S. 131–140.

10 *A. Bruno*, Direito Penal, III, 3. Aufl., São Paulo, 1967, S. 202, 203: „Sie [die Amnestie] beschränkt sich nicht auf die Strafausschließung, sie löscht das Verbrechen selbst und mit ihm alle strafrechtlichen Wirkungen (…). Zusammenfassend, die Amnestie bezweckt nicht, irgendjemanden zu bevorteilen; sie löscht das Verbrechen und folglich werden seine Täter von der jeweiligen Bestrafung ausgenommen". Vgl. auch ADPF/153, *Gilmar Mendes*, S. 250, der diesen Autor zitiert.

11 *Ordem dos Advogados do Brasil*, Conselho Federal, APDF/153, Petição Inicial, S. 17. verfügbar unter <http://www.oab.org.br/arquivos/pdf/Geral/ADPF_anistia.pdf<.

Aufhebung des Strafgesetzes und verstößt offensichtlich gegen das gesetzlich Vorgeschriebene (Art. 107 StGB II) und gegen einen guten Teil der Rechtslehre: dass die Amnestie ein Grund für die Aufhebung der Strafbarkeit ist (causa de extinção de punibilidade); sie lässt nur die Sanktionsnorm entfallen, nicht aber die Verhaltensnorm. Sie löscht das Verbrechen nicht, sondern bestimmt lediglich die Nicht-Anwendbarkeit der Strafe mit den jeweiligen Auswirkungen. Gerade weil die Amnestie die Verhaltensnorm nicht ungültig macht, löscht sie die zivilrechtliche Haftung des Amnestierten (in Bezug auf die Verletzung der jeweiligen Norm) nicht. Die Pflicht, die dem Opfer und Dritten verursachten Schäden wiedergutzumachen, sowie andere Arten von (nicht strafrechtlichen) Verantwortlichkeit (z. B. bei einem deklaratorischen Zivilprozess oder bei einem Prozess vor der Wahrheitskommission) bestehen bleibt.[12]

3) Vom rechtlichen Standpunkt aus betrachtet, *ist die Definition der Begünstigten der Amnestie politisch und bedingungslos.* Das heißt: die Entscheidung des Gesetzgebers über die Adressaten der Amnestie ist eine (juristisch) nicht bedingte Bestimmung, die von der Amnestie umfasst werden sollen, ist eine (juristisch) nicht bedingte Bestimmung. Das positive Recht setzt dem Ermessen der zuständigen Behörden keine Grenzen, weder bei der Entscheidung darüber, ob eine Amnestie zu verabschieden ist oder nicht, und noch weniger bei der Bestimmung der jeweiligen Adressaten.

Obwohl sich eine Amnestie in der Regel auf politische Verbrechen und auf Regimewechsel bezieht, bestimmt unsere aktuelle Bundesverfassung von 1988, sowie alle vorherigen Verfassungen der Brasilianischen Republik, keine Gründe für die Gewährung von Amnestie. Auch sieht die Verfassung bei der Bestimmung des Typus der Straftat oder der Identität des Täters keine Einschränkungen vor. Ausgenommen ist nur das aktuelle Verbot der Amnestie von Folter, Drogenhandel und Handel mit ähnlichen Rauschmitteln, Terrorismus und abscheulichen Verbrechen, das von Art. 5, XLIII GG vorgesehen wird. Dieses Verbot findet aber keine Anwendung auf Verbrechen, die vor dem Zeitpunkt der Verkündung der Verfassung begangen wurden, aufgrund des Prinzips des Rückwirkungsverbots zum Nachteil des Beschuldigten oder des Angeklagten, wie in Art. 5, XL GG vorgesehen.

---

12 *C.R. Bitencourt*, Tratado de direito penal: parte geral, São Paulo, 2003, S. 706; *P. Ferreira*, Anistia, in: Enciclopédia saraiva do direito, São Paulo, 1978, S. 419; *J.G. da Silva*, Anistia, in: Repertório enciclopédico do direito brasileiro, Rio de Janeiro, s/d, S. 282; *G. Zagrebelsky*, Amnistia, indulto e grazia: profili constitucional, Milano, 1974, S. 73; *Swensson Jr* (Fn. 9), 2007, S. 147 ff.

Die strafrechtliche Amnestie, für die der Bund zuständig ist (Art. 21, VXII GG) und die per einfachem Gesetz gewährt wird, (Art. 48, VIII GG) ist also ein politischer Akt, dessen Umfang hauptsächlich politisch definiert wird.[13] Jede neue Einschränkung der Macht der für die Gewährung der Amnestie zuständigen Behörde, wie das Verbot der Amnestie für die Täter von Verbrechen gegen die Menschlichkeit, kann nur durch einen Gesetzesvorschlag zur Änderung des Gesetzes vorgenommen werden[14] und gilt nur für die Taten, die nach der Verkündung des Gesetzes begangen wurden. Ansonsten ist eine solche Einschränkung des Gesetzes *de lege lata* nicht möglich.[15]

4) *Die Amnestie bezieht sich, durch eine allgemeine Beschreibung, auf eine bestimmte Kategorie von Ereignissen und nicht auf bestimmte Personen.* Der Bezug auf eine bestimmte Kategorie von Ereignissen im Allgemeinen und nicht auf einzelne Personen, ist eine Forderung der Verfassung selbst im Hinblick auf den Gleichheitsgrundsatz und auch der Strafgerechtigkeit.[16]

Nun ist es so, dass jede Amnestie eine gewisse Ungleichheit zwischen Amnestierten und nicht Amnestierten hervorbringt, zwischen denen, die von der Amnestie bevorteilt und jenen, die von ihr nicht bevorteilt wurden. In diesem Sinn verstößt jede Amnestie gegen den Gleichheitsgrundsatz, indem sie nur be-

---

13 *T.S. Ferraz Jr.* A Lei de Anistia impede a punição dos que praticaram tortura durante o regime militar? Sim. Folha de S. Paulo, 16/07/2008. Verfügbar unter <http://www.terciosampaioferrazjr.com.br/?q=/publicacoes-cientificas/123>; ADPF/153, *Gilmar Mendes*, S. 234 und 235; *D. Dimoulis*, Anistia, in: ders (Hrsg.), Dicionário brasileiro de direito constitucional. 2. Auf., São Paulo, 2012, S. 38, 39. Dagegen: *Ambos* (Fn. 6), 2009, S. 54: "Blanket amnesties are generally inadmissible"; *F.K. Comparato*. A Balança e a Espada, 2010. Verfügbar unter: <http://www.ajd.org.br/artigos_ver.php?idConteudo=59>.

14 Wie zum Beispiel der Gesetzesentwurf Nr. 4.038/2008.

15 Als Ergebnis einer Untersuchung, die von 2003 bis 2006 vom „Max-Planck-Institut für ausländisches und internationales Strafrecht" in Freiburg durchgeführt wurde, an der sich 33 Länder beteiligten, wurde festgestellt, dass sich nur in der Verfassung von Venezuela ein ausdrückliches Verbot der Amnestie völkerrechtlicher Verbrechen befindet. *H. Kreicker*, Völkerstrafrecht im Ländervergleich, in: Eser, Sieber, Kreicker (Hrsg.). Nationale Strafverfolgung völkerrechtlicher Verbrechen / National Prosecution of International Crimes, vol. 7. Berlin, 2006, S. 306, 307. Vgl. auch *Ambos* (Fn. 6), 2009, S. 58, 59.

16 Jedoch widerspricht dieses Verständnis dem Argument der Klageschrift der ADPF/153, die in Bezug auf die Gewährung der Amnestie für die staatlichen Täter, das Gesetz Nr. 6.683/79 für verfassungswidrig hält, weil sein Text die "Amnestie auf absolut unbestimmte Klassen von Verbrechen" erweitern und auf diese Weise den verfassungsrechtlichen Gleichheitsgrundsatz verletzen würde. Das heißt, man würde gegen die Isonomie in dem Maß verstoßen, in dem „auf dem Gebiet der strafrechtlichen Amnestie nicht alle vor dem Gesetz gleich sind". *Ordem dos Advogados do Brasil* (Fn. 11), S. 18.

stimmte Kategorien von Ermittelten, Angeklagten oder Verurteilten von der Strafverfolgung und der Strafvollstreckung befreit, und nicht alle Menschen ohne Unterschied. Wenn man die letzten Schlussfolgerungen dieser Überlegung zieht, dann wäre jede Amnestie immer ungerecht und verfassungswidrig. Die Garantie ihrer Gerechtigkeit und Verfassungsmäßigkeit in Bezug auf den verfassungsrechtlichen Grundsatz der Isonomie liegt genau im *objektiven Charakter* des *Gesetzes*.[17] Ein Amnestiegesetz soll nicht bestimmte konkrete Personen amnestieren (Rolf, Fritz etc.), sondern abstrakte Gruppen von Personen nach einem bestimmten objektiven Kriterium (zum Beispiel die Täter der aus politischen Gründen oder aus politischer Motivation heraus begangenen Verbrechen).[18]

5) *Der Amnestie zuzustimmen, bedeutet nicht, der ausgeübten Gewalt zuzustimmen.* Sich für die Gültigkeit des Amnestiegesetzes zu entscheiden bedeutet nicht, mit den Gräueltaten zu paktieren, die vom Militärregime verübt wurden und auch nicht mit ihnen einverstanden zu sein. Umso weniger bedeutet es, zu verleugnen, dass Folter eine extrem barbarische Tat ist, die Verneinung der Menschlichkeit selbst oder „*die Unmenschlichkeit der Handlung eines Wesens, das mehr Tier als Mensch ist.*“[19] Der Berichterstatter Minister Eros Grau, der die Foltertaten in den Kerkern der Diktatur selbst erlebte, betont: „*Man muss letztendlich deutlich und wiederholt sagen, dass die Entscheidung für die Abweisung der vorliegenden Klage nicht die Ablehnung aller Formen von vergangener oder gegenwärtiger, ziviler oder militärischer, polizeilicher oder verbrecherischer Folter ausschließt.*“[20]

6) *Amnestie ist nicht Vergessen.*[21] Die Gültigkeit des Amnestiegesetzes anzuerkennen, bedeutet nicht, die Vergangenheit zu tilgen oder zu vergessen. Es ist

17 Vgl. das Gutachten vom 24.07.1979 des Ratsmitglieds *José Paulo Sepúlveda Pertence* für den Bundesrat der Brasilianischen Rechtsanwaltskammer (OAB) über den Entwurf des Amnestiegesetzes, damals in Bearbeitung im Nationalkongress: *Per definitionem* liegt die Größe der Amnestie bei der „objektiven Allgemeinheit der Bestimmung ihres Umfangs.“ § 5, S. 3. „Mehr als die Gesetzesform (die sich aus ihrem Wesen ergibt, aber nicht mit ihm verwechselt werden soll), ist das, was die Amnestie charakterisiert, ihre Objektivität” § 4, S. 2. Verfügbar unter: http://s.conjur.com.br/dl/parecer_oab_anistia_79.pdf.

18 *Dimoulis* (Fn. 13), 2012, S. 38, 39; *Swensson Jr.* (Fn. 9), 2007, S. 146.

19 ADPF/153, *Carmen Lúcia*, S. 97.

20 ADPF/153, *Eros Grau*, S. 45.

21 Vgl. *Procuradoria Geral da República*, ADPF/153, N. 1218 - PGR - RG, 29/01/2010, item 104, S. 38. Verfügbar unter: <http://www.sbdp.org.br/arquivos/material/615_ADPF%20153%20PGR.PDF>. Dagegen, ADPF/153, Stimmen von *Carmen Lúcia*, S. 95: „(...) im Normalfall (ist) eine Amnestie Vergessen“; *Marco Aurélio*, S. 155: “Amnestie

wahr, dass die Bedeutung von Amnestie traditionsgemäß mit der Bedeutung Vergessen verknüpft wird, worauf sogar die Etymologie des Wortes hinweist: das Wort „Amnestie" als „Amnesie" stammt aus dem griechischen „*amnēstia*", was Vergessenheit bedeutet und daraus entstünde ein Hauptproblem der Amnestiegesetze. Sie würden in einem „bestellten Vergessen" von Gräueltaten bestehen und auf diese Weise wie eine Einladung zur Wiederholung wirken. So benannten sogar bestimmte Autoren die Amnestiegesetze als tatsächlich „skandalöse Praktiken".

Ich bin jedoch der Meinung, dass, von einem rechtlichen Standpunkt aus gesehen, die Amnestie nicht Vergessen bedeutet und es das auch nicht bedeuten soll. Das heißt, die Gültigkeit des Amnestiegesetzes anzuerkennen bedeutet nicht, die Vergangenheit notwendigerweise zu tilgen oder zu vergessen und „die Last des Schweigens"[22] zu verhängen. Und dies obwohl die etymologische Herkunft des Wortes und seine gewöhnliche und beharrliche Benutzung von Autoren und Juristen auf das Gegenteil hinweisen. Die Amnestie wirkt ausschließlich auf der Stufe der Entkriminalisierung von begangenen Straftaten, das heißt, sie lässt nur die Sanktion entfallen (nicht aber die Verhaltensnorm).[23] Alles Übrige bleibt offen, beginnend mit der zivilrechtlichen und der verwaltungsrechtlichen Verantwortlichkeit der Repressionstäter, mit der finanziellen und moralischen Reparation für die Opfer und mit dem Recht auf eine „historische Wahrheit".[24]

---

ist die Auslöschung der Vergangenheit hinsichtlich der Bezichtigung und der Verantwortlichkeit derjenigen, die bei der Kunst der Lebensführung versagt haben"; *Ellen Gracie*, S. 152: "Amnestie ist in ihrer griechischen Bedeutung Vergessen, Gedächtnisverlust, absichtliche Nichtberücksichtigung oder Vergebung vergangener Verletzungen. Sie ist die Überwindung der Vergangenheit hinsichtlich der Versöhnung einer Gesellschaft. Und sie ist, genau deswegen, notwendigerweise gegenseitig. Das Ziel des sozialen und politischen Friedens verleiht der Amnestie ihr bilaterales Wesen. In Bezug darauf sagte Plutarch „ein Gesetz namens Amnestie oder Gesetz des Vergessens, das bestimmt, dass niemand nach vergangenen Dingen gefragt oder von ihnen beunruhigt wird"."

22 Vgl. Text von *Dirk Fabricius*, in diesem Band.

23 Obwohl die Sanktionsnorm durch die Amnestie „vergisst" wird („*amnêstia*"), könnte man auch sagen, dass die Verhaltensnorm dadurch „erinnert" wird, in Bezug auf einer zweiten Bedeutung der Amnestie, die mit „*anamnesis*" verknüpft ist. „*Mnemoséyne*", zum Beispiel, bedeutet Reminiszenz, Erinnerung. Vgl. *J.A. Teles*, Os herdeiros da memória: a luta dos familiares de mortos e desaparecidos políticos no Brasil. Dissertação de Mestrado em História Social, São Paulo, Departamento de História / FFLCH, USP, 2005, S. 106; *P.R. Cunha*, Militares e anistia no Brasil: um dueto desarmônico, in: Teles, Safatle (Hrsg.), O que resta da ditadura: a exceção brasileira, São Paulo, 2010, S. 17 ff.

24 *Pertence* (Fn. 17), S. 6: „Andererseits muss man nicht betonen, dass die Erweiterung der Amnestie auf die Misshandlungen der Repression nur rein strafrechtliche Wirkungen haben wird. Sie beseitigt die zivilrechtliche Haftung des Staates nicht, die aus diesen Miss-

Wie Paulo Brossard in einer am 17. März 1981 im Senat gehaltenen Rede sagte: *„Die Folterer dürfen ruhig sein. Das bilaterale Wesen der Amnestie hat sie bevorteilt: die Verbrechen, die sie begangen haben, wurden vor dem Strafgesetz gerettet. Jedoch ist die Tatsache der Folter selbst unauslöschlich. Es ist ein historischer Fleck, den die Amnestie unglücklicherweise nicht reinigt. Es wäre schön, wenn dem so wäre.“*[25] Das von der Amnestie bewirkte „Vergessen“, wenn wir das Etymon des Wortes beibehalten wollen, betrifft nur die Anwendung der Strafe, nicht die verbrecherischen Taten und ihre Verwerflichkeit. Das heißt, das, was vergessen werden soll, ist nur die Verhängung der Strafe für die begangenen Taten samt ihrer jeweiligen Wirkungen, und nicht das Verbrechen als ein Ganzes (normativ gesprochen) oder die Begehung des Verbrechens (deskriptiv gesprochen).

In Bezug auf die Suche nach dieser „Wahrheit“ oder, besser gesagt, nach diesem „Wissen“ über die Vergangenheit oder nach der „Rettung des Gedächtnisses“, muss man hervorheben, dass es tatsächlich ein ethischer Imperativ oder ein Imperativ der „nationalen Würde“ ist,[26] die historische Rekonstruktion der damaligen Zeit durch die Öffnung aller Repressionsarchive zu ermöglichen. Wie Georgete Medleg Rodrigues schrieb: „(sie) *institutionalisieren das Zeichen des Erlebten, des Gelittenen, des Bezeugten*“[27] und genau auf diese Weise dienen sie dem Zweck, das drohende Vergessen zu bannen oder abzuwenden. Diese Untersuchung der freigegebenen Archive wird von Historikern schon seit einiger Zeit durchgeführt, so dass das, was man jetzt möchte, nicht so sehr (oder nur) die historische Kenntnis dieser Wahrheit ist, sondern auch eine weitere Verbreitung dieser Kenntnis und eine Diskussion darüber. Das Interesse ist nicht nur ein his-

---

handlungen entsteht.“ Vgl. auch das Interview von *Pertence,* das dem Carta Maior am 18/01/2010 gegeben wurde; Über die Aporien und Schwierigkeiten bezüglich der Wahrheit, vgl.: *G. Arzt*, Einführung in die Rechtswissenschaft: Grundlagen mit Beispielen aus dem schweizerischen Recht. 2. Aufl., Basel, 1996, S. 53; *A. Martins*, Sobre direito, punição e verdade. Reflexões acerca dos limites da argumentação jurídica, in: Dimoulis, Martins, Swensson Jr. (Hrsg.) Justiça de transição no Brasil: direito, responsabilização e verdade. São Paulo, 2010, S. 61–90; *D. Dimoulis*, Justiça de transição e função anistiante no Brasil. Hipostasiações indevidas e caminhos de responsabilização, in: Idem, 2010, S. 99–106; *S.G. Lunardi, D. Dimoulis*. A verdade e a justiça constituem finalidades do processo judicial? Revista Sequência, n. 55, S. 175–194, Dez. 2007.

25 *P. Brossard*, Anistia e torturas. Discurso proferido na sessão de 17 de março de 1981 do Senado Federal. Brasília: Senado Federal, Centro Gráfico, 1981. Auch Minister *Eros Grau,* am Ende seiner Abstimmung, S. 45, sagte: "Es gibt Dinge, die nicht vergessen werden können."

26 Vgl. Interview von *Pertence* dem Carta Maior, a.a.O.

27 *G.M. Rodrigues*. Arquivos, anistia política e justiça de transição no Brasil: onde os nexos? Revista Anistia Política e Justiça de Transição, vol. 1. Brasília, 2009, S. 147.

torisches oder moralisches, sondern auch ein politisches,[28] im Sinne der immer in Erinnerung gebliebenen Behauptung von George Santayana in seinem Werk „*The Life of Reason*": „*Those who cannot remember the past are condemned to repeat it.*"[29] Es ist andererseits wichtig zu betonen, dass das, was die Kenntnis über bestimmte Dokumente aus der Zeit der Repression verhinderte, nicht die Amnestie ist und war, sondern die alten Gesetze über den Zugang zur öffentlichen Information (Gesetze Nr.8.159/91 und Nr. 11.111/05), die diese Informationen leider bis zur Verkündung des aktuellen Gesetzes Nr. 12.527 vom 18. November 2011 geheim hielten.[30]

7) *Amnestie ist keine Wiederholung.* Weil die Amnestie kein Vergessen ist, bedeutet die Entscheidung für die Gültigkeit des Gesetzes Nr. 6.683/79 nicht, dass kraft dieser Entscheidung sich die Gräueltaten der Vergangenheit notwendigerweise wiederholen oder eine Neigung zu ihrer Wiederholung gefördert wird. Die Demokratie in Brasilien ist ein unvollendeter, andauernder Prozess, dessen Vertiefung und Stärkung vom Kampf der interessierten sozialen Segmente abhängt, aus denen übrigens die große Mehrheit der brasilianischen Bevölkerung besteht. Die Nicht-Wiederholung der bedauerlichen vergangenen Erlebnisse der Diktatur, die immer als Möglichkeit bzw. Potenzialität bleiben,[31] hängt viel mehr von Reformen in der Struktur des Staates, von Kampagnen zur Erklärung der öffentlichen Meinung über die Vergangenheit (durch Mahnmale, Ausstellungen, „Gedächtnis"- und Forschungszentren, Reorganisation und Öffnung von Archiven, Gedenktage, Publikationen etc.) ab, als von der politischen Option des Staates, die staatlichen Bediensteten, die für die politische Repression zur Zeit der Diktatur verantwortlich waren, zu bestrafen.

– Warum gibt es zum Beispiel seit zwanzig Jahren keine Diktatur in Argentinien? Weil jemand Angst vor der Bestrafung hat? Oder weil sich die Bedingungen geändert haben? Und wäre Argentinien beim ursprünglichen Straflosigkeitspakt geblieben, hätte es ein höheres Risiko einer Diktatur gegeben?

---

28 Siehe *R. Dudena*, sobre Comissão da Verdade como organização do sistema político, Revista Anistia Política e Justiça de Transição, v. 7. Brasília, 2012, S. 290 ff.

29 *G. Santayana*. The Life of Reason or the Phases of Human Progress. Introduction and Reason in Common Sense, vol. 1. London, 1906, S. 284.

30 ADPF/153, Stimmen von *Eros Grau*, S. 45; *Carmen Lúcia*, S. 79; *Ellen Gracie*, S. 152 und *Cezar Peluso*, S. 209.

31 Vgl. *H. Arendt*, Eichmann in Jerusalem – Ein Bericht von der Banalität des Bösen, München, 1965, S. 322: „Es liegt in der Natur menschlicher Angelegenheiten, daß, ist eine Tat erst einmal in Erscheinung getreten und in der Geschichte der Menschheit verzeichnet worden, sie potentiell in der Menschheit fort bestehen bleibt, auch wenn ihre Aktualität längst in die Vergangenheit gesunken ist".

– Ein weiteres Beispiel: Warum hat der Erste Weltkrieg die Entstehung eines totalitären Regimes in Deutschland mit all seiner bekannten Staatskriminalität nicht verhindert? Und das trotz der Anwendung von Bestrafung als Modell der *Transitional Justice* einschließlich aller Sanktionen, die vom Versailler Vertrag verhängt wurden (kollektive Verantwortlichkeit) und der verschiedenen Prozesse und Verurteilungen durch die nationalen Gerichte (individuelle Verantwortung)?

Folglich bedeutet auf der Prophezeiung zu bestehen, dass die Amnestie für die Wiederholung der Gräueltaten der Vergangenheit verantwortlich sein wird, eine Überschätzung der Wirkung der Strafe als Garant der Demokratie und des sozialen Friedens und eine Unterschätzung aller anderen Maßnahmen.[32] Das Gedächtnis, nicht die Strafe, ist die Hauptwaffe gegen die Wiederholung.[33]

8) *Amnestie ist keine „Verantwortungslosigkeit“ oder vollkommene Straflosigkeit.* Man darf die Verantwortung nicht mit der strafrechtlichen Verantwortung verwechseln. Die „strafrechtliche Verantwortung“ ist eine Art der Oberbegriff „Verantwortung“. Anders vielleicht als das Wort „Zurechnung“ (*imputação*) oder „Bestrafung“ (*punição*), hat das Wort „Ver*antwort*ung“ (*responsabilização*) eine überwiegend kommunikative Funktion, im Sinne von Antwortgeben auf die rechtswidrig begangene Tat. Diese Antwort muss natürlich nicht lediglich durch die Strafe, also nur durch das Strafrecht gegeben werden.[34] Ein Urteil in einer zivilen Feststellungsklage, das rechtskräftig feststellt, dass ein bestimmtes Individuum ein Folterer ist, kann in gewisser Weise diese Funktion erfüllen (die Verantwortung zuschreiben).[35]

Sich für die Nicht-Strafverfolgung zu entscheiden, mittels einer Amnestie der staatlichen Täter, die Verbrechen begangen haben, bedeutet nicht zu verhindern, dass diese zur Verantwortung gezogen werden können: zum Beispiel durch „zivile Feststellungsklagen“, durch eine Wahrheitskommission, durch die

---

32 *Swensson Jr.* “Ao julgar a justiça, te enganas”. Apontamentos sobre a *justiça* da justiça de transição brasileira. Revista Anistia Política e Justiça de Transição, vol. 4 (Juli/Dez. 2010). Brasília: Ministério da Justiça, 2011, S. 78–107.

33 Über die Frage des Gedächtnisses, siehe z.B. *M.P. Araújo*, Anistia no Brasil: história e memória, in diesem Band.

34 *K. Günther*, Strafrechtliche Verantwortlichkeit in der Zivilgesellschaft, in: Müller-Doohm (Hrsg.), Das Interesse der Vernunft. Rückblicke auf das Werk von Jürgen Habermas seit „Erkenntnis und Interesse“, Frankfurt am Main, 2000.

35 *F.P. Püschel*. A função comunicativa da responsabilidade civil: evidências a partir de um caso de impunidade. Artigo Direito GV (*Working Paper)* 28/10/2008. Verfügbar unter: <http://bibliotecadigital.fgv.br/dspace/bitstream/handle/10438/2854/WP28.pdf?sequence=1>2008; Vgl. auch den Text von Klaus Günther in diesem Band.

Entlassung aus dem öffentlichen Dienst („Reinigung" des Dienstpostens) oder auf andere Weisen, die in der Lage sind, die Missbilligung des Staates und der Gesellschaft bezüglich bestimmter begangener Taten öffentlich zu zeigen sowie die Täter zu denunzieren und ihnen Verantwortung zuzuschreiben. Die Amnestie verhindert nur die strafrechtliche Verantwortlichkeit, das heißt, die Verhängung einer Strafe. Sie hindert jedoch nicht die Klärung der historischen, politischen, moralischen, zivil- und verwaltungsrechtlichen Verantwortlichkeiten von Personen, die in der Staatskriminalität involviert waren, durch andere Mittel als das Strafverfahren.

9) Nach dem brasilianischen positiven Recht *ist die Amnestie unwiderruflich.* Die strafrechtliche Amnestie ist ein Institut des brasilianischen materiellen Rechts. Sie hebt das frühere Gesetz, welches bestimmte Taten bestraft (Sanktionsnorm), zum Teil auf und wird damit unwiderruflich in dem Maß, in dem ihr eventueller Widerruf einer rückwirkenden Verhängung von Strafen entsprechen würde (Art. 5, XL GG). Daher bedeutet eine Entscheidung für die Ungültigkeit des Amnestiegesetzes bezüglich der Täter der politischen Repression der Diktatur oder eine Entscheidung für eine restriktivere Interpretation des Gesetzestextes 31 Jahre nach seiner Verkündung, eine unvermeidliche Verletzung des Legalitätsprinzips und eine klare Missachtung der Rechtssicherheit und des Rechtsstaates. Vor allem, wenn sogar die Verfassungsmäßigkeit des Amnestiegesetzes vom Obersten Gerichtshof in der ADPF/153 bereits bestätigt wurde.

Es muss also in Frage gestellt werden, ob sich die Vertreter dieser These der Bestrafung *contra legem* in gewissem Maße ähnlich wie die Militärs während des Ausnahmeregimes verhalten haben, als sie sich mit moralischen Argumenten, wie der Kampf gegen die Subversion und gegen die Korruption, gerechtfertigt haben. Und zwar mit Argumenten, die aus einer konsolidierten rechtsgerichteten und antikommunistischen politischen Kultur abgeleitet wurden. Es war nicht eine Folge der Achtung des Gesetzes, dass die Diktatur in Brasilien eingesetzt wurde und dass ein großer Teil der Gräueltaten gegen die „Feinde des Vaterlandes" begangen wurden. Genau das Gegenteil war der Fall. Viele „rechtliche" Normen, die damals angewendet wurden, ergaben sich nicht aus den positivierten Gesetzen, sondern aus den Willen derjenigen, die damals die politische Macht hatten zu sagen, was rechtlich oder nicht rechtlich war.[36]

36 *C. Fico*, Como eles agiam. Os subterrâneos da ditadura militar: espionagem e polícia política. Rio de Janeiro, 2001, S. 37; *ders*, Versões e controvérsias sobre 1964 e a ditadura militar. Revista Brasileira de História. São Paulo, v. 24, n. 47, 2004, S. 29–60. Wie *Nilo Batista* festgestellt: „Um diese These 1979 zu kämpfen, wie wir und so viele Brasilianer es gemacht haben, war verständlich: es gab noch Blut auf dem Boden der Kerker, man kämpfte um die Wiederherstellung der demokratischen Legalität. Dreißig Jahre da-

3. Stellt die Amnestie ein Hindernis für die brasilianische Transitional Justice dar?

Die Effektivitätskrise der Menschenrechte, zusammen mit der Legitimitätskrise der Strafe im Strafrecht, verursacht in der aktuellen Debatte über *Transitional Justice* eine starke Tendenz zur Legitimation der Strafe durch die Menschenrechte und zur Sicherung der Effektivität der Menschenrechte durch die Strafe.[37] Daraus folgt, dass die strafrechtliche Verantwortlichkeit sich oft als die große Lösung des Problems der *Transitional Justice* zeigt, zum Nachteil ihrer anderen Elemente, die im Hintergrund bleiben. Diese Tendenz prägt den Diskurs zugunsten der Ungültigkeit von Amnestiegesetzen deutlich. Sie hat ihren Platz im Kontext der Transformationen (oder der Krise) des modernen Strafrechts, wenn man traditionelle Garantien der Bürger flexibilisiert, um zum Beispiel den Forderungen nach einem neuen Risikostrafrecht und/oder Feindstrafrecht gerecht zu werden.[38] Darüber hinaus stimmt sie mit den sozialen Forderungen nach mehr und höherer Strafbarkeit in Brasilien überein als Antwort auf das Problem der öffentlichen Sicherheit, mit dem sich unser Land konfrontiert sieht.

Es ist heute eine übliche Behauptung, die Straflosigkeit sei eines der größten Übel Brasiliens, sie sei verantwortlich für den Zustand der Gewalt und der Unsicherheit, in dem sich das Land befindet, wie zum Beispiel der Polizeigewalt, und dass die Amnestie zur Verewigung dieses Zustandes der Straflosigkeit beitrage. Nach dem Ergebnis von Untersuchungen, die von der Abteilung für Gewaltstudien der Universität von São Paulo entwickelt wurden,[39] erklärt Sergio Adorno, dass die geringe Effizienz der zivilen und militärischen Polizei, der Staatsanwaltschaft und der Gerichte bei der Strafverfolgung, zusammen mit den

---

nach, während derer die Interpretation des Gesetzes – sowohl bei den seltenen Gelegenheiten in denen der Einsatz der Judikative gefragt war, als auch bei der fortgesetzten Unterlassung der Behörden, die von Amts wegen handeln sollten, wie die Staatsanwaltschaft selbst – unverändert anerkannte, dass die Amnestie die Folterer umfasste, bedroht paradoxerweise der Kampf um diese These die demokratische Legalität. Wir haben uns 1979 geirrt in der Hitze des Geschehens, aber heute irrt man sich kaltblütig". Vorwort, in: Dimoulis, Martins, Swensson Jr. (Hrsg.). Justiça de transição no Brasil: direito, responsabilização e verdade, São Paulo, 2010, S. 16.

37 *Batista* (Fn. 36), S. 13, 14.

38 *C. Prittwitz*, Strafrecht und Risiko: Untersuchung zur Krise von Strafrecht und Kriminalpolitik in der Risikogesellschaft, Frankfurt am Main, 1993; *G. Jakobs / M.C. Meliá*, Derecho penal del enemigo. 2. Aufl., Madrid, 2006. Ich bedanke mich bei Erika Camargo Vegners für diese Bemerkung.

39 *S. Adorno*, O monopólio estatal da violência na sociedade brasileira contemporânea, in: Miceli, O que ler na ciência social brasileira: 1970–2002. Vol. 4. São Paulo, 2002, S. 267 ff. Verfügbar unter: <http://www.nevusp.org/downloads/down078.pdf>.

traditionellen Hindernissen, mit denen sich der Bürger beim Zugang zur Justiz konfrontiert sieht, zu privaten Lösungen des Problems der öffentlichen Sicherheit und zur kollektiven Angst und Unsicherheit führen. Paradoxerweise reagiert ein guter Teil der Brasilianer (besonders aus den konservativeren Sektoren der Mittel-und Oberschicht und aus bestimmten Segmenten der arbeitenden Klassen), anstatt mehr öffentliche Politik zu fordern, die den Schutz von Menschenrechten und die Garantien des demokratischen Rechtstaates zum Ziel haben, mit der Forderung nach mehr und höheren Strafen. Als Reaktion auf das Problem der öffentlichen Sicherheit sowie der kollektiven Angst und Unsicherheit besteht also die Forderung der Gesellschaft nach mehr und höheren Strafen, auch wenn dazu den Behörden und Bediensteten, die für die Sicherung der öffentlichen Ordnung verantwortlich sind, eine größere Handlungsfreiheit zugestanden werden muss, ungestört durch rechtliche Einschränkungen. „*Nicht ohne Grund* – schreibt Sérgio Adorno weiter – *sind wir in den letzten zwei Jahrzehnten Zeugen kollektiver Manifestationen eines obsessiven Wunsches nach Strafen geworden, welcher Bestrafungen ohne Gerichtsverfahren, Todesstrafe, institutionelle Gewalt, drakonische Gesetze zur Kontrolle der Gewalt und der Kriminalität einschließt. Mit anderen Worten, im Namen von Recht und Ordnung wird gerade die gesetzlose Kontrolle vorgeschlagen.*"[40]

Angesichts dieses Szenarios muss man sich erstens fragen, ob Brasilien nicht wirklich ein Land ist, in dem es zu viele Strafen und zu wenig *Strafrecht* gibt (trotz des gesamten Problems der Selektivität, die aus der sekundären Kriminalisierung entsteht, welche sich gegen die ärmere Bevölkerung und fast nie gegen die Eliten richtet). Zweitens, ob nicht die Strafen, sondern andere Maßnahmen der sozialen Kontrolle die beste Weise wären, Gewalt und Kriminalität im Land zu bekämpfen und aus diesem Teufelskreis von Leid und Ungerechtigkeiten herauszukommen (wie pädagogische Maßnahmen zur Kenntnis der Willkür und der Gräueltaten, die in der Vergangenheit auf Befehl des Staates oder unter seiner Duldung verwirklicht wurden, zur Achtung der Menschenrechte und der Grundrechte etc.). Schließlich, ob die aktuelle Kampagne für die Ungültigkeit des Amnestiegesetzes für die Täter der zivil-militärischen Diktatur tatsächlich der beste Weg ist, um die Zwecke des sozialen Friedens, der Versöhnung und der Stärkung der Demokratie zu erreichen, nach denen sich die *Transitional Justice* sehnt.

Wir kehren zu unseren ursprünglichen Frage zurück: stellt die Amnestie ein Hindernis der brasilianischen *Transitional Justice* dar? Die Antwort ist ja und nein. Die Amnestie ist *ja* ein rechtliches Hindernis für die brasilianische *Transitional Justice*, aber nur in dem, was die strafrechtliche Verantwortung von Be-

40 *Adorno* (Fn. 39), S. 301.

diensteten betrifft, die sich in der politischen Repression der Diktatur betätigt haben. Das heißt, die Amnestie besteht in einem unvermeidlichen Hindernis der Bestrafung von Tätern der vergangenen Staatskriminalität und frustriert folglich die Appelle der Opfer der Repression und ihrer Angehörigen.

Auch wenn diese von der Amnestie gewährte Straflosigkeit ohne ausreichende Rechtfertigung oder Begründung ist – wovon ich persönlich überzeugt bin – wird uns damit nicht erlaubt, die unleugbare (formal rechtlich) Gültigkeit der durch das Gesetz Nr. 6.683/79 gewährten bilateralen Amnestie zu verkennen, die durch die juristische Praxis und durch das *Supremo Tribunal Federal* bestätigt wurde. Und noch weniger dürfen wir die Konsequenzen nicht berücksichtigen, die aus ihrer Aufhebung für die Rechtssicherheit und für die Verteidigung des Rechtsstaates entstehen würden. Menschen machen ihre Geschichte nicht, wie sie wollen.[41] Das heißt: das Ergebnis unserer Taten ist kontingent, nicht autonom, und sehr oft von den Reaktionen der anderen auf das bestimmt, was wir verwirklichen wollen.[42] Nilo Batista paraphrasierend: Wir hätten diejenigen nicht amnestieren sollen, die wir amnestiert haben. Wir hätten nicht. Jetzt ist es zu spät.[43]

Jedoch wird damit keine Antwort auf die Frage gegeben, ob die Amnestie, indem sie die strafrechtliche Verantwortlichkeit der Diktaturtäter verhindert, die *Transitional Justice* selbst, als Ganzes betrachtet, aufhält. In diesem Fall lautet die Antwort *nein*. Besonders aus zwei Gründen stellt die Amnestie kein Haupthindernis für die brasilianische *Transitional Justice* mehr dar.

1) Erstens, weil sich der Versuch, die Repressionstäter nach über 30 Jahren seit der Verkündung des Amnestiegesetzes strafrechtlich verantwortlich zu machen, nicht mehr als kriminalrechtliche Politik oder als Politik der *Transitional Justice* rechtfertigt. Dies wiederum mindestens aus zwei Gründen:

41 Dies wurde zum Beispiel vom Minister *Eros Grau* in seiner Abstimmung betont, mit einem Zitat aus „Der 18te Brumaire des Louis Napoleon“ von Karl Marx: „Die Menschen machen ihre eigene Geschichte, aber sie machen sie nicht aus freien Stücken, nicht unter selbstgewählten, sondern unter unmittelbar vorgefundenen, gegebenen und überlieferten Umständen“ (Anmerkung des Übersetzers: im Text zitiert der Minister Eros Grau in portugiesischer Übersetzung ohne Literaturangabe, außer dem Name der Quelle. Der hier verwendete Absatz von Marx wird aus der Ausgabe „Marx/Engels, Werke“, Dietz Verlag, Berlin, 1960, Band 8, S. 115, I, entnommen).

42 *J. Kohn*, Introdução, in: Arendt, Responsabilidade e Julgamento. São Paulo, 2004, S. 21.

43 *Batista* (Fn. 36), S. 17: „Wir hätten nicht denjenigen vergeben sollen, denen wir vergeben haben. Wir hätten es nicht. Jetzt ist es zu spät“. Der Autor verwendet hier Vergebung als Synonym von Amnestie, entgegen unserer Meinung, dass Amnestie keine Vergebung ist.

1.1) *Jede Strafe ist ein Übel.* Das heißt, die Strafe ist ein Übel, das einem anderen Übel (Unrecht) entgegengesetzt wird. Obwohl sie in bestimmten Situationen für notwendig, unvermeidlich oder noch für gerechtfertigt gehalten wird, bleibt sie dennoch ein Übel. Genau aus diesem Grund darf man nicht aufhören, über die Realität der Kriminalisierung und der Strafvollstreckung und über die jeweiligen sozialen Ergebnisse nachzudenken. Diesbezüglich würde ich es wagen zu sagen, dass wenn eine „Evolution" oder ein kontinuierlicher „Fortschritt" der Rechtsgeschichte (oder der Geschichte des Strafrechts) denkbar wäre – was eigentlich nicht möglich ist – dann sollte sie als die Einschränkung der Misshandlungen und der Folter, die als Strafe gegen die Menschen angewendet wurden, beschrieben werden, nach dem Vorbild des Kampfes um das Ende der gerichtlichen Folter, wie sie im mittelalterlichen Europa praktiziert wurde.[44] Zu Recht hebt Gustav Radbruch hervor, dass die beste Form des Strafrechts nicht durch seine Ersetzung durch ein besseres Strafrecht erreicht werde, sondern durch seine Ersetzung durch etwas, dass besser als das Strafrecht selbst ist.[45]

Die Vorstellung der Strafe als ein Übel, die heutzutage von Juristen und Strafrechtlern weitgehend akzeptiert ist, widerspricht auf eine gewisse Weise der von den Verteidigern der „*Criminal Transitional Justice*" vertretenen These, dass es notwendig ist, den Tätern der vergangenen Staatskriminalität zu verfolgen und zu bestrafen, damit die Gerechtigkeit widerfahren lassen wird („*fazer-se justiça*"). Nach dem *International Center for Transitional Justice*, zum Beispiel, „*one of the elements of a comprehensive transitional justice policy*" – von verschiedenen Autoren als „die Säule der Gerechtigkeit" benannt –[46] ist genau die „*criminal prossecution*" und die Bestrafung der Täter von Staatskriminalität.[47] Deswegen sollte man sich fragen, ob man hier, im Namen der Gerechtigkeit, nicht die (sehr kritisierte) Vorstellung der Vergeltung oder der Vergeltungstheo-

---

44 *A.L. Sabadell.* Tormenta juris permissione. Folter und Strafverfahren auf der Iberischen Halbinsel – dargestellt am Beispiel Kastiliens und Kataloniens (16.–18. Jahrhundert). Berlin, 2002.

45 „Es möchte vielmehr gerade umgekehrt so liegen, dass (...) die Verbesserung des Strafrechts nicht in ein *besseres* Strafrecht ausmünden wird, sondern in ein Besserungs- und Bewahrungsrecht, das *besser* als Strafrecht, das sowohl klüger wie menschlicher als das Strafrecht wäre." *G. Radbruch*, Rechtsphilosophie (1932). Heidelberg, 2003, S. 157.

46 Zum Beispiel *P. van Zyl.* A justiça transicional em sociedades pós-conflito. Promovendo a justiça transicional em sociedades pós-conflito (2005), in: Ministério da Justiça, Revista Anistia Política e Justiça de Transição, Brasília, 2009, S. 32–55; *Mezarobba* (Fn. 5), S. 37–53.

47 >http://ictj.org/our-work/transitional-justice-issues/criminal-justice<. Siehe auch >http://ictj.org/gallery/no-accountability-no-dignity?utm_source=International+Center+for+Transitional+Justice+Newsletter&utm_campaign=5b773bd3ff-July_17_international_justice_day_2012&utm_medium=email<.

rie (wieder) als Mittel auswählt, welches die Fähigkeit hätte, den von den Opfern erlittenen Schaden wiedergutzumachen und die soziale Ordnung wiederherzustellen.[48] Oder ob die Strafe nicht weiter als ein Übel und stattdessen als ein „Gut“ wahrgenommen wird. Bis zu welchem Punkt ist die Strafe für die Entwicklung eines Projektes der *Transitional Justice* in einem Land wichtig, notwendig oder unvermeidlich? Inwieweit ist die Strafe (und das Strafrecht) in der Lage, die Anerkennung des Leidens der Opfer und der Schwere der staatlichen Aggression seitens der Gesellschaft und des Staates auszudrücken?

1.2) Der zweite Grund, warum sich mehr als 30 Jahre nach der Verkündung des Amnestiegesetzes die strafrechtliche Verantwortung nicht mehr rechtfertigt, bezieht sich auf die Legitimation und den Sinn und Zweck staatlichen Strafens (Strafzwecktheorien). Letztendlich, *warum* und *wozu Strafe*?

Angesichts der Erkenntnis, dass Brasilien ein Land ist, wo es „zu viele“ Strafen und „zu wenig“ Straf*recht* gibt, und angesichts der ganzen Anstrengung der modernen Strafrechtswissenschaft bei der Argumentation, dass der Strafzweck nicht nur einfach die Vergeltung des Übels zur Buße der Schuld (Vergeltungstheorie) ist, sondern die Verhinderung künftiger Straftaten durch den Verurteilten (negative Spezialprävention), seine Resozialisierung (positive Spezialprävention) und/oder der Lerneffekt für die Gesellschaft durch die Garantie der Bestrafung aller, die gegen das Recht verstoßen (Generalprävention) sein soll, stellt sich die Frage: Wie kann mit einer Argumentation, die sich nicht auf die legale Rechtfertigung beschränkt, die Notwendigkeit der Strafe für Menschen im fortgeschrittenen Alter gerechtfertigt werden, die heute sozial integriert leben und keine Gefahr für die Gesellschaft mehr darstellen? Warum soll es gerecht sein, diese Menschen jetzt zu bestrafen? Aus meiner Sicht wurden und sind diese Fragen von den Autoren in Brasilien nicht ausreichend und befriedigend beantwortet.

Strafen, die unmittelbar nach dem Wechsel des politischen Regimes verhängt werden, sind oft – obwohl es eigentlich nicht so sein sollte – eine Form, um den Unterschied und den Bruch zwischen beiden Regimen zu signalisieren, mit u. a. dem Zweck, ihre Identität zu bilden und die Stabilität des neuen Regimes zu sichern. Andererseits dienen sie auch dem Zweck, dem Vergeltungswunsch der Opfer entgegen zu kommen. Beispiele dafür waren die Geschehen im Nürnberger Gerichtshof und im Tokioter Gerichtshof nach dem Zweiten

---

48 Zu einer kritischen Analyse des „Fetisches der Strafe“, der sich bei verschiedenen Befürwortern der *Transitional Justice* befindet, vgl: *D. Dimoulis, A.L. Sabadell.* Anistia: a política além da justiça e da verdade. Acervo, Rio de Janeiro, v. 24, n.1, Jan./Juni 2011, S. 91 ff.

Weltkrieg.[49] Außerhalb dieser Funktion als allgemeine Generalprävention (unmittelbar, symbolisch) und der Funktion als Schuldausgleich oder Vergeltung der Strafe unmittelbar nach der politischen Transition ist es sehr schwer, im Sinne ihrer ursächlichen Erklärung und Rechtfertigung rechtlich zu argumentieren, besonders in Fällen wie Brasilien, in denen die *Transitional Justice* so lange aufgeschoben wurde.[50] Im Laufe der Zeit entstanden andere Sorgen und Interessen bezüglich der Bildung und der Stärkung der Demokratie als die Verantwortlichkeit der mutmaßlichen Täter der vergangenen Staatskriminalität.[51]Obwohl der Schmerz der Opfer weiter bleibt und die Vergeltung als Strafzweck weiter existiert, verliert im Laufe der Jahre die Vergeltung die Kraft ihrer kommunikativen Wirkung, im Sinne der Verwerflichkeit der vergangenen begangenen Taten und der Grenzziehung zwischen der alten und neuen Regierung, und damit erlischt der Zweck und die Notwendigkeit der Strafverfolgung.

2) Der zweite Grund, warum die Amnestie kein Hindernis für die brasilianische *Transitional Justice* darstellt, ist die Tatsache, dass die Hauptfunktion der *Transitional Justice* meiner Ansicht nach keine Bestrafung „um jeden Preis" derjenigen ist, die der begangenen Verbrechen schuldig sind, sondern *der Bruch mit der autoritären Hinterlassenschaft*.[52] Das heißt, es ist der vollständige Bruch mit den Wunden der diktatorischen Vergangenheit, die Grenzziehung zwischen altem und neuem Regime und die Signalisierung andere Wege zu gehen, damit sich die erlebten Missbräuche und Ungerechtigkeiten nicht mehr wiederholen.

Mit Bezug auf die Gedanken von Hannah Arendt über den Prozess von Adolf Eichmann in Jerusalem (wenn auch mit dem Zweck, die Entscheidung des *Supremo Tribunal Federal* in der ADPF/153 zu kritisieren und nicht die Bedeutung der Amnestie im Prozess der *Transitional Justice* zu relativieren) bemerkt José Carlos Moreira Silva Filho richtigerweise:

> *„Das Entscheidende ist aber, dass das echte Böse nicht in der Person liegt, die gefoltert oder die Vernichtungsbefehle unmittelbar ausgeführt hat, sondern im politischen und sozialen System, das innerhalb seiner Funktionslogik die systematische*

---

49 *Dimoulis* (Fn. 24), 2010, S. 91, 92.

50 Zu dieser Frage, siehe *Swensson Jr.* (Fn. 32), 2011.

51 Wie die brasilianische Erfahrung nach der Wiederdemokratisierung des Staates zeigt. Siehe zum Beispiel *Araújo* (Fn. 33).

52 Wenn ich hier „um jeden Preis" sage, möchte ich nicht damit meinen, dass die Vertreter der strafrechtlichen Verantwortlichkeit der Diktaturtäter keine Abwägung der Kosten durchführen, die sich aus der Verantwortlichkeit ergeben. Ich meine eher die Tatsache, dass Ihnen keine Kosten, wie die Verletzung des Rückwirkungsverbots der Strafgesetze, die Rechtssicherheit, der Rechtsstaat, aus ihrer Perspektive genügen, um sie zu bewegen, sich für die gegensätzliche Position zu entscheiden.

Verübung solcher Taten einschloss, die oft als hierarchische Auflagen für die Bediensteten, die für die Umsetzung verantwortlich waren, erschienen.“[53]

Mit diesem politischen und sozialen System und seiner Funktionslogik zu brechen, dies ist das Hauptziel der *Transitional Justice*. Das Schweigen, den Konformismus und Negationismus, die der autoritären Vergangenheit aufgezwungen wurden, zu „dekonstruieren“, vor allem durch die Rettung der den Opfern und ihren Angehörigen genommenen Würde, indem ihnen eine Stimme gegeben wird, dies ist das *raison d'être* der *Transitional Justice*. In diesem Sinn bietet allerdings die strafrechtliche Verantwortlichkeit sehr wenig an.

Es wird gegen Menschen ermittelt und sie werden in dem Maß vor Gericht gebracht, in dem es über ihre Verbrechen Kenntnis gibt. Wer wusste von den Verbrechen, die vom zivil-militärischen Regime begangen wurden? Was wusste man über sie? Warum wurde nichts getan, als entdeckt wurde, was da vor sich ging? Was haben wir, unsere Eltern, Freunde, Nachbarn, Geschwister getan? Warum brauchte die internationale Gemeinschaft (OAS, UNO) die sich als „ewige“ Aufsicht und Beschützerin der Menschenrechte und der *Transitional Justice* betrachtet, so viele Jahre, um sich dazu zu äußern und sich energisch gegen die Schrecken der Kerker der Diktatur einzusetzen?[54] Wie konnten wir das zulassen?[55]

Wichtiger als einige Menschen einzusperren, die noch bestraft werden könnten, wenn wir die Verjährung und die Amnestie beseitigen würden (da ein großer Teil der Henker und derjenigen, die Gewaltbefehle umgesetzt haben, schon gestorben sind oder sich im fortgeschrittenen Alter befinden), ist, sich mit allen diesen Fragen in der Öffentlichkeit auseinanderzusetzen. Wichtiger als einige

---

53 *Silva Filho*, (Fn. 4), S. 46. Mit den Worten von Hannah Arendt in Bezug auf den Prozess gegen Eichmann in Jerusalem und auf die Banalität des Bösen: „Das beunruhigende an der Person Eichmanns war doch gerade, daß er war wie viele und daß diese vielen weder pervers noch sadistisch, sondern schrecklich und erschreckend normal waren und sind. Vom Standpunkt unserer Rechtsinstitutionen und an unseren moralischen Urteilsmaßstäben gemessen, war diese Normalität viel erschreckender als all die Greuel zusammengenommen, denn sie implizierte – wie man zur Genüge aus den Aussagen der Nürnberger Angeklagten und ihrer Verteidiger wußte –, daß dieser neue Verbrechertypus, der nun wirklich *hostis generis humanis* ist, unter Bedingungen handelt, die es ihm beinahe unmöglich machen, sich seiner Untaten bewußt zu werden.“ *Arendt* (Fn. 31), S. 326.

54 Über die Untätigkeit der internationalen Gemeinschaft in Bezug auf die Gewalttaten, die von den politischen Repressionskräften unter der brasilianischen Diktatur verübt wurden, vgl.: *A.L. Sabadell et al.* Brasilien. Strafrecht in Reaktion auf Systemunrecht. Vergleichende Einblicke in Transitionsprozesse, Berlin, 2009, S. 196–209.

55 *Swensson Jr.* Punição para os crimes da ditadura militar: contornos do debate, in: Dimoulis, Martins, Swensson Jr. (Hrsg.). Justiça de transição no Brasil: direito, responsabilização e verdade. São Paulo, 2010, S. 52.

Menschen einzusperren, ist, bedeutende gesetzliche[56], gerichtliche[57] und institutionelle[58] Änderungen vorzunehmen. Wichtiger als einige Menschen einzusperren, ist es, die verheimlichte Geschichte der Kerker der Diktatur („*porões da ditadura*") wieder zu erzählen, zu verbreiten und aufzubewahren; im Namen des Staates feierlich um Entschuldigung zu bitten; den Opfern materielle und moralische Reparationen zu leisten, die Verantwortung der Schuldigen durch andere Mittel als die Strafe zu verwirklichen (zum Beispiel durch eine Wahrheitskommission) etc. All dies, damit der Horror der Vergangenheit nie wieder passiert („*nunca mais*"). Es handelt sich schließlich darum, eine radikale *Dekonstruktion* (im Sinne des Dekonstruktivismus von Jacques Derrida)[59] unserer diktatorischen Vergangenheit zu fördern und die Elemente einer kohärenten Politik für die *Transitional Justice* zu berücksichtigen, die dem Land, in dem sie stattfindet, angemessen ist.[60]

Wenn ich hier behaupte, dass der „Dekonstruktion" des politischen und sozialen Systems und seiner Funktionslogik die Aufmerksamkeit gegeben werden sollte oder, laut Dirk Fabricius, der „Porosität" der Institutionen in Bezug auf die Zulässigkeit von autoritären und verbrecherischen Praktiken,[61] bedeutet das nicht, dass die „Schuld" oder die „Verantwortung" für die begangenen Verbrechen und Missbräuche einfach dem „System" oder den Institutionen und nicht den jeweiligen Tätern individuell zugeschrieben werden soll. Was ich hier vertreten möchte ist, dass das erste Ziel einer Politik der *Transitional Justice* in Brasilien der Bruch mit der autoritären Hinterlassenschaft und nicht die strafrechtliche Verantwortlichkeit der Täter von Staatskriminalität sein soll. Mehr noch, dass die individuelle Verantwortung und die Zuschreibung der Schuld durch andere Mittel (zivilrechtliche, administrative oder politische Sanktionen etc.) und nicht mittels der Strafe oder des Strafrechts bewirkt werden können und sollen.

Es ist bereits möglich, deutliche Fortschritte im Brasilien wahrzunehmen, besonders aufgrund der Arbeiten der Amnestiekommission und ihrer pädagogischen Amnestiekarawanen. Aber diese Geschichte ist noch nicht zu Ende, es bleibt noch vieles zu tun. Was den Bruch mit der autoritären Hinterlassenschaft

---

56 Änderungen z.B. in den nationalen Sicherheitsgesetzen, bei der provisorischen Verhaftung etc.

57 Änderungen z.B. in der Rechtsprechung, weil die Rechtsprechung der damaligen Zeit immer noch angewendet wird.

58 Änderungen z.B. bei der Polizei, den Streitkräften, der öffentlichen Verwaltung etc.

59 *J. Derrida,* Fuerza de ley. El "fundamento místico de la autoridad". Madrid: Tecnos, 2002.

60 *Swensson Jr.* (Fn. 26).

61 *Fabricius* (Fn. 22).

betrifft, ist die strafrechtliche Amnestie – die keine Vergebung, kein Vergessen, keine Garantie der vollkommenen Straflosigkeit, kein Einverständnis mit den begangenen Gewalttaten, keine Ursache für die Wiederholung solcher Gewalttaten oder für den schweigenden Konformismus in Bezug auf die Vergangenheit, sondern ein einfaches rechtliches Verbot der Strafverfolgung ist – *kein Hindernis und soll es auch nicht sein.*

Verantwortung, Schuld und Pflicht zur Erinnerung – Ein Kommentar

Jan-Michael Simon

I.

Verantwortung im Strafrecht kann immer nur die persönliche Schuld für begangenes strafwürdiges Unrecht zum Ausgangspunkt haben. Die Feststellung kollektiver Verantwortung durch Strafrecht kann deswegen nur um den Preis des Prinzips individueller Schuld stattfinden. Geht man an die Ursprünge des Völkerstrafrechts zurück, so gilt dies auch und gerade für das Internationale Militärtribunal in Nürnberg, wenn man sich die prominente Kritik *Kelsens* gegen Artikel 2 des Kontrollratsgesetzes Nr. 10 sowie die Artikel 9 und fortfolgende Artikel des Statuts für das Internationale Militärtribunal in Erinnerung ruft[1] – und sich dabei insbesondere das abweichende Votum von Richter *Powers* im Wilhelmstraßen-Verfahren vergegenwärtigt, dass zu einer nachträglichen Berichtigung der Urteilsbegründung im Verfahren gegen *von Weizsäcker et alii* führte.[2] Entscheidend für dieses zumindest als „außergewöhnlich" zu bezeichnende Vorgehen des Internationalen Militärtribunals war die grundlegende Kritik von Richter *Powers*, dass man *von Weizsäcker* für Taten verurteilt hatte, selbst wenn diese von Personen begangen wurden, für die er keine Verantwortung trug und auf die er keinen Einfluss hatte.[3]

Eine weitere Entwicklung im Völkerstrafrecht lässt sich dann im Anschluss an die *Tadić*-Entscheidung der Berufungskammer des Internationalen Straftribunals für das ehemalige Jugoslawien von 1999 beobachten. Dabei geht es um eine aus dem Steuerstrafrecht des *common law* abgeleitete dritte Variante der so genannten Lehre von der „gemeinsamen kriminellen Unternehmung" („*joint criminal enterprise*"), um strafrechtliche Schuld für Fehlverhalten aus einem Kollektiv heraus täterschaftlich jedem Beteiligten an dem Kollektiv zuzurechnen, selbst dann, wenn die Tathandlung außerhalb der Umsetzung des Tatplans

---

1 *Kelsen*, Hans: Will the judgment in the Nuremberg trial constitute a precedent in international law? In: The International Law Quarterly 1 (1947), S. 153–171, 165 f.

2 *U.S. v. von Weizsaecker et al.*, in: Trials of war criminals before the Nuernberg military tribunals under control council law no. 10. Nuernberg october 1946 – april 1949, Band XIV (The ministries case), Washington D.C. 1952, S. 950–960, 955 f.

3 *Ibid.*, S. 892.

im Kollektiv liegt, jedoch als eine natürliche und vorhersehbare Folge dieses Tatplans zu bewerten ist. Wie weit diese Bewertung gehen kann, lässt sich an dem Verfahren vor dem US-amerikanischen Militärtribunal von Guantanamo gegen *Salim Ahmed Hamdan* ablesen, dem jemenitischen Chauffeur und Leibwächter von *Usama Bin Laden*. Denn dem Chauffeur und Leibwächter wurde in dem Verfahren vor dem Militärtribunal von Guantanamo unter Verweis auf die Rechtsprechung des Internationalen Straftribunals für das ehemalige Jugoslawien zur „*joint criminal enterprise*" Mittäterschaft bei dem Anschlag vom 9. September 2001 zur Last gelegt.[4]

Und auch die Rechtsprechung des Internationalen Strafgerichtshofs ist nicht frei von Kritik, gerade auch weil das Römische Statut – anders als das Statut für das Internationale Militärtribunal und die Resolutionen des Sicherheitsrats der Vereinten Nationen zur *ad hoc* Einsetzung der Internationalen Straftribunale für das ehemalige Jugoslawien und für Ruanda – ausdrücklich in Artikel 25 Absatz 2 festlegt, dass derjenige, der ein der Gerichtsbarkeit des Internationalen Strafgerichtshofs unterliegendes Verbrechen begeht, dafür in Übereinstimmung mit dem Römischen Statut individuell verantwortlich und strafbar ist. Gemeint ist hier selbstverständlich die Kombination zwischen der Definition von Täterschaft in Artikel 25 Absatz 3 (a) des Römischen Statuts des Internationalen Strafgerichtshofs und der Anwendung der Tatherrschaftslehre zur Begründung organisationsherrschaftlicher Verantwortlichkeit als Täter,[5] die sich der alten und grundsätzlichen Kritik aus Sicht des Autonomieprinzips ausgesetzt sieht, dass jede Person nur für ihr eigenes Verhalten verantwortlich ist und nie für das Verhalten frei verantwortlich handelnder anderer.[6]

II.

Mit diesen Feststellungen zu Verantwortung und Schuld aus strafrechtlicher Sicht, die bereits in dem Wilhelmstraßenverfahren im Jahr der Gründung der Bundesrepublik Deutschland 1949 mitklang, möchte ich es jedoch an dieser

4 Zum Ganzen vgl. *Allison Marston Danner / Jenny S. Martínez*: Guilty associations: Joint criminal enterprise, command responsibility, and the development of international criminal law, in: California Law Review 93 (2005), S. 75–169, *passim*.

5 Vgl. zur Entwicklung der Rechtsprechung des Internationalen Strafgerichtshofs die abweichende Meinung der Richterin Van den Wyngaert in dem Verfahren *The Prosecutor v. Mathleu Ngudjolo Chul*, Public Judgment pursuant to Article 74 of the Statute, Concurring Opinion of Judge Christine Van den Wyngaert, Case No. ICC-01/04-02/12, 18. Dezember 2012, S. 26 ff.

6 Vgl. zum Ganzen *Joachim Hruschka*: Regreßverbot, Anstiftungsbegriff und die Konsequenzen, in: ZStW 110 (1998), S. 129–610, insbes. 606 ff.

Stelle angesichts des knappen Raums für meinen Kommentar belassen und nun im zweiten Teil meiner Ausführungen etwas grundsätzlicher werden. Dabei knüpfe ich an die Schlussfolgerung von *Lenio Luiz Streck* an, der zu Recht feststellt,[7] dass eine Pflicht zum Vergessen moralisch nicht begründbar ist und wende mich der umgekehrten Frage zu, ob eine moralische Pflicht zur Erinnerung begründbar ist. Zur Argumentationsgrundlage habe ich dafür als Fallstudie die deutsche Vergangenheit gemacht; dies vor allem auch, weil die deutsche Vergangenheit und der Umgang mit ihr mir vertrauter ist, als der Fall der brasilianischen Vergangenheit,[8] selbst wenn es sich bei Brasilien um das Land handelt, in dem ich meine Jugend in den 1980ern verbracht habe.

In den Gründungsjahren der Bundesrepublik Deutschland ging es um die Unterscheidung zwischen der persönlichen Schuld der Täter und der Kollektivschuld derjenigen, die – so verständlich die Gründe dafür gewesen sein mögen – es nicht geschafft hatten etwas gegen die nationalsozialistische Gewaltherrschaft zu tun. Dies bewog bekanntlich *Jaspers* 1946 in seiner Arbeit zur Schuldfrage zwischen moralischer, politischer, juristischer und metaphysischer Schuld zu differenzieren. Die metaphysische Schuld begründete er damit, dass es „… eine Solidarität zwischen Menschen als Menschen gibt, welche einen jeden mitverantwortlich macht für alles Unrecht und alle Ungerechtigkeit in der Welt, insbesondere für Verbrechen, die in seiner Gegenwart oder mit seinem Wissen geschehen. Wenn ich nicht tue, was ich kann, um sie zu verhindern, so bin ich mitschuldig“.[9]

Vierzig Jahre später, Mitte der 1980er Jahre, wollte man in Deutschland einen neuen Umgang mit dieser Last der Vergangenheit einleiten, der von der Bitburg-Kontroverse 1985, die von *Habermas* als „Entsorgung der Vergangenheit“ bezeichnet wurde, in den Historikerstreit 1986/87 mündete. Im Anschluss an die Bitburg-Kontroverse, die durch den gemeinsamen Besuch von Bundeskanzler *Kohl* und dem US-amerikanischen Präsidenten *Reagan* auf einem Soldatenfriedhof in Deutschland ausgelöst wurde, auf dem auch Angehörige der Waffen-SS begraben waren, nahm bekanntlich Bundespräsident *Richard von Weizsäcker* in seiner beherzten Rede vom 8. Mai 1985 Stellung zu dem, was sich heute oft als „Pflicht zur Erinnerung“ wiederfindet, sei es im so genannten *Soft-Law* der Ver-

7 Vgl. den Beitrag von *Lenio Luiz Streck* in diesem Buch.

8 Vgl. zum Ganzen die Untersuchung von *Sabadell*, Ana Lucia/*Espinoza Mavila*, Olga *et alii*: Brasilien, in: Eser/Sieber/Arnold (Hrsg.): Strafrecht in Reaktion auf Systemunrecht. Vergleichende Einblicke in Transitionsprozesse, Teilband 13. Berlin 2009, *passim*; vgl. zu dem letzten Kapitel der brasilianischen Diktatur auch die kürzlich erschienene Studie von *Lilli Löbsack*: Verfassung und Alltag. Verfassung, Menschenrechte und Verfassungswirklichkeit in Brasilien (1979–1984). Aachen 2012, *passim*.

9 *Karl Jaspers*: Die Schuldfrage. Ein Beitrag zur deutschen Frage. Zürich 1946, S. 11.

einten Nationen[10] oder gar in der Rechtsprechung, wie beispielsweise der des kolumbianischen Verfassungsgerichts.[11] *Von Weizsäcker* sagte damals: „Wer aber vor der Vergangenheit die Augen verschließt wird blind für die Gegenwart. Wer sich der Unmenschlichkeit nicht erinnern will, der wird wieder anfällig für neue Ansteckungsgefahren".[12]

So bemerkenswert diese Aussage *von Weizsäckers* ist, nach der diejenigen, die nicht aus der Vergangenheit lernen, dazu verdammt sein sollen, sie zu wiederholen, so stellt sich doch die Frage, ob dieses Argument für sich genommen ausreicht, um eine „Pflicht zur Erinnerung" zu begründen. Im Gegenteil, ich bin sogar der Auffassung, dass dieses Argument, das uns davon überzeugen soll, die Vergangenheit zu erinnern, um sie nicht zu wiederholen, keine hinreichende Begründung für die moralische Pflicht zur Erinnerung ist und auch keine solche Pflicht begründen kann. Denn selbstverständlich drängt sich die Frage auf, ob die Pflicht zur Erinnerung erlischt, wenn die Geister der Vergangenheit zumindest mit hoher Wahrscheinlichkeit der Vergangenheit angehören. Was ist, um bei dem Beispiel zu bleiben, aber dann mit den Opfern der *Shoa*? – oder, um mit *Adorno* zu fragen: Sollen die Ermordeten noch um das einzige betrogen werden, was unsere Ohnmacht ihnen schenken kann, das Gedächtnis?[13] Eine Grundlage dafür, diese Frage kategorisch zu verneinen könnte dabei in der Verantwortung liegen, die wir selbst in der Vergangenheit begründet haben. Selbstverständlich lässt sich juristisch die Schuld der Beteiligten an der Gewalt und zumindest auch moralisch die Schuld von unbeteiligten Dritten kraft ihres Wissens gegenüber den Opfern begründen, wie dies bereits *Jaspers* 1946 unternommen hatte. Warum sollten jedoch auch ihnen nachfolgende Generationen irgendeine Verantwortung dafür übernehmen, wenn nicht durch eine Kollektivschuld?

Eine Antwort auf diese Frage hat *Habermas* in seinem Aufsatz „Vom öffentlichen Gebrauch der Historie: Das offizielle Selbstverständnis der Bundesrepublik bricht auf" vorgelegt. Die Verantwortung der nachfolgenden Generationen wird bei *Habermas* damit begründet, dass Spätgeborene immer zumindest für einen Teil ihrer Identität verantwortlich sind, die von uns geprägt wurde, das

---

10 Vgl. nur das *Updated set of principles for the protection and promotion of human rights through action to combat impunity*, Principle 2: "The duty to remember", in: UN Doc. E/CN.4/2005/102/Add.1, 8. Februar 2005.

11 Corte de Constitucionalidad de Colombia, Sentencia C-370/06, 18. Mai 2006, Expediente D-6032, M.P. 327.

12 *Richard von Weizsäcker*: Von Deutschland aus. Reden des Bundespräsidenten von Richard von Weizsäcker. München 1987, 2. Aufl., S. 18.

13 *Theodor Adorno*: Was bedeutet: Aufarbeitung der Vergangenheit, in: ders.: Eingriffe. Neun kritische Modelle. Frankfurt a.M. 1970, 6. Aufl., S. 125–146, 128.

heißt von denjenigen, die das blutige Spektakel angerichtet haben.[14] Dennoch stellt sich auch in dieser Konzeption das Problem, wie in einer – auch gegenüber ihrer Vergangenheit auf Grund der Offenheit der Fortsetzung von Traditionen durch Wahlfreiheit – offenen Gesellschaft zu verfahren ist, wenn diese Gesellschaft nach ihrem völligen moralischen Zusammenbruch ihre Entscheidungen so trifft, dass diese in einen Prozess münden – um das Schlüsselattribut aus dem Titel unserer Konferenz zu wählen – der als „geglückte" Transition bezeichnet werden kann. Warum sollen diejenigen, die diese Entscheidungen verantwortlich – das heißt: verantwortungsbewusst – getroffen haben immer noch belastet werden?

Es ist deswegen der mit Bezug auf *Benjamin* eingeführte Begriff der „anamnetischen Solidarität", auf dem *Habermas* seine zweite Begründung für die Pflicht zur Erinnerung der nachfolgenden Generationen aufbaut.[15] Die Schuld, die wir in der Jetztzeit gegenüber früheren Opfern haben, ergibt sich demnach aus der Tatsache, der gegenwärtigen Vergangenheit ihrer Leiden.[16] In einer elementaren Weise bedeutet das, dass alles, was in der Gegenwart geschieht etwas im Voraus folgt, im Besonderen alles, was jetzt passiert eine Vergangenheit hat.[17] Aber was heißt das und was ist die Bedeutung dieser Beobachtung? Dies bedeutet konkret, dass diejenigen gegenüber denen Erinnerung geboten ist, nicht nur die vergangenen Toten, sondern die gegenwärtig Lebendigen sind.[18] Doch was heißt das materiell? Es heißt, dass wir das verpflichtet sind zu erinnern, was von den Kindern und Kindeskindern der Ermordeten nicht zu vergessen ist, mit anderen Worten: Es geht um Anerkennung.[19]

---

14 *Jürgen Habermas*: Vom öffentlichen Gebrauch der Historie, in: Historikerstreit. Die Dokumentation der Kontroverse um die Einzigartigkeit der nationalsozialistischen Jugendvernichtung. München – Zürich 1987, 2. Aufl., S. 243–255, 247.

15 *Ibid.*, S. 247 f.

16 Vgl. zur Unabgeschlossenheit des Vergangenen als Erwartung der Toten im Werk Benjamins *Dieter Teichert*: Die Idee Anamnetischer Solidarität – Erinnerungskultur, Gedächtnispolitik, Gerechtigkeit, in: The Scientific Annals of Alexandru Ioan Cuza University of Iasi (New Series). Philosophy 56 (2009), S. 73–90, 75 ff.

17 Dazu *ibid.*, S. 78 f. sowie *Daniel Loik*: Kontingente Konnektionen. Walter Benjamins Kritik der Schuld, in: Deutsche Zeitschrift für Philosophie 60 (2012), S. 725–742, 741 f.

18 Dies ist es, was bei *Habermas* gemeint ist, wenn er von „den Söhnen, den Töchtern und den Enkel der Ermordeten" spricht, „die in unserem Lande atmen können sollen" (S. 248); vgl. zur Differenzierung zwischen dem Gebot der Erinnerung um der Toten willen und dem Gebot der Erinnerung der Überlebenden und der Nachfahren der Ermordeten willen *Teichert*, S. 81 f.

19 Aus der Perspektive einer staatlichen Pflicht zur Anerkennung, am Beispiel des des Völkermordes in Guatemala in den 1980er Jahren, vgl. *Jan-Michael Simon*: La Comisión pa-

III.

Zum Schluss: Mit dem hier skizzierten Ansatz geht es mir darum zu erklären, warum wir uns erinnern sollten. Obwohl die professionelle Beobachtung von Vergangenheit ihre Bedeutung hat, sind es dabei selbstredend weder Philosophen noch Historiker und noch viel weniger Juristen, die entscheiden, was die wesentliche Vergangenheit ist, die nicht vergessen werden soll. Letztlich entscheidend für das, was wir vernünftiger und fairer Weise nicht erwarten können, dass es vergessen wird, ist die offene und öffentliche Auseinandersetzung aller darüber. Einen bescheidenen Beitrag können dazu beispielsweise auch offene und öffentliche Strafprozesse und Wahrheitskommissionen leisten, deren Kollateralschäden für das Ziel der Anerkennung auf Grund ihrer eigenen normativen Logik jedoch immer mitzubedenken sind.[20]

---

ra el Esclarecimiento Histórico de Guatemala, in: Boletín Mexicano de Derecho Comparado Nr. 106 (Januar-April 2003), S. 147–203, 198 ff.

20 Wie ich kürzlich für die brasilianische Wahrheitskommission und etwaige Strafverfahren zur jüngeren Vergangenheit Brasiliens aufgezeigt habe; vgl. *Jan-Michael Simon*: O esclarecimiento da verdade sobre graves violações dos directos humanos, in: Revista Brasileira de Ciências Criminais Nr. 92 (September-Oktober 2011), S. 403–428, *passim*.

Strafrecht als Instrument der Politik? Über die Grenzen der Argumentation für und gegen eine strafrechtliche „Bewältigung“ der Vergangenheit*

Antonio Martins

I. Einleitung: Strafrecht und Politik

Dieser Beitrag fragt danach, ob das interne Strafrecht eines Staates als Instrument seiner Politik fungieren kann. Diese Frage ist dabei nicht mit einer anderen zu verwechseln, nämlich der, ob politische Tribunale mit strafrechtlichen Konsequenzen etabliert werden sollten. Im Mittelpunkt des Interesses steht stattdessen, ob im Zusammenhang politischer Systemwechsel unserem „Alltagsstrafrecht“ eine andere, stärkere politische Dimension als sonst zukommen kann. Die sensible politische Bedeutung des Strafrechtseingriffs ist hier nicht willkürlich, sondern konsequent. Sie ist als eine Antwort auf die Vergangenheit zu verstehen. Denn den Verbrechen, um die es in solchen Konstellationen geht, kam immer auch eine besondere politische Dimension zu. Sie dienten der Aufrechterhaltung einer politischen Ordnung. Es handelt sich in den Worten *Herbert Jägers* – im Gegensatz zur politischer Kriminalität – um „kriminelle Politik“.[1]

Es ist zu erwarten, dass diese Diskussion zu einer anderen Wahrnehmung des „Alltagsstrafrechts“ führt, und dass längst vergessene oder verdrängte Defizite erneut in der Öffentlichkeit diskutiert werden.[2] Dies wäre ein – begrüßenswertes – politisches Ergebnis. Denn die Legitimität des Strafrechts soll gegenüber jeder Manifestation bestrafender Staatsmacht in Frage gestellt werden. Dies ändert aber nichts daran, dass es sich um zwei unterschiedliche, abgrenzbare Argumentationsbereiche handelt: Auf der einen Seite geht es um die Kompetenz und die Tragfähigkeit des Staates, durch Strafrecht das alltägliche Leben einer Gesellschaft zu steuern; auf der anderen Seite geht es nicht um „Sozialkontrolle“, sondern um eine erklärungsbedürftige politische Funktion, nämlich die

---

* Für die aufmerksame Lektüre und wichtige Hinweise möchte ich mich bei Dr. Dr. Milan Kuhli herzlich bedanken.

1 *Jäger*, Ist Politik kriminalisierbar?, in: *Lüderssen* (Hrsg.), Aufgeklärte Kriminalpolitik oder Kampf gegen das Böse?, Bd. III: Makrodelinquenz, Baden-Baden 1998, S. 121 ff.

2 Vgl. dazu *Lüderssen*, Der Staat geht unter – das Unrecht bleibt? Regierungskriminalität in der ehemaligen DDR, Frankfurt am Main 1996, S. 136 ff.

Würde eines Staates als einem Rechtsstaat im Unterschied zu einem vergangenen „Unrechtsstaat“ zu bestätigen und zu gewährleisten.[3]

Es gehört zur Logik eines Textes über die Grenzen einer Argumentation, dass er auf einem abstrakteren Niveau liegt als die Argumentation selbst. Ausdruck davon ist der Verzicht auf historische beziehungsweise juristische Einzelheiten und die dementsprechende Vereinfachung des tatsächlichen – stets einzigartigen – Geschehens. Die konkreten Fälle von Brasilien (und seinem Amnestiegesetz 1979) und Deutschland (sowohl nach dem Zweiten Weltkrieg als auch nach der Wiedervereinigung mit dem Einigungsvertragsgesetz 1990) werden aber im Auge behalten. Voraussichtlich ermöglicht dies, allgemeine Schlüsse zu ziehen, die für national verschiedene Fälle gültig sein können.[4]

II. Der Rechtsdiskurs und der politische Diskurs

1. Politische Justiz?

Strafrecht beseitigt keine politische Vergangenheit.[5] Unabhängig davon, ob dies überhaupt möglich sein könnte, ist das strafrechtliche Arsenal hierfür zu einge-

---

3 Wird in beiden Fällen etwa von „Selektivität“ gesprochen, so handelt es sich um zwei unterschiedliche Formen von „selektiver“ Machtausübung. Denn zu entlarven, dass das Alltagsstrafrecht selektiv, ungerecht, etablierend von sozialen Schichten, schlechthin „politisch“ funktioniert, ist nämlich von der Aufdeckung der wahren politischen Absicht von Machtausübung nach einem revolutionären (von Revolution in solchen Kontexten spricht z.B. *Ackerman*, The Future of Liberal Revolution, New Haven 1992) oder – vorsichtiger formuliert – systembrechenden Ereignis zu unterscheiden.

4 Die Problematik lässt sich so verallgemeinern, dass in allen hier angesprochenen Fällen – sowohl den totalitären Erfahrungen in Deutschland als auch den Militärdiktaturen in Brasilien beziehungsweise in Lateinamerika – schon die konkrete *rechtliche* Möglichkeit fehlte, sich gegen Taten, die um der Selbsterhaltung des autoritären Staates willen begangen wurden, zu wehren. Ausgeschlossen war auch die konkrete *rechtliche* Möglichkeit, sie zu bestrafen. Die unterschiedlichen Nuancen und Abstufungen von Unrecht ändern diese Ausgangslage nicht. Im Fall von Brasilien kam dazu die Verabschiedung eines Amnestiegesetzes (Lei 6.683/79), das eine solche Bestrafung verhinderte. Der brasilianische Oberste Gerichtshof (Supremo Tribunal Federal) hat sich für die Geltung dieses Gesetzes ausgesprochen (ADPF 153). Der Verallgemeinerung wegen muss ich auf eine präzise verfassungsrechtlich basierte Argumentation verzichten. Die Regeln und Prinzipien, die in der hiesigen Argumentation eine Rolle spielen, haben jedoch – sowohl in Deutschland als auch in Brasilien – Verfassungsrang. Entscheidend ist, dass ihre Harmonisierung im Sinne der Verfassung erfolgt.

5 Dazu im Zusammenhang mit der Aufarbeitung DDR-Unrechts zutreffend *Lüderssen*, Der Staat geht unter, S. 138: „Man sollte wirklich nicht davon sprechen, dass die Justiz mit den Mitteln des Strafrechts versuche, eine politisch missbilligte Vergangenheit zu liquidieren.“

schränkt und die Aussicht auf Erfolg gering. Nichtsdestotrotz kann das besondere politische Moment dieser Art strafrechtlichen Eingriffs nicht unterschätzt werden. Die Konstellation, die dazu führt, das strafrechtliche Instrumentarium zu mobilisieren, ist eine aus politischer Sicht durchaus verschiedene als die des „Alltagsstrafrechts". Daraus ist nicht die Konsequenz zu ziehen, mit dem Plädoyer für eine strafrechtliche „Bewältigung" der politischen Vergangenheit werde auf „Formalisierung"[6] als prägender Eigenschaft des Strafrechts verzichtet. Vonnöten ist, den politischen Rahmen zu erkennen, innerhalb dessen die juristische Argumentation überhaupt stattfindet – um der Formalisierung willen: um Klarheit und Genauigkeit zu schaffen, um die Rolle von strafverfahrensrechtlichen Garantien bei diesem Eingriff zu verstehen.[7]

Verschränkungen von Rechtsdiskurs und politischem Diskurs gehören zur Praxis gesellschaftlicher reflexiver Organisation. Dies sei nicht zuletzt deshalb pointiert, um die Frage, ob nicht letztlich jedwedes Strafrecht politischen Charakter habe,[8] für unsere Problematik zu neutralisieren. Denn die Rede von Diskursen bedeutet zunächst einmal, dass es sich um Sphären der Rechtfertigung gesellschaftlicher Praxis – in diesem Fall staatlicher Machtausübung – handelt.[9] Ändert sich die Ausgangslage, ändert sich zwingend auch die Art und Weise, wie sich beide Diskurse zueinander verhalten. Es geht hier also um eine reflexi-

---

6 Dazu *Hassemer/Neumann*, Nomos Kommentar zum Strafgesetzbuch, 3. Aufl., Baden-Baden 2010, vor § 1, Rn. 159 ff.; *Hassemer*, Warum Strafe sein muss. Ein Plädoyer, Berlin 2009, S. 118 ff.

7 Vgl. *Hassemer*, Warum Strafe, S. 124.

8 Wir können natürlich davon ausgehen, dass das Strafrecht stets eine politische Funktion hat. Nach der prägnanten Formulierung *Augusto Thompsons* (Quem são os criminosos? – O crime e o criminoso: entes políticos, 2. Aufl., Rio de Janeiro 2007), sei jedes Strafrecht politisches Strafrecht. Dieser (aus kriminologischen guten Gründen) polemisierende Satz enthält gewiss ein Stück Wahrheit, ist aber von dem, was mit diesem Beitrag gemeint ist, entfernt. Hier geht es vielmehr darum, dass mit der strafrechtlichen „Bewältigung" der Vergangenheit eine politische Entscheidung getroffen wird, die darin besteht, Strafrecht als Mittel für die Durchführung eines Systemwechsels zu verstehen. Dann ist in Erwägung zu ziehen, dass diese formale politische Entscheidung ein neues Verhältnis von Recht und Politik ausmacht.

9 Ich gehe von *Habermas'* (Wahrheitstheorien, in: *ders.*, Vorstudien und Ergänzungen zur Theorie des kommunikativen Handelns, Frankfurt am Main 1995, S. 127 ff., 130 f.; *ders.*, Theorie des kommunikativen Handelns, Bd. 1, Frankfurt am Main 1995, S. 37 ff.) Diskursbegriff als reflexiver Weiterführung des kommunikativen Handelns im Fall von Dissens aus. Grundlegend zu Sphären der Rechtfertigung gesellschaftlicher Praxis *Forst*, Das Recht auf Rechtfertigung. Elemente einer konstruktivistischen Theorie der Gerechtigkeit, Frankfurt am Main 2007 und *ders.*, Kritik der Rechtfertigungsverhältnisse. Perspektiven einer kritischen Theorie der Politik, Berlin 2011 (vgl. insb. die Einleitung, S. 13 ff.).

ve Umorganisation des Verhältnisses zwischen Rechtsdiskurs und politischem Diskurs. Dabei geht es zugleich auch um den notwendigen Schutz der Autonomie des Rechtsdiskurses. Der strafrechtliche Diskurs muss sich den hier differenzierenden Einfluss des politischen Diskurses bewusst machen, ohne jedoch seine Grenzen als partiell autonomem Gesellschaftsdiskurs zu verlieren.

2. Gerechtigkeit im Recht und in der Politik

Es ist die Suche nach *strafrechtlich* gerechten Lösungen, die der rechtswissenschaftlichen Argumentation einen Sinn verleiht.[10] Politische Gerechtigkeit wird vielleicht durch Strafrecht gefördert; einziges Ziel eines Strafverfahrens kann sie schon deshalb nicht sein, weil ihr der Formalisierungscharakter von Rechtsverfahren fremd ist. Eine vollkommene Überdeckung von Rechtsdiskurs und politischem Diskurs ist ohne eine Denaturierung von dem einen oder anderen Diskurs nicht möglich. Beide würden zumindest eine ihrer Existenzbedingungen verlieren: Ohne eine Institutionalisierung und Formalisierung, ohne den Einbezug des Moments der (richtigen) Entscheidung *gibt es* keinen Rechtsdiskurs; ohne den zeitlich und sachlich „unendlichen" Charakter der Diskussion, ohne die radikale Autonomie gegenüber institutionellen Formalitäten gibt es keinen politischen Diskurs. Freilich sind die Verfahren legitimer politischer Entscheidungen in einem demokratischen Rechtsstaat rechtlich und formal vorbestimmt – aber dies ändert nichts daran, dass der politische Diskurs als solcher diese institutionelle Grenze als starre Grenze nicht kennt, dass er von ihnen nur momentan eingeschränkt sein kann.[11] Immerhin: Es wäre dem politischen Diskurs durchaus fremd, die politische Beurteilung eines NS-Verbrechers von der Effektivität eines strafrechtlichen Prozesses abhängig zu machen.

---

10 Vgl. dazu *Martins*, Versuch über die Vorsatzzurechnung am Beispiel der *aberratio ictus*, Frankfurt am Main 2008, S. 54 ff.

11 Die letzte Hoffnung moderner Demokratien sollte in der Tat diejenige sein, dass formale politische Argumentationsforen sich dermaßen ausbreiten, dass auch faktisch ausgeschlossene Teilnehmer an den rechtlich reglementierten Diskussionen – und sei es auch mittelbar: parlamentarisch – teilnehmen können. Zur Frage der „Ausgeschlossenen" von der Demokratie vgl. die Beiträge von *Badiou*, Das demokratische Wahrzeichen, S. 13 ff. und *Brown*, Wir sind jetzt alle Demokraten ..., S. 55 ff., bes. 63 ff., in: *Agamben* u.a., Demokratie? Eine Debatte, Berlin 2012. Die Möglichkeit einer Überwindung dieser Exklusion durch reale, nicht scheinbare Erlangung der Macht von Seiten des Volks, die *Brown* am Ende ihres Beitrags offen hält, halte ich für das zwingende Projekt jedes auf Freiheit zielenden Rechts. Dazu gehört eine Kraft zur Selbsterosion bestehender Normen, die für eine Demokratie – verstanden als argumentativer Praxis – beziehungsweise ein demokratisch geschaffenes Recht charakteristisch ist.

Auch die Positivität der Rechtsordnung spielt für beide Diskurse jeweils eine verschiedene Rolle. Damit eine dogmatische Argumentation überhaupt stattfindet, muss sie sich auf die positive Rechtsordnung beziehen. Dem strafrechtlichen Diskurs kann freilich nicht gleichgültig sein, im Rahmen welcher Rechtsordnung er stattfindet. Die Gerechtigkeit der Rechtsordnung im Ganzen soll als metareflexive Instanz in die interne rechtliche Argumentation wieder einbezogen werden. Aber für den politischen Diskurs steht die positive Rechtsordnung – im Gegensatz dazu – von Anbeginn an in Frage.

Schließlich besteht ein Unterschied zwischen politischer und strafrechtlicher Verantwortung. Weder der Gegenstand noch die Konsequenzen politischer und strafrechtlicher Verantwortung decken sich.[12] Die vielfältigen Abstufungen von politischer Verantwortung – da sie hauptsächlich kollektive Verantwortung ist[13] – haben mit dem Grad der Schuld im Strafrecht wenig gemeinsam. Man kann eine ganze – oder die Mehrheit einer – Gesellschaft für politische Katastrophen verantwortlich erklären; desgleichen würde für das Strafrecht die Aufhebung jeder Verantwortung bedeuten. Strafrechtliche Verantwortung ist und bleibt zunächst einmal individuelle Verantwortungszuschreibung.[14] Es kommt in deren Rahmen allenfalls darauf an, ob die Verantwortung eines Kollektivs den Individualtäter von seiner Schuld (partiell) entlasten kann.[15]

Fraglich ist bei Systemwechseln, ob politische Gerechtigkeit und rechtliche Richtigkeit so zueinander im Verhältnis stehen, dass der Anspruch auf eine rechtliche Richtigkeit nur in Zusammenhang mit dem spezifischen politischen Hintergrund einen Sinn ergibt. Etwas schematisch dargelegt: ob es auch „rechtlich“ ungerecht ist, dass bestimmte vergangene Taten ohne eine strafrechtliche

12 Vgl. *Jäger*, Ist Politik kriminalisierbar?, S. 131.

13 Grundlegend *Jaspers*, Die Schuldfrage, München 2012, S. 45 ff.

14 Dieses Postulat wird in den letzten Jahren erschüttert. Zur Diskussion vgl. grundlegend *Lampe*, Systemunrecht und Unrechtssystem, ZStW 106 (1994), S. 683 ff. Zur Auseinandersetzung mit diesem Beitrag s. *Jäger*, Ist Politik kriminalisierbar?, S. 130 ff. Zum Zusammenhang von individueller und kollektiver Verantwortung vgl. *Günther/Prittwitz*, Individuelle und kollektive Verantwortung im Strafrecht, Festschrift für Hassemer, Heidelberg 2010, S. 331 ff.

15 Andererseits ist auch wahr, dass die Zuschreibung von strafrechtlicher Verantwortung eine politische Wirkung übt, indem sie den politischen Zusammenhang und die soziale Wirklichkeit, die zu den Taten geführt haben, vereinfacht und das Bewusstsein der Notwendigkeit weiterer Maßnahmen außer der strafrechtlichen Verantwortungszuschreibung verbleichen lässt. Vgl. dazu *Malamud Goti*, La Respuesta a un Estado Terrorista: Entre el Castigo y la Impunidad, in: *Muñoz Conde/Vormbaum* (Hrsg.), „La transformación jurídica de las dictaduras en democracias y la elaboración jurídica del pasado“, Valencia 2009, S. 91 ff., 96, 100.

Antwort bleiben. Daraus sind letztendlich Konsequenzen für die Legitimität der Rechtsordnung im Ganzen zu ziehen.

3. Ein rechtspolitischer Grundstein für die Abschaffung des Strafrechts?

Eine erste Gefahr für die hiesige Diskussion besteht darin, auf unsere Ausgangsfrage eine pauschale Antwort zu geben. Dies ist die Versuchung des kritischen beziehungsweise skeptischen Strafrechtlers, die zu anderen, durchaus politischen Zwecken missbraucht werden kann. Sie lautet: Da es weder eine empirische Basis noch eine normative Rechtfertigung gibt, die Legitimation des Strafrechts anzuerkennen, sollte in dem komplexen Fall der „Vergangenheitsbewältigung" von Strafrecht keine Rede sein.[16] Gegen dieses *prima facie* akzeptable Argument, sollen zwei fundamentale Einwände erhoben werden:

(i) Wer gelegentlich in der rechtspolitischen Diskussion vom Mangel an Legitimität des Alltagsstrafrechts spricht, sieht sich zugleich gezwungen, an *entsprechende* Alternativen zu denken. Selbst der rechtswissenschaftliche Diskurs kann nicht die Frage umgehen, was für Konsequenzen die Abschaffung des Strafrechts mit sich bringen würde.[17] Realistisch sollte nicht bloß auf jedwede Reaktion verzichtet, sondern es müssten konkrete, sei es der Schwere der Tat oder der Prävention ähnlicher Verhalten angemessene Reaktionen vorschlagen werden. Kritik zu üben bedarf solcher positiven Vorschläge nicht – aber Kritik geht von einer bestehenden Realität aus. Denn auch das Modell eines begrenzenden, anti-funktionalen Strafrechts[18] setzt sowohl ein bereits wirksames Strafrecht voraus, als dass es auch die Legitimität einer staatlichen Reaktion im Ganzen nicht ausschließt.[19] Selbst in der radikalen Position des „wirklichen

16 Kritisch zu dieser Argumentation vgl. *Naucke*, Normales Strafrecht und die Bestrafung staatsverstärkter Kriminalität, Festschrift für Bemmann, Baden-Baden 1997, S. 75 ff., 83 f.

17 Vgl. hierzu etwa die Beiträge von *Lüderssen*, Abschaffen des Strafens?, Frankfurt am Main 1995 und *Fabricius,* Was vom Strafrecht ohne Strafe übrig bleibt, in: *Institut für Kriminalwissenschaften und Rechtsphilosophie Frankfurt a.M.* (Hrsg.), Jenseits des rechtsstaatlichen Strafrechts, Frankfurt am Main 2007, S. 43 ff.

18 Gemeint ist *Nauckes* Plädoyer für ein „negatives Strafrecht". Vgl. *Naucke*, Die robuste Tradition des Sicherheitsstrafrechts, KritV 2010, S. 129 ff., 136; *ders*., „Schulenstreit"?, Festschrift für Hassemer, S. 559 ff., 569, 572; *ders*., Direito penal negativo, in: *Greco/Martins* (Hrsg.), Direito penal como crítica da pena, Festschrift für Tavares, Madrid u.a. 2012, S. 473 ff.

19 Unter Berufung auf Kant s. den ausdrücklichen Hinweis auf ein „die Verletzung von Menschenrechten vergeltendes Strafrecht" bei *Naucke*, „Schulenstreit"?, S. 561.

Abolitionismus“[20] geht es meistens darum, neue, nicht staatliche Lösungen für menschliche Konflikte hervorzubringen.[21] Schwere Menschenrechtsverletzungen lassen sich nicht durch einen Rekurs auf den sozialen, relativen Charakter jeder Kriminalisierung verharmlosen. Maßgeblich ist hier, dass stets eine Art öffentlicher Reaktion – und auch die Verzeihung ist eine Reaktion – erwartet wird. Die Frage nach entsprechenden alternativen Maßnahmen muss von daher auch in Bezug auf die Bestrafung von Staatsverbrechen gestellt werden. Es muss also bewiesen werden können, dass alternative Maßnahmen ein gleichbedeutendes normatives Potential wie das Strafrecht besitzen – ohne jedoch seine Legitimationsprobleme zu teilen. Und wenn schließlich offen für keine Reaktion plädiert wird – wenn das Argument darin besteht, es sei einfacher oder politisch klüger, schwere Menschenrechtsverletzungen ohne staatliche Reaktion zu lassen, dann liegt die Begründungsbürde auf jenen, die ein solches Argument verteidigen: Sie müssen erklären können, warum gerade im Fall schwerer Menschenrechtsverletzungen auf das Strafrecht verzichtet werden sollte.

(ii) Und dies nur deshalb – und hier schließt sich der zweite Einwand an –, weil wir nicht so handeln können, als ob wir von einem Null-Punkt ausgehen würden, ohne zugleich in eine zynische Argumentation zu geraten. Ein über das demokratische Verfahren legitimiertes Strafrecht gibt es ja bereits. Es beansprucht, eine angemessene Reaktion auf schwer verletzende Taten zu verkörpern. Anhand allgemeiner Argumente kann man für die Abschaffung des Strafrechts im Ganzen plädieren und sich auf diese Weise an dem demokratischen Diskurs beteiligen. Dabei kann aber nicht die Tatsache ignoriert werden, dass das Strafrecht – trotz aller Kritik – als ein legitimes Instrument in jedem funktionierenden demokratischen Rechtsstaat gilt. Auch auf Legitimationsdefizite ist nicht zu verweisen, nur um eine Debatte um die strafrechtliche Verfolgung von staatlich unterstützten Straftaten einer vergangenen Rechtsordnung zu vermeiden. Missachtet man das demokratische Legitimationsmoment des Strafrechts, so verwandelt sich eine wissenschaftliche – heroische – Argumentationslinie in eine zynische rechtspolitische Manipulation.

III. Rechtsprozessuale *versus* historische Wahrheit

Der erste Aspekt, der gesonderte Aufmerksamkeit verdient, hat nicht nur strafprozessuale Relevanz, sondern verfügt auch über eine erhebliche Überzeu-

20 Zur Unterscheidung zwischen „wirklichem“ und „diversionistischem“ Abolitionismus vgl. *Naucke*, Die Wechselwirkung zwischen Strafziel und Verbrechensbegriff, Stuttgart 1985, S. 193, Fn. 33. Differenzierend zu unterschiedlichen Varianten des Abolitionismus vgl. *Zaffaroni*, En busca de las penas perdidas, Buenos Aires 1998, S. 103 ff.

21 Vgl. ebd., S. 102.

gungskraft in der Öffentlichkeit. Es handelt sich um die Frage nach der Möglichkeit, durch Strafrecht die Wahrheit über die Vergangenheit aufzuklären. Was ist darunter zu verstehen?[22] Führt das Spannungsverhältnis zwischen Wahrheit und strafprozessualen Garantien zu einem anderen Wahrheitsbegriff oder nur zu dem nüchternen Schluss, dass Wahrheit nicht das zentrale Ziel des Strafverfahrens sein kann?

Das Prinzip der materiellen Wahrheit spielt eine Doppelrolle in Strafverfahren: Es erinnert uns daran, dass das Rechtsverfahren sich an der Wahrheitsfindung orientieren soll. Um eine gerechte Entscheidung zu ermöglichen, vermeidet es zugleich eine radikale Funktionalisierung des Verfahrensziels und der Verfahrensgarantien im Namen präventiver Zwecke.[23] Kooperative Wahrheitssuche im Recht richtet sich sowohl auf Wahrheit als auch auf normative Richtigkeit. Damit wird nicht angedeutet, dass das Recht eine „rechtliche" Wahrheit schafft, sondern betont, dass der Beitrag des Rechts zur Konstitution von Wahrheit nur innerhalb der eigenen Legitimationsgrenzen stattfindet.

Oft wird in der strafrechtlichen Literatur mit kritischer Absicht die Meinung vertreten, dass im Strafverfahren eine forensische Wahrheit *konstruiert* werde.[24] *Hassemer* bezieht sich auf die Mangelfaktoren Zeit, Menschen und Geld: Eine „forensische Wahrheit" erscheint aus dieser Perspektive mit der Kritik an den Defiziten der juristischen Institutionen verbunden zu sein.[25] Es ist jedoch unschwer zu sehen, dass einem solchen Begriff die Gefahr droht, legitimierend erfasst zu werden, sodass „realen" Tatsachen im Strafverfahren kein Platz mehr eingeräumt wird. Diese Wendung des Begriffs verfehlt somit seine beabsichtigte

---

22 Im Folgenden stütze ich mich größtenteils auf frühere Gedanken aus meiner Dissertation, vgl. *Martins*, Flüchtige Grenze. Hermeneutik und Diskurstheorie im Recht, Baden-Baden 2013, S. 318 ff. Mit diesem Thema beschäftige ich mich auch in *Martins*, Sobre direito, punição e verdade: reflexões acerca dos limites da argumentação jurídica, in: *Dimoulis/ Martins/Swennson Jr.* (Hrsg.), Justiça de transição no Brasil. Direito, responsabilização e verdade, São Paulo 2010, S. 61 ff.

23 Vgl. hierzu *Neumann*, Funktionale Wahrheit im Strafverfahren, in: *Phillips/Scholler*, Jenseits des Funktionalismus: Arthur Kaufmann zum 65. Geburtstag, Heidelberg 1989, S. 73 ff.; *Schilling*, Illegale Beweise, Baden-Baden 2004, S. 108.

24 Vgl. etwa *Grasnick*, Wahres über Wahrheit – auch im Strafprozess, in: *Wolter* (Hrsg.), 140 Jahre Goltdammer's Archiv für Strafrecht, Heidelberg 1993, S. 55 ff.; *Danziger*, Die Medialisierung des Strafprozesses, Berlin 2009, S. 158 ff.; auch *Hassemer*, Grenzen des Wissens im Strafprozess, ZStW 121 (2009), S. 829 ff., 833 f. scharfe Kritik in *Arzt*, Der Internationale Strafgerichtshof und die formelle Wahrheit, Festschrift für Eser, S. 691 ff., 693 f.; vgl. auch *Gössel*, Ermittlung oder Herstellung von Wahrheit im Strafprozess?, Berlin/New York 2000, insb. S. 18 f.

25 *Hassemer*, Einführung in die Grundlagen des Strafrechts, 2. Aufl., München 1990, S. 150 ff., 153 f.

kritische Funktion. Als Ziel des Strafprozesses hat ein Wahrheitsbegriff, der sich gegen Funktionalisierungen sträubt, ein viel stärkeres kritisches Potenzial. Rechtskommunikationen *allein* schaffen keine Wirklichkeit. Es muss hier weiter zwischen der intersubjektiven Diskursentwicklung, die danach strebt, möglichst viele Informationen innerhalb der prozeduralen Bedingungen des rechtsstaatlichen Strafrechts zu ermöglichen, und der externen – vom Rechtsverfahren unabhängigen – Wirklichkeit differenziert werden. Innerhalb des Rechtsdiskurses gelten Wahrheiten in ihrer Verschränkung mit Verfahrensgerechtigkeit. Prozessuale Schranken sind dem Beitrag des Strafprozesses zur Wahrheitsfindung immanent. Aber der Rechtsdiskurs (zumal der forensische Diskurs) kann nicht auf den Bezug auf eine externe Welt verzichten.[26] Die Wahrheit bleibt folglich zwar ein Ziel, ist aber nicht das einzige Ziel des Strafverfahrens.[27] Die prozedurale Gestaltung der kooperativen Wahrheitssuche beinhaltet Richtigkeitsansprüche. Wahrheit und Richtigkeit verschränken sich auf der Basis eines wechselseitigen Verhältnisses.[28] Diese Kopplung von Wahrheits- und Richtigkeitsansprüchen darf nicht im Namen einer Politisierung des Strafrechts preisgegeben werden.

Andererseits verfügt das Strafrecht über Untersuchungsmöglichkeiten, die in keinem anderen Bereich des gesellschaftlichen Lebens vorliegen. Vielleicht noch relevanter als das ist das reale Geschehen eines Prozesses, die „Konversion von Tat in Wort",[29] die das Gerichtsverfahren ermöglicht. Die diskursive Rekonstruktion der Wirklichkeit im Verfahren – die *Erzählung* der Wahrheit – ist mindestens so bedeutend wie die bloße Feststellung einer Tatsache im Urteil. Denn diese Rekonstruktion geht über das Faktische hinaus: Indem die Wahrheit erzählt wird, kommt ihr in diesem neuen Darstellungsrahmen eine andere Dimension zu, die Wahrheit wird in denselben institutionellen Raum der Gerechtigkeit eingebettet. Dieses besondere Ereignis, das einen von den Rechtstheoretikern gern vernachlässigten hermeneutischen Ansatzpunkt erneut in Erinnerung

26 Anders als hier, aber mit ähnlichem Ergebnis argumentiert *Arzt*, Festschrift für Eser, S. 692: „[…] materielle Wahrheit als Primärziel hat nie Findung der Wahrheit um jeden Preis bedeutet, sondern Wahrheitsfindung im Rahmen legaler Zwangsmittel und Beweiserhebungen. Ist Wahrheit innerhalb solcher Grenzen unerreichbar, ist Wahrheit nicht gefunden und in dubio pro reo freizusprechen."

27 *Hassemer*, ZStW 121 (2009), S. 836.

28 Nach der hier vertretenen Auffassung bleiben also Wahrheits- und Richtigkeitsanspruch als miteinander konkurrierende Ansprüche bestehen; es gibt sowenig eine Identifizierung, als diese wechselseitige Beziehung nicht als eine harmonische Beziehung angesehen werden sollte. Zur Kritik einer Identifikation von Urteilswahrheit und Begründungsrichtigkeit s. *Arzt*, Festschrift für Eser, S. 694.

29 *Vismann*, Medien der Rechtsprechung, Frankfurt am Main 2011, S. 28. Ferner ebd., S. 32: „Was das Gericht also leistet, ist die Situierung der Tat und des Täters in der Ordnung der Sprache."

ruft,[30] verweist auf ein ästhetisches, ja „theatralisches“ Moment der Gerichtsbarkeit,[31] die für die Aufdeckung der Wahrheit eine tiefere Dimension eröffnet – und sie unverbrüchlich mit der Gerechtigkeit verbindet.

Geht man von der strukturellen Selektivität des Strafrechts und von den normativen Grenzen des Strafverfahrens aus, so ist von der strafrechtlichen Verfolgung nicht viel zur diskursiven Aufklärung über die *historische* Wahrheit zu erwarten.[32] Das Strafrecht kann zwar einen Beitrag dazu leisten, aber es gibt effizientere (und weit unproblematischere) Mittel dafür. Dies schließt aber nicht aus, dass dieser Apparat um der Gerechtigkeit willen mobilisiert wird und somit eine zentrale Rolle für die Darstellung und Anerkennung der historischen Wahrheit spielt: als gerichtliche Vergegenwärtigung der Wahrheit, als Institutionalisierung der Wahrheit im Rahmen eines auf Gerechtigkeit zielenden Verfahrens.

IV. Materieller Verbrechensbegriff und Gesetzlichkeit

1. Der Begriff des Verbrechens

Eine der Schwierigkeiten ist zu bestimmen, welcher Verbrechensbegriff vorausgesetzt wird, wenn bei einer strafrechtlichen Verfolgung von Systemunrecht die Rede ist.[33] Ob man sich auf Strafe beruft, was man unter Strafe stellt und welche

30 Vgl. *Gadamer*, Wahrheit und Methode, GW 1, Tübingen 1990, S. 116 ff., 156; ferner *ders.*, Über den Beitrag der Dichtkunst bei der Suche nach der Wahrheit, GW 8, Tübingen 1993, S. 70 ff.

31 Vgl. *Vismann*, Medien der Rechtsprechung, S. 33: „Diese Übertragung eines Geschehens vom realen Ort, dem Tatort, auf die hochartifizielle Bühne des Gerichts macht aus der Tat ein Ereignis in der Sprache. Die Formel vom *theatrum veritatis et justitiae* des Barock-Juristen Jean-Baptiste de Luca [...] bezeichnet diesen Sachverhalt der Transformation vom Realen in die symbolische Ordnung. Sie zeigt an, dass Wahrheit und Gerechtigkeit selbst die Ereignisse sind, die auf der Bühne des Gerichts statthaben.“ Zur Assoziation zwischen Gericht und Spiel, die dies auch in die Nähe von *Gadamer* rückt, vgl. ebd., S. 36 f.

32 Wie *Stübinger* (Das „idealisierte“ Strafrecht, Frankfurt am Main 2008, S. 529 f.) zutreffend bemerkt, ist selbst der Begriff einer „historischen Wahrheit“ nicht frei von Ambivalenzen. Zumeist wird die Aufgabe des Historikers in der Interpretation von Tatsachen von Seiten des Juristen unterschätzt. Zum Vergleich zwischen Richter und Historiker ebd., S. 526 ff.

33 Obwohl Verbrechen und Strafe begrifflich einander implizieren, halte ich es für möglich und notwendig, die Frage nach dem Verbrechensbegriff Vorrang gegenüber der Frage nach dem Zweck der Strafe zuzuerkennen. Nur so scheint mir plausibel, das spezifisch kommunikative Moment der Strafdefinition unabhängig von ihren Zielen hervorzuheben, ohne jedoch zu einer reinen Vergeltungstheorie gezwungen zu sein. Das vertretene Modell führt zu einer formalen (nicht legitimierenden) Definition von Verbrechen und Strafe: Verbrechen sind Taten, die ein besonderes *rechtliches* Tadelsurteil verdienen; Strafe

Strafe verhängt wird – dies sind Fragen, die entweder innerhalb einer internen Rechtsordnung oder in der internationalen Sphäre, jeweils unter demokratischen Voraussetzungen, entschieden werden müssen. Jenseits von Metaphysik legitimiert sich das Strafrecht nicht von selbst.

In einem demokratischen Rechtsstaat kann ein materieller Straftatbegriff nur im Rahmen eines kollektiven Reflexionsprozesses über den Sinn und die Grenzen des Strafrechts entstehen.[34] Komplexer wird dies, wenn in einer neuen demokratischen Ordnung Straftaten der Vergangenheit bestraft werden sollen. Aus pragmatischen Gründen ist es empfehlenswert zu prüfen, ob die unerwünschten, zu tadelnden Taten bereits Straftatbestände in der früheren Rechtsordnung erfüllten. Dies war sowohl in Brasilien als auch in Deutschland in einem großen Umfang der Fall und es ist davon auszugehen, dass dies in der Regel der Fall ist. Es muss aber nicht so sein: Der Unrechtsgehalt von Taten, die nicht gesondert kriminalisiert wurden – nehmen wir das Beispiel von Folter, also von Taten, die alltagssprachlich als Folter definiert werden –, kann viel schwerer sein als der Unrechtsgehalt von positiven Straftatbeständen.

---

ist zunächst einmal eine Übelzufügung, die aus diesem Tadelsurteil hervorgeht und ihm kommunikative Kraft durch Schmerz verleiht. Für eine Rekonstruktion dieser Diskussion und die Vertretung der Gegenmeinung, dass also der Verbrechensbegriff sich an der Zweckbestimmung der Strafe ausrichten soll s. *Pawlik*, Das Unrecht des Bürgers, Tübingen 2012, S. 52 ff., 57. Grundlegend für die Bestimmung der Strafe als Tadel *von Hirsch*, Die Existenz der Institution Strafe: Tadel und Prävention als Elemente einer Rechtfertigung, in: *ders.*, Fairness, Verbrechen und Strafe: Strafrechtstheoretische Abhandlungen, Berlin 2005, S. 41 ff.; *ders.*, Warum soll die Strafsanktion existieren? – Tadel und Prävention als Element einer Rechtfertigung, in: *von Hirsch/Neumann/Seelmann* (Hrsg.), Strafe – Warum?, Baden-Baden 2011, S. 43 ff.; *von Hirsch/Ashworth*, Proportionate Sentencing, New York 2005, S. 17 ff.

34 *Naucke*, Die Wechselwirkung zwischen Verbrechensbegriff und Strafziel, bes. S. 196, 200, wehrt sich gegen diesen Gedanken und versucht, den Verbrechensbegriff naturrechtlich zu verankern. Vermutlich ist es gerade ein neuer, gesellschaftsimmanenter Begriff vom Naturrecht, der uns fehlt, um plausibel zu einem natürlichen Verbrechensbegriff zu gelangen. Danach muss gesucht werden. Ich möchte hier nur darauf hinweisen, dass, versteht man Demokratie als normativ geladener Begriff im Sinne eines kollektiven Prozesses, der zu *richtigen* politischen Entscheidungen führen soll, dann sollte die demokratische Gesetzgebung der einzige Weg sein, um dieses gesellschaftsimmanente Naturrecht zu verkörpern und in Regeln zu übersetzen. Mit gesetzgebungsfeierlichem Positivismus hat diese Auffassung nichts zu tun. S. zur Kritik an der „kontingenten" Kriminalpolitik (im Zusammenhang mit ihrer Unfähigkeit, der Strafrechtsdogmatik bei dem Treffen richtiger Lösungen zu helfen) *Martins*, Versuch über die Vorsatzzurechnung, S. 84 ff. Zustimmend *Pawlik*, Das Unrecht des Bürgers, Tübingen 2012, S. 49.

Die Verfolgung von Taten eines vergangenen Systems setzt auf die Besonderheit dieser Taten.[35] Diese Besonderheit folgt nicht daraus, dass solche Taten eine Rarität im Staatsleben sind,[36] sondern dass sie in zweierlei Hinsicht einen außerordentlichen Charakter haben: Sie werden vom Staat gefördert und sie überholen die gewöhnlichen Straftaten in der Intensität der Gewaltausübung. Nicht um so genannte „Alltagsverbrechen" geht es dann, sondern um außergewöhnlich schwere Taten, durch welche „die Freiheit eines schwachen Einzelnen durch organisierte staatliche Macht überwältigt wird."[37] Der Kraftunterschied zwischen Opfern und Tätern ist enorm. Meistens geht es um Verbrechen, die nicht nur einen Einzelnen, sondern die Menschheit im Ganzen antasten.[38] Die

35 Näher zum Unterschied zwischen „ordinary" und „extraordinary crimes" *Drumbl*, Atrocity, Punishment, and International Law, New York 2007, S. 3 ff. Den politischen Hintergrund solcher Verbrechen betonend, spricht *Jäger* (Ist Politik kriminalisierbar?, S. 123) von „Kriminalität des Ausnahmezustands". Zur Unterscheidung zwischen Makrokriminalität und anderer Kriminalität vgl. ferner ebd., S. 134 ff. Jenseits von „strafrechtsimmanenten Unterscheidungen" (S. 127) lehnt *Jäger* wohl einen grundsätzlichen Unterschied zwischen Staatsverbrechen und privaten Delikten ab, wenn es auf die Frage nach den rechtlichen Konsequenzen ankommt (S. 128). Dazu auch *Reuss*, „Vergangenheitsbewältigung" als Strafzweck bei Völkerverbrechen? *– oder: Was kommuniziert das Völkerstrafrecht?*, Einsicht 03 (2010), S. 34 ff. Freilich sollte diese grobe Differenzierung nicht die Tatsache verklären, dass selbst innerhalb des Bereichs „Makrokriminalität" erhebliche Unterschiede in den Unrechtsinhalten der Verbrechen zu konstatieren sind. In diesem Sinne sollte in keinem Fall die strafrechtliche Analyse dazu beitragen, die Einzigartigkeit solcher Delikte – etwa einer „Maschine des ‚Verwaltungsmassenmordes'", die „nicht nur die Vorstellungskapazität des Menschen, sondern auch den Rahmen und die Kategorien, in welchen politisches Denken und politisches Handeln sich vollziehen [sprengt]" – auszublenden (Zitate aus *Arendt*, Organisierte Schuld, in: *dies.*, In der Gegenwart. Übungen im politischen Denken II, München 2012, S. 26 ff., 31).

36 Oft etablieren sich Menschenrechtsverletzungen in Verbindung mit deren Straflosigkeit in der Kultur eines Landes dermaßen, dass sie als autoritäre staatliche Praxis über das Ende des Unrechtssystems hinausgelangen. Dies wird auch als Argument für die Bestrafung staatlicher Verbrechen verwandt. Für den brasilianischen Fall vgl. etwa *Piovesan*, Direito internacional de direitos humanos e lei de anistia: o caso brasileiro, in: *Teles/Safatle* (Hrsg.), O que resta da ditadura, São Paulo 2012, S. 91 ff., 106 ff. Zum „ubiquitären" Charakter der staatsstärkenden Kriminalität, die also überhaupt keine Ausnahme in der (bei ihm an dieser Stelle *deutschen*) politischen Geschichte macht, vgl. *Naucke*, Die strafjuristische Privilegierung, Frankfurt am Main 1996, S. 23 ff.

37 Ebd., S. 20; vgl. neuerdings *ders.*, Der Begriff der politischen Wirtschaftsstraftat – Eine Annäherung, Berlin 2012, S. 4, die Straftat sei als „die zurechenbare Überwältigung der persönlichen Freiheit" zu begreifen.

38 Der politische Sinn von der Idee von Menschheit ist bereits mit der von Verantwortung verbunden. So schreibt *Arendt* (Organisierte Schuld, S. 37) zutreffend, dass „[...] die Idee der Menschheit, gereinigt von aller Sentimentalität, [...] politisch die sehr schwer-

Achtung vor jener „Besonderheit“ gilt erst recht für die Etablierung des Völkerstrafrechts, trifft aber auch auf die nationale Behandlung von Menschenrechtsverletzungen zu.

Was die Idee von „natürlichen Verbrechen“ anbelangt, müssen zwei Aspekte differenziert werden. Es gibt wahrscheinlich anthropologische Konstanten, nach welchen bestimmte Verhaltensweisen stets für besonders (das heißt: strafrechtlich) tadelnswert gehalten werden. Eine Gesellschaft ohne ein allgemeines Tötungsverbot (unabhängig von dessen Einschränkungen) ist kaum vorzustellen – und auch wenn es sie gab, spricht das nicht gegen das Argument, dass in den uns bekannten Gesellschaften in der Regel ein allgemeines Tötungsverbot herrscht. Diese Argumentation hat eine empirische Basis, aber eine geringe normative Kraft. Dazu kommt, dass jene anthropologischen Konstanten niemals den spezifischen Rahmen eines Straftatbestandes haben. Dieser muss nachträglich festgelegt werden. Aber die größte Schwierigkeit derartiger Argumentationen liegt darin, dass – nimmt man Kriege, Invasionen, Völkerbeherrschung und Sklavenordnungen in Kauf – wenig Aussicht besteht, selbst anhand anthropologischer Konstanten zu begreifen, was als Verbrechen gelten soll oder nicht.

Auf der anderen Seite – als normativem Weg – könnten zumindest schwere Verletzungen von Menschenrechten stets zu strafbaren Verbrechen erklärt werden, unabhängig von deren Positivierung als Straftaten. Dies ist ein meistens naturrechtlich begründeter,[39] möglicher Weg. Ich halte diesen Weg nicht für gangbar, solange nicht mehr als ein metaphysisches Naturrecht als Begründung angeboten werden kann. Die Anerkennung von Menschenrechten auch vor ihrer Positivierung muss nicht zu strafrechtlichen Konsequenzen im Fall ihrer Verletzung führen. Ein Menschenrecht auf *Straf*recht gibt es nicht.[40] Ein zwangsläufi-

---

wiegende Konsequenz [hat], dass wir in dieser oder jener Weise die Verantwortung für alle von Menschen begangenen Verbrechen, dass die Völker für alle von Völkern begangenen Untaten die Verantwortung werden auf sich nehmen müssen.“

39 Die überzeugendste Verteidigung dieser Position liefert *Naucke*, Die strafjuristische Privilegierung, S. 26 ff.

40 Ähnlich in seiner Argumentation gegen eine strafbegründende Funktion des Naturrechts *Pawlik*, GA 1994, S. 482 und *Jakobs*, Vergangenheitsbewältigung durch Strafrecht?, S. 45: „Die Strafbarkeit ist ein Kind des positiven Rechts und damit auch der jeweils gelebten Verfassung und Praxis eines Staates.“ Damit lehne ich jene Formeln ab, die eine automatische Verbindung zwischen Untaten und reaktiver Übelzufügung voraussetzen – so etwa bei *Naucke*, Die Wechselwirkung, S. 196: „Das Verbrechen drängt auf Strafe.“ Vgl. u.a. ebenso *Zaczyk*, Zur Begründung der Gerechtigkeit menschlichen Strafens, Festschrift für Eser, München 2005, S. 207 ff., 218; *Kahlo*, „Die Weisheit der absoluten Theorien“, Festschrift für Hassemer, S. 383 ff., 418 f. Dies darf meines Erachtens schon deshalb nicht so sein, weil die Art der Übelzufügung stets der historischen Kontingenz über-

ger Weg zur Bestrafung ergibt sich nur aus einer Strafrechtskonzeption, die die Vergeltung von Straftaten als einzige Rechtfertigung für die staatliche Strafe erklärt. Nur dann – auf der Basis einer „absoluten" Straftheorie – kann man von einem unmittelbaren Übergang von der Feststellung der Tat zur Bestrafung und ohne eine Zwischeninstanz, in der begründet wird, warum eine *Strafe* verhängt werden sollte, ausgehen.

Plausibler indes als eine direkte Verknüpfung von Verbrechen und Strafe beziehungsweise Verbrechen und Vergeltung[41] scheint eine Verknüpfung zwischen Verbrechen (als schweren missbilligten Taten, Menschenrechtsverletzungen) und *entsprechender* rechtlicher Verantwortungszuschreibung zu sein – eine *fast* tautologische Verknüpfung. Tautologisch ist diese Verknüpfung insoweit nicht, als sie zwischen der sozialen Missbilligung der Tat und der rechtlichen Zuschreibung von Verantwortung unterscheidet. Dies bedeutet aber, dass eine „entsprechende" Verantwortungszuschreibung ein bestehendes Koordinatensystem voraussetzt, innerhalb dessen jene soziale Missbilligung eine rechtliche Übersetzung findet. Ob diese Übersetzung durch die Verhängung von Strafe stattfindet, ist eine historische Kontingenz. Erst im Rahmen jenes Koordinatensystems ist es richtig zu behaupten, dass eine vorliegende Tat – verglichen mit der Behandlung von anderen Unrechtstaten – zwingend zu einer Bestrafung führen muss.

2. Die Problematik des Rückwirkungsverbots

Vom Verbrechensbegriff gelangen wir zur Problematik des Umgangs mit dem Rückwirkungsverbot im rechtsstaatlichen Strafrecht. Zutreffend ist eine Definition des rechtsstaatlichen Strafrechts als „Machtverneinung"[42], als Institution der Freiheit. Dazu gehört natürlich das Gesetzlichkeitsprinzip als Schutz des Individuums gegen die Strafmacht. Das Prinzip ist jedoch nicht frei von Ambivalenzen. Der Polizeistaat wohnt dem Rechtsstaat inne, sie bestehen – als interner Konflikt zwischen Gewalt und Freiheit – zugleich.[43] Gesetzlichkeit ist zugleich

---

lassen wird. Eine automatische Verbindung zwischen Untaten und Tadel schließe ich hiermit nicht aus.

41 *Naucke*, Die Wechselwirkung, S. 75 f.

42 *Naucke*, Der Begriff der politischen Wirtschaftsstraftat, S. 10; bereits *ders.*, Normales Strafrecht, S. 84.

43 Nähere Erläuterungen bei *Zaffaroni/Alagia/Slokar*, Derecho Penal. Parte General, 2. Aufl., Buenos Aires 2002, S. 5 f. Zum „Spannungsverhältnis zwischen der Idee des liberalen Rechtsstaats einerseits und dem strafenden Staat und seiner Politik andererseits" vgl. *Arnold*, Die Bewältigung der DDR-Vergangenheit vor den Schranken des rechtsstaatlichen Strafrechts, in: *Institut für Kriminalwissenschaften Frankfurt a.M.* (Hrsg.),

Zeichen von Machtverneinung und Machtausübung. Darauf gehe ich später noch ausführlicher ein.

Als Argument für einen gerechten Umgang mit dem Rückwirkungsverbot bietet sich eine strikte naturrechtliche Argumentation[44] oder die so genannte Radbruchsche Formel an.[45] Mit dieser Formel wird von *Robert Alexy* ein moralischer Richtigkeitsanspruch mit jeder Rechtsordnung verbunden.[46] Was den Zusammenhang von Recht und Moral angeht, impliziert die These einen – im Sinne von *Alexy* – „inklusiven Nichtpositivismus"[47], der besagt, dass Recht und Moral Inkompatibilitäten beinhalten können, krassen ungerechten Normen jedoch der Status von Recht abzusprechen sei.[48]

Vom unmöglichen Zustand des Strafrechts, Frankfurt am Main 1995, S. 283 ff., 286, der allerdings eine Einschränkung des Rückwirkungsverbots – um der Verteidigung des Rechtsstaates gegen politische Einflüsse willen – ablehnt (S. 289 ff., 302 ff.).

44 *Naucke*, Die strafjuristische Privilegierung, S. 47 ff.

45 Vgl. *Radbruch*, Gesetzliches Unrecht und übergesetzliches Recht, in: *ders.*, Der Mensch im Recht, Göttingen 1957, S. 111 ff. Die Literatur zur Radbruch-Formel ist inzwischen extrem breit. Hier sei nur auf die Monographie von *Saliger*, Radbruchsche Formel und Rechtsstaat, Heidelberg 1995; und die Aufsätze von *Kaufmann*, Die Radbruchsche Formel vom gesetzlichen Unrecht und vom übergesetzlichen Recht in der Diskussion um das im Namen der DDR begangene Unrecht, NJW 1995, S. 81 ff.; *Frommel*, Die Mauerschützenprozesse – eine unerwartete Aktualität der Radbruch'schen Formel, Festschrift für Arthur Kaufmann, Heidelberg 1993, S. 81 ff.; und *Hassemer*, Staatsverstärkte Kriminalität als Gegenstand der Rechtsprechung. Grundlagen der „Mauerschützen"-Entscheidungen des Bundesgerichtshofes und des Bundesverfassungsgerichts, Festschrift BGH, Köln 2000, S. 439 ff., 463, hingewiesen. Kritisch zum Modell, da es „mit der Hypothek außerordentlich starker, erkenntnistheoretisch kaum zu verteidigender ontologischer Implikationen belastet" sei *Neumann*, Rechtspositivismus, Rechtsrealismus und Rechtsmoralismus in der Diskussion um die strafrechtliche Bewältigung politischer Systemwechsel, in: *ders.*, Recht als Struktur und Argumentation, Baden-Baden 2008, S. 163 ff., 173. Kritisch zum innewohnenden „Relativismus" der Formel vgl. *Naucke*, Die strafjuristische Privilegierung, S. 44 ff.; *ders.*, Die Aushöhlung der strafrechtlichen Gesetzlichkeit durch den relativistischen, politisch aufgeladenen strafrechtlichen Positivismus, in: *Institut für Kriminalwissenschaft Frankfurt a.M.* (Hrsg.), Vom unmöglichen Zustand des Strafrechts, Frankfurt am Main 1995, S. 483 ff., 493 f. *Naucke* plädiert deshalb für eine Ausdehnung der Formel (Die Strafjuristische Privilegierung, S. 46 f.).

46 *Alexy*, Begriff und Geltung des Rechts, Freiburg i.B./München 1992, S. 62, 64 ff., 106 ff., 129 ff.; *ders.*, Mauerschützen. Zum Verhältnis vom Recht, Moral und Strafbarkeit, in: *Alexy/Koch/Kuhlen/Rüssmann*, Elemente einer juristischen Begründungslehre, Baden-Baden 2003, S. 469 ff.

47 *Alexy*, On the Concept and the Nature of Law, Ratio Juris 21 (2008), S. 281 ff., 287; *ders.*, The Dual Nature of Law, Ratio Juris 23 (2010), S. 167 ff., 177.

48 *Alexy*, Begriff und Geltung, S. 70, 131 f., spricht von einem „begrifflich notwendigen Zusammenhang zwischen Recht und Moral", präziser (S. 136) von „einem notwendigen

Diese Konzeption verklärt indes das eigentliche Problem. Die Behauptung, unrichtige Normen dürften kein Recht sein, kann innerhalb einer Diskussion als Argument gegen das gegenwärtig positive Recht verwendet werden. Dieses Argument kann auch zur Ablehnung einer positiven Rechtsnorm führen, die nur solange als eine (ungerechte) Rechtsnorm gilt, bis sie von der diskursiven Kraft des Rechtsdiskurses beseitigt wird. Aber die faktisch-normative Kraft des Diskurses muss in der Lage sein, die faktische Geltung der Norm aufzuheben. In Bezug auf die Vergangenheit bedeutet das Argument allerdings eine Vernachlässigung der Faktizität des Rechts.[49] Es dient dann der Gesellschaft, um sich von der Verantwortung für die Geltung extremen ungerechten Rechts zu entlasten.[50]

Für die juristische Verantwortlichkeit der Übeltäter reicht meines Erachtens das Argument, dass wir nicht akzeptieren müssen, dass ein so extrem ungerechtes Recht fortwirkt. Man muss also bereit sein, offen zu sagen, dass das Rückwirkungsverbot in spezifischen Fällen aufgehoben werden soll.[51] Dies verein-

---

Zusammenhang des Rechts mit der Idee einer richtigen Moral im Sinne einer begründeten Moral".

49 *Neumann*, Rechtspositivismus, Rechtsrealismus und Rechtsmoralismus in der Diskussion um die strafrechtlichen Bewältigung politischer Systemwechsel, Festschrift für Lüderssen, Baden-Baden 2002, S. 109 ff., 119.

50 Ich schließe mich an die Argumentation von *Wiethölter*, Rechtswissenschaft, Frankfurt am Main 1968, S. 60 – bezüglich der Verarbeitung NS-Unrechts – an. Mit *Jakobs*, Vergangenheitsbewältigung durch Strafrecht? Zur Leistungsfähigkeit des Strafrechts nach einem politischen Umbruch, in: *Isensee* (Hrsg.), Vergangenheitsbewältigung durch Recht, Berlin 1992, S. 37 ff., 46, 53, stimme ich insofern überein, dass die Annahme, der Nationalsozialismus oder das System der ehemaligen DDR hätten jenseits der jeweiligen Rechtsordnung agiert und nicht die Macht gehabt, Recht zu schaffen, deren Verharmlosung bedeutet. Allgemeiner für Unrechtsstaaten formuliert *Jakobs*, Untaten des Staates – Unrecht im Staat. Strafe für die Tötungen an der Grenze der ehemaligen DDR?, GA 1994, S. 1 ff., 9. Zustimmend *Pawlik*, Strafrecht und Staatsunrecht, GA 1994, S. 472 ff., 477 f.

51 *Nauckes* (Die strafjuristische Privilegierung, S. 39, Fn. 61) diesbezüglichen Einwand, es sei „nicht recht verständlich, warum die juristische Radikalität nur in der Retrospektive formuliert wird", möchte ich wiederum mit einem Hinweis auf die konkrete Rolle politischer Kräfte zur Rechtssetzung zu entgehen versuchen. Die Pointe liegt genau darin, dass eine Gesellschaft die Verantwortung für ihr Recht radikal übernehmen muss, und das heißt, politische Mechanismen finden muss, um ungerechte rechtliche Institutionen zu bewältigen. Formalen, faktisch anerkannten Institutionen ihren rechtlichen Charakter abzusprechen, verklärt das besondere Verhältnis zwischen Recht und Politik und verschleiert den ihm implizierten Gewaltmoment. In der Hinsicht scheint mir *Pawliks* (GA 1994, S. 480) Hinweis auf eine „Unsensibilität […] gegenüber dem Begriff des Politischen", die der Radbruchschen Formel innewohnen würde, angebracht.

facht in vielerlei Hinsicht die Diskussion und erspart erhebliche Probleme, die entstehen, wenn wir uns vor der Aufgabe sehen, nachzuweisen, dass die nachträgliche Aufhebung der Strafbarkeit – Stichwort Amnestiegesetze – „krasses Unrecht“ ausmacht.

Ich möchte drei Argumente für eine Aufhebung des Rückwirkungsverbots anführen. Das erste Argument besagt, dass Verletzungen von Menschenrechten schon Verletzungen von Menschenrechten in der vergangenen Rechtsordnung waren. Damit wird nicht gesagt, dass jene Verletzungen bestraft werden müssen, sondern, dass es einen deutlichen rechtlichen Ausgangspunkt für die Bestrafung gibt. Das zweite Argument besteht in dem Vorschlag, das Gesetzlichkeitsprinzip als eine Manifestation des Demokratieprinzips zu verstehen. Und das dritte Argument beruft sich auf die dialogische Struktur der strafrechtlichen Argumentation.

3. Die Geltung von Menschenrechten

a) Menschenrechte als kollektive Konstruktionen

Erwartet man, dass Verbrechen und Strafen im Rahmen eines demokratischen Diskurses zum Schutz der Lebensbedingungen einer Gesellschaft bestimmt werden, so ergibt sich eine qualifizierte Zirkularität in der Anwendung des Strafrechts: Bürger bestimmen demokratisch die Normen, an denen sie selbst ihr Verhalten ausrichten sollen und zugleich die Strafen, die für die Verletzung dieser Normen verhängt werden.[52] Obwohl die Rollen von Autor und Adressat der Rechtsnormen asymmetrisch sind, ist davon auszugehen, dass die strafrechtlichen Normen ihre Legitimität dadurch gewinnen, dass sie in der Regel innerhalb einer bestimmten Gesellschaft auf dieselben Bürger angewendet werden, die sie produzieren.

Nun ist dies im Fall des politischen Systemwechsels zumindest *prima facie* nicht der Fall. Die Idee von „Transitional Justice“ setzt für den strafrechtlichen Eingriff genau das Gegenteil voraus: Nämlich, dass Akteure einer vergangenen Rechtsordnung, übrigens einer undemokratischen, bestraft werden sollten. Mit dem einfachen Rekurs auf die demokratische Legitimation des Strafrechts kann

52 Grundlegend zu Rechtssetzungsverfahren vgl. *Habermas*, Faktizität und Geltung, Frankfurt am Main 1992, S. 109 ff.; 349 ff.; *ders.*, Über den internen Zusammenhang von Rechtsstaat und Demokratie, in: *ders.*, Die Einbeziehung des Anderen, Frankfurt am Main 1999, S. 293 ff.; *Günther*, Schuld und kommunikative Freiheit, Frankfurt am Main 2005, S. 245 ff.; *ders.*, Welchen Personenbegriff braucht die Diskurstheorie des Rechts?, in: *Brunkhorst/Niesen*, Das Recht der Republik, Frankfurt am Main 1999, S. 83 ff.; *Günther/Prittwitz*, Individuelle und kollektive Verantwortung im Strafrecht, Festschrift für Hassemer, S. 331 ff., 342.

also die Frage nach der Legitimation der strafrechtlichen Verfolgung von Staatsverbrechen nicht beantwortet werden. Dafür muss gezeigt werden, dass eine Art Einheit in der Differenz besteht – dass die demokratische Ordnung und die frühere autoritäre Ordnung in dialektischer Beziehung zueinander stehen. Diesen Weg halte ich für eine gesellschaftsimmanente Alternative gegenüber einem metaphysischen Naturrecht, das die Möglichkeit einer nachträglichen Sanktionierung zwangsläufig behauptet, einerseits, und andererseits einem strengem Positivismus zuwiderläuft, der jene Möglichkeit ohnehin ausschließt.[53] Dieser Weg läuft parallel zur Begründung von Menschenrechten in der neuen Rechtsordnung – als Zeichen jener dialektischen Beziehung zur Vergangenheit.

Die kontroverse Frage, ob Menschenrechte moralische oder juridische Natur haben, steht im Zentrum der Diskussion über Menschenrechte.[54] Eine einseitige Antwort auf diese Frage erweist sich als nicht weiterführend.[55] Versteht man die Konstitution der Menschenrechte als Ergebnis von Lernprozessen durch Erfahrungen von Ungerechtigkeit,[56] können Menschenrechte als Elemente sowohl moralischer als auch rechtlicher Diskurse aufgefasst werden. Rechtsdiskurse existieren auch als *Begründungs*diskurse, das heißt vor der – oder auf dem Weg zur – Positivierung. Die Idee, dass sie sich zunächst einmal als moralische Rechte konstituieren, setzt eine Priorität der Moral voraus, die für die Erklärung der Entstehung von Menschenrechten nicht angebracht ist. Dass diese Rechte eine „Orientierung am positiven Rechtsbegriff"[57] haben, zeigt vielmehr, dass sie von Anbeginn an auch als Teil des Rechtsdiskurses zu begreifen sind.

---

53 Stellvertretend für die Verteidigung eines naturrechtlichen Ansatzes *Naucke*, Die strafjuristische Privilegierung, insb. S. 26 ff.; für einen rechtspositivistischen Ansatz die bereits genannten Aufsätze von *Jakobs*, Vergangenheitsbewältigung durch Strafrecht?, S. 37 ff.; *ders.*, GA 1994, S. 1 ff. und *Pawlik*, GA 1994, S. 472 ff.

54 Zu dieser Diskussion anhand eines Vergleichs von Tugendhats und Habermas' Positionen vgl. *Lohmann*, Menschenrechte zwischen Recht und Moral, in: *Gosepath/Lohmann* (Hrsg.), Philosophie der Menschenrechte, Frankfurt am Main 1998, S. 62 ff.

55 So auch ebd., S. 82 ff.

56 Vgl. *Forst*, Die Rechtfertigung der Menschenrechte und das grundlegende Recht auf Rechtfertigung. Eine reflexive Argumentation, in: *ders.*, Kritik der Rechtfertigungsverhältnisse, S. 53 ff., bes. S. 59 f., Menschenrechte „sprechen eine Sprache des Protestes und des Widerstands" (S. 53 f., 76); ferner *Günther*, Was kann „Universalität der Menschenrechte" heute noch bedeuten?, in: *Schulz/Sonne* (Hrsg.), Kontinuität und Wandel, Zürich 1999, S. 167 ff.; *ders.*, Von der gubernativen zur deliberativen Menschenrechtspolitik – Die Definition und Fortentwicklung der Menschenrechte als Akt kollektiver Selbstbestimmung, in: *Haller/Günther/Neumann* (Hrsg.), Menschenrechte und Volkssouveränität in Europa. Gerichte als Vormund der Demokratie, Frankfurt a.M./New York 2011, S. 45 ff.

57 *Lohmann*, Menschenrechte, S. 89.

Am besten lässt sich dieser Zusammenhang als eine Verschränkung von rechtlichem und moralischem Diskurs einer Gesellschaft erklären. Aus der Perspektive der Moral erlangen solche Rechte ihren Universalitätscharakter. Darum gelten sie *auch* retrospektiv. Aus der rechtlichen Perspektive erlangen solche Rechte ihren Anspruch auf Positivierung[58] und ihre Einklagbarkeit gegenüber jeder Rechtsordnung. Das ist der stärkste Anspruch von Menschenrechten als rechtlichen Institutionen: dass sie sich stets gegen die positive Rechtsordnung wenden können.[59] Daraus entsteht eine – rechtsinterne – Spannung zwischen Menschenrechten und „partikularen" Bürgerrechten, die sich ohne Rekurs auf eine Instanz der Weltbürgergesellschaft nicht auflöst.[60] Diese Differenz erzeugt eine diskursive Kraft zur Transformation und zur Erweiterung des Katalogs der Menschenrechte und stellt – aus der internen Perspektive des Rechts – den Menschenrechtsdiskurs vor Herausforderungen gegenüber neuen Erfahrungen von Ungerechtigkeit.[61] Aber auch der moralische Blick auf die Erfahrungen von Ungerechtigkeit wird von den bereits positivierten Rechten geprägt.

Versteht man den Diskurs über die Menschenrechte als eine gesellschaftliche Konstruktion,[62] dann erklärt sich auch der interne Zusammenhang von Men-

---

58 Dazu *Forst*, Die Rechtfertigung der Menschenrechte, S. 86, der diesen Anspruch allerdings als „eine bestimmte institutionelle Implikation der moralischen Argumentation für Menschenrechte" versteht.

59 Vgl. *Wellmer*, Menschenrechte und Demokratie, in: *Gosepath/Lohmann* (Hrsg.), Philosophie der Menschenrechte, S. 265 ff., 266: „Menschenrechte anzuerkennen heißt daher immer auch schon, sie als potentielle Rechte *gegen* einen positiven Rechtscode anzuerkennen, auch wenn sie *innerhalb* dieses Rechtscodes nicht *als* Rechte vorkommen."

60 Vgl. ebd., S. 267; ferner *Habermas*, Zur Legitimation durch Menschenrechte, in: *ders.*, Die postnationale Konstellation, Frankfurt am Main 1998, S. 170 ff., 177: „So besteht eine eigenartige Spannung zwischen dem universalen Sinn der Menschenrechte und den lokalen Bedingungen ihrer Verwirklichung. Sie *sollen* für alle Personen unbeschränkt Geltung erlangen – aber wie ist das zu erreichen?".

61 Insofern scheint mir diese Differenz nicht eine zwischen Recht und Moral, wie sie *Wellmer* (Menschenrechte und Demokratie, S. 282) beschreibt; sie ist dem Rechtsdiskurs immanent. Die rechtliche Manifestation dieser Differenz beruht allein auf der Verschränkung von rechtlichem und moralischem Diskurs. Der moralische Diskurs destabilisiert den rechtlichen – und umgekehrt.

62 *Günther* (Menschenrechtspolitik, S. 52) definiert diesen Prozess als „die *Selbstermächtigung* der Menschen zu ihrer *Selbstbestimmung*" (Hervorhebung im Original). Dem Einwand, diese Position führe zum Relativismus, möchte ich mit dem Hinweis auf die intersubjektive Praxis des Begründens entgegnen. Die Anerkennung der Geltung von Menschenrechten wird als geschichtlicher, aber nicht als willkürlicher Prozess verstanden. Vgl. dazu *Köhler*, Das Recht auf Menschenrechte, in: *Brunkhorst/Köhler/Lutz-Bachmann*, Recht auf Menschenrechte, Frankfurt am Main 1999, S. 106 ff., 110.

schenrechten und Demokratie.[63] Die Idee der Inklusion von jedwedem Teilnehmer im Menschenrechtsdiskurs deckt sich mit dem Verlangen nach dem Schutz und der Förderung von Menschenrechten als Bedingung eines demokratischen Diskurses. Zwischen Menschenrechten und Demokratie besteht insofern ein wechselseitiges Konstitutionsverhältnis.[64] Dies gilt auch im Sinne einer Inklusion von allen möglichen Teilnehmern in den demokratischen Diskurs als einer politischen – aber auch begrifflichen – Konsequenz des Menschenrechtsdiskurses.[65] Mit der Begründung von Menschenrechten innerhalb eines partikularen Rechtsstaates ist also das Potential von Teilnehmern im Begründungsdiskurs der Menschenrechte weitaus nicht erschöpft.

b) Systemwechsel: Eine negative Kontinuität der Rechtsordnungen

Bereits vor der Begründung einer neuen Rechtsordnung gab es rechtsmoralische Ressourcen, die, auch wenn sie nicht allein zum revolutionären Durchbruch der neuen Ordnung geführt haben, wenigstens für die faktische Etablierung einer demokratischen Ordnung unverzichtbar sind. Bei politischen Systemwechseln können wir von einer *negativen Kontinuität* ausgehen. Dass eine positive (oder neutrale) Kontinuität besteht, ist trivial: Es geht in der Regel – es ging sowohl in Brasilien als auch in Deutschland – nicht um eine radikale Aufhebung jedes Rechtsverhältnisses, sondern um wesentliche Veränderungen, nach welchem Maßstab vergangene Rechtsnormen rezipiert werden können oder nicht. Eine demokratische Revolution bedeutet allerdings einen Bruch mit der Vergangenheit und zugleich – eben durch diesen Bruch – eine Beziehung zu jener Vergan-

---

63 Grundlegend dazu *Habermas*, Über den internen Zusammenhang von Rechtsstaat und Demokratie, in: *ders.*, Die Einbeziehung des Anderen, Frankfurt am Main 1995, S. 293 ff.; *ders.*, Zur Legitimation durch Menschenrechte, bes. S. 175 f.

64 Am prägnantesten *Forst*, Die Rechtfertigung der Menschenrechte, S. 78, 88. Vgl. auch *Günther*, Von der gubernativen zur deliberativen Menschenrechtspolitik, S. 57. Anders *Köhler* (Das Recht auf Menschenrechte, S. 113), für den eine moralische Unabhängigkeit der Menschenrechte gegenüber der Demokratie besteht: „Demokratie dient der Verwirklichung der Menschenrechte, aber Menschenrechte dienen nicht der Verwirklichung der Demokratie.“ Auch *Michelman* (Bedürfen Menschenrechte demokratischer Legitimation?, in: *Brunkhorst/Köhler/Lutz-Bachmann*, Recht auf Menschenrechte, S. 52 ff.) plädiert für die Demokratieunabhängigkeit von Menschenrechten. Beide Autoren räumen jedoch ein, dass Menschenrechte „nur in einer Demokratie *gewährt* werden [können]“ (*Köhler*, Das Recht auf Menschenrechte, S. 115). *Michelman* (Menschenrechte, S. 61, 64) kommt zu dem Schluss, dass die Möglichkeit der Befolgung und Achtung eines Menschenrechtsregimes von der Praxis beständiger demokratischer Kritik und Kontrolle abhängt.

65 Vgl. *Wellmer*, Menschenrechte und Demokratie, S. 280.

genheit. Die demokratische Ordnung etabliert sich auf der Basis eines negativen Verhältnisses zu der autoritären Vergangenheit. Genau dies möchte ich negative Kontinuität nennen: Es ist ein interner, langer Prozess vom Abbau der autoritären Vergangenheit, der als Voraussetzung für die definitive Begründung eines Rechtsstaates betrachtet werden muss.

Dann liegt es nahe, dass die Gesellschaft, die sich mit ihrer eigenen Vergangenheit konfrontiert, die Anerkennung von – und möglicherweise die Reaktion auf – Menschenrechtsverletzungen als Voraussetzung zur demokratischen Begründung einer neuen Rechtsordnung setzt. Eine neue Rechtsordnung entsteht nicht aus dem Nichts; sie basiert auf Legitimationsquellen, deren dynamischer Ursprung im moralischen und rechtlichen Diskurs der Gesellschaft zu verorten ist. Die Anerkennung von – universalen – Menschenrechtsverletzungen ist also Teil des Selbstverständnisses jener Gesellschaft und wirkt sodann retrospektiv: Die Gesellschaft projiziert die Geltung dieser Rechte auf ihre eigene Vergangenheit und gesteht, dass sie verletzt wurden. Damit ist freilich nicht eine strafrechtliche Reaktion begründet, sondern es wird die Existenz von *rechtlichen* Regeln anerkannt, die verletzt wurden. Diese liefern einen eindeutigen rechtlichen Ausgangspunkt für eine mögliche Bestrafung.

4. Der materielle Inhalt des Gesetzlichkeitsprinzips

Seit seiner klassischen Formulierung als Teil der Logik der psychologischen Zwangstheorie bei Feuerbach spielt das Gesetzlichkeitsprinzip eine ambivalente Rolle zwischen Staat und Individuum. Wird über den Inhalt des Gesetzes hinweggesehen, dann bleibt das formale Schema: Der Staat droht dem Individuum Strafe an; wenn es kein vorheriges Gesetz gibt, dann funktioniert der Abschreckungszweck der Strafe nicht.[66] Es handelt sich daher um eine Garantie, die zu-

---

66 *Feuerbach*, Lehrbuch des gemeinen in Deutschland gültigen peinlichen Rechts, 14. Aufl., Gießen 1847 (Neudruck: Aalen 1986), §§ 16, 20. Zum engen Zusammenhang von Straftheorie und Strafgesetzlichkeit bei Feuerbach vgl. *Greco*, Lebendiges und Totes in Feuerbachs Straftheorie, Berlin 2009, S. 49 ff., wobei der Autor betont, dass für Feuerbach das Strafgesetz nicht nur wegen dessen Abschreckungseffekts, sondern auch wegen der Einwilligung des Täters in die Bestrafung notwendig sei (S. 52). Zur Ambivalenz bei Feuerbachs Formulierung des Gesetzlichkeitsprinzips und der Theorie der Generalprävention vgl. *Naucke*, Paul Johann Anselm von Feuerbach. Zur 200. Wiederkehr seines Geburtstags am 14. November 1975, in: *ders.*, Über die Zerbrechlichkeit des rechtsstaatlichen Strafrechts, Baden-Baden 2000, S. 159 ff., 177 ff.; *ders.*, Feuerbach – ein liberaler Strafrechtler, in: *ders.*, Über die Zerbrechlichkeit, S. 185 ff., 187 f.; *ders.*, Gesetzlichkeit und Kriminalpolitik, in: *ders.*, Gesetzlichkeit und Kriminalpolitik, Frankfurt am Main 1999, S. 225 ff., 229 f. Zum strafrechtlichen Gesetzlichkeitsprinzip im Zusammenhang mit Systemwechseln vgl. *Martins*, A legalidade e a proibição de retro-

gleich im Interesse des Staates gegen das Individuum eine Funktion leistet. Wie meistens bei strafrechtlichen Freiheitsinstitutionen besteht das Gesetzlichkeitsprinzip aus einem doppelten Aspekt. Seiner negativen, strafrechtsbegrenzenden Leistung kommt eine positive Aufgabe zu: Es legitimiert strafrechtliche Gesetze ausschließlich durch seinen formalen Aspekt; Gesetzlichkeit dient – legitimierend – einer jeden Kriminalpolitik.[67]

Der einzige Ausweg aus dieser formalen Sackgasse ist, das Gesetzlichkeitsprinzip im Rahmen eines demokratischen Verfahrens zu begründen und dabei zu beachten, dass auch die Gewaltenteilung ihren Sinn im Schutz der Volkssouveränität erhält.[68] Dann ergibt sich auch eine direkte, enge Beziehung zwischen Gesetzlichkeitsprinzip und materialer Gerechtigkeit.[69] Demokratie wird hier freilich als normatives Prinzip begriffen, das sich als politische Ausgestaltung der Idee einer kollektiven Wahrheitssuche versteht.

Im Prozess der Anerkennung jener vorher besprochenen negativen Kontinuität können die Bürger Rechtsstaatsprinzipien in Funktion seiner demokratischen Begründung *kontextualisieren*. Da die demokratische Begründung der Gesetzlichkeit eine direkte Beziehung zur demokratischen Legitimation der Gesetze behält, dürfen Gesetze mit autoritärer Prägung, die nur der Machtausübung des Staates dienten, nicht mit dem Gesetzlichkeitsprinzip in Einklang gebracht werden. Dies betrifft freilich nicht jedes Gesetz im Kontext einer autoritären Rechtsordnung. Die Grenze ist allerdings nirgendwo anders als im Gegensatz zwischen individueller Freiheit und Staatsterror zu ziehen. Kurzum: Wenn Individuen sich des Staatsapparates derart bedient haben, dass sie sowohl schwere Straftaten begehen konnten als auch dafür straflos blieben, muss sich der demokratische Gesetzgeber dem autoritären Gesetzgeber der Vergangenheit nicht beugen.

---

atividade das leis no direito penal e no direito penal internacional e o tratamento dos crimes estatais praticados durante o regime militar no Brasil, Revista Anistia 7 (2013), S. 184 ff.

67 *Naucke* beschreibt dieses Phänomen als eine Entleerung („Degeneration") des Gesetzlichkeitsprinzips durch den strafrechtlichen Positivismus. Vgl. *Naucke*, Die Aushöhlung, passim; *ders.*, Gesetzlichkeit und Kriminalpolitik, S. 239; ähnlich ist die Betrachtung von *Tavares*, Os objetos simbólicos da proibição, in: *Coutinho* (Hrsg.), Direito e Psicanálise. Interseções a partir de „O Processo" de Kafka, Rio de Janeiro 2007, S. 43 ff.

68 Dies sei hier als Einwand gegen *Grünwalds* (Bedeutung und Begründung des Satzes „nulla poena sine lege", ZStW 76 (1964), S. 1 f., 16 f.) Argumentation zu verstehen, nach welcher das Rückwirkungsverbot ausschließlich aus der Perspektive der Gewaltenteilung zu rechtfertigen sein sollte. Zum Zusammenhang von Volkssouveränität und Gewaltenteilung vgl. *Maus*, Über Volkssouveränität. Elemente einer Demokratietheorie, Berlin 2011, S. 111.

69 Zur Verbindung zwischen materialer Gerechtigkeit und Gesetzlichkeit vgl. *Grünwald*, Bedeutung und Begründung, S. 18.

Mit der Aufhebung des Rückwirkungsverbots werden also zwei Botschaften verknüpft: Wir übernehmen die Verantwortung für die undemokratische Ordnung der Vergangenheit; und wir wollen mit dieser vergangenen Ordnung definitiv brechen, so dass wir Gesetze, die nur um der Selbsterhaltung dieser Ordnung willen erlassen wurden, nicht berücksichtigen.

5. Die dialogische Struktur der strafrechtlichen Zurechnung

Diese Argumentation hat eine ähnliche Struktur wie die Einführung eines Prinzips der fairen Zurechnung im normativen Modell des Schulddialogs zur Behandlung problematischer Konstellationen in der Deliktsstruktur.[70] Es handelt sich dann um ein Gebot materieller Gerechtigkeit, zu behaupten, dass, wer sich selbst straflos gemacht hat, sich nicht auf das Rückwirkungsverbot berufen darf, um der Strafverfolgung zu entgehen.[71] Parallel zur Verankerung der Kontextualisierung des Gesetzlichkeitsprinzips in einem demokratischen (inhaltlichen) Verständnis des Gesetzgebungsprozesses läuft also eine Einschränkung des Rückwirkungsverbots als Ergebnis einer (demokratisch verstandenen) „Erweiterung der Strafrechtsdogmatik um soziale Zurechnungsregeln“[72].

Der Fall von Brasilien ist exemplarisch für dieses Argument, weil das ungerechte Recht, worum es geht, in der allgemeinen Aufhebung der Strafbarkeit von Staatskriminalität besteht. Die vom brasilianischen Obersten Gerichtshof in seiner Entscheidung (ADPF 153) offen gelassene Möglichkeit, durch den demokratischen Gesetzgeber das Amnestiegesetz zu widerlegen, kann durch bloß formalen Rekurs auf das Rückwirkungsverbot nicht verhindert werden. Dies würde bedeuten, das Gesetzlichkeitsprinzip von jeder Verknüpfung, nicht nur mit der materiellen Gerechtigkeit, sondern auch und insbesondere mit der Demokratie zu lösen. Wenn offen anerkannt wird, dass es sich damals um einen Kompro-

---

70 Grundlegend *Neumann*, Zurechnung und Vorverschulden, S. 269 ff.; vgl. auch *ders.*, Die „actio libera in causa“ als Methodenproblem der Strafrechtsdogmatik, Kansai University Review of Law and Politics 27 (2006), S. 43 ff., 51. *Neumann* (ebd., S. 290) betont zwar, dass im Rahmen der strafrechtlichen Zuschreibung von Verantwortung dieses Modell nicht dafür gilt, den gegen den Täter erhobenen Vorwurf zu untermauern, sondern nur seine Verteidigungsmöglichkeiten betrifft. Ich hoffe aber oben gezeigt zu haben, dass ein Vorwurf gegen den Täter erhoben werden kann. Die Berufung auf das Rückwirkungsverbot gewinnt dadurch den Status einer Verteidigung seitens des möglichen Angeklagten.

71 Der hier behandelte Fall bestätigt zugleich, dass eine Trennung zwischen Zurechnungsregeln und Verfahrensregeln künstlich ist. Dazu *Neumann*, Zurechnung und Vorverschulden, S. 276 f. Vgl. auch *Haft*, Der Schulddialog, Freiburg i.B. 1978, S. 70.

72 *Neumann*, Zurechnung und Vorverschulden, S. 287.

miss zwischen Staat und Gesellschaft gehandelt hat,[73] dann kann von Volkssouveränität nicht mehr die Rede sein. Die Gefahr, das Rückwirkungsverbot in eine „Summe aus dem princeps legibus solutus-Satz und dem Satz par in parem non habet imperium"[74] zu verwandeln, hätte sich definitiv verwirklicht.

V. Schuld und Strafe

1. Unrechtseinsicht und Normativität

Es ist die Problematik des Gesetzlichkeitsprinzips selbst, die unmittelbar zur Analyse des Unrechtsbewusstseins des Täters (dStGB § 17, bStGB Art. 21) führt.[75] Denn mit einer Suspendierung des formalen Rückwirkungsverbots auf der Basis eines demokratischen Verständnisses des Gesetzlichkeitsprinzips ist die Frage nach der konkreten Einsicht des Täters, Unrecht zu tun, noch nicht beantwortet. Die einzige Rechtfertigung einer Suspendierung des Rückwirkungsverbots ist ein Postulat der materiellen Gerechtigkeit; es spricht gerade für diese Suspendierung, dass der Täter keine Zweifel haben konnte, Unrecht zu tun.[76] Dasselbe Postulat führt zu der Annahme, dass sich ein strafrechtlicher Schuldspruch nur unter dem Umstande rechtfertigt, dass dem Täter die Einsicht, Unrecht zu tun, nicht fehlte. Dennoch neutralisiert tendenziell der staatliche Charakter des Verbrechens die Fähigkeit, diese Einsicht zu erlangen.[77]

Problematisch ist zunächst die Frage, ob es sich dabei um eine rein empirische Frage handelt oder ob gewisse normative Unterstellungen notwendig sind. Täter in autoritären Regimen haben häufig die tiefe Überzeugung, „das Vaterland" oder „die Ordnung" gegen „Subversion" zu Recht verteidigt zu haben, was meistens mit deren Sozialisationshintergrund zusammenhängt.[78] Dies zeigt eine Parallele zur Überzeugungstat. Würde die Unrechtseinsicht so gedeutet werden,

---

73 Die Argumentation, dass das Amnestiegesetz einen Kompromiss oder politischen Deal zwischen gesellschaftlichen Gruppen ausmache, tauchte oft während der Diskussion der ADPF 153 im brasilianischen Obersten Gerichtshof (vgl. etwa das Votum des Min. Eros Grau, S. 26 ff.) auf. Die Argumentation verblüfft deshalb, weil sie, indem sie die Aufhebung der Strafbarkeit von Staatsverbrechen aufgrund jenes Kompromisses zu rechtfertigen versucht, Staat und Gesellschaft einebnet.

74 *Naucke*, Die strafjuristische Privilegierung, S. 13, 47.

75 Zu „Unrechtsbewusstsein im Unrechtsstaat" ausführlich *Neumann*, NK § 17, Rn. 99 ff.

76 So wird auch die „korrektive" Funktion der strafrechtlichen Rückwirkung im Völkerstrafrecht in dem Sinne verstanden, dass die Regel, gegen die der Täter verstoßen hat, für jeden klar gewesen sein musste. Vgl. hierzu *May*, Crimes against Humanity, Cambridge u.a. 2005, S. 207 ff., 211.

77 *Jäger*, Ist Politik kriminalisierbar?, S. 126.

78 Ausführlich zu dieser Problematik *Jäger*, Verbrechen unter totalitärer Herrschaft, Olten u.a. 1967, S. 163 ff.

dass sie bei keinem Überzeugungstäter festgestellt werden könnte, dann würde nicht nur die Unterscheidung zwischen Überzeugungstat und Handeln im Verbotsirrtum verwischt werden, sondern jede Zuschreibung von Schuld vor dem Hintergrund eines politischen, ethischen oder religiösen Konflikts würde höchst fragwürdig erscheinen. Faktisch bedeutet politischer Fanatismus keineswegs unbedingt, dass dem Täter tatsächlich die Einsicht fehlte, er begehe ein Verbrechen.[79] Jenseits der Alternative Zuschreibung/Feststellung zeigt sich dann deutlich, dass die Frage, *was* festgestellt werden soll, bereits eine normative Frage ist. Von einer *eingeschränkten* Normativierung des Unrechtsbewusstseins und der Vermeidbarkeit eines Verbotsirrtums ist stets auszugehen.[80] Was allerdings abgelehnt werden muss, ist die bloße Deformation des strafrechtlichen Schuldmodells, um die Bestrafung bestimmter Täter zu ermöglichen. Das heißt: Wird die Entscheidung getroffen, Staatskriminalität durch Strafrecht zu behandeln, dann muss dies konsequent durchgeführt werden. Die Struktur der strafrechtlichen Schuld darf nicht nach Bedarf verändert werden.

Problematisch ist auch die Frage, was unter „Unrecht" verstanden werden soll.[81] Auch wenn der Gegenstand des Unrechtsbewusstseins nicht mit Gesetzeskenntnis, sondern mit der Kenntnis des „rechtlichen Verbots oder Gebots"[82] oder – mit der herrschenden Meinung – mit der „materialen Wertordnung des Rechts" identifiziert wird,[83] bleibt offen, ob der Maßstab, der eingesetzt werden muss, die aktuelle oder die vergangene „Wertordnung" ist oder ob sie – was gerade beim „Systemunrecht" kontraintuitiv wäre – dieselbe bleibt.[84] Es wird also ein gemeinsames „Wertungssystem"[85] vorausgesetzt, dessen Produkt tendenziell das Gesetz und seine allgemeine Interpretation sein sollte. Hier wird deutlich, wie unscharf die Konturen dieser dogmatischen Konstruktion sind. Der gangbare Weg besteht darin, sich wiederum auf den Inhalt von Menschenrechten und deren universalen Charakter zu berufen – in Verbindung mit dem spezifischen

79 Ebd., S. 171.

80 *Neumann*, Der Verbotsirrtum (§ 17 StGB), JuS 1993, S. 793 ff., 797; *ders.*, Nomos-Kommentar zum Strafgesetzbuch, 3. Aufl., 2010, § 17, Rn. 54: „Die soziale Geltung der strafrechtlichen Verbote würde erheblich geschwächt, wenn die Rechtsordnung das Spannungsverhältnis zwischen Normgeltung und Schuldprinzip einseitig zugunsten des letzteren auflösen und die Unkenntnis ihrer Normen ohne Einschränkung zugunsten des Täters berücksichtigen würde."

81 Vgl. *Jäger*, Verbrechen unter totalitärer Herrschaft, S. 170.

82 *Roxin*, Strafrecht Allgemeiner Teil, 4. Aufl., München 2006, S. 932 ff.

83 Näher dazu *Neumann*, NK § 17, Rn. 17 ff.

84 Zu dieser Problematik vgl. *Neumann*, NK § 17, Rn. 99 f.

85 *Jäger*, Verbrechen unter totalitärer Herrschaft, S. 174.

Straftatbestand, der die Bestrafung begründen soll.[86] Das führt allerdings zu einem extrem restriktiven Verständnis von Unrecht. Die Frage des Unrechtsbewusstseins wird erneut mit der Frage nach dem materiellen Moment des Gesetzlichkeitsprinzips verbunden.

Grundsätzlich ist zwischen zwei Konstellationen zu differenzieren: Denkt der Täter, es sei gesetzlich gerechtfertigt oder ausnahmsweise erlaubt, Unrecht zu tun, obwohl ihm bewusst ist, dass seine Tat unter normalen Umständen verboten ist, so scheidet *in der Regel* ein Verbotsirrtum aus.[87] Es wäre ein Widerspruch, im Moment der Schuldzuschreibung die politische Meinung des Täters oder dessen Glaube an das Unrechtsregime dermaßen zu berücksichtigen und ihn mitsamt seiner Ideologie zu privilegieren. Denkt er entweder, dass es ein Gesetz gibt, das ihn zu seiner Untat zwingt, oder stellt er die Richtigkeit seiner Tat gar nicht in Frage, dann ist die mühsame Aufgabe erforderlich, zu untersuchen, ob ihm der Zugang zur Bedeutung seiner Tat tatsächlich versperrt blieb. Diese Frage kann nie pauschal beantwortet werden.[88] Verlangt wird auf jeden Fall, den Bereich des Schuldstrafrechts *nicht* zu verlassen.[89]

2. Warum Strafe?

Es ist schwer, eine Antwort auf die Frage zu finden, welche Straftheorie den strafrechtlichen Eingriff im Rahmen der „Transitional Justice" rechtfertigen könnte. Es gelingt wiederum nur kontextspezifisch. So ist die Idee einer Resozialisierung als möglichem Strafziel in der Zeit nach der nationalsozialistischen Regierung in Deutschland ebenso unwahrscheinlich wie nach der Militärdiktatur

---

86 *Neumann* (NK § 17, Rn. 100a) weist zutreffend auf die Gefahr hin, unterschiedliche Maßstäbe zum Begriff des (Un-)Rechts bei der Frage nach dem Grund der Strafbarkeit und zum Inhalt des Unrechts bei der Analyse des Unrechtsbewusstseins zu etablieren – diese unterschiedlichen Maßstäbe würden dann zu „einer hybriden Konstruktion eines naturrechtlich-positivistischen Zurechnungsmodells führen."

87 So auch *Jäger*, Verbrechen unter totalitärer Herrschaft, S. 176.

88 So auch *Neumann*, NK § 17 Rn. 100a.; *Rosenau*, Tödliche Schüsse im staatlichen Auftrag, 2. Aufl., Baden-Baden 1998, S. 278. Die Position von *Jakobs* (Untaten des Staates, S. 17), es würde den Tätern immer an rechtlicher Schuld fehlen, scheint an dieser Stelle voreilig und kontraintuitiv. Denn die „Perversion" der Ordnung führt vielleicht zwar zur Resignation, nicht aber unbedingt zum aktiven Verbrechen.

89 Anders *Jäger*, Verbrechen unter totalitärer Herrschaft, S. 184: „Das Schuldstrafrecht ist hier offenbar an eine seiner Grenzen gelangt; bei der Gefährlichkeit solcher ‚Menschheitsverbrechen' (H. Arendt und K. Jaspers) können wir es uns wohl kaum leisten, sie zu respektieren." Offenbar bezieht sich der Autor auf den Fall des Nationalsozialismus, der eine besondere Konstellation ausmacht. Ich halte trotzdem die Aussage für problematisch, vorausgesetzt, es soll sich noch um Strafrecht – und nicht um Politik – handeln.

in Brasilien – aber aus unterschiedlichen Gründen. In Deutschland, weil es schwierig zu erklären wäre, woraus die Ressourcen und Maßstäbe für die Resozialisierung entstehen sollten. In Brasilien, weil die Idee von einer Resozialisierung nach dreißig Jahren wenig Sinn ergibt. Entscheidend ist, dass in solchen Konstellationen die Tat so sehr mit dem gesellschaftlichen Hintergrund verbunden ist, dass selbst ein täterorientiertes Denken sich eher auf die sozialen Ursachen der Normalisierung des Verbrechens und auf die Aufklärung angepasster Individuen richten sollte – ich meine dies im Sinne von einer „Wendung aufs Subjekt“[90], wie es Adorno formulierte –, was durch das Strafrecht schwerfällt.

Wenden wir uns den generalpräventiven Modellen zu. Die negative Generalprävention stellt keine sehr vielversprechende Alternative dar. Staatsverbrecher nehmen in der Regel nicht in Kauf, dass sie ihre Macht verlieren werden. Deswegen scheint es plausibler, die Idee der positiven Generalprävention zu verteidigen.[91] Irritierend ist dabei aber der Gedanke, dass die Erwartung, durch die Bestrafung vergangener Staatsverbrechen die Machtergreifung autoritärer Regime zu vermeiden, eine Überschätzung der Leistungsfähigkeit des Rechts bedeutet.

Eine Alternative wäre Vergeltung. Vergeltung taugt jedoch nicht, da bei katastrophalen Konstellationen ein Schuldausgleich ausbleibt.[92] Eine andere Alternative wäre, die kommunikative Aufgabe des Strafrechts im Ganzen preiszugeben. Die Hypothese, dass die (Freiheits-)Strafe das angemessene Medium sei, diese kommunikative Aufgabe zu leisten, sollte mit Skepsis betrachtet werden. Die Frage ist dann, wie auf dem expressiven Charakter der Strafe als Schuldspruch[93] zu beharren und zugleich den Schmerzcharakter der Strafe zu verwerfen möglich wäre. Dass eine Schulderklärung im Rahmen eines Zivilverfahrens

---

90 *Adorno*, Was bedeutet: Aufarbeitung der Vergangenheit, in: *ders.*, Eingriffe. Neun kritische Modelle, Gesammelte Schriften Bd. 10.1, Frankfurt am Main 1997, S. 571. *Reuss* („Vergangenheitsbewältigung“, S. 41) verknüpft eine solche „Wendung aufs Subjekt“ mit der Veränderung der Unfähigkeit des Täters zur „Zivilcourage“ – zum Widerstand gegen den Unrechtsstaat – und somit, so scheint es, mit der von ihm vorgeschlagenen völkerstrafrechtlichen Aufgabe einer modifizierten positiven Generalprävention. Auch wenn der Autor streng (*ders.*, Zivilcourage, S. 1 f.) zwischen den Strafzielen des nationalen Strafrechts und des Völkerstrafrechts differenziert, scheint mir dieses Ideal – unabhängig von der Anerkennung der positiven Generalprävention als legitimem und wirksamem Strafziel – eine Überforderung des strafrechtlichen Potentials zu bedeuten.

91 Vgl. etwa *Reuss* („Vergangenheitsbewältigung“, S. 38), der ausführt, es solle dadurch vermieden werden, dass sich „Ähnliches“ wiederholt.

92 So auch – in Bezug auf das Völkerstrafrecht – ebd., S. 37 f.

93 Vgl. *Günther*, Die symbolisch-expressive Bedeutung der Strafe – Eine neue Straftheorie jenseits von Vergeltung und Prävention, Festschrift für Lüderssen, Baden-Baden 2002, S. 205 ff.

weit davon entfernt ist, die kommunikative Aufgabe des Strafrechts übernehmen zu können – daran können wir nicht zweifeln.

An dieser Stelle zeigt die Argumentation um die Anwendung des Strafrechts als politischem Instrument ihre äußersten Grenzen. Denn wenn der Verzicht auf die kommunikative Aufgabe des Strafrechts in unserer aktuellen gesellschaftlichen Ausgestaltung nicht plausibel zu sein scheint, dann stößt die Anwendung jeglichen Strafrechts an eine definitorische Grenze: Strafe als soziale Institution muss als objektives staatliches Instrument konzipiert werden. Es gehört zum rechtsstaatlichen Charakter jedes Strafens, dass es diesseits psychologischer Mechanismen der Rache liegt.[94] Objektivität und Neutralität wohnen im „nachmetaphysischen Strafrecht" der Institution Strafe inne.[95] Und dies, weil das rechtsstaatliche Strafrecht dafür konzipiert ist – und sei es auch kontrafaktisch –, um materielle Gerechtigkeit durch die Verallgemeinerung der Stellungen von Tätern und Opfern zu schaffen.[96] Eine radikale Politisierung der Anwendung der Institution Strafe – die dann gar keine quantitative oder qualitative Grenze hätte, denn Rachebedürfnisse sind „tendenziell maßlos"[97] – würde das Ende vom Strafrecht bedeuten: Gerade deshalb, weil der Rechtsdiskurs sich dem politischen Freund-Feind-Schema beugen würde, würde er an seine Grenzen stoßen und die Voraussetzungen seiner Existenz als rationaler Argumentation preisgeben.

VI. Schluss

Der Anspruch, das formale Strafrecht eines Rechtsstaates zur Verfolgung von Staatskriminalität anzuwenden, ist legitim. Ziel und Rechtfertigung dafür wäre der Bruch mit einer „Unrechtsordnung". Nicht legitim wäre dennoch, die Verfahrensgarantien und die Rationalitätsforderungen des Strafrechts im Laufe dieses Prozesses preiszugeben.

---

94 Vgl. *Jakobs*, Vergangenheitsbewältigung durch Strafrecht?, S. 59.

95 Im Anschluss an Hegel schreibt prägnant *Neumann*, Anfragen an Hegels Straftheorie aus „nachmetaphysischer" Sicht, in: *von Hirsch/Neumann/Seelmann* (Hrsg.), Strafe – Warum?, Baden-Baden 2011, S. 159 ff., 165 f.: „Wo der Staat sich in bewusst parteiischer Weise der Strafgerichte bedient, um sich an seinen wirklichen oder vermeintlichen Feinden zu rächen, wird die Institution der Strafe missbraucht. Schon kategorial ist die Strafe mit dem Freund-Feind-Schema nicht vereinbar." Vgl. auch *Neumann*, Institution, Zweck und Funktion staatlicher Strafe, Festschrift für Jakobs, S, 435 ff., 440.

96 Näher *Neumann*, Alternativen zum Strafrecht, in: *Neumann/Prittwitz* (Hrsg.), Kritik und Rechtfertigung des Strafrechts, Frankfurt am Main 2005, S. 89 ff., 95 ff.; *ders.*, Die Stellung des Opfers im Strafrecht, in: *Hassemer* (Hrsg.), Strafrechtspolitik. Bedingungen der Strafrechtsreform, Frankfurt am Main u.a. 1987, S. 225 ff., 234 ff.

97 *Neumann*, Anfragen an Hegels Straftheorie, S. 165.

Die Grenzziehung ist nicht willkürlich. Akzeptiert wird eine menschenrechtlich fundierte Ausnahme des Rückwirkungsverbots, die sich aus einer demokratischen Deutung und Kontextualisierung des Gesetzlichkeitsprinzips ergibt. Diese Ausnahme macht den Weg für eine strafrechtliche Gerichtsbarkeit frei, insbesondere wenn der demokratische Gesetzgeber diese Gerichtsbarkeit mit der Etablierung des Rechtsstaates verbunden sehen will. Nicht akzeptiert wird dagegen die Preisgabe von etablierten Argumentations- und Institutionalisierungsstandards des Rechtsdiskurses.

Es besteht ein unübersehbarer Unterschied zwischen diesem strafrechtlichen Modell und dem des „Alltagsstrafrechts". Dieser Unterschied wird von einer spezifischen Verschränkung des politischen mit dem rechtlichen Diskurs markiert. Die Gefahren dieser besonderen Politisierung sollten nicht verharmlost, sondern ernst genommen werden. Dies ist aber nur durch eine offene Argumentation möglich, in der Gesetzlichkeit und Demokratie, Wahrheit und Politik, Rechtsstaat und Gerechtigkeit nicht als lose Elemente, sondern als zusammenhängende Koordinaten in einem kollektiven Prozess der Konstruktion menschlicher Freiheit konzipiert werden.

Die Irrtümer des *Supremo Tribunal Federal* bei der Auslegung des Amnestiegesetzes

Lenio Luiz Streck[1]

1. Einführende Betrachtungen: die prinzipielle Problematik der Revision des Amnestiegesetzes

1979 wurde das sogenannte Amnestiegesetz (Lei da Anistia) angenommen. Es amnestierte

> „alle Personen, die im Zeitraum vom 02. September 1961 bis zum 15. August 1979 politische oder mit diesen zusammenhängende Delikte, Wahldelikte verübt haben, alle, deren politische Rechte außer Kraft gesetzt worden sind und alle Beamte der mittel- und unmittelbaren Verwaltung, von an den Staat gebundenen Stiftungen, alle Beamten der Legislative und Judikative, alle Militärpersonen und Gewerkschaftsführer und -vertreter, die aufgrund der Institutionellen und Ergänzenden Akte bestraft worden sind“ (Art. 1).

Das Amnestiegesetz bestimmt als „zusammenhängend“ (conexos) diejenigen Delikte jeglicher Art, die mit politischen oder politisch motivierten Delikten (Art. 1 § 1) zusammenhängen, ausgenommen derjenigen, die mit der „Verübung von Terrorismus-, Überfall-, Entführungs- und gegen Personen gerichteten Attentatsdelikten“ (Art. 1 § 2) zusammenhängen.

Fünfzehn Jahre Militärdiktatur. Exil. Folterungen. Ein Parlament, „funktionierend“ unter dem Damoklesschwert des Ato Institucional Nr. 5, der gewalttätigsten jemals in Brasilien erlassenen „gesetzlichen“ Norm. Eine Gerichtsbarkeit, der die Prüfung der Gesetzmäßigkeit der in der Folge des Ato Institucional Nr. 5 durchgeführten Akte verboten war. Soweit zu einigen Ingredienzien für die Untersuchung des Umfelds des „Arrangements“, das die Annahme des Amnestiegesetzes ermöglicht hat. Die Diktatur ließ allerdings das Parlament ja nur das annehmen, was sie selbst wollte. Im Senat etwa verfügte sie über eine satte

1 Promotion in Staatsrecht an der Bundesuniversität von Santa Catarina (UFSC). Postdoktorat in Verfassungsrecht und Hermeneutik an der Universität Lissabon. Ordinarius am Aufbaustudienlehrgang (mit Master- und Promotionsabschluss) der Universität Vale do Rio dos Sinos (UNISINOS) in São Leopoldo/Südbrasilien; Gastprofessor an der UNESA (Rio de Janeiro), ROMA TRE (Italien), FDUC (Portugal) und Universidad Javeriana (Kolumbien). Mitglied der brasilianischen Akademie für Verfassungsrecht. Herausgeber der Website >www.leniostreck.com.br<. E-mail: >lenios@globo.com<.

Mehrheit, da zwei Drittel der Senatoren kein Wahlmandat hatten, sondern von den bundesstaatlichen Parlamenten nominiert worden waren (die sog. „senadores biônicos"). Man ermesse die Schwere der Lage: zwei Jahre vor dem „Arrangement, das die Amnestie gewährleistet hat", war das Parlament vom damaligen Präsidenten Geisel (im sog. „Aprilpaket" vom April 1977) aufgelöst worden. Deswegen ist jeder Text – als Rechtstext oder anderer Text – von der hermeneutischen Situation aus zu erklären, in der er konstruiert wird.

Welche Reichweite hätte das Amnestiegesetz gehabt, welche Reichweite hätte es weiterhin? Könnte es Delikte wie die Folter betreffen? Wäre es möglich gewesen, für Folterungen und Folterer Amnestie zu gewähren? In Brasilien ist das möglich, zumindest nach Auffassung des Obersten Bundesgerichtshofs Brasiliens (Supremo Tribunal Federal) in der Entscheidung über die ADPF Nr. 153[2]. Um dieses Problem besser zu verstehen, müssen wir einen Blick in den Rückspiegel werfen. Wir müssen die Anstrengung der Reflexion unternehmen und versuchen, den Sinnhorizont zu verstehen, in den die Amnestie sich einfügt.

Der Militärputsch war nie ein Vorhaben (bloß) „der Militärs" – ein Umstand, den die brasilianische Geschichtsschreibung schon sattsam erklärt hat. Die Art und Weise der Machtergreifung im Jahr 1964 und der Typus des anschließend geschaffenen Staates zeigen, welche Interessen auf dem Spiel standen und welche Teile der Gesellschaft vom Putsch profitiert haben. Aufschlussreich ist auch, wie sich der Übergang zur Demokratie in den Jahren 1984/85 gestaltet hat, als eine der wichtigsten Führungspersönlichkeiten der politischen Partei, welche das Militärregime unterstützt hatte, in der indirekten Wahl des Bundespräsidenten zum Vizepräsidenten gewählt wurde und nach dem Tod des gewählten Präsidenten Tancredo Neves während sechs langer Jahre das Amt des Präsidenten bekleidete.

Im Grunde unterscheidet sich unser Umgang mit dem Amnestiegesetz nicht von unserem traditionellen Umgang mit Gesetzen, die in unserem Land bestimmte Delikte bestrafen. Das brasilianische Strafrecht seit der Unabhängigkeit (1822) lässt dies unschwer erkennen: Delikte von Angehörigen der unteren Schichten werden strenger bestraft. Die brasilianischen Eliten haben sich eben immer selbst geschützt. Die Gesetzgebung hatte immer einen Grundzug, den man in Abwandlung eines Zitats von Marx als Kriminalisierung des Elends und,

---

2 Die „Argüição de Descumprimento de Preceito Fundamental" (ADPF, wörtlich Klage gegen Nichterfüllung einer fundamentalen Vorschrift) ist eine Verfassungsklage, die der deutschen *Verfassungsbeschwerde* ähnelt. In der ADPF Nr. 153 hat die Brasilianische Anwaltskammer eine restriktive Auslegung von Art. 1 § 1 des Amnestiegesetzes beantragt: der Ausdruck „crimes conexos" (zusammenhängende Delikte) sollte die Folterdelikte nicht beinhalten.

jetzt im Blick auf die herrschenden Schichten in der brasilianischen Gesellschaft, „Elend der Kriminalisierung" bezeichnen könnte.

Das deutlich erkennbare Ziel des Militärputsches war also der Schutz der Interessen der nationalen Bourgeoisie und derjenigen Teile des internationalen Kapitals, die sich damals im Land niederließen (wir verweisen in diesem Zusammenhang auf die einschlägigen historischen Untersuchungen, welche die „Verteufelung" der Regierung João Goulart nachzeichnen). So nimmt es nicht Wunder, dass das Amnestiegesetz auf ein „Arrangement" hinausgelaufen ist. Ebenso wenig verwundert, dass die Auslegung dieses Gesetzes von einer Art „verspäteter Aufklärung" ausging, als ob die Nichtausdehnung der Amnestie auf die Folterer das klassische Prinzip der Gesetzmäßigkeit verletzen würde.

In Wahrheit haben wir sehr lange gebraucht, um gegen diese „Hermeneutik des Arrangements" bezüglich der Reichweite des Amnestiegesetzes vorzugehen. Nach zwei Jahrzehnten hat ein Teil der brasilianischen Rechtswissenschaft beschlossen, sich seiner Vergangenheit zu stellen. Die Brasilianische Anwaltskammer reichte schließlich die Klage Nr. 153 wegen Nichterfüllung einer fundamentalen Vorschrift ein.

Nach der Ablehnung der Klage verschärfen sich die Fronten. Man diskutiert jetzt nicht mehr nur über die Reichweite der Folgen dieses Gesetzes (d. h. ob es auf Folterer anzuwenden ist), sondern kritisiert auch die Entscheidung des Obersten Bundesgerichtshofs – was in einer Demokratie äußerst gesund ist. Was zeichnet aber diese vielen Fronten aus? Wie können sie wahrgenommen werden?

Zuerst müssen wir eine Art *akademische Filterung* vornehmen und feststellen, dass einige Meinungsverschiedenheiten vor allem auf das Weltbild ihrer Vertreter zurückgehen. Das bedeutet, dass sich in einigen Positionen persönliche Konzepte mit juristischer Analyse mischen (wie etwa in einem „rechten" und „linken" Flügel der Rechtswissenschaft). Hier ist eine Warnung angebracht: Äußerungen dieser Art sind eigentlich *bloße Meinungen*, die im Kontext individueller Entscheidungen (wo es, wie die zutreffende Redewendung behauptet, darum geht, *Partei zu ergreifen*), vielleicht politisch, aber nicht juristisch relevant sind, also für das Recht irrelevant sind. Obwohl derjenige, der etwas über das Recht aussagen will, keinen umfassenden *Nullpunkt* angeben kann, dürfen wir die unhintergehbare Betroffenheit unserer Vorverständnisse nicht mit der willkürlichen Subjektivität des Interpreten verwechseln. Wie schon anderweitig behauptet worden ist, dürfen wir nicht „nach unserem Gewissen" entscheiden (2010). Richter wählen nicht, sondern entscheiden.

Die Wahl ist auf der Oberflächendimension der Aussage verortet. Es gibt sozusagen kein „existenzielles Engagement". Die Entscheidung äußert sich hingegen in der Tiefenperspektive des Geäußerten. Man kann das bei der philosophischen Hermeneutik feststellen, so wie sie in meinem Buch „Rechtshermeneutik und/in Krise“ (2011) dargestellt worden ist. Wo immer wir von Wahrheit reden, müssen wir uns bewusst sein, dass das Geäußerte ein abgeleiteter Modus des Wahren ist. Es ist nicht der Ort der Wahrheit, sondern diese ist der Ort des Geäußerten. Die Entscheidung gehört dem Bereich des hermeneutischen *Als* an, die Wahl dem Bereich des apophantischen *Wie*. Wenn man juristisch über einen Fall der Lebenswelt entscheidet, ergibt sich die Entscheidung aus einem existenziellen Verständnis auf der Ebene der Tiefe des *hermeneutischen Logos*. Hier gibt es eine Vorwegnahme des Sinns, wie Gadamer hervorhebt (1990). Diese Vorwegnahme stellt sich als Prinzipienlast dar, welche die Strukturen der politischen Gemeinschaft demarkiert.

Nachdem wir diesen Punkt abgeschlossen und uns in Richtung eines juristischen Standpunkts bewegt haben, stellen wir fest, dass die Unterschiede in der Reichweite des Amnestiegesetzes liegen. Für die meisten Juristen wäre eine Diskussion der Folgen des Gesetzes nicht möglich, da sie das Prinzip des Gesetzesvorbehalts verletzen würde, als ob das Amnestiegesetz niemals ausgelegt worden wäre und sich immer in seiner wesentlichen „Textlichkeit“ zu erkennen gäbe. Diese Einstellung ist durchaus nicht überraschend, wenn wir das Vorgehen der brasilianischen Rechtsdogmatik in Augenschein nehmen. Diese hat immer ein formalistisch-positivistisches Modell der Rechtsauslegung und -anwendung vertreten. Die in einigen kritischen Positionen erkennbaren „Fortschritte“ verweisen bestenfalls auf die These, dass das (Straf)Recht nur zum Schutz des „schwachen Bürgers“ gegen einen „bösen“ Staat anzuwenden ist. Die Vertreter dieser Ansicht vergessen, dass der „Schwache“ in der Vergangenheit eigentlich immer der arme Bürger gewesen ist. Die Mitglieder der herrschenden Schichten haben sich der Reichweite des Strafrechts immer zu entziehen gewusst. Anders gewendet, es geht darum zu wissen, wer der Schwache war oder von welchem Staat die Rede ist (dem demokratischen Rechtsstaat), vor allem, wenn wir berücksichtigen, dass der Kampf gegen die Diktatur in einer Situation geführt worden ist, in der die Regimegegner das legitime Recht zum Kampf gegen den Status quo besaßen. Der Staat der 1960er und 1970er Jahre war also kein Rechtsstaat. Eben deshalb ist die Perspektive „Bürger gegen Staat“ absolut anders als die Perspektive, die man von dieser Beziehung in einer demokratischen Gesellschaft ausbildet.

Außerdem seien die internationalen Abkommen in den Augen der Strömung, die gegen die Bestrafung der Folterer ist, nicht auf den brasilianischen Fall anwendbar (so, wie die Diskussion nun einmal angelegt ist). Es ist sogar möglich, dass einige Juristen insgeheim für die Bestrafung waren bzw. sind. Ein eventuelles Eintreten für die These der Revision des Amnestiegesetzes zwecks Bestrafung der Folterer könnte sie jedoch in Widersprüche verwickeln, gerade weil in Brasilien immer noch Positionen vorherrschen, die einen strafrechtlichen Klassizismus bzw. einen Gesetzespositivismus begründen.

Aus all diesen Gründen beabsichtige ich mit den nachfolgenden Überlegungen, das Problem des Amnestiegesetzes und der Reichweite seiner Folgen in der Perspektive der Entwicklung eines „Prinzipienarguments" im Sinne von Ronald Dworkin (1978) zu formulieren. In der Tat behauptet der US-amerikanische Jurist, dessen Positionen im Hinblick auf den Auslegungsbegriff meinen der Hermeneutik verpflichteten Positionen nahestehen, völlig zutreffend, dass sich juristische Argumente an Prinzipien ausrichten müssen, nicht an der Politik (oder Moral). Es kommt also nicht auf die moralische Auffassung einer bestimmten Materie an, die ein Richter (oder der Oberste Bundesgerichtshof) haben mag. Sie kann für ihn wichtig sein (und ist gewiss auch wichtig), aber das bedeutet nicht, dass er seine Auffassung über die Verfassung stellen kann.

Dworkins Werk *Taking Rights Seriously* entfaltet eine theoretische Konstruktion, die das oben Gesagte expliziert und uns gleichzeitig über die Art der Beziehung zwischen Politik und Recht aufklärt. Es ist völlig klar, dass die allgemeine Rechtfertigung des Rechts die Politik ist. Dieser allgemeinen Begründung entnimmt Dworkin übrigens die Vorstellung der Billigkeit (*fairness*) als zentralem Element seiner integrativen Konzeption von Rechtsprechung. Diese allgemeine Rechtfertigung produziert jedoch eine Wirkung eigener Art in Bezug auf die richterliche Tätigkeit: die politische Verantwortung erlegt den Richtern die Pflicht auf, rechtskonforme Entscheidungen zu fällen. Dworkin bezeichnet dies als „Lehre der politischen Verantwortung" der Richter. Sie beinhaltet die Pflicht, *das Recht ernstzunehmen.* Da juristische Argumentation entsprechend den von der politischen Gesellschaft im Laufe ihrer institutionellen, immer schon durch Vorverständnis geprägten Geschichte hinterlassenen Spuren konstruiert wird, ist das rechtsbestimmende Argument prinzipienorientiert. Soweit die vorzunehmende verfassungsmäßige Auslegung aller Gesetze.

So nehme ich hier meine Position vorweg: das Amnestiegesetz kann unter keinen Umständen Folterer erfassen bzw. begünstigen; diese Auslegung verletzt auch nicht die Legalität. Ich behaupte also, dass die in den meisten Voten der Mitglieder des Obersten Bundesgerichtshofs bei der Entscheidung der ADPF Nr. 153 zugrunde liegende Auffassung verfehlt ist, weil diese Voten mit dem Rechtsparadigma der gegenwärtigen Gesellschaft unvereinbar sind bzw. sich von ihm entfernen. Mit diesem Paradigma meine ich den demokratischen Rechtsstaat. Schon vor der Verfassung von 1988 forderte er, sogar das Strafrecht zur Ahndung von Menschenrechtsverletzungen, also zum Schutz der Menschenwürde, anzuwenden.

2. Das Amnestiegesetz, die Reichweite seiner Folgen und die unabweisbare Frage, ob Folter als politisches Delikt anzusehen ist

Der Oberste Bundesgerichtshof hat die Auslegung des Amnestiegesetzes als legitim angesehen. Zur Begründung führte er an, dass die Amnestie sich aus einer bilateralen Vereinbarung zwischen Opposition und Regierung ergeben hätte. Damit erkannte er implizit die Rechtsstaatlichkeit des aus dem Militärputsch von 1964 hervorgehenden Regimes an, im Gegenzug zum Gesetz Nr. 9.140/96, nach dem *alle Personen, die bewaffneten oder friedlichen Widerstand gegen die Diktatur geleistet hatten, von ihrem Recht auf Ungehorsam Gebrauch gemacht hatten.* Der Oberste Bundesgerichtshof befand den im Amnestiegesetz von 1979 enthaltenen „politischen Pakt" für legitim. Man lese diesbezüglich das Votum des Richters Eros Grau, der während der Diktatur als Oppositioneller bekannt geworden und sogar als Anwalt des damaligen Gewerkschaftsführers und späteren Staatspräsidenten (2003 bis 2010) Luiz Inácio Lula da Silva tätig gewesen war. Nur zwei Richter (Ricardo Lewandowski und Carlos Ayres Britto) stimmten für die Zulässigkeit der Klage, da sie der Auffassung waren, dass die Amnestie für Folterungen und Verbrechen gegen die Menschlichkeit *nicht nur verfassungs- sondern auch völkerrechtswidrig und dass die These der bilateralen Amnestie falsch wäre, da die Amnestie ja das Regime selbst exkulpieren würde.*

Aus hermeneutischer Sicht fällt auf, dass die Voten aller Richter des Obersten Bundesgerichtshofs, einschließlich der beiden Richter, die der These der Bestrafung der Folterer zuneigten, an der traditionellen juristischen Methodik orientiert waren und die unterschiedlichsten canones vermischten, mit Berufung vor allem auf Savigny. So berief sich der Richter Ayres Britto, der für die Bestrafung der Folterer eintrat, in seinem Votum auf die grammatikalische Methode und behauptete, dass das Gesetz nicht klar stelle, ob die Amnestie auch auf Folterer ausgedehnt werde. Daraus darf man schließen, dass er anders entschieden hätte, wenn der Gesetzestext diese Ausdehnung erhalten hätte. Das heißt, hier taucht eindeutig die alte Exegetik auf, was in diesem Fall mit der Berufung auf Savigny widersprüchlich erscheint. In der Tat – und es ist wichtig, diesen Punkt klarzustellen – obwohl es üblich ist, Savigny mit der Begründung der juristischen Methode zusammenzubringen und gleichzeitig zu behaupten, dass seine Neigung zum „Gesetz" eine Art Exegetik bedeutete, ist es nötig, die Spreu vom Weizen zu trennen. Dies deshalb, weil das Gesetz, von dem Savigny spricht, kein Produkt einer parlamentarischen Aktivität ist, sondern das Ergebnis des historischen Verständnisses der organischen Wurzeln, die das Recht eines Volkes festlegen. Das Gesetz, von dem Savigny spricht, ist das Ergebnis des

Verständnisses und der Interpretation vom *Volksgeist*.[3] Andererseits ist das, was „Exegetische Schule“ genannt wird – woher der Begriff „*exegetismus*“ stammt – der Bezug auf eine theoretische Bewegung des französischen Rechts, welches den von einem Parlament gewählten Gesetzestext in die Lage eines „sakralen Textes“ versetzte. Im Falle eines gegebenen Gesetzes: das Bürgerliche Gesetzbuch. Man sieht deshalb, dass der Grammatikalismus von Savigny kaum oder nichts mit dem „*exegetismus*“ im französischen Kontext nach 1804 zu tun hat. In diesem letzten Fall etablierte die Bewegung sogar ein „Interpretationsverbot“, welches sich nicht nur an die Gerichtsbarkeit wandte, sondern auch an die Glanzarbeit der Doktrin. Bei Savigny darf man auf keinen Fall über Interpretationsverbote reden. Im Gegenteil. Sein methodisches Konzept – obgleich überholt und durch strukturelle Probleme seiner Historizität gekennzeichnet – impliziert eine „Interpretationsnotwendigkeit“. Mehr: die Festlegung dieser Interpretation ist gebunden an ein Immersionsverfahren der Geschichte; im Falle der Exegetik ist das Interpretationsverbot an die falsche Vorstellung geknüpft, dass die Arbeit der Anwendung des Gesetzes auf Fälle der Gerichtsbarkeit das Ergebnis einer mechanisch-deduktiven Handlung mit Sprüngen von Konzept zu Konzept, aus dem die Gesetzgebung besteht, reduziert ist. Hier wird der Sinn für transparent gehalten; bei Savigny begegnen wir dem stets prekären Charakter der Geschichte, aus dem sein Rechtsmodell besteht.

Der zentrale Punkt der gegenteiligen Voten war die „beiderseitige Vereinbarung“ (von Regierung und Opposition), als ob die parlamentarische Opposition zu diesem Zeitpunkt frei gewesen wäre, um diese „Vereinbarung“ auszuhandeln. Das Votum des Richters Eros Grau, dem sich die Mehrheit anschloss, kam rechtstheoretisch anspruchsvoller daher. Als Fundament wurde die philosophische Hermeneutik mit ausdrücklichem Hinweis auf die *applicatio* bei Gadamer genannt. Grau hat aber die zentralen Voraussetzungen der philosophischen Hermeneutik ignoriert, so beispielsweise den zeitlichen Abstand, der bekanntlich kein „Feind“, sondern ein Verbündeter der Auslegung ist. Er verwies auch auf Friedrich Müllers These der Beziehung zwischen „Text“ und „Norm“, vergaß jedoch, dass, wenn die Klarheit des Gesetzes nicht vorausgesetzt wird, seine Dunkelheit ebenso wenig vorausgesetzt werden kann (die Brasilianische Anwaltskammer hatte die Dunkelheit des Amnestiegesetzes geltend gemacht). Grau hat also nicht berücksichtigt, dass seine Schlussfolgerung über die Bedeutung des Amnestiegesetzes erst dreißig Jahre nach dem Erlass des Gesetzes möglich war, als das Problem in der brasilianischen Öffentlichkeit aufkam, also in den vergangenen fünf Jahren. Erst in jüngster Zeit konnte das Thema der Be-

3 Über Savigny siehe Karl Larenz, *Methodenlehre der Rechtswissenschaft*, 6., neu bearbeitete Auflage, Berlin: Springer, 1991, S. 11–18.

strafung der Folterer der Militärdiktatur in die Agenda der öffentlichen Diskussion aufgenommen werden. Grau und die anderen sechs Richter, die seiner Auffassung folgten, haben das nicht berücksichtigt.[4]

Im Ergebnis ist heute die Entscheidung des Obersten Bundesgerichtshofs das größte Hindernis bei dem Versuch diejenigen zu bestrafen, die während der Diktatur gefoltert und die Menschenrechte verletzt haben.

Warum hat der Oberste Bundesgerichtshof falsch entschieden? Er hätte sich vor allem die Frage stellen müssen, ob das Amnestiegesetz im Hinblick auf die Folterer legitim war und ob man damit tabula rasa hätte machen können, einschließlich der Folterdelikte. Hätte das Gesetz, als es diejenigen Personen ausschloss, die für die Verübung von Terrorismus-, Überfall-, Entführungs- und gegen Personen gerichteten Attentatsdelikten[5] verurteilt worden waren, nicht auch diejenigen Personen ausschließen können, die Folterdelikte verübt hatten? In diesem Sinn ist vorab festzustellen, dass kein Gesetz implicite oder explicite die Folter als politisches Delikt aufgefasst hat und dass das Amnestiegesetz noch viel weniger in diesem Sinn hätte ausgelegt werden können. Selbst wenn das Gesetz explicite auf die Folterer ausgedehnt würde, könnte es sofort als verfassungswidrig erklärt werden, auch wenn – und hier werden Sie vielleicht staunen – diese Bewertung von der Verfassung von 1967/69 ausgehen würde. Dieser Punkt steht hier übrigens nicht zur Diskussion, aus dem einfachen Grund, dass

4 Eine interessante Kritik der in der Entscheidung über die ADPF Nr. 153 verlesenen Voten findet sich bei Silva Filho, José Carlos Moreira. *O julgamento da APDF 153 pelo Supremo Tribunal Federal e a Inacabada Transição Democrática Brasileira*, in: A anistia na era da responsabilização: o Brasil em perspectiva comparada. Brasília, Ministério da Justiça, Comissão de Anistia; Oxford, Oxford University, Latin American Center, 2011.

5 Obwohl das Gesetz nur diejenigen Personen ausschließt, die schon verurteilt worden waren und die Rechtsprechung die Rechtskraft verlangt, ist es zumindest wegen der Notwendigkeit einer Gleichbehandlung wichtig, daran zu erinnern, dass die Wahrscheinlichkeit der Verurteilung eines staatlichen Akteurs wegen Folter in einem diktatorischen Regime praktisch gleich Null ist, anders als bei Delikten, die von Revolutionären begangen worden sind, wie z.B. der Staatspräsidentin Dilma Rousseff. Wenn wir also die Beschränkungen nicht kontextualisieren und die Folter aufnehmen, werden wir zumindest das bei der Anwendung des Gesetzes geforderte Gleichbehandlungspostulat verletzen. Übrigens: in diesem Sinne versuchte das Gesetz 9.140/96 zu vermeiden, dass die Familien der Guerrilleros Carlos Lamarca und Carlos Mariguella Schadensersatz vom Staat erhielten, als es festlegte, dass allein die *in polizeilichen oder in ähnlichen Räumen* befindlichen, getöteten Menschen Familienangehörigen dieses Recht genießen durften (diese Guerrilleros wurden jeweils im Wald und auf der Straße getötet). Zum hermeneutischen Verständnis dieses Falles siehe: Streck, Lenio Luiz. *Verdade e Consenso*. 4° ed., São Paulo: Saraiva, 2011, S. 555–557.

die Verfassung von 1969 illegitim war, so wie die von 1967. Aber selbst im Rahmen dieser Verfassungen wäre die Amnestie für Folterer verfassungswidrig. Denn Art. 153 der Verfassung von 1967 sah den Schutz der Menschenrechte vor.

Welches war also der Gegenstand des Amnestiegesetztes, wenn man berücksichtigt, dass Folter kein politisches Delikt war? Das Gesetz Nr. 6.683/79 sah ein Amnestie nur für die politischen Delikte und die mit diesen zusammenhängenden Delikte vor. So wie es von der Amnestie die Personen ausschloss, welche für Terrorismus-, Überfall-, Entführungs- und gegen Personen gerichtete Attentatsdelikte verurteilt worden waren, schloss es auch Folterakte aus. Art. 8 des ADCT (Akt der vorübergehenden Bestimmungen der Bundesverfassung von 1988) amnestiert seinerseits keine menschenrechtsverletzende Handlung. Die Gesetze Nr. 9.140/95 und 10.559/02 beziehen sich ebenso wenig auf die „Löschung" von Delikten, ausgenommen politischer Natur.

Kurz, da Folter kein politisches Delikt ist, könnte sie nicht von irgendeinem Gesetz oder der Verfassung betroffen sein. Mehr noch: *kein Gesetz darf Grund- und Menschenrechte mangelhaft oder unzureichend schützen.* Pflicht des demokratischen Rechtsstaats ist der Schutz der Rechte des Bürgers sowohl vor Angriffen des Staates als auch der anderen Bürger. Der Oberste Bundesgerichtshof scheint dies nicht berücksichtigt zu haben, als er die ADPF Nr. 153 prüfte.

Das Nachkriegsverfassungsrecht bezeichnet dies als *Schutzpflicht*. In unserem Fall würde das Amnestiegesetz bei einer Auslegung im Sinne der Einbeziehung der Folter das Untermaßverbot verletzen. Um es noch deutlicher zu sagen: der Staat hat die Menschenrechte angemessen zu schützen. Die Echtheit dieser Forderung (im hermeneutischen Wortsinn) war schon lange, seit Ende der 70er Jahre, im Bewusstsein. So könnte selbst eine Vereinbarung oder ein Pakt nicht zu einer mangelhaften Erfüllung dieser Schutzpflicht führen bzw. diese ratifizieren. Mit dem Amnestiegesetz hat das Militärregime sich selbst geschützt. Es hat ein Gesetz verabschiedet, um zu vermeiden, dass seine Verbrechen bestraft werden können.

Ich fahre fort. Vom hermeneutischen Standpunkt aus kann ein Gesetz aus verschiedenen Gründen nichtig, gesetz- oder verfassungswidrig sein. Ist es zu streng, kann es das Übermaßverbot verletzen. Dies wäre beispielsweise der Fall, wenn Brasilien ein Gesetz annehmen würde, das eine Mindesthaftstrafe von zehn Jahren für Diebstahl vorsieht. Dieses Gesetz wäre verfassungswidrig. Schützt das Gesetz jedoch ein Rechtsgut nur mangelhaft, kann es im Hinblick auf diesen Aspekt für nichtig erklärt werden.

Bei näherer Betrachtung unseres Falls stellen wir jedoch fest, dass das Amnestiegesetz nicht einmal der Nichtigkeitserklärung bedarf, da es ja nie für die Folterer gegolten hat. Juristisch null und nichtig, mangelhaft *ist seine Auslegung und die Ausdehnung seiner Wirkungen.* Anders gewendet: die Wirksamkeit des Gesetzes hat seinen von der Tradition (im Gadamerschen Wortsinn) akzeptierten semantischen Gehalt überschritten. Man hat mit dem Amnestiegesetz und den nachfolgenden Gesetzen gemacht, was diese nicht vorgesehen hatten. Hier muss man also nicht an Argumente wie „Ein ungerechtes Gesetz ist kein Gesetz“ oder das Argument der äußersten Ungerechtigkeit (summum ius summa iniuria) appellieren, wie beim Rückgriff auf die „Radbruchsche Formel“. Übrigens erlaube ich mir zu sagen: statt der Radbruchschen Formel ist es möglich, die damaligen Gesetze besser zu interpretieren. Es geht nicht darum, das Damalige zu korrigieren. Es geht nicht darum vorzugeben, dass die Menschen in der Vergangenheit in der Lage waren, die Ungerechtigkeit des Gesetzes zu erkennen. Sie wussten, dass kein Land Folter zulässt. Es geht nicht darum, ich wiederhole es, die Vergangenheit bloß zu rekonstruieren. Die Vergangenheit ist nie „an sich“. Es gibt keine Essenz der Vergangenheit. Sie ist immer ein Produkt der historischen Rekonstruktion. Die zeitliche Distanz ist, wie Gadamer sagt, kein Feind, sondern ein Freund, ein Alliierter.

Für Gadamer dürfen Tradition und Autorität nicht mehr als Feinde der Vernunft angesehen werden, sondern als etwas, was die Begegnung mit der Wahrheit ermöglicht. Auch weil es legitime und illegitime Vorurteile gibt, und die Praxis der Folter ist, zugegeben, nichts, was wir „legitime Vorurteile“ nennen könnten. Hermeneutisch betrachtet darf man behaupten, dass die zeitliche Distanz wie ein Filter arbeitet, der das Vorkommen von Vorurteilen erlaubt, die ihrerseits zum Verständnis beitragen.

Selbst wenn die gegenwärtige Verfassung erst nach dem Amnestiegesetz in Kraft getreten ist, bedeutet das nicht, dass das brasilianische Parlament damals irgendein Gesetz hätte annehmen können, das die Menschenrechte der Opfer des Militärregimes mangelhaft oder unzureichend schützte, weil *die Grenzen schon da waren, wie man den internationalen Abkommen, die Brasilien damals unterzeichnet hatte, entnehmen kann.* Wenn Brasilien sich also verpflichtet hatte, Folter streng zu bestrafen, wäre es unlogisch, ein Gesetz anzunehmen, das die Personen, die dieses Verbrechen – das, wie wir noch einmal mit Nachdruck unterstreichen, kein politisches Delikt ist – „exkulpiert“.

Internationale Abkommen sind in der brasilianischen Rechtsordnung so gewichtig, dass der Oberste Bundesgerichtshof sich unlängst der Regeln der UNO für die Behandlung Gefangener bei der Normierung des Gebrauchs von Handschellen bedient hat, sogar mit dem Erlass eines Leitsatzes (mit bindender Wirkung). Deshalb verletzt die in den vergangenen Jahren vorherrschende Auslegung, derzufolge die Amnestie auch die Folterer begünstigt, das Untermaßverbot in Verbindung mit der Schutzpflicht. Dafür wäre die damals geltende Verfassung (1969) ausreichend und, wenn man sich überlegt, dass sie das Produkt des Militärregimes war, ist es möglich, das vorherige juristische Wahrzeichen zu suchen, das heißt, in der demokratischen Verfassung von 1946.

Zum besseren Verständnis lässt sich folgendes Beispiel unschwer bemühen: *denken wir nur an ein Gesetz, das den Totschlag oder die Vergewaltigung ihrer Deliktsnatur entkleidet*. Es kann durch eine satte Parlamentsmehrheit angenommen werden und die Formvorschriften vollständig erfüllen. Trotzdem wird es unbedingt verfassungswidrig sein, da es grundlegende Rechtsgüter, wie das Leben im Fall des Totschlags oder die Menschenwürde im Fall der Vergewaltigung, unzureichend schützt. Insofern wäre ein derartiges Gesetz schon an sich verfassungswidrig. Seine eventuelle Anwendung – etwa dann wenn es von einigen Gerichten „legitimiert" würde – wäre jedoch *gleichermaßen verfassungswidrig. Das Gesetz kann verfassungswidrig sein, seine Auslegung ebenso.*[6]

Im Fall des Amnestiegesetzes ist jede Auslegung, die ihre Wirkungen über die Bestimmungen im Gesetzestext hinaus ausdehnt, rechtswidrig und nichtig. Vorgesehen ist in diesem Gesetz nur die Amnestie politischer Delikte. Deshalb wäre, wie hier noch einmal unterstrichen wird, die Abschaffung dieses Gesetzes nicht notwendig gewesen und ist auch nicht notwendig. Das Problem lag und liegt vielmehr in der „großzügigen" Auslegung des Gesetzes, die dazu führte, dass alle Personen, die sich an den Aktionen gegen und zugunsten des Regimes beteiligt hatten, sich ohne Grund für amnestiert hielten. Das Gesetz hat keine Folterer amnestiert. Wird es so ausgelegt, verletzt es die Verfassung und die internationalen Abkommen.

---

6 Hier ist eine Bemerkung vonnöten. Wichtige Sektoren des Strafrechts lassen die Anwendung des Prinzips des Untermaßverbotes nicht zu. Das Argument besteht darin, dass durch das Prinzip der Gesetzesvorbehalt verletzt werden würde. Als Gegengewicht verstehe ich es so, dass der Gesetzesvorbehalt vor allem eine Verfassungsreserve darstellt. Eine der Charakteristiken der Autonomie des neuen Verfassungsparadigmas ist die materielle Verfassungsbindung des Gesetzgebers. Das bedeutet, dass kein Gesetz – und wirklich keines – vor der Möglichkeit der Verfassungsindikanz geschützt ist. Wenn der Gesetzgeber deshalb etwa die Vergewaltigung entkriminalisieren wollte – um ein extremes Beispiel zu nehmen – wäre diese Disposition gewiss verfassungswidrig. Im Übrigen hat sogar der Oberste Bundesgerichtshof bereits die Möglichkeit signalisiert, die Untermaßverbotsklausel anzuwenden. Dies durch das Votum des Ministers Gilmar Mendes, der die Möglichkeit der Löschung der im (aktuell abgelegten) Art. 107, VII des Strafrechts vorgesehenen Strafbarkeit als eine Hypothese defizitären Schutzes durch den Staat und die Justiz untersuchte. In diesem Sinne war das vom Minister Mendes geäußerte Votum fundamental für die Änderung der Haltung in der bisherigen Jurisprudenz des Obersten Bundesgerichtshofs, als er die Möglichkeit der Verfassungsmäßigkeitsprüfung der Strafgesetze aufgrund des defizitären Schutzes vorsah. Für eine detailliertere Analyse des Falles siehe: Streck, Lenio Luiz. *Verdade e Consenso*. 4. Aufl., São Paulo: Saraiva, 2011, S. 594–597.

3. Die Auslegung des Amnestiegesetztes und die Rolle der Gerichtsbarkeit bei der Konstruktion von Bedeutungen

Obwohl die Diskussion über das Amnestiegesetz anlässlich der Bearbeitung der ADPF Nr. 153 wieder aufgeflammt ist, geht es nicht darum, sie *neu zu eröffnen* oder ein „über dreißig Jahre altes Problem" wiederaufzugreifen. Diese Diskussion hat immer bestanden und muss immer bestehen. Wir sollten sie nicht scheuen, da sie jederzeit eine Art „Panzerung" gegen autoritäre Regimes beinhalten kann. Die Rede vom Alten erhält die Möglichkeiten des Neuen.

Wie schon gesagt, betrifft diese Angelegenheit die ganze Gesellschaft. Alle Staatsgewalten sind zur Auslegung dieses Gesetzes befugt: die Legislative, die Exekutive und die Judikative. Es ist offensichtlich, dass sie grundsätzlich die Judikative angeht, wie dies in Argentinien bei der Nichtigkeitserklärung des Gesetzes über die Gehorsamspflicht der Fall war, gerade weil es die Folterer amnestiert hatte[7].

In Argentinien hat der Oberste Gerichtshof gegen das Gesetz über die Gehorsamspflicht die durch die Republik Argentinien unterzeichneten internationalen Abkommen aufgeboten. *Ein Mitglied des Gerichtshofs ist einer der bedeutendsten Strafrechtler der Welt, Eugenio Raúl Zaffaroni.* Für alle, die der Meinung sind, dass dass eine eventuelle Bestrafung der Personen, die in Brasilien gefoltert haben, das Verbot der Rückwirkung von Strafgesetzen (nulla poena sine lege) oder ein anderes Verfassungsprinzip verletzt, genügt eine Prüfung der Argumente dieses weltweit berühmten Strafrechtlers.

Gerade Zaffaroni, der immer für ein Gewährleistungsstrafrecht eingetreten ist, ist imstande, die Intensität der Notwendigkeit staatlichen Eingriffs zu ermessen, um Jahre später ungebührlich angenommene Gesetze rückgängig zu machen (der Oberste Gerichtshof Argentiniens hat im Grunde folgende These vertreten: das Gesetz über die Gehorsamspflicht hat auf mangelhafte Weise die Menschenrechte geschützt und begünstigt, wen es nicht hätte begünstigen dürfen).

Es ist nicht überflüssig daran zu erinnern, dass im brasilianischen Fall das Amnestiegesetz und die nachfolgenden Gesetze keinen Hinweis auf Amnestie für irgendeine Folterhandlung enthalten; sie haben nur politische Delikte erfasst. Es ist also möglich, dass jemand die ungleiche Behandlung von Guerillakämpfern und Folterern in Frage stellt. Diesbezüglich ist auf ein prinzipielles Problem hinzuweisen, das nicht vergessen werden darf: *das Gesetz Nr. 9.140/95 stellt fest, dass das Militärregime kein Rechtsstaat war.* Dies ist der Kernpunkt der

7 In Uruguay hat das Parlament 2011 in Befolgung einer Entscheidung des Interamerikanischen Gerichtshofs für Menschenrechte das Amnestiegesetz für nichtig erklärt.

Diskussion. Und er wurde bei der Bearbeitung der ADPF Nr. 153 nicht berücksichtigt.

Der Kampf gegen das Establishment war folglich erlaubt. Und das Gesetz Nr. 9.140/95 statuiert, dass alle Personen, die auf die eine oder andere Weise gegen das Regime gekämpft haben und von ihm verfolgt, verhaftet oder getötet worden sind, entschädigt werden sollen. Wenn es keinen Rechtsstaat gab, haben alle, die gegen diesen „Sachverhalt"/„Zustand" [„Estado de coisas"] gekämpft haben, aus Notwehr gehandelt, um eine Argumentationsfigur des Strafrechts zu verwenden. Das Gesetz Nr. 9.140/95 macht also deutlich, dass die Personen, die gegen das Militärregime zu den Waffen gegriffen haben, sich auf das Recht auf bürgerlichen Ungehorsam und Notwehr berufen konnten. Warum? Weil es keinen Rechtsstaat gab.

Das Problem entstand also bei der „Tabula-rasa"-Anwendung, bei der verschiedene Dinge ungebührlich miteinander vermengt wurden. So wurden die Entschädigungen erst Jahre nach dem Gesetz von 1979 ausgezahlt.

4. Die Barbarei darf nicht vergessen werden. Die Reflexe der Straflosigkeit in Brasilien

Kann das Vergessen der Barbarei ihre zukünftige Wiederkehr fördern? Erleben wir heute in Brasilien die Folgen der Straflosigkeit der in dieser Zeit verübten Verbrechen? Vielleicht sind wir unbewusst Geiseln dieses „großzügigen Blicks", den wir auf das Amnestiegesetz werfen.

Warum Geiseln? Da wir die Staatsziele in Frage stellenden Verbrechen nicht bestrafen können. Wir „wollen" das Strafrecht ersichtlich nicht benutzen, um die „aseptischen" Verbrecher (white-collar crime/Wirtschaftskriminalität usf.) „hart anzufassen". Ebenso wenig können wir die Folterer bestrafen. Übrigens gilt bis heute der Machtmissbrauch als „Delikt mit dem geringsten Verletzungspotenzial"! Wir müssen wirklich mit unserer Geschichte abrechnen.

Sehen wir nur einmal die in den letzten Jahren angenommenen Gesetze an: wir haben das Betrugsdelikt auf das Niveau eines „Delikts mit niedrigem Verletzungspotenzial" „angehoben" (man zahlt als Strafe einen Korb mit Grundnahrungsmitteln). Wir halten gleichermaßen den Diebstahl für ein schwereres Delikt (wenn er von zwei Personen verübt wird) als Vergehen wie Geldwäsche und Delikte gegen die Verbraucherbeziehungen und das Finanzsystem.

Außerdem haben wir auch eine Prämie für Betrüger geschaffen – die gewissermaßen aus der Steuerhinterziehung eine einträgliche „Wette ohne strafrechtliche Risiken" macht: die Zahlung des hinterzogenen Betrags reicht aus, um das Delikt ungeschehen zu machen. Nach dem vom mexikanischen Rechtsphilosophen José Jesus de La Torre zitierten Satz eines Bauern ist das Gesetz in Brasilien wie eine Schlange: es beißt nur die Barfüßigen.

5. Schlussbetrachtungen

Abschließend sind einige Punkte wiederaufzugreifen und zu klären:

Erstens wird in diesem Aufsatz die Entscheidung der Mehrheit der Richter des Obersten Bundesgerichts, die den Antrag auf Nichtanerkennung der Amnestie der Folterer als unbegründet abgelehnt haben, scharf kritisiert.

Zweitens ist die Diskussion über das Amnestiegesetz paradigmatisch: sie gehört in einen Kontext, der durch einen institutionellen Bruch gekennzeichnet ist, in dem es den Übergang zu einem demokratischen Regime und die Forderung nach Auslegung der Verfassung von 1969 in diesem paradigmatischen Kontext gegeben hatte.

Drittens muss die Diskussion über die Ausdehnung bzw. Nichtausdehnung der Amnestie auf Folterer davon ausgehen, dass Folter kein politisches Delikt ist, da sie noch vor jedem Argument die Menschenrechte immer schon verletzt.

Viertens beachtet eine Interpretation, die Folter als politisches Delikt bestimmt, weder die semantische Bedeutung (semantic sense), von der Dworkin spricht, noch eine platte Auslegung, welche die Systematik des Gesetzes selbst berücksichtigt.

Fünftens muss diese Frage verfassungsrechtlich behandelt werden, in dem Sinne, dass richterliche Entscheidungen nicht nach politischen (oder moralischen) Argumenten gefällt werden dürfen, sondern nach Prinzipien entschieden werden müssen. Ist dies nicht der Fall, sind es politische, moralische, wirtschaftliche oder sonstige Entscheidungen, nur keine juristische Entscheidungen. Es gäbe damit keine Rechtsautonomie mehr, kein Recht mehr, sondern nur Meinungen über das, was das Recht sein könnte.

Man missververstehe das nicht: wie Dworkin sagt, beinhaltet das Recht nicht nur spezifische Regeln, die nach gesellschaftlich akzeptierten Praktiken geschaffen worden sind, sondern auch die Prinzipien, welche die beste moralische Rechtfertigung dieser positiven Regeln anbieten. Und das bedeutet, mit Regeln zu arbeiten, die, obgleich nicht formell erlassen, bindend sind, da sie sich von diesen Prinzipien ableiten. Deshalb müssen richterliche Entscheidungen auf Prinzipien basieren. Diese *rechtfertigen* die Regeln von einem moralischen

Standpunkt aus. Zumindest muss dies in einer akzeptablen Demokratie eintreten, in der die Rechte der Einzelnen ernst genommen werden – so vornehmlich das Recht, vom Staat mit gleicher Achtung und gleichem Respekt behandelt zu werden. Recht und Moral überkreuzen sich im demokratischen Gemeinwesen. Man erinnere sich nur daran, dass der Staat, wenn er ein moralischer Akteur ist – und in einer Demokratie *sein muss* –, wenn er Prinzipien hat, sich diesen entsprechend zu verhalten hat. Prinzipienfestigkeit gewährleistet die politisch tugendhafte Gleichbehandlung aller Bürger. Hier ist allerdings eine Warnung anzubringen: Prämissen sind zu akzeptieren, bevor man sich zur These der moralischen Auslegung des Rechts bekennt. Wir müssen verstehen, dass im Reich des Moralischen die Objektivität waltet (Dworkin) und die Hermeneutik wesensmäßig antirelativistisch ist (Gadamer). So werden Auslegungsbegriffe wie die Rechts- und Moralbegriffe interpretiert. Andernfalls bleiben wir beim *Anything goes* richterlicher Ermessensfreiheit.

Sechstens ist es nicht verfehlt, sondern geradezu notwendig, das Problem im Licht des gegenwärtigen Paradigmas zu verstehen. 1979 gab es in den wichtigsten Staaten der Welt Demokratie. Und es gab ein Völkerrecht, das Folter untersagte. So verurteilte schon die dem Amnestiegesetz vorausgehende Amerikanische Menschenrechtskonvention (Pacto de San José de Costa Rica) die Folter. Die Allgemeine Erklärung der Menschenrechte von 1948 (Art. 5), die Minimalstandards für die Behandlung von Gefangenen von 1955, der Völkerrechtliche Pakt über die bürgerlichen und politischen Rechte von 1966 (Art. 7), die Erklärung zum Schutz aller Personen vor Folter oder jeglicher Form grausamer Behandlung oder Bestrafung von 1975 verwiesen schon auf diesen Weg. In diesem Sinne gewinnt das Untermaßverbot an Bedeutung: der Staat darf nicht eines der wichtigsten Rechtsgüter mangelhaft schützen. Die These des Untermaßverbots mag sogar von gegenwärtigen Kritikern angefochten werden, vor allem von Strafrechtlern eher liberal-aufklärerischer Herkunft. Im Kontext der gegenwärtigen oder vergangenen Diskussion des Amnestiegesetzes besteht aber kein Zweifel daran, dass der Staat verpflichtet war, Menschenrechte zu schützen und folglich auch verpflichtet war, Folter streng zu bestrafen.

Indem er die Folter nicht bestrafte – denn eben das hat der Oberste Bundesgerichtshof letztendlich getan –, hat der brasilianische Staat verfassungswidrig gehandelt, durch Verletzung des Prinzips des Untermaßverbots. Dies hat mutatis mutandis Argentinien getan, als es das Gesetz über die Gehorsamspflicht rückgängig machte.

Siebtens fügt sich die Entscheidung des Obersten Bundesgerichtshofs einem sensus communis ein, der sich im Recht immer stärker ausbreitet: Richter und

Gerichte erhalten zunehmend mehr Befugnisse und halten sich für frei, so zu entscheiden, wie es ihnen am angemessensten dünkt, oder nach Argumenten der Politik bzw. „Staatsräson". So hat der Oberste Bundesgerichtshof entschieden. Dies alles gehört in den Bereich der mangelnden Wahrnehmung des in der Nachkriegszeit entstandenen neuen Paradigmas, der sich am sog. Demokratischen Rechtsstaat orientiert. Dieser erfordert den *Rechenschaftsbericht* aller Staatsgewalten. Ich bezeichne diese Pflicht als *hermeneutische Verantwortlichkeit (hermeneutical accountability).*

Achtens und abschließend ist zu erwähnen, dass das perverse Ideal der Amnestien, vor allem derjenigen, die ihren Ursprung nur in der *Amnesie* und nicht auch in der *Anamnese* verankern wollen, mehr noch derjenigen, die innerhalb eines politischen Kräfteparallelogramms zustandekommen, das Erpressungen seitens der Delinquenten fördert, nicht auf eine kohärente Strategie des Vergessens setzen darf (Cattoni & Gomes, 2011). Paul Ricoeur hat zutreffend bemerkt, dass es neben dem Vergessen keine symmetrische Pflicht des Erinnerns gibt; eine Pflicht des Vergessens gibt es nicht und kann es auch nicht geben.

Der Oberste Bundesgerichtshof Brasiliens hat Amnesie verordnet. Eine Übergangsrechtsprechung hätte nach etwas Anderem, nämlich einer historischen Anamnese verlangt! Sieben Voten haben sich für das Vergessen ausgesprochen, zwei nur für die Pflicht zur Erinnerung! Daher die Frage: wie sollen wir, neben anderen Dingen, mit dem Zeugnis der Staatspräsidentin Dilma Rousseff aus dem Jahr 2001 umgehen, in dem sie über ein Folterverhör in Juiz de Fora im Bundesstaat Minas Gerais anlässlich ihrer Haft von 1970 bis 1973 berichtet? Der 2012 eingesetzte Wahrheitsausschuss (Comissão da Verdade) hat eine Untersuchung darüber angeordnet. Deren Ergebnis unterliegt jedoch der Entscheidung des Obersten Bundesgerichtshofs. Leider.

Literaturverzeichnis:

Dworkin, Ronald. *Taking Rights Seriously*. Cambridge 1978.

Cattoni, Marcelo & Gomes, David Francisco L. *Justiça de transição e o projeto constituinte do estado democrático de direito no Brasil*, in: Revista do IHJ 9, Nr. 10, 2011.

Gadamer, Hans-Georg. *Wahrheit und Methode I. Grundzüge einer philosophischen Hermeneutik I.* Tübingen 1990.

Larenz, Karl. *Methodenlehre der Rechtswissenschaft.* Berlin 1995.

Ricoeur, Paul. *A memória, a história, o esquecimento*. Campinas 2007.

Silva Filho, José Carlos Moreira. *O julgamento da APDF 153 pelo Supremo Tribunal Federal e a Inacabada Transição Democrática Brasileira*, in: A anistia na era da responsabilização: o Brasil em perspectiva comparada. Brasília, Ministério da Justiça, Comissão de Anistia; Oxford, Oxford University, Latin American Center, 2011.

Streck, Lenio Luiz. *Verdade e consenso. Constituição, Hermenêutica e Teorias Discursivas. Da possibilidade à necessidade de respostas corretas no direito*. 4. Aufl. São Paulo 2011.

Ders. *Hermenêutica jurídica e(m) crise*. 10. Aufl. Porto Alegre 2011.

Ders. *O que é isto – decido conforme minha consciência?* Porto Alegre 2010 (Bd. der Sammlung "O que é isto"?).

Verantwortung als Schlüsselbegriff strafrechtlicher Versuche der Vergangenheitsbewältigung

„*Individuelle* vs. *kollektive* Verantwortung“ und „Verantwortung für *Vergangenheit und Zukunft*“[1]

Cornelius Prittwitz

I. Einleitung und Vorschau

Mein Vortrag hat zwei Teile: Im Mittelpunkt soll natürlich mein Beitrag zur Gesamtproblematik stehen, meine – zunächst nicht sonderlich originell anmutende – These, dass mit „Verantwortung“ der Schlüsselbegriff des Prozesses benannt ist, der Gegenstand unserer Tagung ist. Dabei gilt mein Versuch, die Diskussion ein Stück weiter zu bringen, Überlegungen zu zwei Aspekten des Begriffs der Verantwortung: Erstens, zu dem in verschiedenen Kontexten kriminalwissenschaftlich thematisierten *Verhältnis von individueller und kollektiver Verantwortung*, und zweitens, zu der – jedenfalls im Strafrecht seltener gestellten Frage nach Gemeinsamkeiten und Unterschieden zwischen der – uns Kriminalwissenschaftlern bestens vertrauten – *Verantwortung für Vergangenes* und der *Verantwortung für die Zukunft* – die traditionell und prima facie eher Ethik, Religion und Politik beschäftigt, die aber im – stets und per definitionem zukunftsorientierten – Präventionsstrafrecht kaum völlig aus den Augen verloren werden darf.

Diesen Hauptteil einleiten sollen aber einige Anmerkungen zum Generalthema „transitional justice“.

II. Mein Thema im Kontext der Tagung

Im zweisprachigen portugiesisch-deutschen Programm wird das Generalthema als „Transitional Justice“ bezeichnet. Das passt ohne Zweifel zur portugiesischen Formulierung des Gegenstandes dieser Tagung und knüpft an einen international inzwischen eingebürgerten Begriff[2] an; ebenso offensichtlich handelt es sich aber nicht um ein in deutscher Sprache bezeichnetes Thema. Ob es nun Wi-

---

1 Leicht überarbeitete und in Vortragsform belassene Fassung meines am 18.7.2012 auf der Tagung „Transitional Justice“ gehaltenen Vortrages.

2 Vgl. z.B. das 2001 gegründete International Center for Transitional Justice (ICTJ); Informationen zu Geschichte und Arbeit: >http://ictj.org/about/transitional-justice< (zuletzt aufgerufen am 23.05.2013).

derstand gegen den Gegenstand oder seine Bezeichnung ist oder Überanpassung an die globalisierte – d. h. englischsprachige – Welt; fest steht, dass sich – anders als im Spanischen und im Portugiesischen – kein *deutscher* Begriff für „transitional justice" eingebürgert hat. „Vergangenheitsbewältigung" jedenfalls ist – auch wenn das deutschsprachige Programm den ersten Halbtag der Tagung mit „Recht und Politik in der … *Vergangenheitsbewältigung*" betitelt, wo das portugiesische eine Untersuchung von „direito e politica na *Justiçia de Transicão*" verspricht – nicht nur keine wörtliche, sondern *keine* Übersetzung der justiçia de transicão.

Denn es ist ebenso unklar, ob die Vergangenheit mit Hilfe der (Straf-) Justiz bewältigt werden kann,[3] wie es klar ist, dass der Begriff „justiçia de transicão" weit weniger verspricht als „Vergangenheitsbewältigung", dafür aber seinen Gegenstand genauer beschreibt: nämlich eine den Übergang begleitende, ihn vielleicht erleichternde, vielleicht erst ermöglichende, vielleicht aber auch ihn abschließende Justiz.[4]

Betrachten wir kurz auch den Untertitel unserer Tagung genauer: Er verspricht vergleichende „Einblicke in Transitionsprozesse". Da kaum jemand behaupten wird, Transitionsprozesse müssten unbedingt etwas mit Justiz oder gar Strafjustiz zu tun haben, unsere Tagung aber weder soziologische, noch politikwissenschaftliche und auch keine historischen oder psychologischen Referate vorgesehen hat, obwohl alle diese Disziplinen, wie mir scheint, Wichtiges zum Verständnis von Transitionsprozessen beizutragen haben, könnte unsere Tagung dem Missverständnis Vorschub leisten, Transition sei ein vor allem von der (Straf-) Justiz zu leistender Prozess. Davor kann – zum Schutz der Transitionsprozesse vor ihrer Verstrafrechtlichung ebenso wie zum Schutz der Strafjustiz und des Strafrechts vor Überforderungen – meines Erachtens nur gewarnt werden, zumal der erfreulich nüchterne, soziologisch-politologische Begriff der „Transitionsprozesse" keineswegs notwendig mit der – offensichtlich wünschenswerten – *Bewältigung* der Vergangenheit gleich gesetzt werden kann.

Es geht mir bei diesen Rückfragen an die Begrifflichkeiten von Tagungsthema und -programm keineswegs um eine Kritik an den Tagungsveranstaltern,

---

3 Jedenfalls kann sie *auch anders* und anders *vielleicht besser* bewältigt werden als durch Strafjustiz; vgl. dazu die Beiträge von *Dirk Fabricius* und *Klaus Günther* in diesem Band.

4 Wenig sinnvoll erscheint die Definition von transitional justice durch das ICTJ auf seiner Homepage (s. Fn. 2): "Transitional justice refers to the set of judicial and *non-judicial measures* that have been implemented by different countries in order to redress the legacies of massive human rights abuses. These measures include criminal prosecutions, truth commissions, reparations programs, and various kinds of institutional reforms."

und es geht hier auch nicht um Sprachspiele oder um „bloße"[5] Übersetzungsschwierigkeiten. Sondern es geht um den Gegenstand unserer Diskussionen, genauer um die Präzisierung dieses Gegenstandes. Sind es „Transitionsprozesse" und die Rolle des Strafrechts und der Strafjustiz in Transitionsprozessen, oder ist es „Vergangenheitsbewältigung" und die (Un-) Möglichkeit der „Vergangenheitsbewältigung durch (Straf-) Justiz"?

Bereits die Struktur dieser Tagung hat verdeutlicht, dass Transition und Übergang (und *nicht* Vergangenheitsbewältigung, ein vielleicht für eine internationale Diskussion sehr und zu deutscher Begriff) der zentrale Topos ist; die bisherigen Vorträge und Diskussionen haben das unterstrichen. Hervorheben möchte ich folgende – jeglicher Spekulation über „Vergangenheitsbewältigung" vorangehende – Fragen, deren Beantwortung Beiträge zu einer Phänomenologie der Transitionsprozesse und auch Antworten auf die Fragen nach der sinnvollen Rolle von Strafjustiz in Transitionsprozessen liefern können: Handelt es sich,

- um eine kriegs-, bürgerkriegs- oder revolutionsbedingte und daher meist abrupte, letztlich (d. h. ungeachtet der vorangegangenen gewaltsamen Auseinandersetzungen) relativ *übergangslose* Transition handelt,
- oder um einen Übergang, der dadurch gekennzeichnet ist, dass der *Systemwechsel ohne Gewaltanwendung*, d. h. in der Regel in einer kürzeren oder längeren (und meist längeren) Zeitspanne, von statten ging.

In der ersten Gruppe gibt es klare Fronten, gibt es „Sieger" und „Verlierer". Das schließt zwar nicht aus, dass kluge Sieger nicht nur rächen und strafen, sondern u. U. auch versöhnen wollen, aber es schafft – mit allen Vor- und Nachteilen – Bedingungen für klare Rollen- und meist Verantwortungszuweisungen. Damit sind klare Schnitte favorisiert, die – selten – aus Amnestien oder – häufiger – aus Prozessen (oft: Strafprozessen) bestehen werden, in denen nach Verantwortung und Schuld gesucht wird, und in denen i. d. R. bestraft wird.

In der zweiten Gruppe sind die Bedingungen oft unklarer. Das favorisiert Aushandlungsprozesse, die entweder in Amnestien münden können, oder in Wahrheits- und Versöhnungskommissionen. (Straf-) Prozesse werden kaum je den Aushandlungsprozessen vorangehen, sie können Bestandteil solcher Verhandlungen, werden aber eher die Ausnahme sein, und sie werden, wenn überhaupt, erst mit zeitlicher Verzögerung (und nach den Aushandlungsprozessen) aufgenommen werden.

---

5 Wobei jeder, der selber übersetzend tätig oder einigermaßen sprachkundiger Rezipient von Übersetzungen war, um die Schwierigkeiten angemessener Übersetzung, da die Unsicherheit, was „angemessene Übersetzung" ist, weiß; vgl. dazu instruktiv, geistreich und sprachlich anspruchsvoll: *Umberto Eco*, Quasi dasselbe mit anderen Worten, Über das Übersetzen, München, 2009.

Ebenfalls von herausragender Bedeutung ist, teilweise mit der soeben vorgenommenen Differenzierung zusammenhängend, die *zeitliche Dimension*. Sprechen wir von Transitionsprozessen *und* von Versuchen der Vergangenheitsbewältigung

- *während* der – oder einer (nur) möglich erscheinenden – Transition (wie z. B. in Kolumbien), oder
- kurz nach der Transition (wie z. B. im Fall Südafrikas, aber auch in beiden deutschen Fällen nach 1945 und nach 1989), oder aber von solchen Prozessen und Dynamiken
- *längere Zeit nach* der Tradition (wie in den Beispielen Chile, Argentinien und Brasilien)?

Die schwierigsten Bedingungen bestehen ohne Zweifel, wenn die Machtfrage noch nicht entschieden ist, wenn der Prozess der Transition – oft mit unklarem Ausgang – noch im Gang ist. Hier wird bisweilen Transition genannt, was besser Fortsetzung des Machtkampfes mit anderen als gewaltsamen Mitteln heißen sollte. Das wird man unter Gesichtspunkten des Schutzes der durch gewaltsame Auseinandersetzungen am stärksten bedrohten Menschenrechte i. d. R. begrüßen; dieser Beifall darf aber nicht darüber hinwegtäuschen, dass es sich um so spezifische Transitionsprozesse handelt, dass man die Vergleichbarkeit dieser Prozesse mit abgeschlossenen oder weiter fortgeschrittenen (d. h. in eine Richtung entschiedenen) Transitionen bezweifeln kann.

Sprechen wir von Prozessen *kurz nach* dem Systemwechsel, oft einhergehend mit eindeutigen „Siegern und Verlierern“ wird es häufig einen Wunsch nach eindeutig Verantwortung zuschreibenden Prozessen geben. Hier wird – mehr oder weniger „gerechtes“ – „Bestrafen“ der *ehemals* Mächtigen durch die *jetzt* Mächtigen im Vordergrund stehen; versöhnen wird im Vergleich zu vergelten eine eher geringe Rolle spielen.

Am interessanteste scheinen mir Bemühungen um Vergangenheitsbewältigung zu sein, die eigentlich erst *deutlich nach* der Transition einsetzen. Sie sind oft Zeichen misslungener oder jedenfalls als gescheitert angesehener Transitionsprozesse, wobei das Scheitern viele Gründe haben kann, oft aber gerade damit zu tun haben wird, dass es eindeutige Verantwortungszuschreibungen und Schuldfeststellungen nicht gegeben hat, weil z. B. diejenigen, die die Macht abgegeben haben, die Machtübergabe für sie erfolgreich – nämlich mit dem Versprechen der Nichtbestrafung – ausgehandelt haben. Hier sind die Antworten am schwierigsten. Die Zeit hat schon geheilt, aber offensichtlich *nicht alle* Wunden geheilt. Die Aufklärung – sei es in Kommissionen, sei es vor Gericht – gestaltet sich schwierig.

Aus meiner Sicht[6] spricht viel dafür, dass *Amnestien* weder im theoretischen Modell noch aus pragmatischer Perspektive ein erfolgversprechender Weg der Transition und erst Recht nicht der Vergangenheitsbewältigung sind. Wenn es sich nicht sogar um Selbstamnestien handelt, sind sie oft das Ergebnis von Verhandlungen, die den friedlichen Übergang möglich gemacht haben. Sie hinterlassen in der Regel unbeantwortete Fragen nach Schuld und Verantwortung, auch wenn Amnestie nicht notwendig mit dem Verzicht auf Verantwortlichkeitsfeststellung einhergehen muss.[7] Und viel spricht, wiederum aus meiner persönlichen Sicht dafür, dass zumindest theoretisch *Kommissionen*, die nach Wahrheit und Versöhnung suchen, die besten Aussichten haben, einen nachhaltigen Erfolg der Transition zu gewährleisten.

Aber pragmatisch gesehen wird der *Strafprozess*, der mehr nach Verantwortlichkeit als nach Wahrheit sucht (wenn auch im Idealfall nur nach „wahrer Verantwortung"), der Schuld findet und Strafe ausspricht, die Transitionsprozesse dominieren. Und dies aus vielen Gründen, die tendenziell mit der Natur des Menschen zu tun haben (sein Wunsch nach einfachen, klaren Lösungen, seine Bedürfnisse nach Verantwortlichmachung, auch seine Genugtuungs- und Rachebedürfnisse).

Deswegen ist der dritte Tag unserer Tagung zu Recht dem strafrechtlichen Aspekt der „justiça de transicão" gewidmet. Ich werde mich, genau wie vor mir Klaus Günther,[8] mit dem für den rechtsstaatlichen Strafprozess zentralen Aspekt der Verantwortlichkeitsfindung, besser Verantwortlichkeits*zurechnung* (hoffentlich nicht Verantwortlichkeits*zuschreibung*[9]) widmen.

---

6 Ähnliche Wertung, wie schon der Titel seines Beitrages zeigt, bei *Fabricius* (in diesem Band).

7 Vgl. nur den Beitrag von *Lauro Swensson* in diesem Band.

8 Vgl. den Beitrag von *Klaus Günther* in diesem Band.

9 Die hier vorgenommene Differenzierung zwischen „Findung", „Zurechnung" und „Zuschreibung" knüpft einerseits daran an, dass jenseits aller erkenntnistheoretischen Dispute, ob irgendetwas vorgefunden werden kann, *Verantwortung* jedenfalls nie *vorgefunden*, sondern immer nur *zugerechnet* werden kann. Andererseits soll mit der Differenzierung zwischen „Zurechnung" und „Zuschreibung" klargestellt werden, dass nicht alles, was nicht vorgefunden werden kann, zugeschrieben im Sinne des die Zuschreibung kritisierenden labeling approaches wird, sondern dass es legitime transparente, regelgeleitete und intersubjektiv überprüfbare Zurechnung (von Verantwortung) gibt. Vgl. zur Kongenialität kritischer Kriminologie und in diesem Sinn kritischer Strafrechtswissenschaft, *Prittwitz*, Feindstrafrecht, in: Pilgram/Prittwitz (Hrsg.), Kriminologie. Akteurin und Kritikerin gesellschaftlicher Entwicklung, Baden-Baden, 2005, S. 215 ff., (215–218).

III. Zu zwei wichtigen Aspekten der Verantwortlichkeit

Kurz zur zentralen Bedeutung des Begriffs der Verantwortlichkeit: Die im Titel meines Vortrags mitgeteilte These, „Verantwortung" sei der Schlüsselbegriff strafrechtlicher Vergangenheitsbewältigung, bedarf der kurzen Erläuterung. Denn man könnte diese These getrost als trivial bezeichnen: Strafrechtliche Vergangenheitsbewältigung ist Vergangenheitsbewältigung durch Strafrecht, und da Verantwortlichkeit (oder Schuld) der (oder zumindest *ein*) Schlüsselbegriff des rechtsstaatlichen Strafrechts ist, hätte die These tatsächlich keinen beeindruckenden Neuigkeitswert.

Wirklichen Neuigkeitswert will ich auch nicht für die – hoffentlich nicht triviale – These reklamieren, die durch den Untertitel konkretisiert wird. Sie legt den Akzent auf Aspekte der *individuellen und kollektiven* Verantwortlichkeit einerseits, und auf die Unterscheidung zwischen Verantwortung *für die Vergangenheit* und Verantwortung *für die Zukunft* andererseits. Das sind zwei Aspekte von Verantwortung, die auch im Alltagsdiskurs, im ethischen Fachdiskurs, aber auch im Strafrechtsdiskurs auch außerhalb von Transitionsprozessen und damit zusammen hängender Vergangenheitsbewältigung eine Rolle spielen.
Meine Thesen dazu lauten:

1. *Strafrechtliche* Elemente der Transitionalen Justiz können einen Beitrag zur Vergangenheits*bewältigung* nur leisten, – das gilt generell für jedes Strafrecht, und es gilt im Besonderen, wenn das Strafrecht als Instrument gelingender Transition funktionieren soll – wenn bei der (legitimen) Suche nach *individueller* Verantwortung die Aspekte *kollektiver* Verantwortung hinreichend – und das heißt: individuelle Verantwortung *mindernd* – berücksichtigt werden. Dabei gilt: In Transitionsprozessen der uns interessierenden Art sind diese Elemente *kollektiver* Verantwortlichkeit besonders auffallend und gewichtig.
2. Und zweitens: *Strafrechtliche* Elemente der Transitionalen Justiz können einen Beitrag zur Vergangenheits*bewältigung* nur leisten, wenn man deutlich unterscheidet zwischen (oft nicht gelingender) zurechenbarer Verantwortung für die Vergangenheit und (wünschenswerter) Verantwortungs*zumutung* und (vielleicht sogar notwendigem) Verantwortungs*zutrauen* für die Zukunft.

Der strafrechtliche Verantwortungsdiskurs im Allgemeinen, aber aus benennbaren Gründen der Einsatz des Strafrechts in der transitional justice im Besonderen, leiden darunter, dass das Verhältnis der beiden Begriffspaare, um es vorsichtig zu sagen, *ungeklärt* ist. Individuelle und kollektive Verantwortlichkeit werden ungenau als dichotome Begriffe angesehen. Und das Strafrecht, das – meines Erachtens nach seinem Programm zu Recht – nur nach individueller

Verantwortung sucht, macht es sich zu leicht, wenn es dabei kollektive Verantwortlichkeit ausblendet. Und jedenfalls prima facie scheint sich das Strafrecht nur mit Verantwortung für Vergangenes (genauer für vergangene Straftaten) zu befassen, obwohl es – offen oder heimlich – der *blueprint* für zukünftig erwünschtes verantwortliches Handeln (genauer: für erwünschtes rechtskonformes Verhalten) ist und damit stets in Gefahr, ist die Suche nach vergangener Verantwortung zu steuern und zu verfälschen.

1. Individuelle und kollektive Verantwortung

Das Strafrecht – genauer: das Strafrecht des demokratischen Rechtstaats – muss den Versuchungen und dem Druck in Richtung weiter gehender Individualisierungen im Betrieb der Zurechnung von Verantwortung widerstehen. Mit seinen harten, individualisierenden Rechtsfolgen vernebelt es – gerade im Bereich von staatsverstärkter Kriminalität – kollektive Verantwortlichkeit.[10] Wenn es, wovon ich überzeugt bin, richtig ist, dass kollektive Dynamiken, systemische Zusammenhänge, strukturelle undinstitutionelle Defizite entscheidende Ursachen für Unrechtsregime sind,[11] dann wird diese Einsicht durch die im Strafurteil notwendig hervorgehobene Einzelverantwortung von Individuen versperrt. Und: So ehrenwert und wünschenswert – auch im Zusammenhang von Regierungsuntaten und –wohltaten – die Beschwörung *zukünftiger* Freiheit und Verantwortung erscheint, muss sich die Zurechnung von in der Vergangenheit begangenen Taten als frei verantworteter Straftaten dem Einzelnen gegenüber als gerecht darstellen lassen.

Bei der Suche nach Antworten auf die Frage, woher diese Versuchungen und dieser Druck kommt, wird man zunächst auf Eigenheiten des menschlichen Verhaltensverweisen können, die z. T. „anthropologische Konstanten" sein mögen, jedenfalls in der westlich-christlich geprägten Welt eingeübte und sozial „vererbte" Verhaltensweisen sind: Wo Schreckliches passiert, wird – sozialpsychologisch gut erklärter und nachgewiesener – nach individueller Schuld gesucht. Je schlimmer, umso mehr Schuld. Hinterher (und von außen) sieht man die Verantwortung klar – und klarer als der Akteur vor der Aktion.[12]

---

10 Vgl. dazu ausführlicher: Prittwitz, „Regierungskriminalität" und „Kriminalität der Mächtigen", in Prittwitz et al. (Hrsg.), Kriminalität der Mächtigen, Baden-Baden, 2008, S. 185–199, 195 ff. Meine hier dargelegten Ausführungen basieren in vielfältiger Weise auf den dort angestellten Überlegungen.

11 Vgl. dazu präzise den Beitrag von Fabricius in diesem Band.

12 Vgl. meine – an Kuhlens wertvolle Funde (vgl. Kuhlen, Zur Problematik der nachträglichen *ex ante* Beurteilung im Strafrecht und in der Moral, in: Jung et al. Hrsg.) Recht und Moral: Beiträge zu einer Standortbestimmung, Baden-Baden, 1991, S. 341 ff.) anschließende Rekonstruktion dieser sozialpsychologischen Erkenntnisse für das Strafrecht der

Diese Grundidee individueller Verantwortung – fast könnte man mit allen positiven wie negativen Konnotationen von einem Dogma sprechen – ist in der jüngeren Geschichte, die auch gut sichtbar die gegenwärtigen Tendenzen von Kriminologie, Kriminalpolitik und Strafrecht geprägt hat, noch verstärkt worden. Individuelle Verantwortung[13] gehört konstitutiv zur freien und demokratischen Gesellschaft; in dieser Tradition, sie aber verabsolutierend, hat sich eine – von Klaus Günther so genannte – neo-individualistische[14] Tendenz in der Gesellschaft und in den gesamten Kriminalwissenschaften entwickelt, in der – so Karl-Ludwig Kunz – „... Selbstverantwortungspostulat zur nicht weiter hinterfragten Handlungs- und Beurteilungsmaxime“[15] wird und in der – so ergänzt Peter-Alexis Albrecht das – in der „gesellschaftliche Problemlagen ... personalisier(t)“[16] werden.

Ich will nur an dem für uns besonders einschlägigen Beispiel der Regierungskriminalität (von manchen „Kriminalität der Mächtigen“[17] oder auch „staatsverstärkte Kriminalität“[18] genannt) verdeutlichen, wie schwierig das Verhältnis zwischen individueller und kollektiver Verantwortlichkeit zu bestimmen ist. Dabei können wir das konkrete Beispiel der Verantwortung für die durch Grenzsoldaten der DDR getötete Deutsche, die von Ost nach West, die „Mauer“ und den eisernen Vorhang“ überwinden wollten, nutzen.[19] Fragt man ganz allgemein und zunächst ohne Differenzierung zwischen politischer, moralischer, rechtlicher und speziell strafrechtlicher Verantwortung, danach, wer oder was für diese Toten verantwortlich ist, wird sich schnell Einigkeit herstellen lassen: Eingebettet in ein bestehendes (die handelnden Individuen beeinflussendes und

---

Risikogesellschaft in: Strafrecht und Risiko, Frankfurt am Main, 1993, S. 103–113 und S. 378–381.

13 Genauer: das Sich-Einigen darüber, dass man „sich und andere grundsätzlich als individuell verantwortlich Handelnde wahrnimmt“ und die Einigkeit über die Grenzen individueller Verantwortlichkeit.

14 Der Begriff des „Neo-Individualismus“ (Klaus Günther) versucht *einen* (hier besonders relevanten) Aspekt des (zu) viel verwendeten und dadurch immer weniger analytischen Begriff des Neo-Liberalismus zu präzisieren.

15 *Karl Ludwig Kunz*, Kriminologie, 4. Aufl., Bern, 2004, S. 191.

16 *Peter-Alexis Albrecht*, In Treue gegen Untreue, in: Michalke u.a. (Hrsg.), FS für Rainer Hamm, Berlin, 2008, S. 1 ff. (15).

17 So in der herrschaftskritischen Tradition von Teilen der Kriminologie; vgl. die Initiative des AJK, dokumentiert in Beiträgen der Fachzeitschrift „Kriminologisches Journal“, insbesondere der Jahre 1975–77.

18 *Wolfgang Naucke*, Die strafjuristische Privilegierung staatsverstärkter Kriminalität, Frankfurt am Main, 1996; zum Begriff: S. 15 ff.

19 Die nachfolgenden Ausführungen basieren wesentlich auf meinem Teilbeitrag in dem mit *K. Günther* gemeinsam verfassten Beitrag „Individuelle und kollektive Verantwortung im Strafrecht“ in: Herzog/Neumann (Hrsg.), Festschrift für Winfried Hassemer, Heidelberg, 2010, S. 331 ff., 343 ff.

dafür „verantwortliches") System geht es umfassend um die individuelle Verantwortlichkeit derjenigen Individuen, die den Schießbefehl gegeben haben, die man also als die Anführer im organisatorischen Machtapparat des DDR-Staates bezeichnen wird und ebenso umfassend um die Verantwortlichkeit derjenigen, die den Schießbefehl ausgeführt haben und die Menschen unmittelbar getötet haben.

In einem Strafrecht, das nach seinem Programm nur nach individueller Verantwortung sucht, wird die Analyse der Verantwortungssphären eingeengt auf die Frage nach dem Verhältnis zwischen Anführern und Ausführern, eine Frage, die der Bundesgerichtshof bekanntlich dadurch gelöst hat, dass er – *Roxin*s Konzeption der Tatherrschaft durch organisatorische Machtapparte aufgreifend – die mittelbare Täterschaft der Anführer auch dann für möglich gehalten hat, wenn die unmittelbare Täterschaft und Verantwortlichkeit der Ausführer feststeht.[20] Die Frage nach den Verantwortungsanteilen des Systems, die *Frage also nach kollektiver Verantwortung* wird weder im Prozess gegen die Ausführer noch im Prozess gegen die Anführer thematisiert.

Was lehrt das Beispiel? Zunächst: Es geht hier um ein traditionelles Problem der Verantwortungssphären in „Apparaten" , das sich bis vor kurzem nur deswegen nicht in aller Schärfe gezeigt hat, weil sich weder Kriminologie noch Strafrecht mit den Mächtigen befasst haben oder befassen konnten. Und es lehrt, dass auch die inzwischen erfolgte Perspektivenerweiterung auf „den Apparat" keineswegs die nahe liegende Frage nach den Anteilen der kollektiven, also *nicht individualisierbaren* Verantwortung nach sich gezogen hat. Die strafrechtliche Bewältigung dieser Sachverhalte spiegelt – medienwirksam – vor, es gehe auch bei „Apparaten" nur um individuelle Verantwortung.[21]

Verlässt man diese künstlich eingeengte Perspektive, dann stellt sich die Frage nach dem Verhältnis der hier zurechenbaren Verantwortlichkeiten. Antworten darauf zeigen, dass es (nicht nur) in diesem historischen Beispiel bei der Frage nach dem Verhältnis von individueller und kollektiver Verantwortung nicht um ein „Entweder/Oder", sondern um ein „Wie viel von dem einen?/ Wie viel von dem anderen?" geht. Kriminologisch zeigt sich, dass gerade der kollek-

---

20 BGHSt 40, 218 ff.

21 Innerhalb der strafrechtlichen Diskussion hat sich vor allem *Günther Jakobs* (Vergangenheitsbewältigung durch Strafrecht? In: Isensee (Hrsg.) Vergangenheitsbewältigung durch Recht, Berlin, 1992, S. 37 ff.), der die These vertrat, nicht der Grenzsoldat habe den Flüchtling in *falscher Anwendung der Rechtsordnung* erschossen, sondern die die geltende, das Recht pervertierende, „Rechtsordnung" (im positivistischen Sinn) habe den Flüchtling rechtlos gestellt, gegen diese Blindheit gegenüber den systemischen Ursachen gestellt, daraus allerdings gefolgert, dass *kein* Anlass zur Sache nach strafrechtlich relevanter *individueller* Verantwortung bestehe. Vgl. dazu *Klaus Lüderssen*, Der Staat geht unter, das Unrecht bleibt? Frankfurt am Main, 1992, S. 35 ff.

tive Kontext dazu führt, dass nicht (in jeder Hinsicht) *abweichendes*, sondern (in bestimmter Hinsicht) *konformes Verhalten* plötzlich Gegenstand der Kriminalwissenschaften und auch des Strafrechts wird. Und es deutet an, dass zurechenbare kollektive Verantwortung das Ausmaß zurechenbarer individueller Verantwortung mindert – und umgekehrt. Das gilt sowohl *kriminologisch* (und das heißt in diesem Zusammenhang auch: politisch und moralisch) *als auch strafrechtlich.* Der Bundesgerichtshof hat das mit seinen ebenso eindeutigen wie maßvollen Urteilen in den Prozessen der individuellen Mauerschützen[22] letztlich genau so gesehen.

Kriminologisch hat *Herbert Jäger* mit seinen Arbeiten über die von ihm so benannte „Makrokriminalität"[23] seit langem schon die wesentlichen Gesichtspunkte herausgearbeitet: Zentrales Merkmal der »Makrokriminalität« ist – nach Jäger – das hinter dem Handeln Einzelnern stehende *„staatliche Täterkollektiv"*[24], die Tatsache, dass es um Verhalten geht, das in einem Maße geprägt sei durch die „Veränderung der staatlich-kollektiven Verhältnisse", dass man tatsächlich sagen könne, „der Einzelne habe nur unter diesen besonderen Verhältnissen (so kriminell) gehandelt", der kollektive Hintergrund sei „conditio sine qua non der individuellen Verbrechensbegehung".

Aber *Jäger* bleibt bei dieser – überzeugenden und in vielen Details verfeinerten – *kriminologischen* Analyse stehen und scheut, wie mir scheint, die nahe liegenden Konsequenzen für das Strafrecht. Vielleicht unter dem Einfluss der – wenig geglückten – Schulddebatte nach dem zweiten Weltkrieg und dem Holocaust, genauer, der die deutsche Nachkriegsgesellschaft prägenden Schuldverdrängungstendenzen, wird *Jäger* nicht müde zu betonen, nicht System oder Regime; sondern Menschen handelten.[25] Erst das höchst differente, vielfältigen Einflüssen und Steuerungsmechanismen unterliegende Handeln vieler Einzelnern koordiniere sich zum System".[26]

Natürlich wird man dieser Aussage nicht widersprechen wollen. Aber das unbeeindruckte Festhalten an der unverminderten individuellen strafrechtlichen Verantwortlichkeit wirkt doch ein wenig widersprüchlich, wenn man sich erinnert, mit wie viel Nachdruck betont wurde „der Einzelne habe <u>nur</u> unter diesen besonderen Verhältnissen (so kriminell) gehandelt", der kollektive Hintergrund sei „conditio sine qua non der individuellen Verbrechensbegehung". Gerade

---

22 Vgl. BGHSt 39, 1 ff. und die weiteren ausführlichen Rechtsprechungs- und Literaturnachweise bei *Fischer*, StGB, 60. Aufl., München, 2013, vor § 3 Rn.38 ff.

23 Vgl. *Jäger*, Makrokriminalität, Frankfurt am Main, 1989, ein Band, der eine Reihe von einschlägigen Beiträgen Jägers enthält.

24 *Jäger* in einer persönlichen Mitteilung vom 19.9.2001.

25 *Jäger*, (Fn. 23) S. 29.

26 *Jäger*, Neue Kriminalpolitik 1991, S. 24.

wenn man mit Jäger der Ansicht ist, dass die *Bewertungsfunktion* des Strafrechts nicht nur darin besteht, „Maßstäbe individueller Zurechnungen zu setzen und zu stabilisieren“, sondern auch darin, „in einem kollektiv verflochtenen Handlungsgeschehen persönliche Verantwortlichkeit mikroskopisch auszuleuchten“[27], muss diese Ausleuchtung *ergebnisoffen* vor sich gehen,[28] wenn sie sich nicht darin erschöpfen will, eine bloße Variable der Funktion „Maßstabs*setzung*“ zu sein.

Natürlich muss man sich hüten, individuellen und kollektiven Versuchen der Rechtfertigung zu erliegen, durch naive Anwendung gruppen- und massenpsychologische Theorien den „Systemzusammenhang einseitig hervorzuheben“ und damit individuelle Verantwortlichkeit zu verschleiern. Mindestens genau so dringlich aber stellt sich für Kriminologie und Strafrecht die Aufgabe, der *faktischen Verschleierung kollektiver Verantwortlichkeit*, zu der das – zu Recht individualisierende – Strafrecht systematisch neigt, Vorschub zu leisten.

Wenn man es auf der Grundlage kriminologischer Analysen der Funktion von Strafrecht für plausibel hält, dass durch individuelle Schuldzurechnung und Schuldzuschreibung symbolische Beruhigungen ausgesprochen werden, dann drängt sich auf, die „kollektiven Bedingungen und Konformitätszwänge“, für die sich das Strafrecht mit Ausnahme individueller Psychopathologien systematisch verschließt, aufzuhellen. Die Tatsachenwissenschaften, die den Strafrechtlern dadurch beim Werten „helfen“ könnten, dass sie die für die Wertung relevanten (z. B. sozialpsychologischen) Tatsachen erhellen, sind hier eigentümlich schweigsam; der gesellschaftliche Druck Verantwortung zuzuschreiben, Verantwortungsdiffusion zurückzuweisen, scheint wenig zu stören. Das mag daran liegen, dass viele Kriminologen das normative Programm des Strafrechts (ausnahmsweise) in diesem Punkt teilen, nämlich durch strafrechtliche Verurteilungen – notfalls kontrafaktisch – die gewollte individuelle Letztverantwortung zu verdeutlichen.

Der Schlüssel für die hier zu beantwortenden Wertungsfragen liegt im Begriff des „abweichenden Verhaltens“. Bei Straftaten innerhalb großer Kollektive und staatlicher Systeme geht es selten um abweichendes, in der Regel dagegen um konformes, nämlich systemkonformes Verhalten.[29] Und gravierend für die Bewertung normabweichenden aber systemkonformen Verhaltens: die spezifische Gefährlichkeit des Einzelnen ist gerade in seiner Konformität nicht in sei-

---

27 *Jäger*, Neue Kriminalpolitik 1991, S. 25.

28 Dem stimmt *Jäger* grundsätzlich zu, wenn er meint, das Strafrecht dürfe sozialpsychologische Erkenntnisse nicht „ante portas“ abweisen, sondern müsse „erkennen lassen, dass es (sie) zur Kenntnis genommen und zu verarbeiten versucht hat.“ (*Jäger*, [Fn. 23], S. 174.

29 *Jäger* (Fn. 23), S. 22. Vgl. jetzt nachdrücklich und illustrativ in diesem Band: *Fabricius*.

ner Abweichung begründet. Daraus folgt aber, wenn man nicht offen ungerechte Verantwortungszuschreibungen vornehmen will, eine gewisse – keineswegs vollständige – Entlastung des Einzelnen. Denn der Hang des Menschen zu konformen Verhalten ist, wie mir scheint, ein „erlaubtes Risiko".

Das mag in einer Gesellschaft, in der Nonkonformität – nicht zuletzt aufgrund der jüngsten deutschen Erfahrungen mit den Kollateralschäden der Konformität – fast als Tugend gilt, zunächst befremdlich klingen, erweist sich aber als zwingend, wenn man sich bewusst macht, dass unsere modernen komplexen Gesellschaften ohne diese Konformität nicht funktionieren könnten. Die „Tugend der Nonkonformität" erweist sich also bei näherem Hinsehen als die Fähigkeit des Individuums, im *richtigen* Moment von gebotenem Konformismus auf gebotenen Nonkonformismus umzuschalten.

Dieser Vorwurf, im richtigen Moment *nicht* umgeschaltet zu haben, ist zu untersuchen und er wird sich oft als berechtigt erweisen. Ohne diesen Zwischenschritt allein den Individuen die Konformität vorzuwerfen, wenn doch *kollektiv* etwas schief gegangen ist, ist dagegen, wie mir scheint, unaufgeklärt und daher grundsätzlich problematisch.

Zwei Aspekte, die über die Spezifika dieser Kriminalitätsbereiche hinausgehen, seien kurz gestreift. Der eine betrifft eher die sprichwörtlichen „kleinen Rädchen" in organisatorischen Machtapparaten, der andere gerade die Großen, die sich des „Machtapparats" der „kleinen Rädchen" bedienen.

Lohnend erscheint zunächst der Blick auf die Verantwortung der *„Großen und Mächtigen"*. Die Schwierigkeiten, ihnen in der dem Strafrecht eigenen Weise Verantwortung zuzurechnen, sind bekannt. Gerade auch die Verfahren vor dem Internationalen Strafgerichtshof hat sie wieder vorgeführt. Es hat sich aber – nach den bisher vorliegenden auch Freisprüche und vergleichsweise milde Urteile umfassenden Entscheidungen – gezeigt, dass man bisher erfolgreich der Versuchung widerstanden hat, kurzerhand aus „politischer Verantwortung" strafrechtliche Verantwortung zu machen. Aber das strafrechtlich Vernünftige, ja Zwingende birgt politische Risiken:

Wo das Strafverfahren *die* Bühne der Abrechnung wird, gilt plötzlich als unschuldig, wem keine Straftat nachgewiesen werden konnte. Das produziert ein Dilemma. Und dieses Dilemma zwischen (ungewollter und schädlicher) strafrechtlicher Verurteilung ohne handwerklich saubere Verantwortungszurechnung, und (ebenso ungewollter und ebenso schädlicher) missverstandener Freisprechung von strafrechtlicher Schuld gehört zu den Argumenten, die einen skeptisch werden lassen, ob der mit dem Völkerstrafrecht eingeschlagene Weg wirklich „der Weisheit letzter Schluss" ist.

Diese Skepsis sollte nicht vernebeln, dass es eine legitim zurechenbare Verantwortung dafür gibt, einen Zustand zu schaffen, in dem eigene und fremde

Verantwortlichkeit kaum noch wahrgenommen werden kann. *Ulrich Beck* hat das organisierte Unverantwortlichkeit genannt,[30] man kann es auch, wenn man die unmittelbaren und mittelbaren Folgen in den Mittelpunkt der Namensgebung stellt, als das Werfen von Nebelkerzen oder Nebenbomben bezeichnen.

Und ein Zurechnungsbetrieb, der sich für das vorsätzliche Werfen von solchen Nebelbomben nicht interessiert, der solche Organisation von Unverantwortlichkeit, wenn sie denn einmal feststellbar ist, *nicht ahndet*, der wäre in der Tat antiquiert und würde Legitimität einbüßen. Dieses Phänomen dürfte in den wirtschafts- und umweltpolitischen Beispielen, in deren Kontext auch *Beck* den Begriff geprägt hat, von noch größerer Relevanz sein; aber er spielt auch bei Regierungskriminalität eine – bisher nicht genügend beachtete – Rolle.

Der zweite Aspekt betrifft die „Rädchen" der Machtapparate, die „Kleinen", die man bekanntlich weit häufiger zu fassen bekommt und auch hängt. Hier geht es um den – meines Wissens[31] von *Heike Jung* geprägten Begriff der „partizipatorischen Zurechnung".[32] Gemeint ist, dass bei besonders gefährlich erscheinenden Organisationen schon die Teilnahme, ja z. T. das Sympathisieren pönalisiert wird. Das konkrete Beispiel, bei dem man auch die kontroverse Diskussion über diese Art der Verantwortungszurechnung oder vielleicht eben Verantwortungs*zuschreibung* nachlesen kann, sind die §§ 129 und v. a. 129a des deutschen Strafgesetzbuches. Hier wird der Drang, individuelle Verantwortung auch dort zu finden, wie sie nicht oder allenfalls stark verdünnt vorliegt, besonders deutlich.

Wenn solch stark vergröberte individuelle Verantwortungszurechnung damit gerechtfertigt wird, das „geringere individualmoralische Eigengewicht kriminellen Solidarverhaltens (werde) durch dessen soziale Gefährlichkeit konterkariert"[33], sind neben Zustimmung auch Zweifel anzumelden, diese „soziale Gefährlichkeit" wirklich individuell gerecht zugerechnet werde kann. Und so weh es politisch tut: Das muss nicht nur gelten, wenn mehr oder weniger demokratische Regierungen tendenziell Opposition kriminalisieren, sondern – sub specie eines dem Einzelnen gerecht werdenden Strafrechts – auch, wenn nach der Transition schon die Zugehörigkeit zu einer bestimmten Gruppe kriminalisiert wird.

---

30 *Ulrich Beck*, Gegengifte. Die organisierte Unverantwortlichkeit, Frankfurt am Main, 1988.

31 Ich verdanke den Hinweis auf diesen Beitrag *Heike Jungs* dem Berliner Vortrag *Kurt Seelmanns* über „Kollektive Verantwortung", Berlin, 2002.

32 *Jung*, in Eser u.a. (Hrsg.) Einzelverantwortung und Mitverantwortung im Strafrecht, Freiburg i.Br.,1998, S. 175 ff.

33 So *Seelmann* (Fn. 31) S. 11 unter Verweis auf *Lampe*, Systemunrecht und Unrechtssysteme, ZStW 106 (1994), 683 ff. (691 und 719).

Die Beispiele haben– hoffentlich – verdeutlicht, dass es in keinem Fall um ein entweder/oder zwischen kollektiver und individueller Verantwortung geht oder auch nur gehen sollte. Es geht auch nicht um die Vernebelung vorhandener (zurechenbarer) individueller Verantwortung durch die Hervorhebung (strafrechtlich eventuell nicht zurechenbarer) kollektiver Verantwortung. Stattdessen muss es darum gehen, das *Verhältnis* zwischen individueller und kollektiver Verantwortung präziser und gerechter auszuloten; es geht – in der Strafrechtspraxis – um eine angemessene Berücksichtigung kollektiver Verantwortung für gleichwohl zurechenbare individuelle Verantwortung.

Die einfache Grundtendenz lautet: In *allen* Bereichen, die von dieser Problematik betroffen sind, muss anerkannt werden, dass zurechenbare kollektive Verantwortlichkeit das Ausmaß gerecht zurechenbarer individueller Verantwortung *mindert*. In welchem Ausmaß eine solche Verantwortungsminderung geboten ist, lässt sich schwerlich verallgemeinernd sagen. Konkreta der jeweils in Betracht gezogenen Verantwortungszurechnungen spiele dabei eine entscheidende Rolle. Was generalisierend zum Verhältnis der Minderung individueller Verantwortlichkeit durch kollektive Verantwortlichkeit gilt, bedarf einerseits, was empirisch Erfassbares angeht, weiterer und vertiefter sozialpsychologischer Forschung. Andererseits wird man nicht umhin kommen können und auch wollen, den normativen Aspekt jedweder Zurechnung anzuerkennen.

Das Strafrecht im demokratischen Rechtsstaat darf aber, so ist abschließend zu plädieren, zwei Versuchungen auch dann nicht erliegen, wenn es im Kontext einer Transition besonders legitim erscheint. Widerstehen muss das Strafrecht zunächst der – schon traditionell zu nennenden – Versuchung seines *individualisierenden Zurechnungsmodells*, das schon für sich genommen eine Tendenz hat die individuelle Verantwortung notfalls auch *kontrafaktisch* zu betonen.

2. Verantwortung für Vergangenes und für die Zukunft – eine Skizze

Das inzwischen traditionelle – nicht nur nach Vergeltung suchende, sondern um Prävention bemühte und so sich legitimierende – Strafrecht sucht nach *individueller* Verantwortung als Grundlage *individueller* Bestrafung zum Zweck individueller und genereller Verhaltensänderung. Dieses Programm, dem sich das Strafrecht – aus guten Gründen und in langer kulturübergreifender Tradition – verpflichtet fühlt, muss sich in Zeiten (unumkehrbar) gestiegener Legitimationsanforderungen fragen lassen, wie es mit dem Phänomen „kollektiver Verantwortung“ umgeht.

Die Überbetonung individueller Verantwortung mag sich entwicklungsgeschichtlich (und das heißt auch strafrechtsgeschichtlich) als nützlich, vielleicht gar als notwendig, unter Umständen sogar als legitim erwiesen haben; die Hoffnung mag sein (oder gewesen sein), Verantwortung für vergangene Schäden auch dort – ungerecht aber nützlich – zuzuschreiben, wo sie nicht wahrgenommen wurde, um so für die Zukunft verantwortliches Verhalten zu erreichen.

Aber längst schon ist diese Entwicklung umgekippt: Verantwortung zuzuschreiben, wo sie nachweislich *nicht* bestand, missachtet die für ein (auch) präventiv wirken wollendes Strafrecht entscheidenden menschliche Lernprozesse und kann jedenfalls dort nicht funktionieren, wo man um die Unangemessenheit der individuellen Zuschreibung weiß.

Die Geschichte des Strafrechts war lange Zeit eine Geschichte subtiler werdender individueller Zurechnung. Zu befürchten ist, dass diese Entwicklung der Gerechtigkeit und Zweckmäßigkeit geschuldeter weiterer Restriktion individueller Verantwortungszurechnung vorzeitig und wider besseres Wissen zum Stillstand gekommen ist. Über kurz oder lang wird sich die Untauglichkeit dieses „more of the same“ zeigen. Spätestens dann nämlich, wenn selbstverschuldete, weil „erlaubte“ Katastrophen[34] – und dazu gehören technikbezogene Super-GAUs ebenso wie politisch-humanitäre GAUs, wie jede Diktatur es ist – demonstriert haben, dass symbolische Antworten auf existenzbedrohende und menschenrechtsbedrohende *systemische* Probleme nicht weiterhelfen. Auf solche Katastrophen sollte der aufgeklärte Mensch nicht warten. Den Versuchungen überbetonter Individualisierung bei der Zurechnung von Verantwortung ist zu widerstehen, wenn man es ernst meint damit, Katstrophen zu verhindern.

Dass dies gerade auch in einer justiça de transicão gegenüber Individuen, die für menschenrechtliche Katastrophen mit verantwortlich sind, gelten soll, mutet machen bitter an. Aber das Strafrecht muss sich gerade dort widerspenstig zeigen, wenn es nicht zum bloßen – zum Missbrauch einladenden und weitgehend nutzlosen – Zuschreibungsinstrument mutieren will.

Es muss auch deswegen dem Druck standhalten, damit es ein *legitimes* Strafrecht und ein *funktionierendes* Strafrecht bleiben kann, ein Strafrecht nämlich, das seine *Vorbildfunktion in Sachen gerechter Verantwortungszurechnung* nicht verlieren will.

IV. Zusammenfassung und Ausblick

Transitionsprozesse, wie sind im Kontext von transitional justice verstanden werden,[35] sind, weil es um die Transition von diktatorischen und autoritären hin zu demokratisch verfassten, rechtsstaatlich organisierten Systemen geht, hochwillkommene aber – in vielerlei Hinsicht – heikle Prozesse. Strafprozesse sind,

34 In Anlehnung an *Charles Perrow*, Normale Katastrophen, Frankfurt am Main, 1989.

35 Vgl. dazu *Neumann*, in diesem Band unter I. (m.w.N.)

weil und soweit sie in einem transparenten und intersubjektiv nachvollziehbaren Verfahren Verantwortung zurechnen und feststellen und damit andere zivilisatorisch unterlegene Formen der Reaktion auf Unrecht und Konflikt vermeiden helfen, ebenfalls hochwillkommene, aber – in vielerlei Hinsicht – schwierige Prozesse.

Bei Strafprozessen im Kontext von Transitionsprozessen potenzieren sich die Effekte. Der Ruf nach der – auch strafrechtlichen – Verurteilung von solchem Unrecht ist – bestens nachvollziehbar – besonders laut und drängend. Die mögliche Funktion des Strafprozesses, unterlegene Formen der Reaktion auf Unrecht und Schuld zu vermeiden helfen, ist besonders verlockend. Beide Gegebenheiten tendieren dazu, die ebenfalls potenzierten *Schwierigkeiten* gerechter und nützlicher Verantwortungszurechnung zu unterschätzen. Vereinzelt mögen sie dazu führen, dass ungerechte Verantwortungszurechnung im Hinblick auf ihre erhoffte Nützlichkeit in Kauf genommen werden. Die historischen Lektionen sprechen eher dafür, dass diese Rechnung nicht aufgeht. Wo strafrechtlich zugerechnet wird, ist nur die gerechte Zurechnung die nützliche. Das kann durchaus so verstanden werden, dass der Verzicht auf den Versuch, strafrechtlich zuzurechnen, hinzunehmen – wenn an seine Stelle die „blutige Abrechnung“ getreten ist – oder sogar, wenn an seine Stelle Wahrheits- und Gerechtigkeitskommissionen mehr Erfolg versprechen, zu begrüßen ist.

Warum Transitional Justice auf die Feststellung strafrechtlicher Schuld angewiesen ist – Zwölf Thesen

Klaus Günther

1. In der Phase nach dem Ende eines Unrechtsregimes wird fast immer die Frage virulent, ob die Protagonisten dieses Regimes, die Regierung ebenso wie die hohen Militärs und Sicherheitsdienste, aber auch ihre mehr oder weniger willigen Vollstrecker, die am unteren Ende der Befehlskette oder als vorauseilend gehorsame Freiwillige ihre Opfer misshandelt, vergewaltigt, gefoltert, ermordet haben, strafrechtlich zur Verantwortung gezogen werden sollen. Auch wenn sich heute diese Fragen angesichts massiver Verbrechen vom Ausmaß eines Völkermords oder eines Verbrechens gegen die Menschlichkeit zumindest *de lege ferenda* nicht mehr so dringlich stellt wie noch nach 1945, weil mit dem Völkerstrafrecht und dem Völkerstrafgerichtshof die strafrechtliche Ahndung solcher Verbrechen international geltendes Recht ist, so bleibt die Frage virulent mit Blick auf die Vielzahl sonstiger Verbrechen eines Regimes an seiner eigenen Bevölkerung. Dass solche Strafverfahren das Menschenrecht auf Schutz vor rückwirkender Kriminalisierung und Bestrafung eines unter dem Unrechtsregime erlaubten oder gebotenen Verhaltens verletzen würden, ist ein Einwand, der angesichts der zunehmenden völkerrechtlichen Positivierung der Menschenrechte und ihrer allgemeinen globalen Anerkennung an Überzeugungskraft verliert – wenn dieser Einwand im Fall rückwirkender Bestrafung von sich selbst privilegierender staatsverstärkter Kriminalität denn je Überzeugungskraft besessen hat.[1] Gewichtiger ist der Einwand der Friedensgefährdung durch Strafdrohung und strafrechtliche Verfolgung derjenigen, die dem vergangenen Unrechtsregime angehörten, es unterstützten oder sonstwie von ihm profitierten und nun nicht nur den Verlust ihrer Privilegien und Vorteile fürchten, sondern auch und noch viel mehr alle Nachteile, die mit einem öffentlichen Strafverfahren und einer drohenden Strafe einhergehen.[2] Die Behauptung, dass Amnestie und Ver-

---

1 *Wolfang Naucke*, Die strafjuristische Privilegierung von staatsverstärkter Kriminalität, Frankfurt am Main 1996.

2 *Klaus Günther*, Falscher Friede durch repressives Völkerstrafrecht?, in: Werner Beulke / Klaus Lüderssen / Andreas Popp / Petra Wittig (Hrsg.), Das Dilemma des rechtsstaatlichen Strafrechts. Symposium für Bernhard Haffke zum 65. Geburtstag, Berlin 2009, S. 79–100.

gessen in der Transitionsphase das geeignete Mittel seien, um neue gesellschaftliche Konflikte mit dem Risiko der Destabilisierung der gerade errichteten freiheitlich-rechtsstaatlichen Ordnung zu vermeiden, lässt sich nicht ohne weiteres zurückweisen.

2. Freilich hat sich inzwischen auch die Einsicht durchgesetzt, dass die Alternative Bestrafung oder Amnestie möglicherweise verkehrt ist oder doch zumindest den Blick auf mögliche weitere und weniger riskante Alternativen der Aufarbeitung vergangenen Unrechts trübt.[3] Die Fixierung auf das Strafen, die bewusste und absichtliche Zufügung eines Übels wegen eines Unrechts, sowie die damit einhergehende Fixierung auf die Strafzwecke, verkennt, dass es den meisten Beteiligten, allen voran den Opfern und ihren Angehörigen, häufig um etwas anderes geht, als zu erleben, wie ihre Peiniger das Übel einer Bestrafung erleiden. Auch wenn sich das Faktum von Genugtuungsbedürfnissen nicht verleugnen lässt, so sind diese doch kein legitimer Zweck öffentlicher Strafe und angesichts ihrer unterschiedlichen subjektiven Ausprägung kaum in Form einer dem Gleichheitsprinzip folgenden Strafe objektivierbar. Möglicherweise bringen das Genugtuungsbedürfnis und das damit assoziierte Strafübel aber auch nur in verzerrter Weise zum Ausdruck, was sich auf anderem Wege, in anderer Weise und vielleicht zudem noch viel effizienter erreichen ließe. In kollektiven Transitionsphasen noch viel mehr als bei individuellen Verbrechen des Alltags in rechtsstaatlich verfassten Gesellschaften ist das Bedürfnis nach einer Aufklärung der Tatsachen, der begangenen Verbrechen, der Umstände und der Beteiligten sowie der darauf sich gründenden öffentlichen Feststellung des Unrechts und der Schuld oftmals größer als deren Bestrafung. Es könnte sein, dass damit bereits die Anerkennung als Opfer eines Unrechtsregimes erreicht würde, und dass die Strafe dem nicht mehr hinzufügt als eine konventionelle symbolische Bekräftigung.[4] Hinzu kommt, dass die Aussicht, Beschuldigter in einem Strafverfahren zu werden, die Betroffenen aus purem Selbstschutzbedürfnis entweder zur Flucht veranlasst oder Maßnahmen der Verdunkelung ergreifen und, wenn diese nicht helfen, Strategien der Neutralisierung des Unrechtsgehalts der Verbrechen oder der Leugnung eigener Beteiligung oder individueller Verantwortlichkeit verfolgen lässt. Dem korrespondiert das (Menschen-)Recht des Beschuldigten, als Subjekt des Verfahrens nicht an seiner Selbstbelastung mitwirken zu müssen (*nemo tenetur se ipse accusare*). Zumal unter rechtsstaatlichen Verfahrensbe-

---

3 Siehe dazu auch den Beitrag von *Dirk Fabricius* in diesem Band.

4 *Klaus Günther*, Die symbolisch-expressive Bedeutung der Strafe – Eine neue Straftheorie jenseits von Vergeltung und Prävention?, in: Prittwitz/Baurmann/Günther/Kuhlen/Merkel/Nestler/Schulz (Hrsg.)., Festschrift für Klaus Lüderssen zum 70. Geburtstag, Baden-Baden 2002, S. 205–220.

dingungen, deren Beachtung besonders in der Transitionsphase wegen ihrer exemplarischen Wirkung auf das Rechtsbewusstsein der Bevölkerung unabdingbar ist, darf es dem Beschuldigten nicht verwehrt werden, alle ihm zustehenden Verfahrensrechte bis zur Grenze des Zulässigen für sich geltend zu machen. Das Ziel des rechtsstaatlichen Strafverfahrens, die Wahrheit über die angeklagte Tat zu erforschen, darf nicht über das Menschenrecht auf ein faires Verfahren triumphieren. Das individuelle Motiv der Vermeidung oder Minimierung einer drohenden Strafe hat hier im Recht zu schweigen seinen legitimen Ort. Deshalb sind in vielen Transitionsstaaten wie Südafrika oder einigen Ländern Lateinamerikas Verfahrensalternativen entwickelt und praktiziert worden, die den Beschuldigten aus der Kollisionszone zwischen Aufklärung der Wahrheit und Vermeidung eines Strafübels herausbringen. Sogenannte Wahrheitskommissionen sind zumindest dem Anspruch nach darauf gerichtet, den Opfern, ihren Angehörigen und der Öffentlichkeit gemeinsam mit dem Beschuldigten den Weg zur Aufklärung des historischen Geschehens zu öffnen und den Beschuldigten als gleichzeitigem Haupt-„Zeugen" von der seine Mitwirkungsbereitschaft unterbindenden Drohung einer Bestrafung zu entlasten oder diese Drohung für ihn zumindest zu verringern.

3. Die genannten Beispiele alternativer Verfahren werden damit gerechtfertigt, dass die Aufklärung des historischen Unrechts für alle direkt und indirekt Beteiligten und Betroffenen wichtiger sei als die Bestrafung der Täter. Dazu gehören aber auch die sich auf das aufgeklärte Geschehen stützende öffentliche Feststellung des Unrechts sowie die begründete Zurechnung zu verantwortlichen Personen, einschließlich eines Urteils über Art und Umfang der Verantwortlichkeit. Die Gründe dafür sind vor allem normativer Art. Sie lassen sich negativ erschließen aus den wahrscheinlichen Konsequenzen, die das Unterlassen von Tatsachenermittlung, Unrechtsfeststellung und Verantwortungszuschreibung hätte. Vor allem drei Fallkonstellationen unterlassener öffentlicher Aufklärung sind beobachtbar:

(a) Für die Opfer und ihre Angehörigen wäre eine mögliche Folge die aus der psychologischen Trauma-Forschung bekannte Neigung, sich das Erlittene als Folge eigenen Fehlverhaltens selbst zuzurechnen, d. h., die Schuld bei sich selbst zu suchen.[5] Schmerzen, Leiden oder der Verlust von Angehörigen er-

---

5 Zur besonderen Situation der Opfer von Völkerrechtsverbrechen und dem spezifischen Bedürfnis nach Anerkennung s. *Frank Haldemann*, Vergangenheitsschuld und das Andere der Gerechtigkeit, in: WestEnd 6 (2009), S. 58 ff.; *Klaus Günther*, Ein Modell legitimen Scheiterns – Der Kampf um Anerkennung als Opfer, in: Axel Honneth / Ophelia

scheinen dann als möglicherweise vermeidbare eigene Fehler, als Folge eigener Naivität, Ignoranz, Dummheit. Fatal ist auch der ständige Zweifel, ob es nicht doch besser gewesen wäre, das Unrechtsregime zu akzeptieren, an seine Legitimität zu glauben, mitzulaufen oder gar an seinen Untaten mitzuwirken, um sich und die Nächsten zu schützen. In dem Maße, wie sich während und nach der Transitionsphase kein öffentliches kollektives Narrativ entwickelt, das die Verbrechen des Regimes als solche, mithin als Unrecht kennzeichnet, bleibt den Opfern nur die Möglichkeit, das Erlittene individuell in ihrer eigenen Biographie zu verarbeiten. Je schwerer die Traumatisierung jedoch ist, desto weniger erfolgreich gelingt dies. Entsprechend hoch ist das Risiko, dass bei den Opfern Schuldgefühle, Selbstzweifel und Verlust des Selbstvertrauens sowie Misstrauen gegenüber anderen zurückbleiben. In der Öffentlichkeit werden die Betroffenen dann zumeist als Versager, notorisch Unzufriedene und Querulanten wahrgenommen, die sich mit ihrem Schicksal nicht abfinden können und wollen.

(b) Statt die Verbrechen öffentlich als zu verantwortendes Unrecht anzuerkennen, wird und wurde vor allem in der Vergangenheit oftmals ein kollektives Narrativ favorisiert, das die Verbrechen als Unglück oder Schicksal deutet, für das letztlich niemand etwas könne. Gemeinsames Merkmal solcher Narrative ist die weitgehende Neutralisierung individueller Verantwortlichkeit von Tätern.[6] Die Autoren dieser Narrative gestehen dabei häufig durchaus zu, dass die Verbrechen Unrecht waren, doch werden sie gleichzeitig als bedauerliche und unvermeidliche Maßnahmen gegen noch größere Gefahren präsentiert (das Argumentationsmuster des „kleineren Übels“). Verantwortung wird verlagert auf feindliche Kollektive (andere Nationen und Regierungen, Ethnien, Minderheiten, ideologisch verblendete Kräfte und Mächte etc.), über den Menschen waltende Kräfte oder andere vermeintliche Notstände und Notwendigkeiten, die den Tätern angeblich keine andere Wahl ließen. Wer die Geschichte als Spielfeld einer höheren, göttlichen Vorsehung deutet, als religiöses Weltgericht, als von der Natur aufgezwungenen Überlebenskampf zwischen Nationen, Völkern, Ethnien, Rassen , als durch einen gesetzmäßigen Gang der Geschichte notwendigen Kampf zwischen progressiven und regressiven Klassen, der auf der anderen Seite ungewöhnliche Maßnahmen zur Bekämpfung des ideologischen Feindes notwendig mache („Kalter Krieg“), dem erscheinen die einzelnen Verbrechen als

---

Lindemann / Stephan Voswinkel (Hrsg.), Strukturwandel der Anerkennung, Frankfurt am Main / New York 2012, S. 185 ff.

6 Zu den Bedingungen und Mechanismen der Neutralisation in diesen Fällen s. ausführlich: *Herbert Jäger*, Makrokriminalität. Studien zur Kriminologie kollektiver Gewalt, Frankfurt am Main 1989, S. 187 ff.; *Frank Neubacher*, Kriminologische Grundlagen einer internationalen Strafgerichtsbarkeit, Tübingen 2005, S. 230 ff. u. 251 ff.

höchstens bedauerliche Ereignisse, als Maßnahmen, die unter Notstandsbedingungen gegen anders nicht abwendbare Gefahren ergriffen werden mussten oder als (zumeist präventive) Verteidigungshandlungen gegen ihrerseits unrechtmäßige Angriffe von äußeren und inneren Feinden. Für die Opfer bedeutet dies entweder, dass sie sich wie bei der ersten Alternative fragen müssen, ob sie sich in diesem Schicksals- und Überlebenskampf nicht falsch verhalten oder auf der falschen Seite gestanden haben, oder sie müssen das eigene Trauma als Pech und Unglück interpretieren, für das niemand etwas kann, und dessen Folgen sie in ihrer eigenen Lebensgeschichte alleine zu bewältigen haben. Wenn Politik Schicksal ist, dann sind die Opfer nur Opfer des Schicksals und nicht politisch (und rechtlich) verantwortlicher Personen. Auch hier bleibt nur der Ausweg, sich rückblickend damit abzufinden, dass einem etwas passiert ist, was eben damals so passierte. In der Transitionsphase kann dies zur Folge haben, dass Misstrauen, Resignation und Hilflosigkeit gegenüber politischen Entscheidungsprozessen zur verbreiteten Einstellung werden.

(c) Parallel zu den beiden erstgenannten Konsequenzen sind Transitionsphasen bei unterlassener öffentlicher Aufklärung vergangenen Unrechts auch häufig dadurch gekennzeichnet, dass Unrechtsbehauptungen und Verantwortungszuschreibungen gleichsam in der Privatsphäre der direkt oder indirekt Betroffenen stattfinden. Unterlassene Aufklärung kann nicht verhindern, dass die Opfer und ihre Angehörigen, systematisch Benachteiligte und Diskriminierte selbst aktiv werden, um die Erforschung der Wahrheit – und d. h. dann primär, „ihrer" Wahrheit – in die eigene Hand zu nehmen. Je weniger sich diese spontanen und gleichsam wilden Zuschreibungen öffentlicher Kritik und intersubjektiver rationaler Argumentation stellen können, weil die Vergangenheit kollektiv beschwiegen wird oder weil öffentliche Äußerungen über vergangene Verbrechen nicht gehört, in ihrem Wahrheitsgehalt bestritten, systematisch unterdrückt oder unter Drohungen zurückgewiesen werden, je häufiger die Autoren verleumdet, ihre Glaubwürdigkeit in Frage gestellt und sie überhaupt als ernstzunehmende Teilnehmer an einem öffentlichen Diskurs über die Vergangenheit nicht anerkannt werden, desto größer ist die Gefahr, dass die im Verborgenen kultivierten und verbreiteten Zuschreibungen irrationale Züge annehmen.[7] So entwickeln sich

7 Zu den verschiedenen Formen und Wirkungen des Ausschlusses aus öffentlichen Diskursen s. *Miranda Fricker*, Epistemic Injustice. Power and the Ethics of Knowing, Oxford 2007; *Axel Honneth*, Unsichtbarkeit. Über die moralische Epistemologie von Anerkennung, in: ders., Unsichtbarkeit, Frankfurt am Main 2003, S. 10–27; *Klaus Günther*, Die Sprache der Verstummten: Gewalt und performative Entmachtung, in: Klaus Lüderssen (Hrsg.), Aufgeklärte Kriminalpolitik oder Kampf gegen das Böse?, Band II, Baden-Baden 1998, S. 120–146.

Verschwörungstheorien, geheimes Wissen über vermeintlich klandestin operierende feindliche Agenten, Minderheiten, Eliten, Gruppen mit geheimer Identität und eigener, böswilliger politischer Agenda, die nicht nur für die vergangenen Verbrechen verantwortlich gemacht werden, sondern von denen behauptet wird, dass sie auch jetzt und künftig noch unerkannt ihre bösen Absichten verfolgen würden, so dass man wachsam und misstrauisch bleiben müsse. Wenn solche Verschwörungstheorien samt der meist dazu gehörenden „offenen Rechnungen" an die nächsten Generationen weitergegeben werden, kann dies langfristig zur Ursache neuer Konflikte und plötzlicher kollektiver Aggressionen werden, vor allem dann, wenn ökonomische und soziale Probleme der Bevölkerung in Transitionsphasen bewältigt werden müssen. Kollektive Narrative dieser Art bleiben lange im Gedächtnis, prägen Mentalitäten und Einstellungen über Jahrzehnte oder gar Jahrhunderte („Erbfeindschaft"), werden immer wieder aufgerufen, wenn nach externalisierenden Erklärungen und Sündenböcken für aktuelle gesellschaftliche Belastungen gesucht wird. Oft genügt dann nur ein geringfügiger Anlass, um Kriege, extreme Gewalttaten oder Pogrome auszulösen.

4. Dagegen wirkt eine öffentliche Feststellung des vergangenen Unrechts sowie die gerechtfertigte Zuschreibung von Verantwortung in formalisierten, fairen Verfahren in wenigstens drei alternative Richtungen: Die Opfer und ihre Angehörigen sind nicht genötigt, die erlittenen Verbrechen als eigene Fehler zu deuten, sondern als Fehler, für die andere verantwortlich sind. Komplementär dazu können die Täter ihre Verbrechen nicht mehr mit dem Argument neutralisieren, die Opfer seien selbst schuld gewesen. Für die Gesellschaft bedeutet dies, dass auch sie nicht kollektiv für die Verbrechen verantwortlich ist. Weiterhin muss das Opfer nicht mehr mit seinem Schicksal hadern, d. h., seine Verletzungen nicht als Unglück, Pech oder Schicksal, als unvermeidliche Katastrophe in unbeherrschbaren Umwälzungen der Geschichte deuten und bewältigen, sondern seine Verletzungen werden als öffentlich festgestelltes und zu verantwortendes Unrecht anerkannt. Den Tätern wird damit die Chance genommen, ihre Untaten durch Quasi-Rechtfertigungs- und Entschuldigungsgründe auf die oben bei These 3b beschriebene Weise zu neutralisieren und dafür öffentliche Anerkennung durch die Bürgerinnen und Bürger in der Gesellschaft zu finden. Schließlich wird mit der öffentlichen Unrechts- und Schuldfeststellung auch von der Gesellschaft gegenüber Opfern und Tätern klargestellt und normativ bekräftigt, dass sie die behaupteten Rechtfertigungen nicht teilt, dass sie das in den Verbrechen sich manifestierende Unrecht als solches anerkennt, es aber nicht hinnimmt und zurückweist. Ohne diese Zurückweisung würde die Gesellschaft die in den vergangenen Verbrechen zum Ausdruck kommenden normativen (Unrechts-) Überzeugungen teilen, also auch für ihre eigene normative Ordnung gelten las-

sen, statt sie in der Solidarität mit den Opfern als „shared wrongs" zu markieren.[8] Die mit den Verbrechen erhobenen Geltungsansprüche für die Normen des Unrechtsregimes bedürfen des öffentlichen Widerspruchs.[9] Und dies bei staatsverstärkter Kriminalität noch mehr und umfassender als bei alltäglichen Straftaten. Widersprochen wird nämlich nicht nur der von den Tätern implizit erhobenen Geltungsbehauptung, sondern auch der behaupteten Legitimität ihrer normativen Quelle. Verneint wird nicht nur die menschenrechtswidrige Norm, sondern auch der Legitimationsanspruch der Autorität, dieser Norm Rechtsgeltung und d. h., Verbindlichkeit, verleihen zu können.[10] Zur Unrechtsfeststellung muss freilich noch die Schuldfeststellung hinzutreten, weil ansonsten die gerade in Fällen der Regierungskriminalität verbreitete Neutralisierung, als Täter nicht anders gehandelt und damit für seine Straftat nichts gekonnt haben zu können, von der Gesellschaft ebenfalls zurückgewiesen werden muss. Der Widerspruch gegen diese auf Entschuldigung oder Schuldausschluss zielende Behauptung ist notwendig, um zu verdeutlichen, welche individuellen Freiheitsspielräume es gab und in welchem Umfang das Unrecht mangelnder individueller Motivation zur Unrechtsvermeidung entsprungen ist. Nur auf diese Weise kann zudem gewährleistet werden, dass die Kommunikation des Widerspruchs gegen die behauptete Geltung der menschenrechtswidrigen Norm auch performativ an denjenigen gerichtet ist, der für diese Geltungsbehauptung verantwortlich ist, der sich mit seinem Verbrechen öffentlich auf diese Behauptung festgelegt hat (und auch nur dadurch die übrige Bevölkerung in ihrem Vertrauen auf die Geltung menschenrechtskonformer Normen irritieren kann).

5. Vor allem die zuletzt genannte Notwendigkeit, neben dem Unrecht auch die Schuld und Verantwortlichkeit der beteiligten Personen festzustellen, ist umstritten und scheint wegen der engen Verbindung zwischen Schuld und Strafe fragwürdig zu sein. Abgesehen davon, dass es für die Opfer wegen ihres durch die

---

8 *Sandra E. Marshall / R. Antony Duff*, Criminalization and Sharing Wrongs, in: Canadian Journal of Law and Jurisprudence, 11 (1998), S. 7 ff.

9 Dieser Widerspruch soll nach Jakobs allerdings erst mit der Strafe und nicht schon mit der Unrechts- und Schuldfeststellung kommuniziert werden: „Inhalt der Strafe ist ein auf Kosten des Normbrechers erfolgender Widerspruch gegen die Desavouierung der Norm." *Günther Jakobs*, Strafrecht Allgemeiner Teil, 2. Aufl., Berlin / New York 1991, 1 Rn. 11. S. auch, mit anderen normativen Prämissen als Jakobs, *R. Antony Duff*, Punishment, Communication, and Community, Oxford 2001, S. 79 ff.; zu kommunikativen und expressiven Straftheorien s. *Tatjana Hörnle*, Straftheorien, Tübingen 2011, S. 29 ff.

10 *Klaus Günther / Vasco Reuss*, Legitimation des Völkerstrafrechts in Deutschland – Völkerstrafrecht als Bürgerstrafrecht, in: Christoph Safferling / Stefan Kirsch (Hrsg.), Völkerstrafrechtspolitik, Berlin 2013 (im Erscheinen). S. auch *Vasco Reuss*, Zivilcourage als Strafzweck des Völkerstrafrechts, Berlin, Münster u.a. 2012.

erlittenen Verbrechen geschwächten oder verlorenen Selbstvertrauens notwendig ist, zu erfahren, dass nicht sie oder niemand für das erlittene Unrecht verantwortlich sind, sondern identifizierbare Personen – was eine Klarstellung des Grades und Umfangs der Verantwortlichkeit einschließt – gehört die Schuldfeststellung aber auch noch aus einem anderen Grund zur öffentlichen Aufklärung über vergangenen Verbrechen in Transitionsphasen. Dieser Grund liegt nicht unmittelbar im Zentrum strafrechtlicher Zurechnung und Schuldfeststellung, sondern in den Voraussetzungen der kollektiven politischen Autonomie, wie sie in *demokratischen* Rechtsstaaten Gestalt annimmt.

6. Die oben in These 3 beschriebenen negativen Folgen einer unterlassenen Aufklärung haben eines gemeinsam: Sie setzen ein starkes Motiv für die Staatsbürgerinnen und -bürger, sich in der Transitionsphase und nach der Konsolidierung eines demokratischen Rechtsstaates politisch passiv zu verhalten, sich aus der Öffentlichkeit zurückzuziehen, an der politischen Meinungs- und Willensbildung nicht zu partizipieren, ihre Grund- und Menschenrechte nur zurückhaltend oder ausschließlich im wirtschaftlichen Eigeninteresse wahrzunehmen, in extremeren Fällen sogar über das in Demokratien übliche und notwendige Maß an Misstrauen gegenüber den politischen Institutionen hinaus sich Verschwörungstheorien anzuschließen und deren politischer, oftmals auf die Abschaffung des demokratischen Rechtsstaates zielender Ideologie zu folgen. Sind solche Einstellungen auch in modernen Demokratien weit verbreitet, die sich einer langen Tradition robuster politischen Autonomie und stabiler demokratischer Institutionen sowie des Respekts vor den Menschenrechten erfreuen, so gibt es gegenüber Transitionsstaaten mit einer Unrechtsvergangenheit einen markanten Unterschied. In diesen ergreift die politische (Selbst-)Marginalisierung den Staatsbürgerstatus voll und ganz – die Inhaber dieses Status können kein Selbstverständnis ausbilden, demzufolge ihnen damit ein Können und eine Macht verliehen ist, die sie zu den verantwortlichen Autoren ihrer eigenen Rechts- und Verfassungsordnung macht. Performativ entmachtet, wie sie durch Misstrauen, Furchtsamkeit, Traumatisierung und Verlust des Selbstvertrauens sind, vermögen sie den Staatsbürgerstatus nicht auszufüllen, scheuen davor zurück, ihre Stimme im öffentlichen Prozess der Meinungs- und Willensbildung zu erheben. Als traumatisierte Opfer eines politischen Schicksals, eines selbstverschuldeten Fehlers mit katastrophalen Folgen, eines Ausgeliefertseins an übermächtige Eliten, die sich die Interpretationshoheit über die vergangenen Verbrechen angeeignet haben, vertrauen sie während und nach der Transitionsphase weder ihrer Stimme noch der Überzeugungskraft der von ihnen vorgetragenen Gründe. Es ist fast schon gleichgültig, ob sie aus der demokratischen Öffentlichkeit ausgeschlossen werden oder sich selbst aus ihr zurückziehen; die faktische Exklusion

ist in beiden Fällen gleich. Wenn die Vermutung zutrifft, dass unterlassene Unrechts- und Schuldfeststellung angesichts einer kollektiven Unrechtsvergangenheit solche Effekte der staatsbürgerlichen Entmachtung hat, dann kann sich kein Selbstverständnis ausbilden, aus dem die demokratische Öffentlichkeit lebt und das sich in der politisch autonomen Gesetzgebung realisiert.

7. Der Staatsbürgerstatus in einem demokratischen Verfassungsstaat bezeichnet ein Können, das der Person als Rechtsperson zukommt. Es erweitert ihre natürliche Handlungsfähigkeit zu einer rechtsgestaltenden und rechtsändernden Rechtsfähigkeit, die mit der Person unabtrennbar verbunden ist. So hatte Georg Jellinek das subjekt-öffentliche im Unterschied zum subjektiven Privatrecht definiert.[11] Freilich war für Jellinek das Können noch von einem Beschluss des Staates abhängig, auch dort, wo seine staatsbürgerliche Bedeutung am klarsten zum Ausdruck kommt – im *status activus* oder dem Status gesteigerter Zivität bei der Ausübung politischer Rechte. Erhard Denninger kommt das Verdienst zu, Jellineks Status-Lehre um den *status constituens* erweitert zu haben, der die Bürgerinnen und Bürger als Inhaber politischer Rechte, vornehmlich des Rechts auf Meinungsfreiheit, zu Akteuren der Staatskonstitution macht, weil es ihre Aufgabe und ihr Grundrecht ist, den Staat und seine rechtliche Ordnung überhaupt erst hervorzubringen und in einem kontinuierlichen Prozess der dynamischen Verfassungsinterpretation auch fortzubilden.[12] Erst dann verstehen sie sich im Sinne der Idee politischer Autonomie nicht nur als Adressaten, sondern auch als Autoren ihrer Gesetze oder als Mitgesetzgeber.[13]

8. Dem rechtlichen Können, wie es im *status constituens* ausgeprägt ist, korrespondiert eine historische politische Erfahrung, aus der das Bewusstsein eines faktischen politischen Könnens herrührt. Dieses haucht dem rechtlichen Können erst Leben ein, indem es nicht nur die Motive seines Gebrauchs erzeugt, sondern vor allem das intersubjektiv anerkannte Selbstvertrauen, im Gebrauch des rechtlichen Könnens nicht von vornherein zu scheitern oder zurückgewiesen zu werden. Ohne Könnens-Bewusstsein wächst dem/der Staatbürger/-in nicht jene performative Macht zu, die er/sie braucht, um von seinen/ihren Rechten auch tatsächlich Gebrauch zu machen. In Transitionsstaaten ist dies die nicht seltene Erfahrung einer selbst initiierten und herbeigeführten Revolution, der erfolgreichen Beseitigung eines autoritären Unrechtsregimes, oder auch, im Falle einer

11 *Georg Jellinek*, System der subjektiven öffentlichen Rechte, 2. Aufl. Tübingen 1919, S. 47.

12 *Erhard Denninger*, Staatsrecht I, Reinbek b. Hamburg 1973, S. 28.

13 Zu dieser Interpretation politischer Autonomie s. *Jürgen Habermas*, Faktizität und Geltung, Frankfurt am Main 1998.

friedlichen Revolution, der kontinuierlich zunehmenden politischen Macht, unter deren Eindruck die gewaltgestützte Macht des Unrechtsregimes zerfällt. Das ist nicht nur die Erfahrung individueller politischer Handlungsmacht, sondern auch und vorn allem die Erfahrung der aus dem Zusammenhandeln individueller Akteure erwachsenden kommunikativen Macht, wie Hannah Arendt sie am Beispiel der amerikanischen Revolution beschrieben hat.[14] Es ist diese kommunikative Machterfahrung, die im Erheben der eigenen Stimme in einem öffentlichen Auditorium unter Gleichen besteht, und damit einhergehend die Machterfahrung, die aus der Überzeugungsfähigkeit der eigenen Argumente gegenüber Gleichen hervorgeht. Die erfolgreiche Kritik und Beseitigung eines autoritären Regimes sowie die Erzeugung eines neuen demokratischen Rechtsstaates, dessen Verfassung und rechtliche Ordnung durch das kommunikative Zusammenhandeln gleicher Staatsbürger erzeugt wird, die beschließen, eine Assoziation freier und gleicher Rechtsgenossen zu bilden, verschafft den beteiligten Akteuren ein individuelles ebenso wie gemeinsam geteiltes Bewusstsein ihres eigenen Könnens. Christian Meier hat dieses „Könnens-Bewusstsein" als einen der Schlüsselbegriffe für das Verständnis jenes singulären historischen Prozesses verwendet, der im antiken Athen zur Entstehung einer radikalen Demokratie führte. Ohne ein solches Könnens-Bewusstsein läuft das rechtliche Können, das vor allem (aber nicht nur) in den politischen Partizipationsrechten realisiert ist, läuft der *status constituens* leer.

9. Wenn den Opfern eines Unrechtsregimes sowohl die öffentliche Unrechts- als auch die Schuldfeststellung angesichts der an ihnen begangenen Verbrechen versagt bleibt und wenn dies die oben beschriebenen Folgen der (Selbst-)Exklusion herbeiführt, dann lässt diese Erfahrung ein Könnens-Bewusstsein gar nicht erst entstehen oder zerstört das in der revolutionären Phase der Transition aufkeimende Bewusstsein sogleich wieder. Der gleiche Staatsbürgerstatus bleibt dann für die so marginalisierten Opfer ein bleiches Gewand, das für sie viel zu groß ist, das sie nicht ausfüllen können, und das sie achtlos wegwerfen, sobald eine neue Ideologie oder Verschwörungstheorie ihnen die geheimen Ursachen ihres Schicksals interpretiert. Insoweit ist also die öffentliche Aufklärung der kollektiven Unrechtsvergangenheit eine funktionale Bedingung für die Herausbildung eines kollektiven politischen Selbstverständnisses von Staatsbürgern, die sich zugleich als Adressaten und Autoren ihrer Gesetze verstehen.

10. Der Zusammenhang zwischen dem *status constituens* und dem diesen ausfüllenden Könnens-Bewusstsein mit der strafrechtlichen Aufarbeitung kollekti-

14 *Hannah Arendt*, Über die Revolution, München 1963.

ven Unrechts reicht jedoch noch über die in These 9 begründete Funktionalität hinaus. Das Könnens-Bewusstsein ist nämlich nicht nur in dem Sinne eine notwendige Voraussetzung für den *status constituens*, dass es den Inhabern der rechtlichen Kompetenz zur politisch autonomen Gesetzgebung auch die faktische Fähigkeit verschafft, diese auszufüllen. Die rechtliche Kompetenz zur Mitgesetzgebung schließt nämlich darüber hinaus die *Verantwortlichkeit* der Mitgesetzgeber für ihr eine Rechtsgemeinschaft überhaupt konstituierendes und legislatives Handeln ein. Mitgesetzgeber können nicht nur im rechtlichen Sinne Verfassungen und Gesetze geben, sondern sie sind mit dieser Kompetenz auch für deren Ausübung verantwortlich. Sie sind nicht nur das „Wir", das sich eine Verfassung gibt (und dadurch als verfasstes Wir konstituiert), sondern die so von einem Wir für dieses Wir gegebene Verfassung ist dann auch „ihre" oder, aus der Binnenperspektive der Verfassungsgeber, „unsere" Verfassung. Diese Verantwortlichkeit geht begrifflich mit dem rechtlichen Können als der Macht, Rechtsverhältnisse setzen, ändern und beenden zu können, einher. Sie ist die Kehrseite der rechtlichen Handlungsfähigkeit. Rechtliches Können und rechtliche Verantwortlichkeit bedingen und ergänzen einander zugleich. Wer Recht setzt, gestaltet und ändert, dem werden die dadurch bewirkten Folgen auch zugerechnet. Wer Recht setzen, gestalten und ändern will, will auch die damit bewirkten Veränderungen sich rechtlich zurechnen lassen. Nun beruht aber die der rechtlichen Kompetenz innewohnende Verantwortlichkeit für die Folgen des Kompetenz-Gebrauchs in analoger Weise auf einem Könnens-Bewusstsein wie die rechtliche Kompetenz selbst. Wir trauen uns nicht nur die Kompetenz zu, weil wir über das entsprechende Könnens-Bewusstsein verfügen, sondern wir machen uns für die Folgen des Gebrauchs dieser Kompetenz auch verantwortlich, weil wir ein Könnens-Bewusstsein haben. Ohne faktisches Können, ohne Handlungs- und Zurechnungsfähigkeit, hätten wir weder Kompetenzen noch Verantwortlichkeiten. Das rechtliche Können des *status constituens*, die staatsbürgerliche Rolle des Mitgesetzgebers, schließt daher notwendig ein wechselseitiges Verständnis als handlungs- und zurechnungsfähige, also als verantwortliche Personen ein. Ohne dieses wechselseitige Verständnis würde das Recht zur Mitgesetzgebung faktisch gar nicht ausgeübt werden können. Nun sind die Mitgesetzgeber in den Prozeduren einer politisch autonomen Selbstgesetzgebung ermächtigte und verantwortliche Autoren ihrer Gesetze. Aber sie geben sich ihre Gesetze selbst mit Blick auf ihre künftige Rolle als *Normadressaten*. Da sie hinsichtlich ihrer Handlungs- und Zurechnungsfähigkeit jedoch in der Rolle des Autors die gleiche Person sind wie in der Rolle des Normadressaten, müssen sie ihr Selbstverständnis als verantwortlich handelnde Personen in beiden Rollen aufrechterhalten. Sie geben sich also ihre Gesetze selbst mit Blick auf ihre Rolle als handlungs- und zurechnungsfähige, verantwortliche Normadressaten. Wer Mitgesetzgeber ist, kann nicht anders, als sich in der Rolle des Normadressaten als verantwortliche Rechtsperson zu sehen. Und es wäre ein Widerspruch, mit der Kompetenz als Mitgesetzgeber eine Handlungs- und Zurechnungsfähigkeit in Anspruch zu nehmen und zu behaupten, die man in der Rolle des Normadressaten bestreiten wollte. Die Verantwortlichkeit aller Mitgesetzgeber für ihre Gesetzgebung spiegelt sich gleichsam in der Verantwortlichkeit der Normadressaten. Das eine ist ohne das andere nicht zu haben. Nur wenn dieser Zusammenhang explizit gemacht wird, lässt sich auch einsehen, dass die Mitgesetzgeber selbst auch Art und Umfang ihrer Verantwortlichkeit festlegen, dass sie also die Anforderungen, die sie an sich selbst in der Rolle von Normadressaten hinsichtlich der Normbefolgung unter bestimmten inneren und äußeren Umständen stellen, welches Maß an Normbefolgungsbereitschaft und -fähigkeit sie einander zumuten wollen, sich nicht vorgeben lassen, sondern autonom bestimmen. Der strafrechtliche Schuldbegriff mit seinen negativen Bedingungen der Schuldunfähigkeit, der Entschuldigung und Unzumutbarkeit normgemäßen Verhaltens sowie der unvermeidbar fehlenden Unrechtskenntnis artikuliert das Selbstverständnis demokratisch autonomer Staatsbürger unter gegebenen historischen Bedingungen.[15]

11. Wenn es neben dem funktionalen auch diesen internen Zusammenhang zwischen staatsbürgerschaftlichem Selbstverständnis und genereller rechtlicher sowie spezieller strafrechtlicher Verantwortlichkeit für die Normbefolgung gibt, dann wirft dies ein neues Licht auf die Ausgangsfrage nach der Funktion und Bedeutung strafrechtlicher Unrechts- und Schuldfeststellung für *transitional justice*. Zugespitzt ausgedrückt: Staatsbürger-/innen einer Demokratie, die sich als Ko-Autoren ihrer rechtlichen Ordnung verstehen, nehmen auch ihre eigene Geschichte und damit ihre eigene Unrechts-Vergangenheit aus der Perspektive des Könnens-Bewusstseins wahr: *Seeing like a democracy*. Eine Deutung der Geschichte als Schicksal, Unglück, Vorsehung, als Kampf höherer Mächte, als Verwirklichung des geheimen Plans einer verschworenen Elite, als unerbittliche Notwendigkeit oder Resultat alternativloser Entscheidungen widerspricht diesem Selbstverständnis diametral. Wer Geschichte in Ausübung eines rechtlichen Könnens mit einem Könnens-Bewusstsein macht, dem kann Geschichte zumindest nicht als pures Schicksal oder als passiv hinzunehmendes Werk von nicht kritisierbaren und unkontrollierbaren Machthabern erscheinen.

12. Folgt daraus aber nun, dass der demokratisch autonome, durch das Könnens-Bewusstsein präformierte Blick auf die eigene Geschichte mit ihrer Unrechtver-

15 *Klaus Günther*, Schuld und kommunikative Freiheit, Frankfurt am Main 2005.

gangenheit notwendig dazu führen muss, nur noch vereinzelte Akteure, handelnde Individuen zu sehen, die für alles verantwortlich sind? Denen keine Entschuldigungen mehr zur Seite stehen, die keine entlastenden Umstände gegen den Schuldvorwurf geltend machen können? Dann würde der hier vorgetragene Versuch in einer Paradoxie enden: Wenn politisch autonome Gesetzgebung und rechtliche Handlungs- und Zurechnungsfähigkeit über das rechtliche Können und das faktische Könnens-Bewusstsein miteinander korrespondieren, dann trifft dies ja *gerade nicht* auf solche Gesellschaften in Gegenwart und Vergangenheit zu, in denen es keine demokratische, sondern eine autoritäre Gesetzgebung gab. Denn hier lagen rechtliches Können und faktisches Könnens-Bewusstsein ja nur bei der einen Person des Diktators oder der kleinen Führungselite, aber nicht bei den Adressaten der Gesetzgebung, der Bevölkerung. Hier war kein kontinuierlicher Rollenwechsel zwischen Autor und Adressat der Gesetzgebung möglich. Dann dürfte entweder niemand für unter solchen Bedingungen begangene Verbrechen verantwortlich gemacht werden, oder der demokratische Blick auf die Unrechtsvergangenheit würde zu einem verzerrten und falschen Bild von den rechtlichen und realen Handlungsmöglichkeiten in einer Diktatur führen. Und ist es nicht sogar ein Kennzeichen autoritärer Regimes, dass sie ihre Opfer für alles verantwortlich machen, um damit die an ihnen begangenen Verbrechen zu rechtfertigen? Diese Einwände würden freilich nur dann zutreffen, wenn das Konzept einer verantwortlichen Rechtsperson, das die Kehrseite der kompetenten Rechtsperson ist, und das die Staatsbürgerinnen und Staatsbürger sich sowohl in der Rolle als Co-Autoren der Gesetzgebung als auch in der Rolle als Normadressaten wechselseitig zusprechen, eine solche absolute Verantwortlichkeit ohne Entschuldigungen einschließen würde. Das ist aber nicht der Fall. Zwischen den beiden Extremen einer für *alles* verantwortlichen Person und einer Person, die für *nichts* verantwortlich (und damit auch eigentlich gar keine Person) ist, beschreiten demokratische Rechtsstaaten den Weg, ein komplexes Netz von Entschuldigungs- und Schuldausschlussgründen herauszubilden. Sie tun dies, weil sich jeder und jede durch den ständigen Wechsel zwischen der Rolle des Autors und des Adressaten der Gesetze selbst davon überzeugen kann, dass Handlungs- und Zurechnungsfähigkeit auf entgegenkommende Bedingungen der inneren und äußeren Natur sowie der gesellschaftlichen Umstände angewiesen sind. Aber diese Erfahrung – die sich mit der historischen, gesellschaftlichen, ökonomischen und technologischen Veränderungsdynamik selbst ständig ändert – hat eine ganz andere Bedeutung für autonome Staastbürger-/innen als für Herrscher und Untertanen einer Diktatur. Sie resultiert nämlich aus einem *frei praktizierten* Könnens-Bewusstsein, das im Vertrauen auf entgegenkommende Verhältnisse des Gelingens und des Nicht-Zurückgewiesen-Werdens auch von Fall zu Fall an diesen Verhältnissen scheitern kann. Es sind Erfahrungen, die aus der *Aktivität* des Könnens-Bewusstseins auf der intersubjektiv anerkannten Grundlage des rechtlichen Könnens resultieren. Diese Art der Erfahrung löst Lernprozesse über die Möglichkeiten und Grenzen, Spielräume und Beschränkungen, die Widerstände und Fehlschläge des Könnens aus. Sie führen aber weder zu einem sich selbst verabsolutierenden Könnens-Bewusstsein noch zu seiner fatalistischen Preisgabe, sondern zu seiner lernenden Selbst-Modifikation.[16] Mit diesen Erfahrungen geben sich die Mitgesetzgeber ihre Gesetze, und mit diesen Erfahrungen legen sie in veränderlicher, lernender Weise Art und Umfang der zu erwartenden durchschnittlichen Normbefolgungsbereitschaft und -fähigkeit, also das rechtlich zu verantwortende Können einer Rechtsperson fest. Dabei versetzen sie sich in ihre Rolle als Normadressaten unter den gegebenen Umständen der inneren und äußeren Natur sowie den jeweils gegebenen Lebens- und Handlungsmöglichkeiten und -grenzen. Nur sie können daher überhaupt das hohe Maß an Sensibilität für entlastende Umstände entwickeln, das für eine öffentlich gerechtfertigte Schuldfeststellung erforderlich ist – nicht, um alles zu verstehen und zu verzeihen, sondern um das konstitutive Konzept einer zugleich handlungsfähigen und verantwortlichen Rechtsperson zu bewahren, zu bestätigen und zu bekräftigen. Denn es würde sich mit einer absoluten Verantwortlichkeit für alles ebenso *ad absurdum* führen wie mit fatalistischer Resignation. Um dieses Selbstverständnisses als rechtlich und faktisch kompetente und daher auch in diesem Umfang verantwortliche Rechtspersonen willen ist es notwendig, dass ein demokratisch konstituierter Prozess der Aufarbeitung vergangener kollektiver Verbrechen mit der Unrechts- und Schuldfeststellung auch Art und Umfang individueller Verantwortlichkeiten klärt. Und zwar mit einer *gesteigerten* Sensibilität für die belastenden Umstände einer Diktatur, unter denen die Akteure gehandelt haben. Diese Sensibilität für die Täter ist den Opfern auch zumutbar, gerade weil es für die (Wieder-)Herstellung ihrer eigenen Handlungsfähigkeit und für den (Wieder-)Erwerb eines authentischen Könnens-Bewusstseins darauf ankommt, nicht nur von der Unterstellung eigener Verantwortlichkeit entlastet zu werden, indem sie erfahren, *dass* jemand anderes dafür verantwortlich ist, sondern auch zu erfahren, mit *welchem Maß* an Verantwortlichkeit die Täter gehandelt haben. Nicht nur die Täter, sondern auch die Opfer lernen, dass die strafrechtliche Schuldfeststellung unter Bedingungen politischer Autonomie nicht auf einem Konzept grenzenloser, absoluter Verantwortlichkeit ruht, dass dies nicht das Konzept einer Rechtsperson ist, dem Verantwortung unter belastenden ebenso wie entlastenden Umständen zugeschrieben wird. Wenn diese hier vor-

---

16 Dass dies zuweilen nicht gelingt, dass vor allem ein übersteigertes Könnens-Bewußtsein („Hybris") zu politischen, gesellschaftlichen und individuellen Katastrophen führen kann, haben die antiken Tragödiendichter ihrem Publikum immer wieder vor Augen geführt.

getragenen Vermutungen nicht falsch sind, so ist am Ende eine Bestrafung im Sinne der absichtlichen Zufügung eines Übels verzichtbar. Es genügt die öffentliche Feststellung verantworteten Unrechts – und dies kann, wie Flavia Püschel gezeigt hat, sogar mit einer zivilrechtlichen Feststellungsklage statt mit einem Strafverfahren erreicht werden.[17]

17 *Flavia P.A. Püschel*, A funcao communicativa da responsabilidade civil: evidencias a partir de um caso, in: Lucia Eilbaum / Rogério Gesta Leal / Smantha Ribeiro Meyer (Hrsg.), Justica de transicao: verdade, memória e justica, Florianópolis 2012, S. 359–376.

Autorinnen und Autoren

Paulo Abrão, Prof. Dr., Doktor der Rechtswissenschaften (PUC-Pontíficia Universidade Católica do Rio de Janeiro). Professor der Juristischen Fakultät der PUCRS (Pontifícia Universidade Católica do Rio Grande do Sul) und des europäischen Programms „Master-und Doktorstudium in Menschenrechten" an der Universidad Pablo de Olavide (Espanha). Er ist Nationalsekretär der Justiz und Vorsitzender der Amnestiekommission des Justizministeriums.

Maria Paula Araújo, Prof. Dr., Postgraduierten-Programm in Sozialer Geschichte, Instituto de História / Universidade Federal do Rio de Janeiro (UFRJ).

Dirk Fabricius, Prof. Dr. Dr. h.c., Professor für Strafrecht, Kriminologie und Rechtspsychologie an der Goethe-Universität Frankfurt am Main.

Klaus Günther, Prof. Dr., Professor für Rechtstheorie, Strafrecht und Strafprozessrecht und Co-Sprecher des Exzellenzclusters „Herausbildung normativer Ordnungen" an der Goethe-Universität Frankfurt am Main.

Winfried Hassemer, Prof. Dr. Dr. h.c. mult., Vizepräsident des Bundesverfassungsgerichts i.R., Rechtsanwalt, Frankfurt am Main.

Antonio Martins, Dr., LL.M., wissenschaftlicher Mitarbeiter am Institut für Kriminalwissenschaften und Rechtsphilosophie (Prof. Dr. Dirk Fabricius) und an der Forschungsstelle für Strafrechtstheorie und Strafrechtsethik der Goethe-Universität Frankfurt am Main.

Ulfrid Neumann, Prof. Dr. Dr. h.c., Professor für Strafrecht, Strafprozessrecht, Rechtsphilosophie und Rechtssoziologie an der Goethe-Universität Frankfurt am Main.

Cornelius Prittwitz, Prof. Dr., M.P.A. (Harvard), Professor für Strafrecht, Strafprozess, Kriminologie und Rechtsphilosophie an der Goethe-Universität Frankfurt am Main; Dekan des Fachbereichs Rechtswissenschaft.

Jan-Michael Simon, Dr. h.c. (USP, Peru), Referatsleiter für Lateinamerika, Max-Planck-Institut für ausländisches und internationales Strafrecht, Freiburg im Breisgau.

Lenio Luiz Streck, Prof. Dr., Promotion in Staatsrecht an der Bundesuniversität von Santa Catarina (UFSC). Postdoktorat in Verfassungsrecht und Hermeneutik an der Universität Lissabon. Ordinarius am Aufbaustudienlehrgang (mit Master- und Promotionsabschluss) der Universität Vale do Rio dos

Sinos (UNISINOS) in São Leopoldo/Südbrasilien; Gastprofessor an der UNESA (Rio de Janeiro), ROMA TRE (Italien), FDUC (Portugal) und Universidad Javeriana (Kolumbien).

Lauro Joppert Swensson Jr., Master of Law (Universidade Metodista de Piracicaba). Doktorand an der Goethe Universität Frankfurt am Main im Fach Rechtswissenschaft.

Amarílis Busch Tavares, Master of Law. Spezialistin für Öffentliche Politik und Regierungsmanagement, Exekutiv-Koordinatorin des Memorials der Politischen Amnestie der Amnestiekommission der Bundesrepublik Brasilien. Diplomiert in Internationalen Beziehungen an der PUC-Minas. Master of Law in Humanitärem Völkerrecht und Menschenrechten an der Universität Genf (Schweiz).

Marcelo D. Torelly, Master of Law (Universidade de Brasília). Laufende Promotionsarbeiten an der Universidade de Brasília im Fach Rechtswissenschaft. Gesamtkoordinator der Abteilung für das Historische Gedächtnis der Amnestiekommission des Justizministeriums.

Thomas Vormbaum, Prof. Dr. Dr., FernUniversität in Hagen, Institut für juristische Zeitgeschichte / Institut für juristische Weiterbildung, Universitätsstraße 21, 58097 Hagen.

Marlon Alberto Weichert, Master of Law. Bundestaatsanwalt am Bundesregionsgericht zweiter Instanz. Master of Law (Staatsrecht) an der PUC/SP. Experte für Transitional Justice, nominiert von der Amerikanischen Kommission für Menschenrechte der Organisation Amerikanischer Staaten. Koordinator der Arbeitsgruppe für Gedächtnis und Wahrheit der Bundesstaatsanwaltschaft der Bürgerrechte.

FRANKFURTER KRIMINALWISSENSCHAFTLICHE STUDIEN

Band 1 Peter Böning: Die Lehre vom Unrechtsbewußtsein in der Rechtsphilosophie Hegels 100 S., 1978.

Band 2 Wolfgang Schneider: Kriminelle Straßenverkehrsgefährdung (§ 315c Abs. 1 Ziff. 2, Abs. 3 StGB). Eine kriminologische und strafrechtliche Untersuchung zur Problematik dieser Verkehrsstraftaten unter Berücksichtigung ausländischer Rechte. 342 S., 1978.

Band 3 Lothar Kuhlen: Die Objektivität von Rechtsnormen. Zur Kritik des radikalen labeling approach in der Kriminalsoziologie. 178 S., 1978.

Band 4 Günther Grewe: Straßenverkehrsdelinquenz und Marginalität. Untersuchungen zur institutionellen Regelung von Verhalten. 148 S., 1978.

Band 5 Dieter Haberstroh: Strafverfahren und Resozialisierung. Eine Studie über Verstehen und Nicht-Verstehen, über Verstanden-Werden und Nicht-Verstanden-Werden und deren Bedingungen in der Hauptverhandlung. 202 S., 1979.

Band 6 Thomas Vogt: Die Forderungen der psychoanalytischen Schulrichtungen für die Interpretation der Merkmale der Schuldunfähigkeit und der verminderten Schuldfähigkeit (§§ 51 a.F., 20, 21 StGB). 182 S., 1979.

Band 7 Andreas Michael: Der Grundsatz in dubio pro reo im Strafverfahrensrecht. Zugleich ein Beitrag über das Verhältnis von materiellem Recht und Prozeßrecht. 214 S., 1981.

Band 8 Ilias G. Anagnostopoulos: Haftgründe der Tatschwere und der Wiederholungsgefahr (§§ 112 Abs. 3, 112 a StPO). Kriminalpolitische und rechtssystematische Aspekte der Ausweitung des Haftrechts. 1984.

Band 9 Helga Müller: Der Begriff der Generalprävention im 19. Jahrhundert. Von P.J.A. Feuerbach bis Franz v. Liszt. 1984.

Band 10 Frowin Jörg Kurth: Das Mitverschulden des Opfers beim Betrug. 1984.

Band 11 Martin J. Worms: Die Bekenntnisbeschimpfung im Sinne des § 166 Abs. 1 StGB und die Lehre vom Rechtsgut. 1984.

Band 12 Jong-Dae Bae: Der Grundsatz der Verhältnismäßigkeit im Maßregelrecht des StGB. 1985.

Band 13 Helmut Fünfsinn: Der Aufbau des fahrlässigen Verletzungsdelikts durch Unterlassen im Strafrecht. 1985.

Band 14 Christoph Krehl: Die Ermittlung der Tatsachengrundlage zur Bemessung der Tagessatzhöhe bei der Geldstrafe. 1985.

Band 15 Walter-Hermann Kiehl: Strafrechtliche Toleranz wechselseitiger Ehrverletzungen - Zur ratio legis der §§ 199, 233 Strafgesetzbuch -. 1986.

Band 16 Matthias Krahl: Die Rechtsprechung des Bundesverfassungsgerichts und des Bundesgerichtshof zum Bestimmtheitsgrundsatz im Strafrecht (Art. 103 Abs. 2 GG). 1986.

Band 17 Patrick Carroll Campbell: § 220a StGB. Der richtige Weg zur Verhütung und Bestrafung von Genozid? 1986.

Band 18 Winfried Hassemer (Hrsg.): Strafrechtspolitik. Bedingungen der Strafrechtsreform. 1987.

Band 19 Felix Herzog: Prävention des Unrechts oder Manifestation des Rechts. Bausteine zur Überwindung des heteronom-präventiven Denkens in der Strafrechtstheorie der Moderne. 1987.

Band 20 Astrid Michalke-Detmering: Die Mindestanforderungen an die rechtliche Begründung des erstinstanzlichen Strafurteils. Zur Auslegung des § 267 StPO. 1987.

Band 21 Lothar Kuhlen: Die Unterscheidung von vorsatzausschließendem und nichtvorsatzausschließendem Irrtum. 1987.

Band 22 Michael Buttel: Kritik der Figur des Aufklärungsgehilfen im Betäubungsmittelstrafrecht (§ 31 BtMG). 1988.

Band 23 Matthias Kögler: Die zeitliche Unbestimmtheit freiheitsentziehender Sanktionen des Strafrechts. Eine vergleichende Untersuchung zur Rechtslage und Strafvollstreckungspraxis in der Bundesrepublik Deutschland und den USA. 1988.

Band 24 Klaus Lüderssen / Cornelius Nestler-Tremel / E wa Weigend(Hrsg.): Modernes Strafrecht und ultima-ratio-Prinzip. 1990.

Band 25 Jürgen Taschke: Die behördliche Zurückhaltung von Beweismitteln im Strafprozeß. 1989.

Band 26 Daniela Westphalen: Karl Binding (1841-1920). Materialien zur Biographie eines Strafrechtsgelehrten. 1989.

Band 27 Sigrid Jans: Die Aushöhlung des Klageerzwingungsverfahrens. 1990.

Band 28 Dimitris Spirakos: Folter als Problem des Strafrechts. Kriminologische, kriminalsoziologische und (straf-)rechtsdogmatische Aspekte unter besonderer Berücksichtigung der Folterschutzkonvention und der Pönalisierung der Folter in Griechenland. 1990.

Band 29 Stephan Moll: Strafrechtliche Aspekte der Behandlung Opiatabhängiger mit Methadon und Codein. 1990.

Band 30 Stefan Werner: Wirtschaftsordnung und Wirtschaftsstrafrecht im Nationalsozialismus. 1991.

Band 31 Xanthi Bassakou: Beiträge zur Analyse und Reform des Absehens von Strafe nach § 60 StGB. 1991.

Band 32 Rainer Runte: Die Veränderung von Rechtfertigungsgründen durch Rechtsprechung und Lehre. Moderne Strafrechtsdogmatik zwischen Rechtsstaatsprinzip und Kriminalpolitik. 1991.

Band 33 Olaf Hohmann: Das Rechtsgut der Umweltdelikte. Grenzen des strafrechtlichen Umweltschutzes. 1991.

Band 34 Klaus Jochen Müller: Das Strafbefehlsverfahren (§§ 407 ff. StPO). Eine dogmatisch-kriminalpolitische Studie zu dieser Form des schriftlichen Verfahrens unter besonderer Berücksichtigung der geschichtlichen Entwicklung – zugleich ein Beitrag zum StVÄG 1987. 1993.

Band 35 Sang-Don Yi: Wortlautgrenze, Intersubjektivität und Kontexteinbettung. Das strafrechtliche Analogieverbot. 1991.

Band 36 Birgit Malsack: Die Stellung der Verteidigung im reformierten Strafprozeß. Eine rechtshistorische Studie anhand der Schriften von C. J. A. Mittermaier. 1992.

Band 37 Rüdiger Schäfer: Die Privilegierung des "freiwillig-positiven" Verhaltens des Delinquenten nach formell vollendeter Straftat. Zugleich ein Beitrag zum Grundgedanken des Rücktritts vom Versuch und zu den Straftheorien. 1992.

Band 38 Cornelius Nestler-Tremel: AIDS und Strafzumessung. 1992.

Band 39 Christine Gutmann: Freiwilligkeit und (Sozio-)Therapie – notwendige Verknüpfung oder Widerspruch? 1993.

Band 40 Walter Kargl: Der strafrechtliche Vorsatz auf der Basis der kognitiven Handlungstheorie. 1993.

Band 41 Jürgen Rath: Zur strafrechtlichen Behandlung der aberratio ictus und des error in objecto des Täters. 1993.

Band 42 Martin Fischer: Wille und Wirksamkeit. Eine Untersuchung zum Problem des *dolus alternativus.* 1993.

Band 43 Regina Harzer: Der Naturzustand als Denkfigur moderner praktischer Vernunft. Zugleich ein Beitrag zur Staats- und Rechtsphilosophie von Hobbes und Kant. 1994.

Band 44 Helmut Pollähne: Lockerungen im Maßregelvollzug. Eine Untersuchung am Beispiel der Anwendung des nordrhein-westfälischen Maßregelvollzugsgesetzes im Westfälischen Zentrum für Forensische Psychiatrie (Lippstadt). 1994.

Band 45 Hans-Joachim Leonhardt: Rechtsmittelermessen der Staatsanwaltschaft. Eine Gegenüberstellung von § 296 StPO mit Nummern 147 und 148 Richtlinien für das Strafverfahren und das Bußgeldverfahren (RiStBV). 1994.

Band 46 Rolf Grünebaum: Zur Strafbarkeit des Therapeuten im Maßregelvollzug bei fehlgeschlagenen Lockerungen. 1996.

Band 47 Barbara Bialas: Promille-Grenzen, Vorsatz und Fahrlässigkeit. 1996.

Band 48 Christine Pott: Die Außerkraftsetzung der Legalität durch das Opportunitätsdenken in den Vorschriften der §§ 154, 154a StPO. Zugleich ein Beitrag zu einer kritischen Strafverfahrensrechtstheorie. 1996.

Band 49 Wolfgang Köberer: *Iudex non calculat.* Über die Unmöglichkeit, Strafzumessung sozialwissenschaftlich-mathematisch zu rationalisieren. 1996.

Band 50 Institut für Kriminalwissenschaften Frankfurt a.M. (Hrsg.): Vom unmöglichen Zustand des Strafrechts. 1995.

Band 51 Petra Kamberger: Treu und Glauben (§ 242 BGB) als Garantenstellung im Strafrecht? 1996.

Band 52 Anastassios Triantafyllou: Das Delikt der gefährlichen Körperverletzung (§ 223a StGB) als Gefährdungsdelikt. (Zugleich ein Beitrag zur Dogmatik der Gefährdungsdelikte). 1996.

Band 53 Norbert Kissel: Aufrufe zum Ungehorsam und § 111 StGB. Grundrechtlicher Einfluß bei der Feststellung strafbaren Unrechts. 1996.

Band 54 Susanne Ehret: Franz von Liszt und das Gesetzlichkeitsprinzip. Zugleich ein Beitrag wider die Gleichsetzung von Magna-charta-Formel und Nullum-crimen-Grundsatz. 1996.

Band 55 Stefan Braum: Geschichte der Revision im Strafverfahren von 1877 bis zur Gegenwart. Zugleich eine Kritik der Kontinuität politischer Macht im Recht. 1996.

Band 56 Katja Diel: Das Regreßverbot als allgemeine Tatbestandsgrenze im Strafrecht. 1997.

Band 57 Christoph Koller: Die Staatsanwaltschaft – Organ der Judikative oder Exekutivbehörde? Die Stellung der Anklagebehörde und die Gewaltenteilung des Grundgesetzes. 1997.

Band 58 Frank Schößler: Anerkennung und Beleidigung. Rechtsgut und Strafzweck des § 185 StGB. 1997.

Band 59 Regina Engelstädter: Der Begriff des Unfallbeteiligten in § 142 Abs. 4 StGB. Zugleich eine Kritik an aktuellen Zurechnungslehren. 1997.

Band 60 Jörg Reinhardt: Der Ausschluß und die Ablehnung des befangen erscheinenden Staatsanwaltes. 1997.

Band 61 Jens Christian Müller-Tuckfeld: Integrationsprävention. Studien zu einer Theorie der gesellschaftlichen Funktion des Strafrechts. 1998.

Band 62 Peter Maria Rohe: Verdeckte Informationsgewinnung mit technischen Hilfsmitteln zur Bekämpfung der Organisierten Kriminalität. Zugleich eine rechtsvergleichende Analyse der polizeilichen Abhörbefugnisse in den U.S.A. 1998.

Band 63 Dirk Fabricius: Was ein Lehrbuch lehrt ... Eine exemplarische Untersuchung von Jakobs *Strafrecht – Allgemeiner Teil*. 1998.

Band 64 Stefan Sinner: Der Vertragsgedanke im Strafprozeßrecht. 1999.

Band 65 Sebastian Schattenfroh: Die Staatsphilosophie Giovanni Gentiles und die Versuche ihrer Verwirklichung im faschistischen Italien. 1999.

Band 66 Athanassia Dionyssopoulou: Der Tatbestand der Geldwäsche. Eine Analyse der dogmatischen Grundlagen des § 261 StGB. 1999.

Band 67 Klaus von Lampe: *Organized Crime*. Begriff und Theorie organisierter Kriminalität in den USA. 1999.

Band 68 Christian Hanssen: "Trennung der Märkte". Rechtsdogmatische und rechtspolitische Probleme einer Liberalisierung des Drogenstrafrechts. 1999.

Band 69 Institut für Kriminalwissenschaften und Rechtsphilosophie Frankfurt a.M. (Hrsg.): Irrwege der Strafgesetzgebung. 1999.

Band 70 Konstantinos Chatzikostas: Die Disponibilität des Rechtsgutes Leben in ihrer Bedeutung für die Probleme von Suizid und Euthanasie. 2000.

Band 71 Bettina Wirmer-Donos: Die Strafrechtstheorie Karl Christian Friedrich Krauses als theoretische Grundlage des spanischen Korrektionalismus. 2001.

Band 72 Christine Löw: Die Erkundigungspflicht beim Verbotsirrtum nach § 17 StGB. 2001.

Band 73 Florian Ufer: Der Verwertungswiderspruch in Theorie und Praxis. Prozessuale Obliegenheiten des Verteidigers und ihre Bedeutung für die Rechtsposition des Beschuldigten. 2002.

Band 74 Katja Melzer: Psychisch kranke Straftäterinnen. Frauen im Maßregelvollzug. 2001.

Band 75 Gregor Kuntze-Kaufhold: Lebenswelt und Unparteilichkeit. Kriterien für eine Rechtsanwendungslehre am Beispiel der Analyse von fünf Hauptverhandlungen in Strafverfahren. 2002.

Band 76 Iris Kristina Passek: Die erstinstanzliche Zuständigkeit der Oberlandesgerichte in Staatsschutzstrafsachen. Historische Entwicklung und aktuelle Probleme. 2002.

Band 77 Michael Krebs: Die Weisungsgebundenheit des Staatsanwalts unter besonderer Berücksichtigung des rechtstatsächlichen Aspekts. 2002.

Band 78 Kerstin Degenhardt: Europol und Strafprozeß. Die Europäisierung des Ermittlungsverfahrens. 2003.

Band 79 Domenico Siciliano: Das Leben des fliehenden Diebes: Ein strafrechtliches Politikum. 2., überarbeitete und ergänzte Auflage. 2013.

Band 80 Marc Colussi: Produzentenkriminalität und strafrechtliche Verantwortung. 2003.

Band 81 Thilo Lars Hild: Grenzen einer strafrechtlichen Regulierung des Kapitalmarktes. Eine kriminalrechtliche Untersuchung von Börsengängen und Aktienhandel in Deutschland und den USA. 2004.

Band 82 Philipp Rau: Schweigen als Indiz der Schuld. Ein Vergleich des deutschen und englischen Rechts zur Würdigung des Schweigens des Beschuldigten. 2004.

Band 83 Alexandra Pfeiffer: Die Regelung der Lebendorganspende im Transplantationsgesetz. 2004.

Band 84 Elena Fischer: Recht auf Sterben?! Ein Beitrag zur Reformdiskussion der Sterbehilfe in Deutschland unter besonderer Berücksichtigung der Frage nach der Übertragbarkeit des Holländischen Modells der Sterbehilfe in das deutsche Recht. 2004.

Band 85 Jörg Ziethen: Grundlagen probabilistischer Zurechnung im Strafrecht. 2004.

Band 86 Stefanie Schork: Ausgesprochen schuldig. Dogmatische und metadogmatische Untersuchungen zum Schuldspruch. 2005.

Band 87 Claudia Schubert: Verbotene Worte? Versuch einer Neubestimmung im Umgang mit rassistischen Äußerungen jenseits des Strafrechts. 2005.

Band 88 Ulfrid Neumann / Cornelius Prittwitz (Hrsg.): Kritik und Rechtfertigung des Strafrechts. 2005.

Band 89 Denis Basak: Die Zuständigkeitsregeln internationaler Strafgerichte und Art. 101 GG. Zum Verhältnis der deutschen Strafgerichtsbarkeit zu den Internationalen Tribunalen für Jugoslawien und Ruanda sowie zum Ständigen Internationalen Strafgerichtshof. 2005.

Band 90 Hsiao-Wen Wang: Der universale Strafanspruch des nationalen Staates. Eine Untersuchung über das Weltrechtsprinzip im Internationalen Strafrecht. 2005.

Band 91 Leonie Frenz: Faktizität des Rechts in der forensischen Psychiatrie. Eine Untersuchung im LKH Moringen. 2005.

Band 92 Eva-Maria Unger: Schutzlos ausgeliefert? Der Europäische Haftbefehl. Ein Beispiel für die Missachtung europäischer Bürgerrechte. 2005.

Band 93 Marcus Bastelberger: Die Legitimität des Strafrechts und der *moralische Staat*. Utilitaristische und retributivistische Strafrechtsbegründung und die rechtliche Verfassung der Freiheit. 2006.

Band 94 Marc Reiß: Rechtliche Aspekte der Präimplantationsdiagnostik. Unter besonderer Berücksichtigung der Rechte der von einem Verbot betroffenen Paare. 2006.

Band 95 Alexander Kolz: Einwilligung und Richtervorbehalt. 2006.

Band 96 Vasco Reuss: Eine Kritik der juristischen Vernunft. Rezeptionsversuche der Negativen Dialektik Adornos für die Dogmatik des Strafrechts. 2007.

Band 97 Lutz Eidam: Die strafprozessuale Selbstbelastungsfreiheit am Beginn des 21. Jahrhunderts. 2007.

Band 98 Christiane Rüdiger: Schutzinteresse und Deliktsstruktur der „Bestechungsdelikte" (§§ 331 ff. StGB). 2007.

Band 99 Urte Eisenhardt: Das nemo tenetur-Prinzip: Grenze körperlicher Untersuchungen beim Beschuldigten. Am Beispiel des § 81a StPO. 2007.

Band 100 Institut für Kriminalwissenschaften und Rechtsphilosophie Frankfurt a. M. (Hrsg.): Jenseits des rechtsstaatlichen Strafrechts. 2007.

Band 101 Nils Möckelmann: Die rechtliche, psychiatrische und gesellschaftliche Beurteilung jugendlicher Straftäter in der jüngeren deutschen Geschichte. Eine Analyse anhand zweier Strafverfahren mit Gutachten des Psychiaters Ernst Rüdin aus den Jahren 1915/1917 unter Berücksichtigung der Entwicklungen bis zur Gegenwart. 2007.

Band 102 Alexa Albrecht: Zur Erosion der Menschenrechte im demokratischen Rechtsstaat. Reaktionen der Systeme und der Zivilgesellschaft. 2007.

Band 103 Dirk Lange: Die politisch motivierte Tötung. 2007.

Band 104 Ulfrid Neumann / Cornelius Prittwitz (Hrsg.): „Personale Rechtsgutslehre" und „Opferorientierung im Strafrecht". 2007.

Band 105 Lisa Kathrin Sander: Grenzen instrumenteller Vernunft im Strafrecht. Eine Kritik der Präventionsdoktrin aus strafrechtsgeschichtlicher und empirischer Perspektive. 2007.

Band 106 Stephan Werner: Zur Notwendigkeit der Verteidigeranwesenheit während der polizeilichen Beschuldigtenvernehmung. 2008.

Band 107 Inti Schubert: Europol und der virtuelle Verdacht. Die Suspendierung des Rechts auf informationelle Selbstbestimmung. 2008.

Band 108 Bong-Jin Ko: Menschenwürde und Biostrafrecht bei der embryonalen Stammzellenforschung. 2008.

Band 109 Wanja Andreas Welke: Die Repersonalisierung des Rechtskonflikts. Zum gegenwärtigen Verhältnis von Straf- und Zivilrecht. 2008.

Band 110 Jan Helmrich: Die Berufung gewerblicher Sicherheitskräfte auf Notwehr und Nothilfe. Zugleich ein Beitrag zu den Grundlagen des Notwehr- und Nothilferechts. 2008.

Band 111 Alexander Köstler-Loewe: Strafrecht US-Style: „Three Strikes and You're Out!" Baseball, Rückfall und Kriminalpolitik? 2008.

Band 112 Christina Bott: Die Medienprivilegien im Strafprozess. Zeugnisverweigerungsrecht und Beschlagnahmeverbot zum Schutz der Medien im Strafverfahren. 2009.

Band 113 Mario Riechmann: Organisierte Kriminalität und Terrorismus. Zur Funktionalisierung von Bedrohungsszenarien beim Abbau eines rechtsstaatlichen Strafrechts. 2009.

Band 114 Dirk Simon: Präzeptoraler Sicherheitsstaat und Risikovorsorge. 2009.

Band 115 Stefan Kirsch: Der Begehungszusammenhang der Verbrechen gegen die Menschlichkeit. 2009.

Band 116 Heng-da Hsu: Zurechnungsgrundlage und Strafbarkeitsgrenze der Fahrlässigkeitsdelikte in der modernen Industriegesellschaft. 2009.

Band 117 Dennis Teschner: Die soziale Kontrolle im virtuellen Raum. Eine juristische, soziologische und soialpsychologische Untersuchung der Instrumentalisierbarkeit von Internetkriminalität. 2009.

Band 118 Daniel Schilling: Fragmentarisch oder umfassend? Wege strafrechtlichen Zugriffs bei der Veruntreuung fremden Vermögens am Beispiel des deutschen und des italienischen Untreuestrafrechts. 2009.

Band 119 Andreas Stüdemann: Die Entwicklung der zwischenstaatlichen Rechtshilfe in Strafsachen im nationalsozialistischen Deutschland zwischen 1933 und 1945. Kontinuität und Diskontinuität im Auslieferungsrecht am Beispiel der Rechtsentwicklung im NS-Staat. 2009.

Band 120 Matthias Achenbach: Strafrechtlicher Schutz des Wettbewerbs? Eine kritische Analyse von Sinn und Zweck der Straftatbestände zum Schutz des Wettbewerbs. 2009.

Band 121 Vera Backhaus: Der gesetzliche Richter im Staatsschutzstrafrecht. Zur Verfassungsmäßigkeit des § 120 Abs. 2 GVG. 2010.

Band 122 Verena Maria Brenneis: Rechtspolitische Implikationen von Gefährlichkeitsprognosen im Vollzug von Maßregeln nach § 63 StGB. Zum Subjektstatus von Eingewiesenen. 2010.

Band 123 Maike Hoenigs: Zur Existenzberechtigung des Straftatbestandes der Rechtsbeugung. Korrelat oder Widerspruch zur richterlichen Unabhängigkeit. 2010.

Band 124 Christine Würfel: Freiheit als Grundlage der Schuld. 2012.

Band 125 Charlotte Rau: Compliance und Unternehmensverantwortlichkeit. Materiellrechtliche Fragen der sanktionsrechtlichen Unternehmensverantwortlichkeit unter Berücksichtigung von Compliance-Maßnahmen. 2010.

Band 126 Marc Fornauf: Die Marginalisierung der Unabhängigkeit der Dritten Gewalt im System des Strafrechts. 2010.

Band 127 Sabine Benthin: Subventionspolitik und Subventionskriminalität. Zur Legitimität und Rationalität des Tatbestandes zum Subventionsbetrug (§ 264 StGB). 2011.

Band 128 Philipp Horrer: Bestechung durch deutsche Unternehmen im Ausland. Strafrechtsentwicklung und Probleme. 2011.

Band 129 Marianne Varwig: Zum Tatbestandsmerkmal des Vermögensschadens (§ 263 StGB). Eine kritische Untersuchung mittels der vier klassischen Auslegungsmethoden. 2011.

Band 130 Alexander Rieger: Verfassungsrechtliche Legitimationsgrundlagen richterlicher Unabhängigkeit. Zugleich eine Auseinandersetzung mit der Debatte um eine Selbstverwaltung der Justiz. 2011.

Band 131 Moritz von Schenck: Pönalisierung der Folter in Deutschland – de lege lata et ferneda. 2011.

Band 132 Kerstin Bohn: Der gesetzliche Richter als rechtsstaatstragendes Prinzip in europäischen Staaten. Eine Untersuchung der Fallzuteilung unter besonderer Berücksichtigung Englands. 2011.

Band 133 Cornelius Trendelenburg: Ultima ratio? Subsidiaritätswissenschaftliche Antworten am Beispiel der Strafbarkeit von Insiderhandel und Firmenbestattungen. 2011.

Band 134 Susana Campos Nave: Rechtsstaatliche Regeltreue? Corporate Compliance als zwingende Antwort des freiheitsliebenden Unternehmens im Wirtschaftsstrafrecht. 2012.

Band 135 Christine Ditscher: Europäische Beweise. Der Rahmenbeschluss über die Europäische Beweisanordnung zur Erlangung von Sachen, Schriftstücken und Daten zur Verwendung in Strafsachen. 2012.

Band 136 Fedor Brunner: Das Phänomen des Mietnomaden in der Rechtspraxis. Strukturelle Hintergründe, zivilrechtliche Mechanismen und Perspektiven. 2012.

Band 137 Konstantinos Diakonis: Die Geringfügigkeitsvorschriften als Teil der Problematik der Kollision zwischen primären und sekundären Prinzipien des Rechts. 2012.

Band 138 Gustavo Chan Mora: Kritik des Schuldbegriffs im Jugendstrafrecht. Eine metadogmatische Begründung des Schuldfähigkeits- und Verbotsirrtumsbegriffs. 2012.

Band 139 Julia Anna Bargenda: *Australian Law Reform Commission.* Ein Modell für Deutschland? 2012.

Band 140 Katharina Schermuly: Grenzen funktionaler Integration. Anforderungen an die Kontrolle europäischer Strafgesetzgebung durch den EuGH. 2013.

Band 141 Florian Conradi: Die Sicherungsverwahrung – Ausdruck einer zunehmenden Sicherheitsorientierung im Strafrecht? Die Entwicklung der Sicherungsverwahrung im Kontext des Spannungsverhältnisses von Freiheit und Sicherheit. 2013.

Band 142 Hyun Kyong Joo: Die positive Generalprävention im Straßenverkehr. 2013.

Band 143 Ulfrid Neumann / Cornelius Prittwitz / Paulo Abrão / Lauro Joppert Swensson Jr. / Marcelo D. Torelly (Hrsg.): Transitional Justice. Das Problem gerechter strafrechtlicher Vergangenheitsbewältigung. 2013.

www.peterlang.com

www.ingramcontent.com/pod-product-compliance
Ingram Content Group UK Ltd.
Pitfield, Milton Keynes, MK11 3LW, UK
UKHW021840290926
8980IPUK00005B/567

9 783631 626474